汕尾市城区年鉴

SHANWEISHI CHENGQU YEARBOOK

2016

汕尾市城区地方史志编纂委员会办公室　编

方志出版社
Publishing House of Local Records

图书在版编目（CIP）数据

汕尾市城区年鉴. 2016 / 汕尾市城区地方史志编纂委员会办公室编. -- 北京 ： 方志出版社，2016.12

ISBN 978-7-5144-2327-3

Ⅰ. ①汕… Ⅱ. ①汕… Ⅲ. ①区（城市）–汕尾市–2016–年鉴 Ⅳ. ①Z526.53

中国版本图书馆 CIP 数据核字（2017）第 013751 号

汕尾市城区年鉴（2016）

编　　者：汕尾市城区地方史志编纂委员会办公室

责任编辑：王笃银　陈 菁

出 版 人：冀祥德

出 版 者：方志出版社

地址　北京市朝阳区潘家园东里 9 号（国家方志馆 4 层）

邮编　100021

网址　http://www.fzph.org

发　　行：方志出版社发行中心

电话（010）67110500

经　　销：各地新华书店

印　　刷：深圳市金丽彩印刷有限公司

开　　本：889×1194　　1/16

印　　张：20

字　　数：609千字

版　　次：2016 年 12 月第 1 版　2016 年 12 月第 1 次印刷

印　　数：0001~1000 册

ISBN 978-7-5144-2327-3　　定价：280.00 元

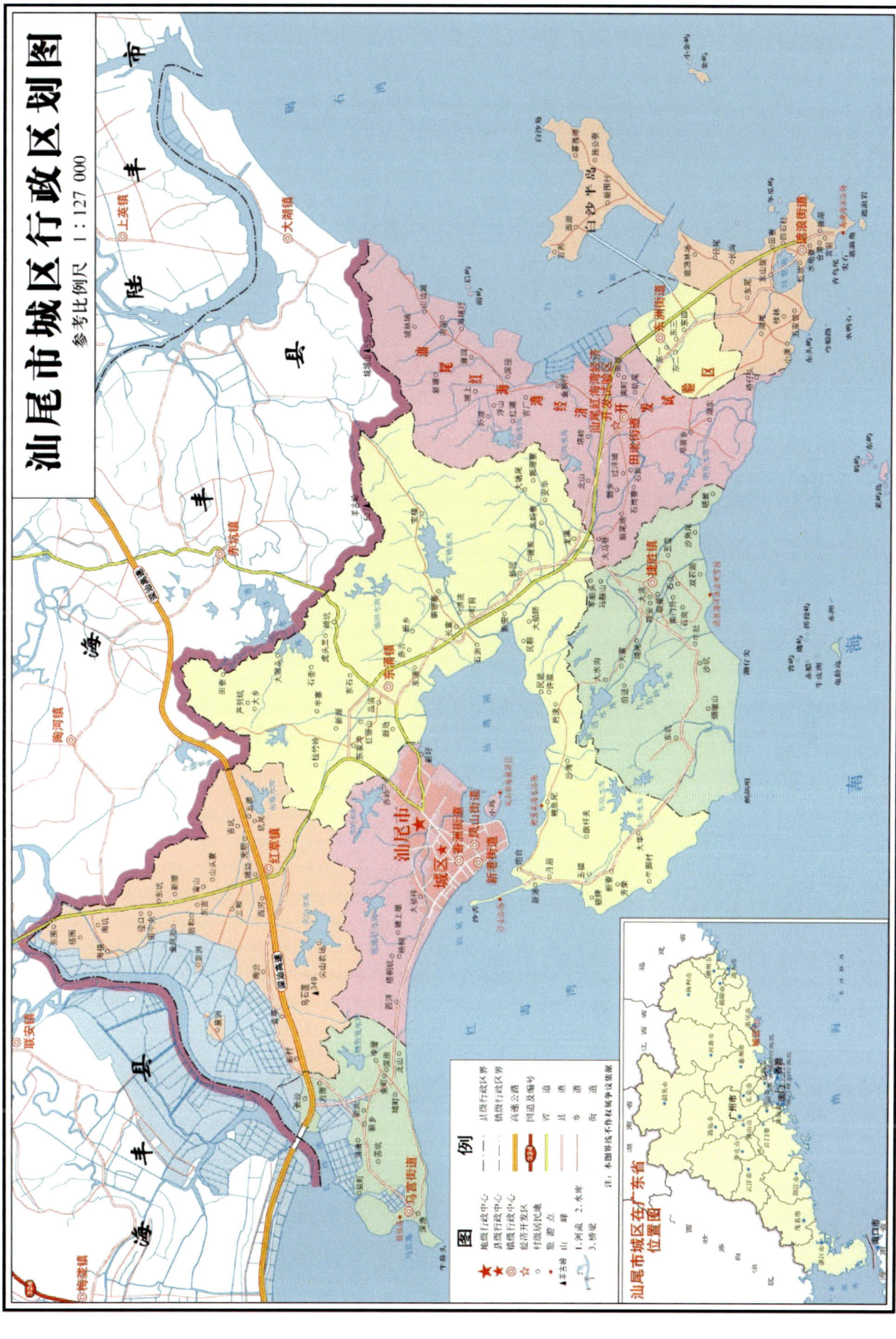
汕尾市城区行政区划图
参考比例尺 1:127 000
图例
地级行政中心
县级行政中心
镇级行政中心
经济开发区
村级居民地
旅游点
山峰
1.河流 2.水库 3.桥梁
县级行政区界
镇级行政区界
高速公路
国道及编号
省道
县道
乡道
街道
注：本图界线不作权属争议依据
汕尾市
城区
香洲街道
凤山街道
新港街道
东涌镇
红草镇
马宫街道
捷胜镇
田墘街道
东洲街道
遮浪街道
汕尾红海湾经济开发试验区
海丰县
陆丰县
白沙半岛
汕尾市城区在广东省位置图
广州市
本图资料截至2007年12月
本图由广东省地图院提供 审图号：粤S（2012）04之2号

汕尾市城区扩容提质行动计划

功能结构规划图

扩容提质功能结构规划图．“四大功能片区”（东片商贸物流聚集区、南部养生旅游休闲区、西部旅游度假和海洋经济产业区、北部高端产业聚集区），“一中心”（环品清湖宜居中心）规划图

（区委办／提供）

2015年8月18日，中央政治局委员、广东省委书记胡春华（右三），省委副书记马兴瑞（右二）、常务副省长徐少华（右一）等省领导在市委书记石奇珠(左五)、市长杨绪松（左四）等市、区领导陪同下到汕尾市城区保利金町湾项目建设现场调研。图为市委常委、区委书记陈少荣在汇报项目建设情况　（摄影／孙彦修）

2015年7月11日，省政协主席王荣（右三）、省常务副省长徐少华（左二）在市委书记石奇珠（右二），市委常委、区委书记陈少荣（右一）的陪同下到保利金町湾项目建设现场调研　（摄影／孙彦修）

2015年1月29日，常务副省长徐少华（前排中）到城区捷胜镇联安村调研慰问　（区国税局　提供）

2015年9月16日，副省长温国辉（前排中）在市长杨绪松（左二）陪同下到汕尾逸挥基金医院调研指导工作

（摄影／孙彦修）

2015月2月26日，市委书记温国辉（中）慰问汕尾市城区环卫工人（摄影／孙彦修）

2015年4月23日，市委书记温国辉（右三）在市委常委、区委书记陈少荣（左二）的陪同下到老德头水产品现场调研

（摄影／孙彦修）

2015年7月29日，市委书记石奇珠（左四）、市政协主席莫英群（左一）等市领导在区长林展海（右四）的陪同下到保利金町湾项目现场调研

（摄影／孙彦修）

2015年9月27日，市长杨绪松（左二）、市委常委、区委书记陈少荣（右二）参加城区开展“垃圾不落地，汕尾更美丽”中秋环保活动　（团区委　提供）

2015年8月11日，市委常委、区委书记陈少荣（前一），区长林展海（前三）到滨海大道一带检查卫生大清除工作

（区档案局　提供）

2016年1月29日，中国共产党汕尾市城区第七届委员会第五次全体会议召开
（区委办 提供）

2016年3月23日，汕尾市城区第七届人民代表大会第六次会议召开
（区人大办 提供）

2015年4月16日，政协汕尾市城区第四届委员会第五次会议召开
（区政协办 提供）

区人民政府区长林展海作政府工作报告（区人大办 提供）

2015年5月26日，金町湾希尔顿酒店奠基暨入驻仪式 （摄影／孙彦修）

2015年5月26日，市委书记温国辉（左八）、区长林展海（左一）等市、区领导参加汕尾高新区红草园区落户项目签约、揭牌、动工仪式

（摄影／孙彦修）

2015年12月18日，在汕尾市城区黄金海岸显达广场举行光明新区——汕尾市城区招商推介会签约现场 （摄影／孙彦修）

2015年5月2日，汕尾市景福居装饰材料城开业庆典仪式现场

（摄影／陈鹏辉）

2015年9月18日，市委常委、区委书记陈少荣（左）为创建文明城市大型宣传活动启动授旗

（摄影／陈春杰）

2015年9月18日，区长林展海在汕尾市城区创建文明城市大型宣传活动启动仪式上致辞

（摄影／陈春杰）

2015年9月18日，汕尾市城区在玉台山公园举行创建文明城市大型宣传活动启动仪式现场 （摄影／陈春杰）

2015年11月9日，省消防总队队长王郭社（前）在区长林展海（左一）的陪同下到城区公安消防大队检查指导工作

（区消防大队　提供）

2015年7月28日，区人大代表视察“三大片区”建设现场

（区人大办　提供）

2015年4月22日，区委副书记许昌林（主席台中）主持召开区教育创强推进会

（区档案局　提供）

2015年7月30日，汕尾市城区政府、汕尾军分区组织举行汕尾市城区2015年适龄青年应征报名仪式。区长林展海（右四）作动员讲话

（区武装部　提供）

2015年4月28日，汕尾市城区志愿者联合会成立

（团区委　提供）

2015年2月3日，汕尾市城区文学艺术界联合会第一次代表大会召开

（区文联　提供）

2015年7月3日，汕尾市城区开展“法治讲堂”进村社活动

（区司法局　提供）

2015年9月30日，汕尾市城区全体领导干部职工及老师学生到鼎盖山革命烈士墓举行公祭活动　（区档案局　提供）

俯瞰滨海市区　　（区档案局　提供）

凤山妈祖文化广场夜景　　（区档案局　提供）

金湖路休闲绿化带　（摄影／何夏逢）

市区滨海大道一角　（摄影／何夏逢）

市区住宅小区一角

市区夜貌一角

东涌民俗文化馆德庆堂　（摄影／何夏逢）

2015年5月11日，汕尾市城区凤山妈祖文化节担花篮节目表演 （摄影／孙彦修）

2015年5月11日，汕尾市城区凤山妈祖文化节舞蹈节目表演 （摄影／孙彦修）

校园艺术文化 （新城中学　提供）

2015年5月11日，汕尾市城区凤山妈祖文化节舞狮节目表演 （摄影／孙彦修）

2015年3月5日，捷胜镇举办“古城风”第三届捷胜镇书画作品展 （捷胜镇　提供）

麒麟舞　（摄影／何夏逢）

捷胜飘色　（摄影／何夏逢）

群众性文体活动　（摄影／何夏逢）

2015年9月1日，汕尾市城区渔歌节启动仪式节目表演　（摄影／陈春杰）

渔歌剧照
（摄影／何夏逢）

①　②
③　④

① 白字戏剧照
（摄影／何夏逢）

② 西秦戏剧照
（摄影／何夏逢）

③ 正字戏剧照
（摄影／何夏逢）

④ 汕尾渔歌之凤山渔唱
（摄影／何夏逢）

钱鼓舞
（摄影／何夏逢）

捷胜得道庵　（摄影／何夏逢）

马宫金町湾　（摄影／何夏逢）

凤山祖庙　（摄影／何夏逢）

小岛　（摄影／何夏逢）

龟龄岛　（摄影／何夏逢）

城区美食

麻鱼粥

菜头丸

牛腩粿

马鲛鱼丸

姜醋蛋

湿斗

咸菜苦瓜麻鱼汤

蚝仔烙

南软

咸虾蛄

豉汁炒蛏子

石针

草粿

蚝仔煲

狗毛膏

籽壳龟

炒钉螺

薄饼

薯粉签

碗粿

粿卷

黄蜂斗

（区档案局　提供）

鲍鱼

对虾

海胆

海蟹

蚝

龙虾

泥蚌

石斑鱼

紫菜

（区档案局　提供）

汕尾市公安局城区分局

SHANWEISHIGONG'ANJUCHENGQUFENJU

2015年，城区公安分局在市区两级党委政府和市公安局的正确领导下，坚持严打方针不动摇，组织部署开展了"3+2"、"禁毒缉枪"、"猎狐2015"、"扫黄禁赌冬季百日行动"等专项行动，取得了明显成效。是年，该分局共立刑事案件594宗，破刑事案件300宗，抓获犯罪嫌疑人318人；查处治安案件852宗，抓获违法人员1129人；侦破毒品案件183宗，抓获涉毒犯罪嫌疑人151人，缴获各类毒品共93.8714千克；查处吸毒人员728人，处以强制戒毒495人；查破枪案8宗，抓获犯罪嫌疑人5人，缴获枪支5支，子弹51发。对违法犯罪形成了凌厉攻势和强大的震慑。

2015年6月5日，城区召开全区万人禁毒清理清查警师大会，副区长、城区公安分局局长陈少华在会上作动员讲话

2015年2月6日，城区公安分局举行辅警上岗仪式

2015年4月22日，城区公安分局召开"3+2"专项打击整治行动推进会

2015年10月29日，城区公安分局举办"道德讲堂"活动

2015年6月5日，城区公安分局召开全区万人禁毒清理清查警师大会

汕尾市城区人民检察院

RENMINJIANCHAYUAN SHANWEISHICHENGQU

2015年12月16日，检察长陈嘉涛（左二）带队走访镇（街道）检察联络室

汕尾市城区人民检察院现有内设机构11个和1个直属行政单位，共有干警46人，平均年龄为41岁。2015年，该院共批准逮捕各类犯罪嫌疑人296人，提起公诉385人；立案侦查职务犯罪案件10件10人，其中贪污贿赂犯罪案件5件5人，渎职犯罪案件5件5人；加大立案和侦查活动监督力度，推动城区“两法衔接”信息共享平台建设；加强自身建设，提高队伍整体素质，为城区和红海湾开发区振兴发展提供有力的司法保障。

是年，该院积极组织检察官进学校、进乡村、进社区、进机关、进企业开展普法教育活动52次，分发以“举报贪腐”和“五进”活动为主题的大型海报4000份，取得实实在在的成效，受到了普遍好评。

2015年12月4日，城区检察院举行《中国共产党廉洁自律准则》和《中国共产党纪律处分条例》知识竞赛

“五进”的进农村，该院反贪局深入辖区多个基层农村组织，开展普法宣传，促进社会和谐稳定

2015年8月27日，青年检察官法制宣讲团到汕尾市公安边防支队举行“新诉讼模式下侦查取证的程序意识和证据规范”的法治讲座

汕尾市城区人民法院

SHANWEISHICHENGQU RENMINFAYUAN

2015年12月16日，城区法院诚邀人大代表、政协委员观摩庭审并参加联络工作座谈会

2015年，城区法院深入贯彻落实中共十八大和十八届三中、四中、五中全会精神，围绕“努力让人民群众在每一个司法案件中都感受到公平正义”工作目标，以司法为民，公正司法为主线，以加强队伍建设为抓手，推动各项工作取得新进展。主要做了以下几方面工作：一是狠抓审判执行第一要务，全年，该院共受理各类案件1607件，办结1318件，结案率82.02%。其中，受理刑事案件356件448人，审结325件401人，结案率为91.29%；受理民商事纠纷案件1055件，审结830件，结案率为78.67%，其中有482件民商事诉讼案件以调解或撤诉方式结案，调、撤率达58.07%；受理行政案件29件，审结22件，结案率为78.57%；受理执行案件168件，执结141件，执结标的279.0883万元，执结率为83.93%。二是加大司法救助力度，完善便民利民措施，切实满足群众的司法需求。三是加强审判管理监督工作，促进案件质量和效率的提升。四是充分利用审判资源优势，将案件审判结果与法制宣传相结合，积极传播法院正能量。五是大力推进信息化建设，依托信息技术助推司法公正公开。六是力抓法院队伍建设，努力提升队伍正规化、专业化、职业化水平，建设一支忠于党、忠于国家、忠于人民、忠于法律的法院队伍。

2015年1月7日，在城区法院举行“广东省法治文化建设示范点”授牌仪式

2015年6月12日，城区法院开展“三严三实”专题教育党课

汕尾市城区食品药品监督管理局

SHANWEISHICHENGQU SHIPINYAOPINJIANDUGUANLIJU

2016年5月19日，省、市食品药品监督管理局领导到城区指导“明厨亮灶”工作

2016年8月18日，市食品药品监督管理局领导到城区视察指导食品安全工作

汕尾市城区食品药品监督管理局成立于2014年6月4日，设局长1名、副局长2名、食安办副主任1名，内设综合股（加挂应急管理股）、食品安全监管股、药品安全监管股、保健食品化妆品监管股（医疗器械安全监管股）、稽查股（食品药品投诉举报中心）5个股室，全局机关核定人员编制24名。该局坚持食品安全以“预防为主、风险管理、全程控制、社会共治”的工作理念，认真贯彻落实食品药品监管工作“四个最严”的要求，创新监管方式，强化事中事后监管，切实做好食品药品经营许可、日常监管和监督抽检、投诉举报工作，依法依规查处违法行为。同时进一步打造城区食品安全新亮点，做好“食品安全示范街”创建，推进家禽“集中屠宰、冷链配送、生鲜上市”等工作，为食品药品安全监管开创了新局面，确保了人民群众饮食用药安全。

2015年7月7日，汕尾市城区召开食品药品安全工作会议

2015年5月27日，该局党支部与省食品药品监督管理局餐饮处党支部开展联建活动

2016年9月2日，该局开展节前食品安全大检查

2016年10月31日，该局开展安全用药宣传月活动

汕尾市城区司法局

SHANWEISHICHENGQU SIFAJU

2015年5月14日，时任省政协副主席梁伟发（前中）到该局公共法律服务中心调研

2015年10月28日，省司法厅领导到该局检查业务用房建设情况

城区司法局组建于1988年6月，为正科级单位。内设政工室（副科级）、秘书股、宣传教育股、法规与公证律师股、基层管理股、社区矫正股6个股室，以及公证处、法律援助处、公职律师事务所3个下属机构，凤山、香洲、新港、东涌、捷胜、红草、马宫等7个司法所。截至2015年年底，局机关在编在岗人员23名，司法所在编在岗人员13名。

2015年，区司法局坚持以中共十八届四中、五中全会和省委、市委、区委全会精神为指导，紧紧围绕区委、区政府的中心工作，服务工作大局，认真履职，努力推进法治宣传、人民调解、社区矫正、安置帮教、法律服务等职能工作。

普法工作：不断健全完善“谁执法谁普法”的工作机制，以“法律六进”为载体，采取多种形式和方法，扎实推进“六五”普法规划的全面实施。2015年7月，顺利通过市“六五”普法终期考核组的考核验收，成绩名列全市前茅。

人民调解工作：以“六统一”“四规范”为重点，扎实推进人民调解工作组织网络化、工作制度化、业务规范化。2015年，全区共排查受理各类民间纠纷706件，调解成功705件，调解成功率99.5%。其中：防止民转刑案件16件37人；防止群体上访7件109人；防止群众性械斗4件41人；避免和挽回当事人经济损失264万元。

社区矫正工作：以严格管理为核心，以预防和减少重新违法犯罪为目标，建立健全管理制度，明确工作要求，强化人员培训，完善衔接机制，加强电子管理，落实督查督导工作，全面推进社区矫正工作。截至2015年底，累计接收社区矫正对象421名，其中，期满已解矫271名（包括特赦7名），现在矫人员150名，在矫人员管控到位，建档率100%，没有发生矫正人员参与严重影响社会稳定的重大案件。

公共法律服务：通过整合法治宣传、社区矫正、安置帮教、人民调解、法律援助等各项司法行政工作，促进公共法律服务实体平台建设。2015年5月，区公共法律服务中心建成并投入使用，为群众提供专业、快捷、高效、便利的法律服务。

一村（社区）一法律顾问工作：2015年1月，城区全面铺开一村（社区）一法律顾问工作，共聘请19位律师担任村（社区）法律顾问，实现了法律顾问服务在全区94个村（社区）的全覆盖，有力提升了干部群众的法律意识。

2015年6月26日，区司法局举行声势浩大的“6.26”国际禁毒日宣传活动

2015年12月3日，区司法局联合有关单位在万盛织造厂举行“禁毒防艾 建设守法平安家庭”宣传活动

2015年1月，城区召开一村（社区）一法律顾问工作动员会

2015年11月20日，区司法局在新楼小学举办预防青少年违法犯罪法制讲座

汕尾市城区教育局

SHANWEISHICHENGQUJIAOYUJU

2016年5月17日，副省长蓝佛安（左二）在区领导的陪同下到该局所属捷胜镇中心小学开展调研工作

1988年4月13日，城区教育局成立，履行区人民政府主管教育的职能。内设人事监察股、教育股、教研室、招生办公室、电教站和计财股等部门。1999年机构改革，区教育局设秘书股、人事股、教育股、监察保卫股、教研室、招生工作股、计财股、电教仪器站，核定行政编制19人、事业编制10人。2003年12月为加强对学校各项资金的管理，设立区教育财务结算中心；2004年成立了教育督导室。2007年至现区教育局内设机构有秘书股、人事股、监察保卫股、计划财务股、教育股、招生工作股、督导股、教研室、电教站、教育工会、核定行政编制19人、事业编制10人。设局长1名，副局长3名。

城区教育局研究制定全区的教育事业发展规划、年度发展指导性计划，并协调、指导实施工作；检查、指导全区各级各类学校执行教育方针、政策和推进素质教育，巩固九年义务教育工作，加快发展中等职业技术教育和普及高中阶段教育；加强区内各级各类学校的组织建设、人事管理和教育经费的筹措及使用；加强全区教育督导，会同有关部门实施全区各级各类学校专业技术人员职务资格评审、教师资格考试和认定工作。

2015年9月9日，区委、区政府召开教师节座谈会

城区2016年元旦青工少年田径运动会高中男子跳远

2015年8月23日，城区小学升初中电脑派位现场

城区2016年元旦青工少年田径运动会开幕式

汕尾市城区林业局

SHANWEISHICHENGQULINYEJU

2015年3月23日，市长吴紫骊（左三），市委常委、区委书记陈少荣（左一）等市领导，及市林业局有关人员到城区指导林业工作

3.12植树节城区几套班子到铜鼎山植树

2015年，城区林业局以“生态林业、民生林业、文化林业、创新林业、和谐林业”为目标，积极创建林业生态区，大力实施生态景观林带、森林碳汇、沿海防护林等林业重点生态工程，着力抓好生态林工程建设、林业生态林管护、林木林地资源管理、森林防火、林业执法、林政管理、野生动植物资源保护、森林病虫害防治等工作，有力推动了全区林业持续、稳定、健康的发展。2015年，城区有省级生态公益林面积12726.9公顷（其中国家级生态公益林5209.5公顷），约占林业用地面积的86.9%，其中水土保持林面积9409.8公顷，水源涵养林面积2337.8公顷，风景林面积81.6公顷，自然保护小区林面积79.1公顷，沿海防护林面积818.6公顷。全区林业用地面积21.92万亩，森林覆盖率49.4%，林木绿化率54.39%，森林蓄积量543520立方米，森林资源保护和发展目标考核为全市前列。

2015年市林业局对城区苗圃场苗木进行抽查

城区召开2015全区新一轮绿化行动暨森林防火工作会议

汕尾市城区国家税务局

SHANWEISHICHENGQUGUOJIASHUIWUJU

2016年5月11日，区国税局局长郑亮（右二）到扶贫挂驻点村委会调研工作

汕尾市城区国家税务局成立于1994年,主要负责汕尾市直、城区国税管理和纳税服务工作的职能部门，级别为正科级的全职能局。在职正式干部职工91人，劳务派遣工25人，离退休人员32人，中共党员共87人，内设级别为正股级10个行政股室和1个事业机构。

2015年，城区国税局以中共十八大和三中、四中、五中全会精神为指导，认真贯彻习近平总书记系列重要讲话精神，落实上级国税机关和当地党政的重大决策部署，积极主动适应税收新常态，以组织收入为中心，深化以法治税，夯实征管基础，优化纳税服务，加强干部队伍建设和党风廉政建设，深化征管改革工作，推进“金税三期”平稳运行，实现依法治税、能力素质、业务规范三个新提升，实现城区国税事业新发展。 2015年,城区国税局共实现税收收入81042万元，为地方经济建设做出新贡献，荣获广东省”工会女职工工作先进集体”、“省级法治税务示范基地”、汕尾市“学雷锋活动示范点”称号。

2016年5月6日，城区国税离退休干部助力营改增

2016年1月28日，召开城区国税工作会议暨党风廉政建设工作会议

2016年2月1日，向捷胜镇扶贫授牌

2016年1月29日，城区国税局“党建与税收”征文比赛颁奖仪式

2016年4月13日，城区国税局“守纪律、讲规矩、正作风、提效能”宣誓活动

汕尾市城区海洋与渔业局

举行全区渔业安全生产培训会

组织开展全区渔业安全生产及消防安全应急演练活动

2015年，城区海洋与渔业局坚持以促进渔业增效、渔民增收和维护渔区社会稳定为中心，突出抓好渔业科技推广、海洋与渔业生态资源管理、惠渔政策落实、水产品质量安全监管、伏季休渔管理等工作，大力提升行政效能，促使海洋与渔业工作取得了成效。是年，全区渔业总产量20.16万吨，总产值16.6亿元，产量与去年同比增长2.73%，产值同比增长11.29%。其中：海洋捕捞总产量9.15万吨、产值7.8亿元，产值同比增长11.15%；淡水养殖0.21万吨、产值0.21亿元；海水养殖产量10.79万吨、产值8.58亿元，产值同比增长11.56%。

举办汕尾市城区水产养殖技术培训班

开展品清湖区违规作业网具、设施清理整治工作

SHANWEISHI
CHENGQU
HAIYANGYUYUYEJU

汕尾市城区安全生产监督管理局

市、区安监局联合检查国泰食品有限公司安全生产情况

城区政府、市安监局领导检查小岛地质灾害点

2015年，城区安监局认真履行工作职责，推动全区安全生产责任不断完善；强化日常监管和执法监察，突出隐患排查治理和危险化学品、烟花爆竹、粉尘涉爆和职业病危害等重点领域专项整治；深入开展“安全生产执法年”活动，严厉打击安全生产领域违法违规行为；全方位开展安全生产宣传教育培训工作，促进生产经营单位和员工的安全生产意识提高；不断提升安全生产应急管理能力，确保“有急能应，应之有效”；认真做好群众投诉举报工作，及时解决群众反映的问题；强化队伍建设和内部管理，提升整体素质能力和服务质量，各项工作取得优异成效，确保了全区安全生产形势持续稳定向好。

SHANWEISHI
CHENGQU
AN'QUANSHENGCHAN
JIANDUGUANLIJU

城区开展联合打击违法销售烟花爆竹活动

汕尾市城区妇女联合会

SHANWEISHICHENGQU FUNVLIANHEHUI

汕尾市城区纪念“三八”节105周年暨“提升女性素质 建设家庭文化 创建文明城市”讲座

2015年，寻找“最美家庭”表彰总结会

2015年，区妇女联合会（简称区妇联）围绕党政中心工作，立足于维护妇女儿童合法权益，积极帮扶困境妇女儿童，加强基层组织建设，充分发挥妇联枢纽型组织作用，在文明城区建设中发挥了积极作用。

在“三八”节、母亲节、“六一”节等重大节日，精心组织各项纪念活动，营造全社会关注妇女儿童的良好氛围。开展“寻找最美家庭”活动。联合区文明办开展“寻找最美家庭”活动，全区共评选出10户“最美家庭”和47户“美丽家庭”及2个“寻找最美家庭活动”先进组织。开展文明家庭创建活动。通过申报推荐，审核评选，全区评选出10000多户文明家庭，弘扬了家庭文明新风。整合社会资源普及科学家庭教育知识，开展家庭教育大讲堂活动和举办家庭教育骨干培训班。关注民生，积极为妇女儿童做好事实事。以节日为契机开展慰问活动；援建单亲母亲安居房；开展“爱心父母”牵手困境儿童志愿行动；积极开展巾帼主题志愿服务活动；开展妇女“两癌”免费普查项目。抓好妇联基层组织建设，增强妇女组织凝聚力。大力开展“妇女之家“示范点建设；积极开展儿童友好示范社区建设。

区党政领导六一慰问

城区丰祺合作社妇女之家举办农家乐亲子活动

母亲节座谈会

汕尾市城区农业局

SHANWEISHICHENGQUNONGYEJU

城区农业局农资安全宣传活动现场

2015年，该区总人口392809人，其中农业人口16.27万人。辖区面积302.11平方公里，耕地总面积4.37万亩，人均占有量不到一亩。其中水田面积2.77万亩，旱地面积1.60万亩，粮食产量2.32万吨左右，在全市乃至全省来说都是个农业小县区。城区农业的发展不拘一格，由于人口基数少，该区不求总量，突出特色发展，除了以粮食生产为主导外，还充分利用丘陵地带发展亚热带水果种植，全区水果种植面积2.22万亩，产量1.12万吨，产值9875万元。主要品种有荔枝、龙眼、香大蕉等，其中“凤山红灯笼”等品牌享誉远近，推动城区多元支撑的发展新格局。

2015年，全区农产品质量安全检验检测培训班

2016年城区农村“三资”平台交易现场

汕尾市城区畜牧兽医局

SHANWEISHICHENGQU XUMUSHOUYIJU

2016年6月，为做好城区畜牧业农技推广与应用工作，提高防控H7N9等重大动物疫病的能力，城区畜牧兽医局联合区老促会等单位多场次举办了全区畜禽饲养与疫病防控培训班，全区畜牧兽医系统全体工作人员、各镇村级防疫员、乡村兽医、畜禽饲养场（户）技术员参加了培训，进一步确保了城区畜牧业健康发展。图为培训现场。

2015年9月，为维护市区肉食市场稳定，确保市区肉食安全，城区畜牧兽医局牵头区食药监局、区公安分局等生猪屠宰管理成员单位多次开展市区肉食市场巡查执法大行动，严厉打击了私屠滥宰的行为。图为巡查执法行动出发现场。

汕尾市城区经济和信息化局

SHANWEISHICHENGQU JINGJIHEXINXIHUAJU

组织开展城区民爆器材安全生产检查工作

截至2015年底，城区共有各类经济组织1900多家，其中民营工业企业260多家，完成工业产值66.74亿元，占城区工业总产值比重30.2%。其中规模以上民营企业23家，完成工业产值38.15亿元，同比增长12.6%。全年规模以上工业增加值40.72亿元，同比增长5.6%。2015年全区万元GDP能耗下降6.28%，累计完成“十二五”节能目标93.5%。

一是配合区政府以产业聚集发展专题组织红草产业园申报产业聚集发展地区，争取获得认定，加快推进全区产业聚集发展，同时组织人员参加工业区依法推进征地行动。二是落实《广东省网上办事大厅汕尾市城区分厅建设工作方案》，抓紧推进镇街网上办事站的建设，2015年，城区七个镇（街道）已完成了服务事项的录入，全面完成上级下达的工作任务，下一步将进行普及推广工作。三是加强对重点耗能企业、建筑行业、交通运输、公共机构等重点节能领域的管理，尤其是加强对年耗1000吨标准煤以上重点耗能企业的节能管理。全面完成公共机构用电、用水、用油等各项节能指标计划下降3%的节能目标。四是做好市场监测工作，认真做好重大节假日期间市场生活必需品供求和价格情况监测，以及市场运行等的分析；积极组织、指导重点样本监测企业做好生活必需品销售和价格等数据的及时报送工作。

协调开展打击偷窃电力工作

共青团汕尾市城区委员会

GONGQINGTUANSHANWEISHICHENGQUWEIYUANHUI

共青团汕尾市城区委员会围绕区委、区政府中心任务和共青团重点工作，全面履行团组织各项职能，进一步夯实团建基础，重点突出团员青年队伍建设，发挥共青团组织的优势。同时优化青年志愿者队伍及服务，努力营造全区齐参与的氛围，充分发挥青年志愿者在促进创建文明城区方面的积极作用。

2016年5月9日，城区团委开展“十八礼赞 青春致意”——成人礼仪式

2016年2月22日，“善美之城闹元宵”文艺晚会及“焰火”晚会现场

2015年9月29日“我是汕尾人，保护公共设施，我宣言，我承诺，我做到！”

红草镇

HONGCAOZHEN

中国共产党红草镇第十五届代表大会第三次会议召开

红草镇位于广东省汕尾市城区北部，辖下15个村（社区）委会，总面积约有70平方公里，总人口4万多人。近年来，该镇坚持以“农业稳镇，工业强镇，第三产业兴镇”的经济战略，加快转变经济发展方式，着力引进一批效益型、基地型、税收型的大企业。目前，该镇埔边工业园区拥有德昌电子有限公司、银鹏发展有限公司、快捷通导设备有限公司等一批电子机械类的龙头骨干企业。2014年该镇被评定为“广东省技术创新专业镇”。

汕尾高新区红草园区征地工作会议

汕尾高新区管委会办公地点

红草工业园区施工点

汕尾中學

SHANWEIZHONGXUE

该校行政会议

2015年，汕尾中学继续践行“合作共享最大资源，和谐共享最大快乐”的文化理念，以“培养心清气正、具有崇高精神境界和人格魅力的高素质青年”为育人目标，以“努力办好人民满意的教育”为宗旨，完善学校管理，加强德育工作，注重教学科研，办学效果赢得了社会各界的广泛好评。

在德育工作上，立德树人，全力搭建才艺平台，积极开展第二课堂，充实丰富社团活动，共建多元校园文化。如：该校弘武社社员在汕尾市第四届传统武术比赛中获得一枚金牌、五枚银牌、一枚铜牌和集体拳术二等奖、集体器械二等奖。在市城区2016年元旦青少年田径运动会中，该校取得了初中组总分第一名、高中组总分第三名的优异成绩，被授予“体育道德风尚奖”。该校还荣获“文明校园”、“汕尾市学雷锋活动示范点”、汕尾市青少年“体彩杯”校园足球联赛“优秀组织奖”等诸多荣誉奖项，被广东省办公室批准为广东省第三批“全国优秀家长学校实验基地”。

2015年，是汕尾中学的“教学质量提升年”。全体教师紧紧抓住质量这一生命线，大胆创新，锐意进取，提升专业素养，促进教学质量的提高。2015年高考，一本上线28人，超指标10人；二本上线261人，超指标2人；三A上线440人，超指标19人。超额完成了上级下达的任务，三条线上线率，参考学科平均分均居全区第一，其中苏文旋同学在城区文科考生中总分排名第一。被汕尾市教育局授予“高考进步奖”的荣誉称号，中考总分成绩列居城区第二名。

全国优秀家长学校自评报告会

十二五规划课题开题报告

汕尾岭峰休闲度假有限公司

铜鼎盛世：是旅游区的标志性建筑（高15.8米，长9.8米，宽7米）

游泳池：池水由铜鼎山山泉汇聚而成，从池旁的石崖上凌空而下，形成一道道小瀑布，山崖壁刻着“从善而流”四大字，像流水那样自然而愉快，夏天是汕尾市民游泳的首选之地！

从容亭：供游客避暑乘凉

儿童王国：属于小孩的儿童乐园，内设（淘气堡、滑梯、旋转木马等设施，地面铺防滑泡沫垫，可以让小朋友尽情玩乐！

特别的公益：

刘海涛和铜鼎山郊野公园

刘海涛，汕尾市政协委员、荣誉市民，祖籍红海湾，年轻时一直在外打拼。1983年，他在香港创立岭峰国际（集团）有限公司，开始从事纸张、电子产品等国际贸易。1990年，他开始在中国内地投资设厂，在湖北、湖南、浙江、广东等地投资从事造纸、包装印刷、文具礼品等制造及加工业务。1994年、他开始在家乡汕尾投资企业，并成立广东岭峰包装印刷有限公司。经过多年的奋斗和努力，刘海涛在事业上取得了巨大的成功，他名下的岭峰国际，仅在汕尾的两家公司现已拥有生产用地100多亩，生产厂房、员工宿舍设施等50000多平方米，发展成为集设计、制作、印刷、后加工于一体的综合生产企业，2015年营业额超过1亿元人民币。

事业有成之后，刘海涛也没忘记回报社会、家乡。家乡的大事小事、修路铺桥，捐资助学，他样样没落下。他捐资350万元修建了占地13000平方米的兴孝文化广场（公园）。为老百姓提供了休闲运动场所，成为当地一道靓丽的风景线。在2014年“广东扶贫济困日”活动中，他又向家乡认捐3000万元人民币，为汕尾的发展注入了正能量。

铜鼎山郊野公园

铜鼎山，距离中心市区10分钟左右的车程。片区属典型的东南丘陵地貌，主峰是离汕尾中心城区最近的最高山峰，面向东南面可广角清晰眺望市区全貌和美丽的红海湾；其他各面山岭连绵起伏，树木葱郁、山石奇立；加上周边几个水库的包围烘托，山腹之间不时有泉水、瀑布显现。此地冬天不冷，夏日清凉，空气中既有大海波浪催生的负离子，又有高含氧量的清新，一直以来都是附近小有名气的天然氧吧，也是人们常来郊游、野炊的地方。

这样一个好地方，让刘海涛有了在此地开发文化体育休闲度假村的想法，可参照的对象就是郊野公园。郊野公园源于工业革命最早的英国，是一个给游人享受郊游乐趣的公园。公园通常具有较完善的有助强身健体、放松身心的康乐、教育设施，同时还兼具一定程度上保护自然和生态平衡的功能。可以说，在世界城市化及社会文明发展的今天，重视并大力建设郊野公园，是当下发展、完善城市建设的大趋势，也是发挥城市功能的重要举措。在邻近的香港，城市郊野公园的建设经验极为丰富，也极为成功。

2012年12月，吴紫骊市长到此地调研。两个月内先后召集有关部门负责人在岭峰公司开了三次会议，专门对上马城市郊野公园建设项目的定位、思路、规划设计及相关的具体事项进行研究和协调，并由市政府将建设项目定位“汕尾市铜鼎山森林（郊野）公园”，建设主题上升为围绕贯彻落实科学发展观和建设宜居宜业宜游宜憩的现代化城市的重要组成部分。在政企携手、群众参与下共同打造城市近郊的森林（郊野）公园的同时，突出城市的生态、环保、绿化、景观建设和城市的生态、环保、绿化、景观建设和城市功能的充分发挥。之后，市、城区两级党政领导也先后多次前来调研，关心和支持该项目的进展情况，表示将大力促进项目尽快上马。2013年7月4日，在多方的共同努力下，市铜鼎山森林（郊野）公园正式破土动工。正式动工开建的郊野建设和保护的区域总面积约1800亩，包括虎洞、姑婆山一带，东至大岭古山西河村林地；西至西河村西门小组山林地；南至铜鼎山山顶电视发射塔；北至岭峰包装印刷厂。

建设郊野公园，需要大量资金。据介绍，铜鼎山森林（郊野）公司项目已投入8000万元。而根据相关协议，郊野公园由岭峰休闲度假有限公司承建并负责日常维护与管理，建成后，郊野公园及里面所建造的公益性建筑物部分无偿归市政府所有。据刘海涛估算，从2016年开园纳客开始，公园整体的维护、管理等费用每年将近400万元。而这些费用由岭峰集团来承担。斥巨资建公益性郊野公园，的确有别于常人的公益慈善行动，这正是刘海涛和他承建的铜鼎山森林（郊野）公园的独到之处。

谈及建园的初衷，刘海涛这样说，市长这个全市的带头人能够这样关注汕尾的民生问题，自己作为汕尾的一员，也不能落后。能为家乡做点贡献，自己也高兴。“现在，我小孩也长大了，自己创业，能自食其力。我有点身边钱，拿来回报社会，我认为每个有良心有责任心的企业家都会这样做。”

他已把铜鼎山森林（郊野）公园打造成汕尾市具有郊游、休闲、娱乐、健身、文化等多功能、公益性的国家4A级（公园）旅游区和对外开放的亮丽名片。

汕尾农村商业银行股份有限公司

SHANWEINONGCUNSHANGYEYINHANGGUFENYOUXIANGONGSI

2015年12月31日，汕尾市副市长余红（左三）在市政府副秘书长郑伟忠、市金融办、人民银行汕尾中支、银监分局相关领导陪同下到汕尾农村商业银行进行年终决算慰问

汕尾农村商业银行股份有限公司（以下简称：汕尾农商银行）是在原汕尾市城区和红海湾农村信用合作联社基础上，引进企业法人投资者以新设合并方式发起设立的股份制地方性金融机构，经中国银行业监督管理委员会批准，于2013年12月31日创立，2014年1月26日正式挂牌开业。作为地方性金融机构，汕尾农商银行网点分布广，城乡覆盖率高，在市区和乡镇影响广泛。截止2015年年末，汕尾农商银行辖下营业网点20个，其中：总行营业部1个、支行11个、分理处8个，辖区布放自助设备27部，在乡镇、行政村设立简易便民服务点22处，全行在岗员工323人。

2015年推出“精英e贷”、“薪快贷”、“按揭余额贷”，“个人汽车消费贷款”和“渔家宝”等特色信贷产品,取得良好的发展态势。截至2015年12月底，汕尾农村商业银行各项存款余额14.3亿元，各项贷款余额5.3亿元。

2015年6月23日，汕尾农村商业银行股份有限公司在总行二楼会议厅召开第一届党员代表大会第一次会议

2015年12月15日，汕尾农村商业银行股份有限公司在总行7楼会议厅召开第一届董事会第五次会议

编辑说明

一、《汕尾市城区年鉴》是中共汕尾市城区委、城区人民政府组织编纂的地方性综合年鉴，属信息性资料工具书。由《汕尾市城区年鉴》编纂委员会组织实施，城区地方史志编纂委员会办公室、《汕尾市城区年鉴》编辑部编辑。年鉴的编辑以马克思列宁主义、毛泽东思想、邓小平理论、“三个代表”重要思想、科学发展观为指导，深入贯彻习近平总书记系列重要讲话精神，坚持辩证唯物主义、历史唯物主义的立场、观点和方法。

二、《汕尾市城区年鉴·2016》，其宗旨是系统、翔实地反映全区政治、经济、文化和社会生活的基本面貌及发展情况，为各级领导决策提供依据，为广大读者了解和研究城区社会状况提供服务，同时也为续修《汕尾市城区志》积累史料。

三、《汕尾市城区年鉴》采用按部类分篇。为方便检索，结构采用类、篇、章、节、目、段六个层次的结构形式。不同层次的标题，在字体、字号和版式设计上都有明显区别，书中的“目”标题最多，统一用黑体字加“【】”号表示，个别“目”内容较多，则分段表述。

四、本年鉴所刊内容为2015年1月1日至2015年12月31日全区社会状况，设有专载、特辑、大事记、汕尾市城区概况、政治、武装、法治、经济管理、农业和农村经济、工业·通信、交通·城乡建设、商贸流通服务业、财税·金融、旅游·科技·文化·体育、教育、医疗·卫生、社会生活、建制镇（街道）概况、区政府规范性文件目录、荣誉奖项等20篇，共60多万字。同时还组编了部分彩色图片，进行直观地宣传记载。

五、本年鉴稿件由市直、区直各有关单位、各镇（街道）提供，并标示撰稿人姓名，经年鉴编辑部编辑和初审，后由各撰稿单位领导审核，并经年鉴编委会领导终审定稿。所用统计数字由于来源与统计口径的不同，数据可能不一致，使用时以区统计局公布的数据为准。各镇街道（含各村、社区）陆地面积供参考，不作权属依据。

六、本年鉴的编纂工作得到区委、区政府和市直、区直各有关单位的支持和协助，各撰稿人的辛勤劳作。谨此，表示真诚的感谢。由于年鉴编纂工作涉及面广，个别单位资料缺失，编印中难免出现纰漏之处，敬请读者批评指正，以便今后改进。

汕尾市城区年鉴编纂委员会

主　　任：林展海（区政府）

常务副主任：胡春莲（区政府）

执行副主任：刘泽扬（区政府办）　黄汉家（区委办）

委　员（排名不分先后）：陈展科　陈嘉涛　黄思平　吴小臻　张宏文　张水武　卢立对
吕业群　蔡汉章　陈小凯　李映慧　余鸿群　张祥文　游建雄
黄　超　林泽树　叶凯旋　吴秋业　卓红钻　刘留芳　刘克涛
黎炳林　庄雄升　庄厚樛　叶庆雄　张家瑶　陈建文　曾向平
王建忠　许争荣　林文省　翁金荣　罗覃呈　黄贤锐　陈伦庭
曾昭好　陈昌利　刘宗棍　詹胜聪　彭少华

汕尾市城区年鉴编辑部

主　　编：刘泽扬（区政府办）

副 主 编：王清红（区政府办）

执行主编：许争荣（区档案局、区地方志办）

周富然（聘任）

编　　委：陈春杰（区档案局、区地方志办）　郑新稳（借调）

电　　脑：郑新稳（借调）

区志编辑部设在区党政办公楼805室，联系电话：3295995。

《汕尾市城区年鉴（2016）》撰稿人名单

（按姓氏笔画排序）

王业链　王冬妮　王正国　王立新　王伟峰　王利捍　邓喜香　冯振炯　叶德望
石巧芳　刘水照　刘东生　刘志平　刘泽良　刘哲霖　吕业群　孙冬奇　庄镇声
朱宗贤　朱家博　江力航　许建民　何　璋　何秀泉　何循夔　何翠妮　余少杰
余尚樾　余德财　吴　健　吴　静　吴小臻　吴伯荣　吴怡明　吴春满　吴昱锟
吴振业　吴晓映　张文珠　张永聪　张伟江　张佳丽　张国平　张桂嘉　李秀芹
李武汉　李映慧　李啟斌　李雅诗　李嘉琦　苏舜凯　邱如君　邹春怀　陈历明
陈文待　陈文清　陈永基　陈兴盛　陈建波　陈若谷　陈春杰　陈贵层　陈晓晓
陈晓婷　陈晓婷　陈梓钦　卓　越　周文开　周佳茵　周锦程　林　程　林义彬
林文省　林木寿　林伊露　林如海　林位彬　林映杰　林荣加　林振捐　林培歆
林鸿靖　林寒财　罗　镲　罗其乐　罗玢琦　罗思琦　罗美共　罗海恩　郑达生
郑和悦　郑昌城　郑梦霞　施智严　胡良岸　胡炯森　胡振坤　赵文辉　赵华良
钟少钮　钟华城　唐万里　翁晓敏　翁穗妮　贾继业　郭建群　黄　斌　黄冬琪
黄吉庆　黄国维　黄建军　黄保辉　黄映珠　黄春波　黄炳鑫　黄界洲　彭永强
彭希流　彭怡秀　彭春晓　曾小倩　曾天派　谢　戈　谢国辉　谢维拉　韩冬敏
廖海娜　蔡子良　蔡玉贞　蔡和家　蔡剑锋　蔡惠旋　颜秋萍　黎友群　黎明静

2015 年数字城区

地区生产总值（GDP）	111.63 亿元
规模以上工业增加值	40.72 亿元
农业总产值	27.66 亿元
社会消费品零售总额	83.69 亿元
固定资产投资	32.41 亿元
公共财政预算收入	2.71 亿元
外经贸出口	16211 万美元
实际利用外资	241 万美元
城镇常住居民人均可支配收入	22809 元

目　录

武装

法治

经济管理

农业和农村经济

工业·通信

交通·城乡建设

商贸流通服务业

财税·金融

旅游·科技·文化·体育

教　育

医疗·卫生

社会生活

建制镇（街道）概况

区政府规范性文件目录

荣誉奖项

专载

SHANWEISHICHENGQU YEARBOOK

汕尾市城区年鉴·2016

ZHUAN ZAI

中共汕尾市委常委、城区区委书记陈少荣在区委七届五次全会上的报告

凝聚力量　担当实干 为全面建成小康社会而努力奋斗

同志们：

现在，我代表区委常委会向全会作工作报告。

一、回顾过去，展望未来，进一步坚定振兴发展的信心

“十二五”时期是城区发展极不平凡的五年。这五年中，我们既面临着省委省政府促进粤东西北振兴发展和支持粤东西北地级市城区扩容提质、深圳对口帮扶、汕尾新区获批、厦深铁路开通运营等重大机遇，又受到城区自身经济基础薄弱、财政收支缺口扩大、市与区体制越来越不适应当前工作需要、工作推进难度大，甚至发生东涌村事件等的巨大影响。在这一机遇与挑战并存、动力与压力交织的特殊时期，我们在省委省政府、市委市政府的正确领导和大力支持下，紧紧围绕振兴发展目标，紧紧按照发展规划蓝图，团结带领全区党员干部和广大群众，始终坚持发展第一要务、稳定压倒一切，担当实干，攻坚克难，狠抓经济社会发展各项工作落实，基本完成“十二五”规划的目标任务，开创了扩容提质、振兴发展新局面，为全面建成小康社会奠定了坚实的基础。

（一）深入学习习近平总书记系列重要讲话精神，贯彻落实讲话精神的自觉性、坚定性进一步增强

区委坚持把学习习近平总书记系列重要讲话精神作为政治责任、政治要求来抓。通过区委理论学习中心组，第一时间传达学习，把学习系列重要讲话精神贯穿于“三严三实”专题教育全过程，对每一阶段、每个环节的学习重点提出明确要求。充分发挥党校作用，组织专题宣讲活动，抓好广大党员干部的学习。通过学习，广大党员干部进一步深化了对习近平总书记系列重要讲话核心要义、思想精髓的理解，贯彻落实讲话精神的自觉性和坚定性进一步增强。

（二）“四功能片区一中心”规划蓝图绘就，产业发展与城市建设融合并进

区委在深入调研、集思广益的基础上，2012年初提出了东片以火车站为依托的商贸物流聚集区、西片以金町湾的滨海旅游度假和把品清湖边的中心渔港西移到马宫的海洋经济产业区、南片以过海隧道（或桥）为依托的养生旅游休闲区、北片以红草为主建设高端产业聚集区、中部形成环品清湖旅游宜居商贸中心这一“四功能片区一中心”规划设想。随后，紧紧把握汕尾新区规划获批及省委、省政府支持粤东西北地级市城区扩容提质的难得机遇，对“四功能片区一中心”规划进行了不断调整和完善，使规划更加切合城区实际，为城区扩容提质、振兴发展绘就了蓝图。目前，这一规划蓝图得到全面深入地实施，其中三个功能片区纳为新区中央商务区、红草高新区、马宫金町湾滨海旅游区“三大版块”，拓宽了城市发展空间，拉大了城市架构。“三大版块”已签征地1.4万多亩，提供了充足的土地储备。红草高新区拿到了省级高新技术开发区和省市共建循环经济产业基地牌子，产业发展的载体作用逐步显现。广物汽车城、马宫金町湾保

利项目、希尔顿酒店等一批项目建设、投产；比亚迪、信利第5代TFT显示器、肯迪文、国信通、喜来登酒店、卜蜂莲花超市等项目签约落户，发展后劲明显增强。

（三）稳定压倒一切方针得到落实，信访维稳工作出现明显良性转折

坚定不移地贯彻稳定压倒一切的工作方针，坚持法治理念和群众立场，落实定期排查、研判、领导包案处置等工作机制，抓好信访综治维稳工作。对于在社会管理、重点项目建设中出现的违法违规行为，我们在站稳群众立场、解决好群众合法诉求、耐心做细做足群众工作的基础上，敢于碰硬，该出手时就出手，坚决弘扬法治，及时妥善化解了在红草高新区、马宫金町湾保利项目中征地拆迁引发的群众矛盾纠纷和信访问题，依法铁腕处置了东涌村事件等维稳突出问题，依法拆除了品清湖300多户10000多亩20多年的非法围网养殖和明代遗址“墩下城”边的有国土证没报建已出售的140多套全新商品房违章建筑，扎实开展了禁毒缉枪、打黑除恶等专项行动，有力地维护好全区社会平安稳定。特别是东涌村事件的成功处置，使全区信访维稳工作出现了重大的良性转折，当时未开工的火车站得以顺利开工建设，厦深铁路全新提前建成完工，火车站的站前广场及商贸物流片区已征地拆迁，而且极少出现上访群众围堵党政机关、聚众闹访等违法违规行为。2013年至2015年三年中全区没有发生大案要案，没有发生重大聚众滋事和群体性事件；2013、2014年连续两年实现了命案零发案的良好局面。

（四）城市管理逐步加强，市容市貌焕然一新

在市、区城市管理体制不顺，城区缺乏管理职能的情况下，我们主动负起属地管理责任，积极配合市相关职能部门共同管好城市。推行市区环境卫生网格化管理，建立市区街道、社区自行巡查和与市城管执法部门联合巡查机制，落实“门前三包”责任制，启动市区环境卫生投诉平台及微信平台，初步实现了区内环境卫生全时段监督、全覆盖管理，一批卫生重点区域特别是城市主干道和居民小区的卫生状况明显好转。开展城市管理综合执法大整治行动，依法强力控违拆违，对市区内在建的违章建筑进行停工整治，拆除市区大马路、二马路、三马路、文明路、海滨大道、通港路、红海西路及汕可公路品清段等街巷路道两旁违建违占建筑物2400多处。大力整治市区交通秩序，安装智能化控制红绿灯，启动电子监测拍照系统并移交统一管理，使交通红绿灯监测体系正常运转；修补市区36条主要路道缺损的路面和人行道，建设交叉路口安全岛、导流岛，做好路道隔栏，划好标识线、斑马线，保护行人行车安全和减少拥堵现象。对海滨大道、滨湖路、金湖路7.2公里环湖路装上栏杆景观灯，对市区罗马广场到碧桂园、海丰西闸到市区及马宫长沙湾高速路口到市区等主要路道挂上LED中国结，做好市区主要路道的亮化、美化工作。加强宣传发动，大力开展志愿服务和宣传教育。通过综合大整治，广大群众城市意识逐步增强，乱丢垃圾、随地吐痰、私搭乱建、乱穿马路、乱停车、开无牌车等不文明现象大为减少，城市面貌焕然一新，受到群众好评。

（五）社会民生事业全面进步，工作呈现新的亮点

五年中，全区依法治区、医疗卫生、计生、社保、教育、科技、文化等各项事业全面进步。如城区被评为全国、全省法治建设先进区，区法院、田家炳中学被评为“全省法治文化建设示范点”。全区计生工作纳入省一类地区管理，被评为“全国计划生育优质服务先进单位”；被省评为“城乡居民社会养老保险示范区”；逸挥基金医院创建“三甲”医院工作进入考评阶段。全区中小学完成标准化学校建设，第一批申报的新港、马宫两个街道都被评为“广东省教育强镇”，第二批的捷胜、红草、香洲、凤山四个镇(街道）通过创强督前检查。全区“村村通”工程被省评为优秀奖。汕尾渔歌入选第四批国家“非遗”名录，渔歌表演多次在全国、全省比赛中获奖，原创渔歌剧《默娘》成为广东省妈祖文化创新剧目并作为城区反腐倡廉励志剧目；凤山祖庙旅游区被评为“国家AAAA级旅游景区”和“广东省中华文化传承基地”，铜鼎山郊野公园通过“国家AAAA级旅游景区”评审，将在近期授牌，等等。

（六）党建工作有力推进，基层组织战斗力明显增强

区委强化党建“主业”意识，坚持从严治党，特别注重创新载体，做到每年基层党建工作都有主抓手，通过加强党的建设，突出党的先锋模范作用；通过法治建设,提高基层治理水平，让广大村干

部懂法，依法管理、依法办事，让广大群众知法守法，促使村（社区）的平安和谐，带动全区的平安和谐。

2012 年，在全区村（社区）全面开展以增强“两委”干部责任感、执行力为主要内容的“敢担当”活动，并作为区级“书记项目”，一年一主题，一年一考核，不断提高基层干部担当意识和抓落实的能力。

2013 年开始，吸取东涌村事件教训，举一反三，开展“送法下乡”大普法活动，编发了《村社政语》《法治村社》农村工作手册，对村（社区）“两委”干部进行了普法轮训，组织“流动党校”下基层为“两委”干部和村民小组长、村民代表上法制课，基层干部法律意识逐步增强。完成村（社区）“两委”换届选举工作，全面提前完成 94 个村（社区）“两委”换届选举工作，多年没换届的重难点村（社区）都按时顺利完成，改变了近几届村级换届工作无法全面完成的局面。

2014 年，我区在区直机关单位、窗口服务单位开展“佩党徽、亮承诺、强服务、作表率”主题实践活动，不仅发挥了党员的先锋模范作用，而且有力推进了服务型党组织建设。深入开展党的群众路线教育实践活动，在高标准、严要求全面完成“规定动作”的同时，把当好“两机两器”（即：新区建设“发动机”、项目建设“推土机”、社会稳定“稳压器”、人民群众“服务器”），作为“自选动作”贯穿活动始终，使活动更加紧贴城区实际、更有实效。

2015 年，为推进基层治理法治化，开展依法治村、创建法治村社活动，落实“十个一”措施。活动中，创新出台了《汕尾市城区村（居）民小组长管理制度（试行）》，明确了村（居）民小组长权利义务、村务管理及“三资”管理等规定，加强对全区村（居）民小组长管理。制度出台后，再没有新发生违法卖地问题，《管理制度》不但成为基层治理有力抓手，同时填补了基层治理制度空白。抓好了“三资”管理，实行了村账、组账镇代管及财务年审计制度，组织开展村级“三资”清理清查和数据录入工作，全部上平台管理，“三资”管理逐步走向规范。突出抓好以民事代理为载体的驻点联系工作，一年来，区、镇（街道）驻点联系干部接待群众 2.2 万人次，受理民事代理 3383 件，办结 3263 件，“群众办事不再难、民事代理帮你忙”成为基层响亮的口号。深入开展了“三严三实”专题教育和深化政务整治、正风肃纪集中行动，设立政务整治“曝光台”，开通投诉举报电话、“汕尾市城区党风廉政网”举报和手机短信举报平台，加大明察暗访和组织问责力度，对全区查摆出来的基层干部“不作为乱作为”、“庸懒散慢”等 31 项问题逐一开展整治，政务服务效能明显提升。

严格执行《党政领导干部选拔任用工作条例》《关于加强干部选拔任用工作监督的意见》《推进领导干部能上能下若干规定（试行）》，坚持以敢担当为导向，切实做好干部选拔任用工作。2015 年，区委共召开常委会议研究干部事项 6 次，集体讨论研究科级干部人事问题 65 人次。强化主体责任，严格执行党风廉政建设责任制和廉洁自律规定，全面落实八项规定，不断完善信访举报工作，从严查办违法违纪案件，形成了干净干事的良好氛围。2015 年，查办各类违纪案件 69 宗，结案 61 宗，结案率 88.4%。

坚定不移地走中国特色社会主义政治发展道路，全力推进民主政治建设。加强党对人大、政协工作的领导，全力支持人大、政协依法履职。加强民族、宗教、港澳台和外事侨务工作，不断巩固壮大爱国统一战线。牢牢把握意识形态工作主导权，大力推进“创文”工作，着力开展“汕尾处处有雷锋”活动，及时做好网络舆情的引导和管控。重视党管武装工作，加强国防后备力量建设，积极开展双拥共建工作，配合驻训部队做好海训保障。支持工青妇等人民团体开展工作。

更加值得一提的是，在克服困难和推进工作的过程中，全区上下形成了一心一意谋发展、求振兴的良好氛围。一是凝聚了共识。一直以来，由于体制机制等问题的制约，我们在征地拆迁、维护稳定、城市管理等工作中，遇到了很多困难和阻力，与市直部门存在很多推诿扯皮、争议抱怨等问题，影响了工作的推进。对此，区委、区政府在积极争取市级放权简政的同时，进行了深刻反思，利用党的群众路线教育实践活动，教育引导广大干部要站在全局的高度去看待体制机制，调整自身定位去抓好落实，使工作中推诿扯皮、争议抱怨等问题得到很好地解决。特别是区委、区政府明确当好“两机两器”的新定位后，在全区上下迅速形成了共识，只要有利于城区发展、有利于汕尾发展,只要对城区好、对汕尾好的事，就要顾全大局，就要义不容辞地干。这一共识的形成，不仅市、区部门之间的衔接协调变得顺畅，而且“三大版块”的征地拆迁、城市管理等工作也迅速打开局面，受到了市委、市政府的高度肯定。二是增强了信心。在体制机制、资金紧缺及内外部各种不利因素重重制约的情况下，城区要干好一件事、做好一项工作，都要付出比别人更多的艰辛和努力。但就是在这么困难的环境下，我们都能把各项工作做好，出色地完成任务。很多干部在工作中敢于面对、敢于迎难、敢打胜仗，既锻炼了干部,增长了才干，更收获了必胜信心，提振了士气。三是汇聚了合力。在推进振兴发展过程中，我们不仅炼就了一支顾全大局、担当实干的干部队伍，还吸引了众多热爱家乡、支持发展的乡贤，凝聚了广大进取思变、勇于拼搏的人民群众，形成了强大合力。所有这些，都为城区“十三五”时期的发展打下了坚实的思想基础、工作基础和物质基础。

成绩来之不易，这离不开市委、市政府的坚强领导，离不开历届城区党政的励精图治，离不开广大人民群众和社会各界的支持拥护，更离不开全区广大党员干部的奋力拼搏。在此，我代表区委致以衷心的感谢和崇高的敬意！

在肯定成绩的同时，我们也清醒地看到，当前城区加快发展面临着许多困难和问题。一是经济基础仍然薄弱。自身造血功能不足，工业企业等实体经济项目不多，税源少尤其缺乏可持续税源，财政收支矛盾仍较为突出。二是社会稳定形势不容乐观。城区正处在大建设大发展过程，随着“三大版块”征地拆迁工作的全面深入推进，涉及历史征地留成地和征地引发的民生问题将越来越多，成为影响城区稳定的主要隐患。同时，涉毒、涉枪、“双抢一盗”等影响社会治安稳定的因素较多，维稳压力较大。三是城市管理水平仍然不高。城区作为全市窗口、门户，市区环境卫生经综合集中整治，虽有较大改观，但“脏乱差”问题仍然不同程度地存在，与作为中心城区地位仍有较大差距。四是基层执行力有待进一步提升。政务整治力度还不够严厉，曝光力度不大，一些职能部门特别是权力审批部门、窗口服务部门“四难”、“中梗阻”等问题仍然时有出现，一些干部职工“庸懒散慢”问题也依然存在。五是农村基层党风廉政建设仍较为薄弱。我们必须坚持以问题为导向，在下来工作中切实加以改进。

二、紧盯目标，谋划长远，确保如期全面建成小康社会

党的十八届五中全会的胜利召开，标志着全国进入全面建成小康社会的决胜阶段。全会审议通过了《中共中央关于制定国民经济和社会发展第十三个五年规划的建议》，就“十三五”国民经济和社会发展作出全面部署。去年底，省委、市委迅速贯彻十八届五中全会精神，分别召开全会，对“十三五”时期经济社会发展有关工作作了全面部署，审议通过了省委、市委关于制定全省、全市国民经济和社会发展第十三个五年规划的《建议》。中央、省委、市委全会的召开，为我们制定“十三五”规划、推进振兴发展指明了方向。

区委高度重视城区“十三五”规划《建议》起草工作。去年下半年以来，区委按照中央和省、市的要求，对《建议》起草工作进行全面部署，组织专门力量集中开展起草工作，通过广泛征求意见，并经区委常委会同意，形成了提交这次区委全会的讨论稿。展海同志将对《建议（讨论稿）》作说明，希望大家认真审议，提出修改意见。大家在讨论审议中，要紧紧围绕如下五个事关全局的问题。

（一）要紧紧盯住“一个目标任务”

中央、省委、市委全会都非常明确提出，“十三五”期间全面建成小康社会。这是一项必须完成的大目标、硬任务。对于城区而言，要实现这一目标任务，就必须跟上全国、全省、全市的发展步伐，同步建成小康社会。根据上级部署，结合城区实际，区委提出“十三五”时期的发展目标，具体分两步走：第一步，到2018年，实现地区生产总值和城乡居民人均可支配收入比2010年翻一番以上；第二步，到2020年，实现全区人均GDP达到全国平均水平。从城区发展现状看，实现这一目标，任务艰巨、压力空前。但压力大、困难多，有利条件和机遇也多，我们有信心、有能力完成。一是利好因素不断叠加。中央“十三五”规划建议提出“一带一路”发展战略，最近出台《关于打赢脱贫攻坚战的决定》及中央37年后重启城市工作会议，加大对沿海地区、欠发达革命老区和城市建设的扶持力度。省委、省政府大力支持海陆丰革命老区脱贫奔康，将汕尾列为重点帮扶对象。省委十一届五次全会提出，要坚定不移地实施促进粤东西北地区振兴发展战略，补齐短板，确保实现领域、区域、人口“三个全面覆盖”，确定了一批重大项目在汕尾布点。特别是汕尾成功加入深莞惠经济圈，深入实施向西融珠战略，市委、市政府把城区作为“核心区”来打造，全力加大对城区的支持力度，使城区发展的利好因素不断叠加。二是奠定了良好基础。“十二五”时期，全区经济社会保持稳步发展态势。特别是“四功能片区一中心”规划蓝图的提出并实施后，城区扩容提质的各项工作得到不断加强，经济综合实力稳步提升，“三大版块”征地拆迁及项目建设不断推进，市容市貌焕然一新，政务环境逐步优化，人民群众生活水平进一步提高，步入了振兴发展的轨道，为“十三五”时期的发展打下了坚实基础、积蓄了强大能量。实践表明，“十二五”时期城区发展的路子走对了，“十三五”时期发展将是更好地延续和深化。三是具备可靠的支撑点。“十二五”时期，全区新签征了1.4万多亩的储备土地，“三大版块”中已有广物汽车城、马宫金町湾保利项目、碧桂园等一批重大项目落户建设。“十三五”期间，全区规划96个重点项目，计划总投资达到477.8亿元。随着红草高新产业园区规模的壮大，比亚迪汽车、信利光电、肯迪文服装、上海莱仕等重大项目的落户建设，新增产能有望促进城区加速度增长，将能够很好地支撑“十三五”时期的年均增速。因此，我们要进一步认清形势，提振精神，树立信心，坚定决心，把思想和行动统一到中央、省委和市委的决策部署上来，努力实现全面建成小康社会目标，加速融珠振兴发展。

（二）要始终坚持“五大发展理念”

坚定不移地贯彻落实创新、协调、绿色、开放、共享五大发展理念，用新的发展理念引领和指导城区振兴发展。一要坚持以创新发展理念驱动产业升级优化。创新是发展的第一动力。城区的发展，关键在产业的发展。当前，城区的产业技术含量不高、抵御风险能力低，工业企业做大做强出现瓶颈，急需通过创新来驱动。要充分发挥红草高新产业园区的驱动作用，通过引进高新产业以及建设研发中心等方式，来激发园区在产业创新中的“驱动器”、“孵化器”作用。要强化政府主导作用和企业主体作用，大力推动政企、校企合作，加大传统产业技术改造和转型升级，不断提升产业发展水平。二要坚持以协调发展理念统筹均衡发展。全面建成小康社会，要实现领域、区域、人口的全覆盖，注重均衡发展和整体效能。要统筹好产业与城市、城市与农村、物质文明与精神文明等方面均衡发展，尤其要坚持功能分区、组团发展，以产业发展带动城市发展，形成产业、城市与市民良性互动的城市发展模式。三要坚持以绿色发展理念引领生态美好家园建设。我区一直保持良好的生态环境，这是未来发展的重大资源优势，必须充分保护好、利用好，建设天蓝、地绿、水净的生态文明家园。四要坚持以开放发展理念加速向西融珠。城区是广东重要沿海地带，也处于珠三角外延第一圈层，国家“一带一路”战略的实施，深莞惠经济圈的深度融合，尤其是深汕同城化的逐步推进，都令城区的发展空间进一步拉阔。必须解放思想，登高望远，加强与珠三角在观念、体制、交通、市场、产业、资本、技术人才等方面的对接，在更高层次、更宽领域、更大范围参与到深莞惠经济圈建设中。五要坚持以共享发展理念汇聚强大合力。坚持发展为了人民、发展惠及人民，扎实办好民生实事，着力解决群众热点难点问题，让人民群众享受到实实在在的发展成果。

（三）要狠狠扭住“三大抓手”

一要以扩容提质为抓手，做大做强中心城区。做大做强中心城区，关键在扩容提质。必须坚定不移地深入实施“四功能片区一中心”规划蓝图，全力推进片区项目建设，进一步拉宽城市框架，完善城市功能，有效地提升城市的集中度和首位度，增强辐射带动能力。重点要抓好西片的马宫中心渔港及南片的过海通道规划建设，借助这两大项目，带动西片海洋经济产业区和南片养生旅游休闲区的建设。二要以交通基础设施建设为抓手，加快建设内外连接畅通、快速便捷的交通网络。积极推进高速公路汕尾段拓宽工程及广州至汕尾、龙川至汕尾铁路等一批道路的征地拆迁工作，促进项目尽快建成。加强对规划打通捷胜镇与品清湖连接口的可行性论证，建成水陆并进的城际交通网。加快规划建设沿海景观路，以及城际快速干道建设，做好城区至海丰大湖至陆丰上英、乌坎、金厢的沿海景观路的规划，改造扩建海汕公路、汕马路，建设乡镇客运站，发展新能源绿色公交，构建区域交通路网。建设城市新中轴线，加快推进环湖路、金鹏路、汕尾大道改造、海滨大道改造、工业大道西段、外环快速路等道路建设工程，打通中心城区红海西路等断头路，进一步完善城乡交通设施。三要以工业园区建设为抓手，加快产业集聚发展。城区发展，差距在工业，潜力在工业，出路也在工业。必须坚持发挥园区载体作用，走集聚发展的路子。要以红草高新产业园区为载体，坚持走出去招商引资，面向珠三角、面向全国各地，找准目标，主动对接，精准招商，力争引进一批高端产业项目。

发展离不开项目、项目离不开土地。要通过抓好现有项目落实，招引更多项目落户，争取更多城区项目进入“笼子”，支撑振兴发展。加大力度做好项目征地工作，依法依规解决征地拆迁上遇到的问题，全力为项目顺利建设清障开路。

（四）要努力补齐“三大民生”

全面建成小康社会，关键是补齐民生短板。一要大力实施脱贫攻坚。落实精准扶贫战略，制定三年的扶贫攻坚计划和措施，坚持专项扶贫、行业扶贫、社会扶贫“三位一体”，加强与深圳及光明新区对口帮扶工作，通过项目、智力和资金等多种方式，大力推进脱贫攻坚工程，确保2018年我区贫困人口全部脱贫。二要促进教育水平大提升。改变思路，加大投入，逐步解决“麻雀学校”问题，积极发展学前教育，加快城乡义务教育公办学校规范化标准化建设，突出发展高中教育，全面推进教育创强，继续推进名校、名校长和名教师工程，力争到2020年，全区教育总体发展水平接近全省平均水平。三要深化医疗卫生体制改革。推进卫生强区建设，深化基层医疗卫生机构综合改革和公立医院改革，促进医疗、医保、医药联动。健全公共卫生服务体系，发展残疾人和养老事业，加强基层医疗卫生站（所）和人才队伍建设，完善基层医疗卫生机构标准化和居民健康信息网络化建设，加快逸挥基金医院创建“三甲”，建立基层首诊、分级诊疗机制，逐步建成城乡15分钟健康服务圈。

（五）要着力打造“三大环境”

坚持问题导向，把优化环境作为振兴发展的保障措施来抓。一要全力依法维护社会平安稳定。稳定是发展的前提，没有稳定就没有发展。必须围绕市委提出的“汕尾刑事发案率降到最低、信访案件最少、毒瘤枪害彻底铲除，成为海内外客商、游客和人民群众心目中最安全的地区之一”这一目标要求，坚持稳定压倒一切，落实定期排查、研判及责任主体单位和责任领导包案等制度，依法及时化解社会矛盾纠纷特别是因征地拆迁利益博弈引发的问题，加大对涉毒、涉枪、涉黑恶、“两抢一盗”等违法犯罪活动的打击力度，每年排查一批社会治安问题突出的地方，强化专项整治，打造群众满意的平安环境。要加强法制宣传和大普法教育，深入开展“小手拉大手”，积极推进法律“六进”和法治城区、法治镇（街道）、法治村（社区）等创建活动，抓好一村一法律顾问工作，提高全民依法反映诉求、依法维护权益的意识。二要大力实施最干净最美化最亮化创建工程。城区是全市的政治经济文化中心，理应成为展示汕尾形象的门户和窗口。各级各部门要按照市委的要求，统一认识，压实责任，继续开展创建省卫生文明城市活动，深入开展环境卫生、交通秩序、市容市貌综合整治行动，推进最干净最美化最亮化创建工程，整治脏乱差现象，进一步打造干净、整洁、有序的城市环境。要坚持边整边建，巩固拓展前阶段的整治成果，推广“四有”机制，落实“门前三包”，实行网格化管理，加强巡查考核，完善市区垃圾转运站及垃圾收集点等环卫硬件设施规划建设，推进城乡生活垃圾一体化处理。要深入开展志愿服务、正面宣传等活动，引导群众保护城市环境，遵守交通规则，规范言行举止，爱护美好家园。三要努力提供优质高效政务服务。良好的政务环境是最好的发展资源和招商名片。要持续抓好“三严三实”专题教育，深化政务整治、正风肃纪行动，全面改善政务环境。要深入开展“暖企行动”，落实限时办结制，强化“一条龙”全程代办服务，改善政商环境。

三、立足当前，打好开局，推动开篇之年顺利起步

2016年是实施“十三五”规划的开局之年，也是立足新起点、谋划新发展的重要一年，更是推动城区振兴发展的关键之年，做好今年的工作意义重大。2016年我区工作的总体要求是：紧紧围绕全面建成小康社会目标，把握机遇，乘势而上，深入实施“四功能片区一中心”规划，依法全力维护社会

稳定，大力实施最干净最美化最亮化创建工程，持续发力抓好政务服务，进一步加快城区扩容提质、振兴发展，为“十三五”时期发展开好局、起好步。

根据市的要求和我区实际，区委、区政府提出今年经济增长预期目标为8%，既考虑了我区经济增长的潜力，又考虑了稳增长、调结构的需要。全区各地各单位要围绕这个目标，增强信心，全力以赴，确保今年目标任务的实现。

（一）要深入实施“四功能片区一中心”规划蓝图

1. 要全力推进“三大版块”征地拆迁。发挥专责小组作用，完善项目清单，建立台账管理，实行时间倒逼，专班专人加大工作力度，做好红草高新区、马宫金町湾滨海旅游区、中央商务区等重大项目的征地工作，全力当好“推土机”，为项目落户建设提供充足的土地储备。

2. 要加快重点项目建设。进一步严格落实重点项目建设领导分工负责制，加强项目的跟踪协调，落实一个项目、一个领导、一套班子、一套方案工作机制，实行半月一调度一督查，一月一汇总一通报，切实做到项目谋划快，项目落地快，项目建设快。重点抓好马宫中心渔港、过海隧道（或桥）、比亚迪、肯迪文、信利第5代TFT显示器等一批重点项目建设，力争早日发挥效益，解决就业，切实拉动经济发展。

3. 要着力做好项目储备。优化招商引资机制，建立激励机制，推行“限时办结”制，千方百计提升招商实效。加大对现有企业的服务力度，支持在建企业增资扩产，发挥重点企业的示范宣传效应，实现以商引商、产业链招商，引进更多项目。大力实施精准招商，把招商重点瞄准中央及省“十三五”规划中的项目，加强研究对接，提供充足的项目储备。

（二）要依法全力保平安护稳定

1. 要强化社会矛盾纠纷排查化解。坚持稳定压倒一切，进一步落实“一把手”责任以及属地管理和“谁管谁负责”职责，实行一周一排查、十天一督查一通报、每月一例会研判工作机制，对社会矛盾纠纷排查化解工作常抓不懈，对排查出的社会矛盾分类汇总，建立台账，实行动态式管理，并逐一落实区党政班子成员“五个一”包案责任，全力化解矛盾。依法依规打击阻挠项目推进的行为，坚决排除一切干扰，铲除一切障碍，全力为项目顺利建设清障开路。

2. 要保持严打高压态势。紧紧抓住涉枪、涉毒、涉“双抢一盗”、涉黑恶等影响群众安全感的突出问题，保持高压严打态势，深入推进打击整治行动。重点深入开展禁毒暨打击非法枪支专项行动，落实四级信息网络平台，推行村级每日网格化巡查责任机制、镇（街道）每周开展一次统一清理清查机制，不间断开展专项清查打击行动。同时，最大限度地把警力摆到路面，特别对火车站、客运站、大型集市等人流较多的部位，加大警力布控，有力地震慑各种违法犯罪。致力抓好金融秩序正常化，严厉打击各项经济犯罪，营造良好市场经济环境。

3. 要大力加强源头治理。通过深入开展以民事代理为主要内容的驻点联系工作、“暖企行动”和“访贫问苦”等活动，办好涉及群众切身利益的民生实事。重点解决征地留成地等涉稳历史遗留问题及群众反映强烈的民生问题，不贪老百姓利益，不欠老百姓的账。同时，统筹推进各项社会事业发展，坚持精准扶贫，重点抓好区、镇、村三级书记扶贫责任制落实及与深圳光明新区对口帮扶工作，加快脱贫步伐。加大对教育投入，全面完成教育创强工作。着力提升医疗服务水平，全力推进逸挥基金医院创建“三甲”医院。完善城乡一体化保险制度，推进数字人社和社保经办标准化。推进文化强区，继续推进社区文化活动中心、村级文化活动室、农村书屋等工程建设。

（三）要大力开展最干净最美化最亮化工作

1. 要进一步加大治违拆违力度。加大日常执法监管力度，进一步完善巡查机制，对违法违章建筑做到早预防、早发现、早处理。配合城管执法部门，强势推进治违拆违工作，做到对违法建筑一律拆除，对偷建抢建的一律露头就打，对违法违章建筑一律不予补偿。发挥群众监督作用，鼓励、奖励群众举报，并对违法违章建筑进行曝光，强化教育效果。

2. 要全面推行环境卫生网格化管理。落实“门前三包”，实行网格化管理，按照定区域、定单位、定人员、定责任“四定”落实网格化管理职责，实行分片、分小区、分道路的网格化管理模式，将环境卫生管理责任下移到社区、到群众，把管理触角延伸至农村地区。加强巡查考核，完善市区垃圾转运站及垃圾收集点等环卫硬件设施规划建设，推进城乡生活垃圾一体化处理。

3. 要加强市民教育。结合“创文”、“创卫”，深入开展“城管宣传”、“文明劝导”、“清理牛皮癣”等一系列志愿服务活动，引导群众保护城市环境，遵守交通规则，规范言行举止。发挥“小手拉大手”作用，加强在学校中的城市文明教育，让广大市民进一步提高城市意识，自觉参与城市管理，共同营造和谐文明、整洁有序的市容环境。

（四）要持续深化政务整治

1. 要强化警示教育。坚持多措并举，利用政务整治“曝光台”、电话短信平台、微信平台、图片展等多种方式，加大对反面典型案件的曝光力度，通过身边人、身边事开展警示教育，着重从思想根源、教育监督、制度机制等方面分析原因及危害，以案说纪、以案明纪，提高对党员干部的教育管理和监督水平，做到查处一案，教育一片。

2. 要加大明察暗访力度。持续开展政务整治、正风肃纪行动，加大明察暗访力度，采取重点检查与随机抽查相结合、部门自查与群众评议相结合，重点对党员干部特别是服务窗口人员的工作纪律、服务质量、办事效率及解决群众反映问题情况进行明察暗访，发现问题及时教育查处，提高明察暗访的覆盖面，延伸到村（社区）一级，进一步加强对各级干部的监督。

3. 要大力查处作风案件。加大作风案件的查处力度，深入整治“四风”问题，切实解决埋怨体制机制、推诿扯皮、不敢担责、执纪不到位、“庸懒散慢”、不作为等作风方面的突出问题，凡发现违规违纪，特别是侵害群众利益的“四风”突出问题，加大通报批评、党纪政纪处理力度，进一步增强广大干部的担当意识和自律意识，提升政务服务效能。

四、以钢的班子、铁的队伍，担当全面建成小康社会的历史使命

全面建成小康社会，关键在党，关键在人，关键在各级领导干部。近几年中，全区广大干部尤其是领导干部，在品清湖非法围网养殖清理、墩下城拆违、东涌村事件处置及中央商务区、红草高新区、马宫金町湾滨海旅游区的征地拆迁及城市拆违控违等工作中，克服了工作基础薄弱、无土地资源可发挥、个人工资待遇较低及体制机制不顺等问题，特别是征地补偿标准较低，甚至无法及时付还补偿款的种种困难，一项一项攻坚下来，完成了工作任务，征了很多土地，使中央商务区、红草高新区、马宫金町湾滨海旅游区的项目建设等都能顺利落实，非常不容易。这既是市委、市政府坚强领导下取得的结果，也是区领导班子成员以上率下、攻坚克难的结果，更是广大干部克服困难、担当实干的结果。实践充分证明，我区的各级班子是团结一致、坚强有力的，各级党员干部是顾大局、识大体、讲实干、敢担当的。面对新的使命，新的任务，我们还必须坚持从严治党、依规管党，进一步提升执行力。必须以钢的班子、铁的队伍，担负起城区全面建成小康社会的历史重任。

（一）要坚持理论武装，强化加快振兴发展的历史担当

要始终把理论学习摆在突出位置，原原本本、系统深入学习习近平总书记系列重要讲话精神，全面学习领会习近平总书记系列讲话的新思想、新观点、新论断、新要求，进一步完善发展思想和举措，破解发展难题。要把严明政治纪律和政治规矩摆在首要位置，牢固树立纪律和规矩意识，增强政治敏锐性和政治鉴别力，自觉在思想上、政治上和行动上同以习近平同志为总书记的党中央保持高度一致，坚决服从党中央统一领导，坚决维护中央权威，深入贯彻中央和省委省政府、市委市政府决策部署。要深入贯彻落实好上级全会精神，尤其是市委石奇珠书记对城区的指导和指示精神，牢记“加快振兴发展，事关人民福祉、汕尾形象、干部尊严”的教诲，以及“自己的骨头要长肉”的忠告，激发城区人敢于拼搏、敢为人先的血性。

（二）要狠抓“关键少数”建设，提高加快振兴发展的能力水平

各级领导干部尤其是“一把手”对一个地方、一个部门、一个单位的影响是举足轻重的，是“关键少数”。必须抓住“一把手”这个关键，凝炼工作作风，提高振兴发展的能力水平，发挥以上率下的作用。要统筹全局，谋划长远，研究落实措施，亲自抓，带头干，负总责。要围绕区委、区政府提出的工作任务和本单位本地区重点工作，建立工作项目清单，细化任务分工，明确完成时限，落实责任要求，及时建账盘点，确保各项工作目标任务落到实处。要坚持敢于担当，强化攻坚克难，敢于主

动作为，彻底摒弃“等靠要”思想，不推诿、不回避、不懈怠，主动担责、直面困难、破解难题，特别对于征地拆迁、处置矛盾突出问题等一些涉及面广、利益复杂的工作，必须排除干扰，讲究方式方法，在困难矛盾面前敢于亮剑。要推行“一线工作法”，将工作重心和工作阵地下移，把办公桌搬到一线去。今年，区委、区政府将围绕招商引资、三大抓手、三大民生攻坚、三大环境整治等方面召开现场会，通过现场办公协调解决各种实际难题，真正做到情况在一线掌握，决策在一线形成，问题在一线解决，作风在一线转变，感情在一线培养，干部在一线锤炼，形象在一线提升。通过落实“一线工作法”，用结果说话，以实绩论英雄。

（三）要全面加强基层组织建设，打好加快振兴发展的基层基础

基础不牢，地动山摇。必须不断加强基层组织建设，夯实基层基础。要突出开展创建法治村社活动，狠抓“十个一”措施落实，以规范农村管理作为主要着力点，以点带面，推动全区基层组织建设。重点抓好《汕尾市城区村（居）民小组长管理制度（试行）》实施和农村“三资”管理，提升基层治理法治化水平。要深入实施固本强基工程，继续抓实抓好软弱涣散基层党组织排查整顿工作，实现软弱涣散基层党组织整顿转化率达到100%。加强驻点联系群众工作，深入开展民事代理，提高群众反映问题的办结率，密切党群干群关系。选好配强村级党组织书记，加大对书记后备干部培养力度和改进大学生村官选聘工作，开展村干部“学历提升”行动。要加大基层保障力度，逐步加大财政对基层的投入。

（四）要注重选好人用好人，树立加快振兴发展的鲜明导向

要认真抓好区、镇换届选举工作，全面掌握工作流程，严肃换届纪律，依法依规选好区、镇党代表、人大代表，组织开好镇党代会、人大会。要采取“一谈二调三查处”等措施，确保全面圆满完成区、镇换届选举任务，选出坚强的领导班子。要对照“三严三实”的要求，优化奖惩激励机制，打造鲜明导向，激发干部队伍活力。要更加注重在重点项目、重点工作和突发事件等各个主战场培养、锻炼和任用干部，注重挑选责任心强、敢担当、敢负责，特别在征地拆迁、突发事件等重点工作中敢于担责、敢于冲锋在前、年富力强的干部，形成“有为者有位”的良好用人导向。要营造风清气正的换届氛围，重点选优配强党政正职，并抓好党政正职的后备队伍建设。要严格执行中共中央办公厅印发的《推进领导干部能上能下若干规定（试行）》，疏通干部“下”的渠道，制定操作性强的具体评价标准，着力解决为官不正、为官不为、为官乱为等问题，让“太平官”、“无为官”没有立足之地。要积极为干部实践锻炼搭建平台，让干部在普通岗位上多经历一些难事、急事、大事、复杂的事，更加深刻地掌握区情、民情；在改革发展的主战场、维护稳定的第一线、服务群众的最前沿，砥砺品质、提高本领。要敢于给优秀干部压担子、委重任，不断提高应对解决问题、驾驭复杂局面的能力。

（五）要强化监督执纪问责，形成加快振兴发展的良好氛围

坚持把纪律挺在前面，通过严格监督执纪问责，用实实在在的行动取信于民，让广大干部真真切切地感受到“纪律是带电的高压线”。各级纪检机关要发挥党内监督专门机关的作用，对党员领导干部履行职责和行使权力情况进行监督。要加大问责力度，坚决查处责任不落实、措施不得力、监管不到位、不能按时按量按质完成任务等“为官不为”突出问题，以问责倒逼领导干部带好队伍、推进工作。要综合运用批评教育、诫勉谈话、责令作出书面检查、通报批评、党政纪处分和组织处理等多种手段，完善责任追究的工作机制，强化问责的针对性、实效性。要加大执纪力度，坚决落实从严治党、依规治党要求和“两个责任”，把党风廉政建设和反腐败工作作为重要政治任务来抓，特别要坚决查处问题严重、群众反映强烈的案件，保持惩治腐败的高压态势。要推动全面从严治党向基层延伸，坚决遏制基层不正之风和腐败蔓延现象。要坚决落实“一案双查”制度，一个单位的干部职工发生违纪或者不作为，既要查处问责当事人，同时也要追究单位主要负责人的责任。

同志们，全面建成小康社会、实现城区振兴发展，责任重大，使命光荣。我们要紧密团结在以习近平同志为总书记的党中央周围，在市委、市政府的坚强领导下，立足当前，着眼长远，开拓奋进，担当实干，为全面完成“十三五”经济社会各项任务，夺取全面建成小康社会新胜利而努力奋斗！

中共汕尾市委常委、城区区委书记陈少荣在区委七届五次全会结束时的讲话

坚定不移狠抓落实

同志们：

区委七届五次全会就要结束了。全会听取了区委常委会工作报告及展海区长关于2016年经济工作的讲话，审议通过了《中共汕尾市城区委关于制定全区国民经济和社会发展第十三个五年规划的建议》，明确了“十三五”时期全面建成小康社会的目标任务，部署了2016年的工作。会议期间，与会同志进行了认真讨论，围绕学习全会报告、《建议》及经济工作讲话，提出了很多很好的意见和建议。这次会议时间虽短，但开得紧凑成功，收获很大。现在，全区加快振兴发展、全面建成小康社会的规划蓝图已定，目标措施已明，各级党组织和广大党员干部必须按照区委的决策部署，结合自身实际，认真抓好贯彻落实。

一直以来，讲落实、抓落实，是城区的一个永恒主题，也是引以为荣的一件事情。在“十二五”时期，不论是推进全区经济社会总体的发展，还是在近几年来的品清湖非法围网养殖清理、墩下城拆违、东涌村事件处置、“三大版块”征地拆迁及市区控违拆违等难重工作中，各级干部都能够严格按照市委市政府、区委区政府的决策部署，担当实干，攻坚克难，出色地完成了各项任务，充分体现了良好的执行力和落实力。实践也证明，不管工作多难，任务多重，只要我们思想统一、意志坚定，敢于担当、勤抓落实，就一定能够无往而不利。

过去需要落实，未来更需要落实。这次全会明确了城区全面建成小康社会的新目标新路径，使命光荣，任务艰巨，实现这一目标，有大量的工作要做，有许多的问题要解决。特别是当前，城区发展迎来最好的历史机遇，天时地利人和均已具备。“天时”就是上级的支持力度前所未有：中央作出脱贫攻坚的战略部署，明确了加快实施重点贫困革命老区振兴发展规划，扩大革命老区财政转移支付规模；省委、省政府大力支持汕尾发展，将汕尾列入贫困革命老区重点支持，支持汕尾融入深莞惠经济圈，在资金资源上的支持更是不胜枚举；深圳进一步加大帮扶力度，实行全方位的对口帮扶；胡春华书记到广东任职的短短3年多的时间里，先后7次莅临汕尾为我们“开小灶”；市委、市政府对城区另眼相看，厚爱三分，石奇珠书记、杨绪松市长时刻关注城区的建设和发展，从资金上给予大力支持。“地利”就是我们具有好的资源禀赋，区位优势凸显前所未有：即将建设的广汕高铁、深汕高速公路扩建、天汕高速公路，加上原有厦深铁路和争取恢复营运香港水路航线，交通运输枢纽即将形成，城区融入珠三角、成为珠江东岸地区的滨海新城已具雏形。“人和”就是求进思变谋发展的氛围前所未有：一大批在外乡贤关心支持家乡发展，积极建言献策，主动牵线搭桥，推动更多企业项目落户城区；全区广大人民群众思稳定、盼发展的愿望强烈，全心全意支持我们的工作，区内外形成了加快发展的良好态势。面对天时、地利、人和，我们更应该把落实的力度加大、加大、再加大，顺势而为、乘势而上，才能尽快把大好机遇变为发展成果，把规划蓝图变为美好实景。下面，对如何加大落实力度，推动城区加快振兴发展，我强调几点意见：

一、必须精神再提振，坚定落实的恒心。思想是行动的先导，精神状态决定落实力度。只有保持昂扬向上、积极进取的精神状态，才能持之以恒地

抓好落实。要自觉践行“三严三实”，把心思凝聚到干事创业上，把精力集中到真抓实干上，把本领运用到振兴发展上。要有工作没做好、任务未完成，坐不住、吃不香、睡不着的紧迫感，有不待扬鞭自奋蹄的冲劲，不达目的不罢休。要有“功成不必在我任内”的胸怀，有坚持不懈、坚韧不拔的韧性，保持昂扬的精神状态，用力用心用情去干，积极主动抓好落实，用抓落实的结果担当城区振兴发展的使命。

二、必须力度再加大，务求落实的实效。在“四功能片区一中心”规划蓝图确定的前提下，全区“十三五”期间发展，就是对“十二五”期间发展的延续和深化。同样，我们“十三五”期间的工作，也是对“十二五”期间的工作进行延续和深化。必须在落实上力度再加大，措施再强化，务求更大的实效。要紧紧围绕全面建成小康社会和振兴发展的目标要求，逐项对照对标，加大力度抓好落实，抓出成效。全面建成小康社会的各项目标任务一定要完成好；社会稳定要严格按照市委要求维护好；城市管理要不断加强；还有社会民生、党建等其他各项工作都要同步推进。红海西路拆迁建设要按照既定的时间表加以推进，决不能让群众失望；对比亚迪零配件项目、信利5代线、肯迪文等项目，要做好跟踪服务，确保一季度动工建设。

三、必须攻坚再担当，突显落实的强度。抓落实自然会遇到困难和问题，关键在于我们敢不敢直面问题、直面矛盾，敢不敢迎难而上、较真碰硬。我们在品清湖非法围网养殖清理、墩下城拆违、东涌村事件处置、“三大版块”征地及城市控违拆违等实践中充分表明，回避矛盾就会激化矛盾，面对矛盾才能化解矛盾，敢于较真碰硬，总会找到解决的办法。因此，面对项目推进、城建城管、社会稳定中碰到的难题，我们要敢于“亮剑”，不管任务有多重，困难有多大，都要直面矛盾不回避，攻坚克难不退缩，困难面前讲担当，做到在一线推进工作、一线化解矛盾。对违法违规的行为，要敢于弘扬法治，不能退缩。但是，我们也必须时刻谨记，敢于担当、敢于碰硬不是蛮干，更不是蛮横，特别在推进征地拆迁、服务项目建设、处置突发问题的过程中，既要讲公道、讲正气，又要站稳群众立场、解决合理诉求，更要依法依规、讲究方式，真正做矛盾的“润滑剂”、“灭火剂”，而不是“催化剂”、“膨胀剂”。

四、必须责任再压实，营造落实的氛围。落实就是一种责任。责任落实不到位，工作落实必然不到位。只有在责任上再强化，我们才能不惧任何困难，不折不扣地贯彻落实好区委的各项工作部署。要落实严格的工作责任机制，做到定人员、定岗位、定任务、定时间、定要求，使人人肩上有担子、项项工作有着落。要围绕区委、区政府提出的工作任务和本单位本部门重点工作，建立工作项目清单，细化任务分工，明确完成时限，落实责任要求，及时建账盘点。要进一步建立健全严格的奖勤罚懒制度，更加注重严肃问责，紧紧抓住“不落实的事”，严肃批评“不落实的人”，让每个人都能精心谋事、潜心干事、专心做事，自觉担负起抓落实的责任。全区广大领导干部要把区委提出的目标，当做自己的目标来追求；把区委制定的计划和措施，当做自己所肩负的责任来实施，营造抓落实的浓烈氛围。要身体力行，明确掌握职责范围内各项工作的目标任务、工作要求、完成时限、验收标准，切实排好工期，加强督促检查，按时按质按量完成，以落实的结果说话，发挥好以上率下的作用。

同志们，以这次区委全会为标志，我们吹响了城区全面建成小康社会的冲锋号，开启了城区全面加快振兴发展的新征程。只有以更加奋发有为的姿态，更加担当实干的作风，才能在新的征程上夺取新的伟大胜利。让我们更加紧密团结在以习近平同志为总书记的党中央周围，在市委、市政府的正确领导下，提振精神，铆足干劲，乘势而上，狠抓落实，努力加快振兴发展，全面建成小康社会。

区长林展海在汕尾市城区第七届人民代表大会第六次会议上的政府工作报告

各位代表：

我代表区人民政府向大会作政府工作报告，请予审议，并请政协各位委员和其他列席人员提出意见。

“十二五”时期及2015年工作回顾

“十二五”时期是我区奋发图强、承前启后的五年，是为全面建成小康社会夯实基础、扬帆蓄势的五年，特别是党的十八大召开以来，区政府在中央、省、市和区委的正确领导下，认真贯彻党的十八大以及省委《关于进一步促进粤东西北地区振兴发展的决定》的精神，按照区委的工作部署和要求，紧紧围绕“扩容提质、振兴发展”的目标，坚持以“发展、改革、稳定”为主线，依靠交通基础设施建设、产业园区扩能增效、中心城区扩容提质“三大抓手”，促使经济社会保持平稳发展良好势头，基本完成2015年和“十二五”规划的各项目标任务，为“十三五”发展奠定基础。

——五年来，我们积极应对经济下行压力，坚持稳增长促发展，经济综合实力明显提高。全区地区生产总值从2010年的69.91亿元增加到2015年的111.63亿元，年均增长11.0%，人均生产总值由2010年的17323元提高到2015年的26904元，年均增长9.2%；城镇常住居民人均可支配收入和农村常住人均可支配收入分别达22809元和12021元，年均增长12.7%和13.3%。

——五年来，我们全力推进园区建设，加快产业转型升级，产业结构明显改善。工业化进程加快，2011~2015年规模以上工业增加值年均增长18.5%。第三产业不断壮大，2015年社会消费品零售总额83.69亿元，比2010年增长85.7%，年均增长13.2%；三次产业结构中，第二、第三产业比重不断增加，产业结构进一步优化。红草园区被批准认定为省级汕尾新区红草产业集聚发展区、省市共建循环经济产业基地和省级高新技术开发区。科技创新能力持续增强，红草镇于2014年被省科技厅定为广东省技术创新专业镇。

——五年来，我们不断完善公共基础设施配套，推进中心城区扩容提质，城市宜居水平明显提升。全区累计完成固定资产投资160亿元，年均增长19.1%。顺利开通厦深铁路，续建捷胜至凤飞山国防公路，完成海汕公路扩建优化工程，完成深汕高速长沙湾全互通出入口改造工程，完成一批农田水利设施建设，形成了比较完善的交通、通信、供水等基础设施网络。积极推进新农村建设工作，投入资金4650万元，完成东涌镇和红草镇部分行政村的饮水安全、村路巷道硬底化、村庄亮化绿化美化、环境卫生整治等项目建设。深入推进“创文”、“创卫”工作，强力推进城市管理、环境卫生整治，建立城市管理和环境卫生巡查机制，依法依规拆除违法搭建。开展一系列志愿服务活动，引导市民遵守交通秩序、爱护卫生环境，提升市民文明意识。完成了各镇（街道）综合文化站和多功能电影院建设,并在全区建设了一批健身园。

——五年来，我们努力补齐民生短板，加快民生事业建设，基础民生保障明显改善。社会保障体系逐步健全，人民生活水平不断提高。扎实推进省、市十件民生实事工作，人民群众得到更多实惠。实现医疗救助“一站式”即时结算服务，基本实现全区城乡居民养老保险制度全覆盖，切实提高低保、五保供养和城乡基本养老等底线民生保障标准，被省评为“城乡居民社会养老保险示范区”。抓好动物疫病、人感染H7N9禽流感等重大疾病的防控，免费开展农村妇女“两癌”筛查项目，保障人民群众的身体健康和生命安全。逸挥基金医院成功创建“三级乙等”医院。启动建设逸挥基金医院肿瘤防治中心、妇幼保健院综合楼、铜鼎山森林（郊野）公园等项目。加强对口帮扶工作，积极主动与深圳市四套领导班子办公厅和深圳光明新区对接联系，2014年落实帮扶资金300万元建设了6个村头公园和2条环村道路；2015年落实帮扶资金520万元支持建设区妇幼保健院综合楼、购置消防配套设施和器材，以及用于后径小学改建工程的前期设计；此外，光明新区帮扶资金2000万元用于红草园区建设。

——五年来，我们坚持依法治区，推进精神文明建设，社会各项事业全面进步。社会大局保持和谐稳定，依法妥善处置了“东涌村问题”、小岛村纠纷斗殴等重点涉稳问题；2013年、2014年连续两年实现了命案零发生。法治城区有序推进，深入开展“法治村社”创建活动，基层治理成效明显，我区被全国普法办授予“全国法治县（市、区）创建活动先进单位”、“广东省法治先进单位”，区司法局被省委评为“全省依法治省工作先进单位”，区法院和田家炳中学被省授予“广东省法治文化建设示范点”。教育创强创均工作取得阶段成效，全区中小学实现多媒体电教平台进教室；2014年新港、马宫2个街道率先通过广东省教育强镇督导验收。人口计生工作扎实推进，全员人口信息库覆盖率98%，计划生育各项优惠政策落实率100%，2013年荣获“全国计划生育优质服务先进单位”称号。科技文化旅游事业加快发展，2011年~2015年，我区专利申请量487件、授权量317件；“党政领导推动科技进步工作”顺利通过国家考核；汕尾渔歌入选第四批国家“非遗”名录，区汕尾渔歌传承基地被评为省级传承基地，原创渔歌剧《默娘》成为广东省妈祖文化创新剧目并作为市城区反腐倡廉励志剧目，成功举办了两届“汕尾渔歌节”活动，受到群众高度评价；凤山祖庙旅游区和铜鼎山旅游区均被评为“国家AAAA级旅游景区”，同时，凤山祖庙旅游区被省认定为“广东省中华文化传承基地”。精神文明建设扎实开展，香洲社区被省委宣传部、省文明办评为培育和践行社会主义核心价值观示范社区，东兴社区被省科协、省文明办评为广东省科普示范社区，田家炳中学被中央文明委授予第四届全国文明单位。民族宗教工作扎实推进，解决了一批历史遗留问题，调处了一批矛盾纠纷。双拥工作坚强有力，坚持做好海训协调保障工作，认真落实各项优抚政策，实现了省级双拥模范区“七连冠”。严格落实安全生产责任制，加强安全生产执法，全区安全生产形势稳定。

——五年来，我们坚持落实行政体制改革，深化政务政风整治，政府效能逐步优化。大力推进简政放权，将各镇（街道）站所的人权、财权、事权下放到镇（街道）一级。深化行政审批制度改革，开展政府部门权责清单编制工作，精简行政审批事项，公布缩短行政审批时限清单，行政事项办结时限比法定时限缩短30%以上。优化政府组织结构，整合卫生局和计划生育局，组建卫计局；组建食品药品监督管理局；完成工商系统体制调整工作。深化事业单位改革，基本完成全区事业单位的分类改革工作。

此外，监察、审计、人事、人民武装、统计、台务、殡改、海防与打私、物价、普法、妇女儿童、老龄、工商联、外事侨务、档案、地方志、体育、科协、工会、青年、残联、侨联等工作也取得新成绩。

各位代表，五年来，我们始终以更好地服务人民作为努力方向，不断强化政府自身建设。认真落实人大及其常委会决议，大力支持区政协工作，自觉接受人大依法监督、政协民主监督，认真办理人大代表议案、政协提案。坚持依法行政，全面推行行政执法责任制，改进和加强行政复议，推行政府法律顾问制度，深入开展政务公开，接受舆论监督和公众监督。认真落实中央八项规定，扎实开展党的群众路线教育实践活动，深入推进“三严三实”专题教育，政府行政效能得到提高，政府工作作风得到加强。

过去的2015年，我区主动适应经济发展新常态，坚持以“发展、改革、稳定”为主线，依靠交通基础设施建设、产业园区扩能增效、中心城区扩容提质“三大抓手”，促使经济社会保持平稳发展的良好势头。

——经济平稳健康运行　我区认真贯彻落实国家、省、市稳增长促发展一系列政策措施，及时加强经济运行调控，积极实施“暖企行动”，主动帮扶企业，努力维持实体经济平稳健康运行。2015年完成地区生产总值111.63亿元，比2014年增长6.9%；规模以上工业增加值40.72亿元，比增5.6%；农业总产值27.66亿元，比增4.3%；一般公共预算收入2.71亿元，完成年度预算任务的100.4%，非税收入比重大幅度下降为27%；固定资产投资32.41亿元，比增12.0%；社会消费品零售总额83.69亿元，比增10.8%；全区常住居民人均可支配收入20402元，比增7.8%。

——园区征地加快推进　中央商务区的火车站片区一期831亩、二期610亩已完成征地，作物补偿和迁坟在加紧扫尾中，三期征地已通过召开村民代表大会同意;火车站站前广场项目用地已完成征地作物补偿，主体工程已建成投入使用；碧桂园二期征地工作顺利完成，已交付建设使用。马宫金町湾滨海旅游区顺利完成一期842亩的征地和作物补偿工作，二期征地工作顺利推进，已签订征地协议1151亩；保利集团金町湾旅游度假城项目开工建设，已开始销售楼房；希尔顿五星级酒店项目入驻旅游度假城并已开工。红草园区首期征地约2500亩已签订征地协议，其中832亩已完成征地补偿任务实现供地，三和片、拾和径口片的征地工作已进入扫尾阶段，正在加紧推进地上作物及附着物补偿。近期，西河、拾和、亚洲、南汾、埔边、青山等6个村委会已召开村民代表大会同意征地约5400亩。

——重点项目建设全面提速　2015年，区重点建设项目24个（其中新建项目12个，续建项目12个）,计划总投资25.66亿元，已开工建设项目19个，累计投入建设资金13.77亿元。其中，深汕高速长沙湾互通立交改建工程项目已建成通车；广物汽贸汕尾汽车城项目已完成一期工程，正启动二期工程设计；红草园区市政道路建设首期项目、恒美珍珠研产销项目等17个项目在加紧建设。

——招商引资创新发展　积极利用深莞惠+汕尾、河源“3+2”经济圈合作机制以及深圳市光明新区全面对口帮扶城区的契机，不断创新招商引资方式，充分发挥红草高新区规划建设的载体效应，主动对接深圳市光明新区，联合组织参与了深圳-汕尾2015年度招商推介会系列活动，先后签约12个项目，签约金额183亿元。目前，比亚迪新能源汽车、信利第5代TFT显示器、国信通手机配件、肯迪文服饰、上海莱士生物制药、喜来登酒店、卜蜂莲花超市等项目落户我区，这些项目的进驻将为我区的振兴发展提供强大的发展后劲。

——城市综合管理强势有力　以推进“创文”、“创卫”工作为契机，强力推进城市管理和环境整治。积极牵头、配合市相关职能部门，开展城市管理综合执法大整治行动，拆除市区文明路、大马路、二马路、三马路、海滨大道、通港路及汕可公路品清段等街巷路道两旁的违建、乱占建筑物2400多处，推进市区7条市政道路和红海西路的征地补偿工作，特别是市区红海西路综合改造工程已拉开全面建设的序幕，现已拆除清理路面建设用地面积约25500平方米，征收拆除建筑物121间。加大环卫设施投入，去年以来投入资金1600多万元，添置了扫路车、高压清洗车、保洁车、果皮箱等一批环卫设施，改造建设了3座市区垃圾转运站，新建1座市区西片垃圾转运站，并在红草镇、捷胜镇、东涌镇及马宫街道建设7个简易垃圾转运站；推行市区环卫网格化管理，明确市区街道、社区自行巡查责任，建立与市城管执法部门联合巡查机制，指导环卫作业单位实行“定时、定点、定人、定车”工作机制；落实“门前三包”责任制，启动市区环卫投诉平台和微信平台。加强正面宣传，在全区开展“同心争创文明城市，携手共建善美之城”、“垃圾不落地，汕尾更美丽”、“汕尾处处有雷锋”等志愿服务活动68场次，引导市民遵守交通秩序、爱护卫生环境，提升市民文明意识；组织各区直机关单位参与重点路段的环境卫生大扫除，引导广大市民积极参与美化城区、和谐共管。

——城乡协调发展统筹推进　全面实施新一轮绿化汕尾大行动，投入资金1000多万元，完成防护林人工造林12000亩、封山育林21400亩、森林抚育30249亩、生态景观林带建设840亩。加强水利基础设施建设，中央财政小型农田水利重点建设项目、15宗新增小型病险水库除险加固工程、红草马宫联围海堤达标加固工程和捷胜海堤达标加固工程、村村通自来水工程等一批民生水利项目已相继开工建设，争取在2016年汛期前完成项目建设任务。查处了捷胜海域盗采海砂和红草镇南雅水库偷采砂行为，依法拆除了赤沙水库集雨区城区地段内的16户畜禽养殖场。重视龟龄岛人工鱼礁建设，城区龟龄岛东部海域海洋牧场成功入选首批国家级海洋牧场示范区。

——民生保障水平逐步提高　认真落实市政府提出的十件民生实事，493户危房改造工程全部竣工，100%完成改造任务；控制城镇登记失业率低于2.4%；按要求提高了低保、五保供养、城乡基本养老和城乡居民基本医疗保险补助标准等底线民生保障标准。启动逸挥基金医院创建“三级甲等”医院工作。加强对口帮扶对接工作，基本完成9个重点帮扶村、397户贫困户、1780人的脱贫任务。切实落实临时救助，2015年全区共筹集下拨临时救灾、救济和医疗等救助金826万元，帮助灾民、特困群众3.8万人（次）。依据政策规定，在财政收支矛盾突出的情况下，想方设法提高城区干部职工工资待遇，全年先后实施不同类型调资5次，平均增资幅度超过40%。

——社会公共服务齐步前进　建设了区文化馆和图书馆。教育创强创均工作加快推进，最近，凤山、香洲、红草、捷胜等4个镇（街道）也顺利通过了省教育创强督前检查。渔歌表演多次获奖；成功举办了“迎新年长跑活动”、“善美之城闹元宵”文艺晚会及“美丽汕尾，活力城区”元宵焰火晚会。在全市首创法治村社活动，推行一村（社区）一法律顾问制度；认真建设“三资”管理平台，完善“三资”管理服务；推行领导干部驻点联系制度，认真落实民事代理服务。全面启动“平安城区”创建活动，严厉打击黑恶势力、制毒贩毒、私卖土地等各种违法犯罪行为。落实属地责任，深入开展矛盾纠纷排查调处活动。履行安全生产“党政同责，一岗双责，失职追责”工作制度，各项指标均较好控制在市下达的范围内，确保了全区安全生产形势的持续稳定。围绕实现“双拥模范区”八连冠创建目标，继续推进双拥工作。

——政务环境有效改善　深入开展“全面深化政务整治、正风肃纪集中行动”等政务政风整治活动，有效改善政府部门工作作风，增强全区各单位的服务意识，提高办事效率。落实公开承诺制度，设立投诉举报电话和电子邮箱，加强与市“12345”政府服务投诉举报平台的对接工作，及时处理和反馈有关城区的投诉举报问题，全面推行依法行政，提升政府行政效能。

各位代表，“十二五”时期取得的成绩来之不易。这些成就的取得，是上级党政和区委正确领导的结果，是全区干部群众团结奋斗、努力拼搏的结果。在此，我代表区人民政府，向关心支持我区发展的各界人士和广大人民群众致以崇高的敬意！向长期关心支持我区发展的港澳台同胞、海外侨胞表示衷心的感谢！

回顾过去五年的工作，我们深深体会到：实现城区振兴发展，必须坚持融珠振兴，充分利用深莞惠+汕尾、河源“3+2”经济圈平台，积极对接深化深圳对口帮扶机制，主动接受珠三角辐射带动；必须坚持产城融合，深入实施“四功能片区一中心”规划，调整优化产业布局，大力发展实体经济；必须紧紧扭住“三大抓手”，大力开展招商引资，壮大发展基础；必须坚持稳定压倒一切，持续加强基层治理，全力构建大平安体系，营造有利于发展的社会环境；必须坚持把改善民生作为一切工作的出发点和落脚点，千方百计为群众办实事、办好事，不断提高人民群众获得感；必须发扬艰苦创业的开拓精神，充分调动全区干部群众的积极性、主动性和创造性，进一步凝聚共识，形成加快发展的强大合力。

在肯定成绩的同时，我们也清醒地认识到，我区经济社会发展仍然存在一些问题和困难，主要有：一是经济指标完成不平衡。GDP、规模以上工业增加值和进出口总额等指标的增长与制定的目标还有一定差距。二是财政收支矛盾仍然十分突出。经济基础薄弱，财源税源不牢固，加上教育、卫生、社保、干部职工增资等刚性支出不断加大，财政压力较大。三是经济发展后劲发力慢。我区整体工业规模小，同时，由于项目落地难等原因，招商工作的成果未能快速转化为经济发展的新动力。四是社会管理还不完善。在城市管理中，虽有职能设置等一些客观因素，但我区在整治和教育方面都做得不到位，缺乏对市民开展行之有效的宣传引导，部分市民公德意识、文明意识、卫生意识、交通意识和行为习惯与城市文明发展的要求差距较大；市区环卫设施基础差、欠账多。在基层管理方面，监管力度不够,土地开发、留成用地、农村“三资”管理等遗留问题引发的群众信访时有发生，维稳工作压力加大。五是干部队伍作风建设有待加强。一些干部存在“庸懒散”现象，工作执行力不强，个别职能部门和窗口单位办事效率不高。这些存在问题，我们将在今后的工作中采取有力措施，认真加以解决。

“十三五”时期的奋斗目标和主要任务

根据党的十八届五中全会、省委十一届五次全会、市委六届五次全会精神和区委关于“十三五”规划建议，我们编制了《汕尾市城区国民经济和社会发展第十三个五年规划纲要（草案）》，提交大会审议。

“十三五”时期，是城区全面建成小康社会的决胜阶段，也是加速融珠振兴发展的关键时期。纵观国内外形势，我区既面临新的历史机遇，又面临严峻挑战，总体上仍处于历史发展的黄金期和战略机遇期。党的十八届五中全会提出了全面建成小康社会新的目标要求，着眼于解决发展不平衡问题，把协调发展提到新的高度，全力实施脱贫攻坚，尤其是最近海陆丰革命老区被纳入国家贫困革命老区扶持范围，为我们欠发达地区的发展提供了新的历史性机遇。省委、省政府提出补齐粤东西北地区发展、民生社会事业发展、扶贫开发“三大短板”，安排深圳全面对口帮扶汕尾，要求汕尾“心无旁骛向西发展，主动融入珠三角”，为汕尾发展找到了新的出路。汕尾处于珠三角外溢发展的第一圈层，随着珠三角地区优化发展和粤东西北地区振兴发展战略的深入实施，潮惠高速公路、广汕铁路、兴汕高速公路的相继开工建设，汕尾毗邻珠三角的区位优势、土地丰富的资源优势更加凸显。市委、市政府对城区支持力度更是前所未有，在重大产业布局、社会事业发展、基础设施建设和财力保障上给予城区大力倾斜和支持，城区发展的利好因素不断叠加。特别是当前，随着政务整治、环境整治、社会整治等一系列形象重塑措施的大力实施，随着比亚迪新能源汽车、信利第5代TFT显示器、国信通手机配件、肯迪文服饰、上海莱士生物制药等一批对我区长远发展具有支撑引领性项目的加快推进，城区发展的新态势已经形成。为此，我们要进一步认清形势，提振精神，树立信心，坚定决心，把思想和行动统一到中央、省、市和区委的决策部署上来，坚决贯彻落实向西发展、融珠发展、振兴发展、为民发展，实现中高速增长、中高端均衡发展，全面建成小康社会目标。

“十三五”时期政府工作指导思想是：高举中国特色社会主义伟大旗帜，以邓小平理论、“三个代表”重要思想、科学发展观为指导，深入学习贯彻习近平总书记系列重要讲话精神，坚持全面建成小康社会、全面深化改革、全面依法治国、全面从严治党的战略布局，牢固树立创新、协调、绿色、开放、共享的发展理念，紧紧把握汕尾全面融入深莞惠经济圈及新区建设契机，深入实施“四功能片区一中心”规划，扭住中心城区扩容提质、产业园区建设、交通基础设施建设“三大抓手”，统筹推进经济建设、文化建设、社会民生建设、生态文明建设、政治建设，加速融珠振兴，跟上全省发展步伐，确保如期全面建成小康社会。

“十三五”时期我区经济社会发展主要目标是：达到全面小康水平，2018年地区生产总值、城乡居民人均可支配收入比2010年翻一番以上，2020年与全国同步全面建成小康社会。中心城区辐射带动作用更加突出，绿色发展水平明显提高，城乡环境明显优化。

实现“十三五”时期发展目标，必须牢固树立创新、协调、绿色、开放、共享五大发展理念，坚持融珠振兴，主动接受珠三角辐射带动；坚持产城融合，打造产业、城市与市民良性互动的城市发展模式；坚持创新驱动，全力开创具有城区特色的自主创新之路；坚持绿色低碳，实现经济社会、人口、资源环境的有机统一；坚持和谐共享，让全区人民共享改革发展的成果。

实现上述目标，必须做到“七个坚持”：

——坚持“四功能片区一中心”规划，推进城区扩容提质　进一步优化空间区域布局，东片利用汕尾火车站集散作用，引领城市紧凑发展，重点发展商务、展贸、酒店、物流业，建设中央商务区，形成商贸物流聚集区。西片充分用好中心渔港、开放海域两张牌，做大做强海产品交易、冷冻加工、仓储货运为主的海洋产业，依托汕尾至深汕特别合作区快速干道，建设金町湾保利滨海旅游度假项目。南片依托优越自然资源优势，通过过海通道的规划建设，合理开发海域空间，打造银龙湾滨海养生湾、金町湾商务度假湾、捷胜海防文化湾等主题湾区；推进沙舌、捷胜龟龄岛和品清湖生态旅游岛的开发建设，建设一批主题型滨海旅游度假区；开辟“游旅结合”的海上休闲度假旅游线路，形成集观光旅游、休闲度假、运动娱乐和特色风情体验等复合功能的养生旅游休闲产业集聚区。北片依托省市共建循环经济产业基地及省级高新技术开发区的建设，主动融入深莞惠都市圈的高新技术产业链，加快建设红草高新产业园区，引进电子信息、新能源汽车、高端品牌服装、设备制造、生物制药等为主的高端产业项目，重点抓好比亚迪、信利、肯迪文、上海莱士、国信通等一大批高端产业项目；同时，完善产业园区配套服务设施的建设，为进园企业提供一站式服务，大力打造高端产业聚集区。中心区依托新中轴线新湖大道、环湖大道及岸边旅游、地产和商贸的开发建设，规划建设主干道为8车道，配套港湾式公共汽车停靠点，集步行街、绿道、休闲功能，带状敞开式公园的环品清湖路；配套建好碧桂园、银湖湾、黄金海岸、喜来登酒店等大型住宅区商业服务、休闲娱乐和大型城市公共服务设施，打造成为服务全区、辐射全市的市民服务中心、文化活动中心、生态旅游中心和商贸中心。

——坚持推进产业园区建设，构建现代产业体系　加快红草高新产业园区建设，围绕园区产业定位，制定优惠政策措施，提升招商引资的吸引力和竞争力。做好园区征地拆迁工作，为项目进园提供充足土地储备。落实广东省“中国制造2025”实施意见和工业转型升级攻坚战三年行动计划，拉动全区电子信息产业、水产品深加工、卫星导航设备、生物制药、半导体照明等高新产业发展。依托厦深铁路火车站配套建设和广汕、龙汕铁路以及兴汕高速的建设，汇集人流、物流、资金流和信息流，拓展我区的合作空间，加快物流、旅游、商贸等现代服务业发展。实施“互联网+”行动计划，建设工业公共服务平台，引进和培养地域性和行业性电子商务平台，加快培养“互联网+”新产业新业态。以提高现代农业产业竞争力为核心，实施科技兴农战略，重点发展无公害蔬菜、优质水果、畜禽、水产等特色产品，大力发展效益农业和特色农业。利用“一带一路”发展机遇，发挥海洋渔业资源优势，大力推进马宫海洋渔业产业园区建设，建成广东特大型中心渔港，建设国家一流、全产业链、产城一体的海洋渔业科技产业园区。突出发展海洋经济产业，建设海洋牧场，打造“南海渔都”品牌，培育海洋经济新的增长极。创新“旅游+”业态，发挥国家AAAA级景区凤山祖庙、铜鼎山旅游区的品牌效应，着力培育优质旅游品牌，做大做强旅游产业。完善产业扶持政策，鼓励扶持企业上市，深入推进“暖企”行动，积极开展精准招商，努力引进世界及国内500强企业。

——坚持完善交通基础设施，建设快速便捷交通网络　积极推进兴宁至汕尾高速公路汕尾段、深汕高速汕尾段拓宽工程及广州至汕尾、龙川至汕尾铁路等一批道路的征地拆迁工作，促进项目尽快建成。加快规划建设城区至陆丰、城区至深汕特别合作区、城区至陆河等城际快速干道，推动区域道路网快捷化。推进中心城区市政交通建设，改造拓宽沿海公路，加快汕尾大道、工业大道西、外环快速路、海滨大道改造等建设，优化火车站站前路配套建设，打通红海西路等市政道路，建设城市新中轴线。规划建设过海通道，建设环品清湖路。完善配套交通安全设施，优先发展城市公共交通，探索打造新能源绿色公交城区。

——坚持深化改革创新，增强融珠振兴发展活力　全面深化改革，坚决推进行政体制改革，深化行政审批制度、事业单位分类、乡镇行政体制、行政事业型收费、商事登记制度等改革，提升政府效能。加强区域合作，主动增强区域合作意识，以红草产业园区建设为载体，以深汕对口帮扶为契机，加强与珠三角地区产业的对接。不断改善投资环境，努力配套健全投资服务环境，进一步完善招商引资优惠政策，创新招商引资工作机制，不断创新招商引资方式，拓宽招商引资渠道，大力推进上门引商、以商引商、产业链招商和园区招商等方法方式，引进外商到我区落户，投资置业。创新投融资机制，充分发挥振兴基金及投融资平台的杠杆作用，大力推动企业发债、PPP等融资模式，鼓励引导各类资本参与城市公共基础设施和社会事业建设。强化创新驱动，加快创新平台建设，吸引知名高校、科研机构入驻我区，扶持民营企业特别是中小企业开展技术改造、技术创新和新产品的开发，鼓励企业与高校、科研机构建立先进技术“产学研”合作关系，加快技术成果的转化与应用,增强民营企业的内生动力。

——坚持推进脱贫攻坚，统筹民生社会事业同步发展　充分利用海陆丰革命老区纳入国家贫困革命老区扶持范围的政策，主动谋划一批关乎长远发展、关系民生改善的项目，争取相关优惠政策扶持，扎实推进革命老区建设。健全精准扶贫工作机制，强化专项扶贫、行业扶贫和社会扶贫工作。加强与深圳光明新区对口帮扶工作，创新帮扶平台，帮助贫困地方脱贫致富。建立全区贫困人口的动态信息系统，实行信息统一，部门共享，完善扶贫到户到人长效机制和扶贫对象认定标准。推进新农村建设，推进新农村连片示范工程、名镇名村和幸福村居建设。积极推进“村改居”工作，加快农村社区化。实现农村生活垃圾集中无害化处理。全面落实“村村通自来水”工程，推进农村危房改造。全面推进教育创强，优化教育布局，推进教育现代化建设，完善学前教育办园体制创均，加快推进国家级示范性高中建设。大力实施“文化惠民”工程，加强对文化遗产的保护和开发。积极实施科技创新战略，加强科技成果的转化运用。加快推进卫生强区建设，整合全区医疗卫生资源，深化医疗体制改革，加快逸挥基金医院创建三级甲等医院步伐，提高人民健康水平。提升社会保障水平，提高就业和收入水平，完善社会保障体系，建立健全农村留守儿童和妇女、老人关爱服务体系，推进残疾人社会保障和服务体系建设。

——坚持绿色发展理念，建设生态文明家园 统筹安排区域资源，坚持集约用地。深入推进节能降耗，大力推广应用节能低碳技术，构建全社会资源循环利用体系。倡导绿色生活和休闲模式，广泛开展环境生态文明村创建活动，创建低碳生态城市和美丽乡村。加强品清湖日常管理和动态监控。大力倡导绿色殡葬。加强资源环境形势和生态价值观教育，推动全社会形成绿色消费。

——坚持推进依法治区，维护社会和谐稳定 加强各级政府依法执法能力建设，建立健全依法决策机制、行政执法与刑事司法衔接机制、协调联动和紧密衔接的工作机制。完善法律援助制度和司法救助机制，深入推进一村（社区）一法律顾问，加强公共法律服务平台建设。深入开展法治城区、法治镇街、民主法治示范村（社区）尤其是法治村社创建活动。进一步完善打防管控工作机制，加大对涉毒、涉枪、涉黑、“双抢一盗”、走私、传销、制假售假、网络诈骗等违法犯罪活动的打击和防范力度，打造群众满意的平安环境。坚持稳定压倒一切，强化基层政府化解社会矛盾主体责任，推进基层治理精细化、法治化、网格化管理，完善基层群众自治机制，加大重点领域和重大社会矛盾化解力度。完善三防、预警、应急指挥等现代管理系统，建立健全隐患排查治理体系和安全预防控制体系、质量安全保障体系、网格化智能化治安防控体系，提升公共安全保障能力。加强和完善安全生产责任体系，深化安全生产隐患排查整治，预防和遏制安全生产事故特别是重特大事故的发生。着力推进“平安细胞”创建活动，夯实社会安全基础。

2016年工作安排

2016年是实施“十三五”规划的开局之年，也是立足新起点、谋划新发展的重要一年，更是推动城区振兴发展的关键之年。做好全年各项工作，意义重大。

全年经济社会发展预期目标：地区生产总值增长8.0%；人均GDP增长7.0%；农业总产值增长4.5%；规模以上工业增加值增长8.5%；社会消费品零售总额增长10.0%；外贸进出口总值增长10.0%；社会固定资产投资增长12.0%；公共财政预算收入增长8.0%；市区常住居民人均可支配收入增长8.0%；城镇登记失业率控制在3.0%以下；节能减排约束性指标完成市下达年度计划。

实现今年经济社会发展预期目标，重点抓好八个方面工作：

一、强力推进园区征地，加快项目落户建设

——继续当好“推土机” 全力推进三个起步区的征地补偿工作，重点完成红草园区三和村1246亩、拾和村684亩、青山村和埔边村800亩，以及径口村、拾和村294亩的供地任务，为比亚迪新能源汽车、信利第5代TFT显示器、国信通手机配件、肯迪文服饰、上海莱士生物制药等项目落户建设提供用地，并进一步推进亚洲、拾和、西河、埔边、南汾、青山等6个村的储备土地征收任务，助力产业园区扩能增效。同时，完成金町湾保利二期1151亩、火车站片区站前南路南段约400亩交地工作。

——大力推进区级重点项目建设 2016年计划安排续建和新开工重点项目34个，总投资173.53亿元，年度计划投资29.1亿元。重点抓好比亚迪、肯迪文、国信通、上海莱士、信利、马宫中心渔港等大型项目的落地建设，加大铜鼎山郊野公园、逸挥基金医院肿瘤防治中心和全科医生培训基地、城区妇幼保健院综合楼等项目建设的推进力度，加快红草马宫联围达标加固工程、田家炳中学新教学楼等一批市政、水利、医疗、教育基础设施项目建设步伐，着力建设完成一批关联度大的龙头项目、带动力强的基础设施项目和附加值高的旗舰型项目，为我区经济社会持续发展奠定基础。

——积极做好项目储备工作　紧紧围绕实施“十三五”规划，认真研究和把握国家宏观调控政策和投资方向，着力在谋划大项目、好项目上下功夫，提前做好项目包装谋划等工作，建立项目储备库，争取更多项目进入国家和省市“十三五”规划重大项目和重大事项。

二、创新发展主导产业，促进产业中高端发展

——推进供给侧结构性改革　按照中央、省、市的部署要求，妥善推进“僵尸企业”有序退出。利用好国家、省有关帮扶企业和促进经济结构优化升级的各种优惠政策，持续深化“暖企行动”，鼓励、指导企业加快实施技术创新和技术改造，减少无效和低端供给，扩大有效和中高端供给，推动供给体系更好适应需求结构变化。落实上级减税降费措施，帮助企业申请上级财政扶持专项资金。为企业搭建更多的营销平台，组织企业参加各种国际和国内重要展会，积极开拓海外市场，稳步扩大出口市场份额，增强企业出口活力和壮大我区出品总量。加强涉企收费管理，定期不定期开展各项收费项目的清理清查，对于不合理、不合法的收费项目一律取消，对各种乱收费、乱摊派、乱罚款等违规违法行为，严厉加以查处，切实减轻企业负担。

——大力发展市区第三产业　依托火车站交通枢纽、环品清湖优美景致的优势，重点打造总部经济平台。大力推动卜蜂莲花超市和喜来登酒店的开工建设，在市区打造集休闲、娱乐、购物、餐饮、星级酒店于一体的综合商贸城，发展现代消费模式。加快推进市区金泰装饰材料综合市场、泰濠景福居装饰材料城、市区海鲜食街商业城等大型市场的开业，发展具有城区特色的专业化市场。

——创新招商引资方式　把握国家推进“一路一带”和21世纪海上丝绸之路契机，支持引导企业加强国际合作，推动有条件的企业积极“走出去”。开展产业招商、代理招商、乡贤招商、以商招商，提高招商实效。重点以比亚迪新能源汽车、信利光电等为龙头，强化产业链招商，积极引进培育新一代信息技术、生物医药、新材料、节能环保等一批战略性新兴产业项目。改善政务服务环境，主动上门跟踪对接，尽快促使比亚迪新能源汽车等一批带动性强的重大项目落地出效益。

——推动产业联动创新　实施“互联网+”行动计划，大力发展电子商务，推动传统产业与互联网进一步融合，拓宽传统企业销售渠道。创新“旅游+”业态，推进文化、餐饮、娱乐、休闲养生等与旅游业有机结合，促成旅游产业与农业、工业和商贸业的联动发展。实施创新驱动战略，着力引进新产业、新技术、新生态，培育创新型企业，集聚创新人才，实现创新发展。

三、充分发挥特色产业优势，调整优化产业结构

——大力发展海洋渔业产业　以创建国家级海洋牧场示范区为契机，创新海洋渔业发展理念和管理模式，提升海洋牧场建设和管理水平，打造绿色生态渔业。切实抓好马宫、捷胜渔港建设，加强水产品交易市场管理，整顿农副产品市场。大力发展远洋捕捞业，进一步提高远洋捕捞在渔业中的地位和比重。加快搭建海洋产业信息交易平台，推进马宫海洋渔业产业园区建设。重视青年渔民的教育培养，造就一批有知识、爱劳动、敢闯远洋的新一代青年渔民，增强渔业一线生产有生力量。

——大力发展现代农业　深化农村综合改革，深入开展粮食稳定增产行动，建设高标准农田，抓好“菜篮子”工程，加快推进捷胜粮食储备库项目建设。稳步有序推进农村土地承包经营权确权登记颁证工作，依法推进土地经营权有序流转，发展农业适度规模经营。深化农村集体产权制度改革，强化农村集体资产规范化管理。加强农村“三资”管理平台建设，实现农村集体资产资源全面进入服务平台进行资产资源交易。推进农村普惠金融试点工作，全面优化农村金融环境。加强现代农业产业体系建设，争取新建1~3个无公害蔬菜示范基地，力争建设一个省级现代农业“五位一体”示范基地。培育农业龙头企业、农民专业合作社，打造“晨洲蚝”特色品牌。

——充分开发旅游资源　利用好海滨城市的丰富旅游资源和人文资源，突出滨海休闲主题，着力打造滨海度假游、休闲康体游、民俗风情游等特色旅游品牌，推进旅游基础设施和景点景区建设。加快保利金町湾旅游度假城创建国家4A级景区的规划和建设；启动品清湖国家级海洋公园和国家5A级景区的论证规划建设；加强对品清湖、银龙湾、龟龄岛、得道庵等旅游资源的保护和利用；推进凤山祖庙、铜鼎山旅游区2个国家4A级旅游区配套设施的完善扩建，提高景区的品位和吸引力。

加快民营经济发展。对接落实省、市促进民营经济大发展扶持政策，制定实施细则，解决准入限制、项目审批等制度性障碍。加快完善中小微企业公共服务平台，建设小微企业创业创新示范基地，带动创新型小微企业集群发展。落实信贷风险补偿金、融资政策性担保等中小微企业支持政策，降低企业融资成本。积极推动企业上市。

四、完善基础设施建设，着力打造宜居城乡

——加快中心城区建设　落实中央城市工作会议精神，主动担当中心城区职责，切实做好中心城区扩容提质工作，抓好中央商务区开发建设，引进落地一批项目，加快火车站站前广场、红草园区、金町湾滨海旅游区的配套建设步伐。完善市区污水处理、市区垃圾转运站、垃圾收集点、垃圾桶等设施建设，改造升级城市供水管网系统，增加城市公厕数量，规划建设一批停车场。加快“三旧”改造。有序放开市区落户限制，推进户籍人口城镇化。

——完善交通基础设施建设　要积极推进高速公路汕尾段拓宽工程及广汕铁路等一批对外交通设施项目的征地拆迁工作。配合推进珠东快速通道、红海湾至城区品清湖沿海观光路前期工作。举全区之力加快红海西路建设以及安置区的建设工作，配合推进城市新中轴线建设，推进工业大道西、金湖路东段、东城路、金鹏路等市政道路建设，升级改造大马路、三马路、文明路南段等老城区道路，完成市区成业路、文德路、康平路、创业路（含福利路）、和顺路、永和路、振业路等7条市政道路的征地补偿工作，疏通兴华路、四马路和金湖路等市政道路。

——提升城市管理水平　积极配合市直部门开展违章建筑集中整治行动，确保市区违法建筑“零增量”，依法处置历史遗留违法建筑问题。持续开展交通秩序综合整治，治理机动车乱停乱放，开展志愿者交通劝导活动，加强交通秩序维护。持续开展城市环境卫生整治，加强主要街区、道路、背街小巷和农村环境整治，落实门前三包，严厉惩治垃圾乱丢乱放行为，形成保洁长效机制。继续落实安全生产“党政同责、一岗双责、失职追责”，加大安全隐患排查整改力度，预防和遏制重特大事故。开展应急管理和便民服务，完善社区公共服务设施，加强城市管理数字化平台建设和功能整合。加强城市智能化建设，统筹推进文化、教育、医疗、社保等民生领域信息化建设。

——扎实推进新农村建设　加强农村交通、水利等基础设施建设，推进新一轮农村电网升级改造，实施农村通宽带工程，推进超高速无线局域网农村应用。实施农村环境保护行动计划，扎实推进农村人居环境综合整治，促进农村生活垃圾收运处理系统常态化运营。加快推进村村通自来水工程，建设东涌镇、红草镇、捷胜镇、新港街道芳荣村、凤山街道芦列坑村5个供水片区。加快红草园区及周边乡村排污管网建设，确保污水处理达标。

——守住生态保护底线　强化节能减排降碳，实施大气污染防治行动计划，加快淘汰落后产能，加大大气、固体废物、重金属污染防治力度，全面推行清洁生产，确保PM2.5、PM10达标。推进新一轮绿化大行动，做好林业生态重点工程和森林抚育建设任务，积极推进林业生态区创建；开展清理非法侵占林地专项治理，加快森林防火远程监控系统建设，严控山火发生。优化海洋生态环境保护，加强汕尾沙舌的维护、管理和利用，完善品清湖日常管理。加强海岛资源的分类管理、有效保护，加快龟龄岛保护与开发利用示范项目建设，实施小岛（屿仔岛）生态保护与修复项目。

五、强化底线民生保障，着力补齐民生短板

——实施积极就业政策　加快建立公共就业创业服务体系，建立覆盖城乡全体劳动者的培训制度，健全和落实就业扶持政策，深化与深莞惠经济圈劳务合作，更好发挥市场在促进就业中的作用，多渠道、多形式开发就业岗位。

——不断提高社会保障水平　实施全民参保计划，推动实现基本养老保险制度和基本医疗保险制度城乡居民全覆盖。加快实现社保卡“一卡通”，提高城乡低保标准和补助水平。加快推进人力资源社会保障综合服务平台建设，完善“一站式”结算服务信息系统，做好信息采集工作，确保医疗救助“一站式”即时结算服务体系全覆盖。实行低保动态管理，逐步提高贫困残疾人参保率。

——*积极实施脱贫攻坚工程* 争取省将城区的9个重点帮扶村纳入第三轮精准扶贫开发的被帮扶单位。加强联系深圳市四大办公厅对口扶贫工作，积极发动农业龙头企业参与扶贫开发，帮助和提高农民自主发展能力，增加贫困家庭非农收入，做到精准扶贫、精准脱贫。加大与深圳市光明新区对口帮扶对接力度，引进资金和项目，改善农村基础设施。紧紧把握海陆丰革命老区纳入国家贫困革命老区扶持范围的契机，主动筹划对接工作，争取享受相关扶持政策。

六、统筹社会事业均衡发展，全面建设幸福城区

——*落实教育强区工作* 通过向银行贷款2.3亿元，为教育创强创均的创建补充项目提供资金支持，推进教育创强和义务教育均衡优质标准化发展。今年3月份，顺利通过省义务教育发展基本均衡区的督导评估，确保4月份通过国家对义务教育基本均衡区的核查认定。启动并推进教育现代化建设，大力清理整治无证幼儿园，建设以公办园和普惠性民办园为主体的学前教育服务体系。加快特殊教育和职业教育发展，加快推进田家炳中学新教学楼建设和新城中学生活区改造。协力推进教师公租房建设，确保306套教师公租房顺利交付使用。

——*发展文化卫计事业* 深入开展卫生城市、文明城市创建活动，大力推进爱国卫生运动。加快推进区文化馆、区图书馆等文化基础设施扩容改造，广泛开展全民健身活动。深化医药卫生体制改革，推进卫生强区建设。全力推动逸挥基金医院创建“三级甲等”医院，力争今年完成创建评审工作。建设区域医疗网络信息平台，促进三级医疗网络全覆盖，逐步建立基层首诊、分级诊疗机制。继续做好基本公共卫生和重大公共卫生服务工作。全面推行家禽集体居宰、冷链配送、生鲜上市，做好重大动物疫病和H7N9禽流感疫情防控，保障公共卫生安全。坚持计划生育基本国策，全面实施二孩政策，促进人口均衡发展。

——*发展其他社会事业* 保持严打高压态势，狠狠打击各类违法犯罪活动，深入开展打击涉毒涉枪、两抢一盗、走私、传销、制假售假和电信网络诈骗等专项行动，确保全区社会治安稳定。坚决执行遗体火化“一刀切”政策不动摇，巩固和扩大殡改工作成果；加快各镇公益性公墓山（骨灰楼）等殡葬设施建设，提高殡葬基本公共服务水平。加大老年人公共配套服务设施建设。积极探索创新社会治理，充分发挥工会、共青团、妇联等群团组织作用，大力发展专业社会工作和志愿服务，鼓励和支持志愿者等公益组织发挥示范带动作用。加强人民武装、国防后备力量建设，深入开展“双拥”共建活动。继续做好统计、物价、档案、人防、对台、民族宗教、外事侨务、商业、供销等工作。同时，注重解决民生突出问题，积极协调市相关部门，切实解决历年征地留成用地问题，扎实做好惠民实事。

七、坚持开源节流，提升财政保障能力

——*加强经济户口清理清查* 督促符合“四上”标准的企业纳入统计，全力推动农林牧渔生产经营户的入统工作，突出抓好组织财税征管，重点抓好城镇土地使用税、房产税、个人所得税等重点税种的征管，严厉打击各种偷税、漏税、骗税等行为，促进财政收入持续增长。同时，积极沟通市有关部门，就新增产值的统计归口和税费分成达成制度性安排。

——*深入推进财税改革* 进一步完善预算管理制度，逐步推行项目库管理。深化国有企业改革，有效盘活国有资产，优化国有资产结构。加大力度盘活财政存量资金，减少财政资金沉淀积压。落实营改增扩围等税改政策，推进税收征管体制改革。

——*强化财政资金的监管* 加大审计工作力度，杜绝截留挪用和挥霍浪费。要坚持厉行节约，扎实推进公车改革工作，减少“三公”经费开支。继续深化财税预算改革，提高预算编制水平，加强财政预算信息化管理，按规定加强财政预决算公开和“三公”经费公开。

八、强化政府自身建设，提高政府行政效能

——*加强民主法治建设* 认真落实区人大及其常委会各项决议决定，坚持向人大及其常委会报告工作；加强民主协商工作，定期向政协通报工作情况，认真听取各民主党派、工商联、无党派人士和各人民团体的意见建议，切实做好人大代表议案和政协提案办理工作，自觉接受各方监督。推进依法治区工作，建设法治政府。发挥主体责任，全面开展依法行政工作，完善配套制度建设，健全行政决策机制，创建法治村社，落实“送法下乡”、“村

（组）账镇代管”、农村“三资”管理、“一村（社区）一法律顾问”活动等制度和措施，让基层干部学法懂法，做到办事依法，遇事找法，解决问题用法，化解矛盾靠法的法治环境，从根本上推进基层依法治理。

——深化行政体制改革　继续优化行政审批制度，清理精简行政审批事项，取消非行政许可审批事项。推进行政审批标准化建设，优化行政审批流程，探索建立“办事工作日”、“告知承诺”机制，公布实施行政审批标准化办事指南和业务手册。拓展完善办事大厅功能，大力推进“一门式”“一网式”政府服务管理模式。

——提高政务服务水平　强化行政执行力建设，做到重实干、办实事、求实效，大兴求真务实之风，建设服务型政府。继续做好汕尾市“12345”政府服务投诉举报平台对接工作，妥善协调、处理辖区内群众反映的突出问题。加快区公共服务综合平台建设，整合各类管理服务平台，构建区、镇（街道）、村（社区）三级联动的综合政务服务体系，打造高效型行政机关。

——加强政风行风建设　落实中央“八项规定”精神和“三严三实”要求，严守政治纪律和政治规矩，巩固和拓展群众路线教育实践活动成果，推进作风建设制度化、常态化。继续深化政务整治行动，大力整治“不作为、慢作为、乱作为”、“中梗阻”、“庸懒散”等突出问题。全力开展“钢的班子、铁的队伍”创建活动，提升干部队伍干事创业能力，塑新政府廉洁务实形象。

各位代表！汕尾市城区已经踏进一个新的时代，我们信心百倍、豪情满怀，面对全区人民的新期盼，我们深感责任重大、使命光荣。让我们更加紧密地团结在以习近平同志为总书记的党中央周围，在市委、市政府和区委的坚强领导下，在人大、政协的监督支持下，动员带领全区干部群众，脚踏实地、攻坚克难、真抓实干，为城区全面建成小康社会而努力奋斗。

特 辑

SHANWEISHICHENGQU YEARBOOK

汕尾市城区年鉴 · 2016

TE JI

城区全面深化政务整治、正风肃纪集中行动工作情况

【概况】 2015年，根据市委办、市政府办《汕尾市全面深化政务整治、正风肃纪集中行动工作方案》（汕尾委办〔2015〕16号）文件精神，全区各级党政、各部门高度重视，精心组织、落实措施，全面推进深化政务整治、正风肃纪集中行动工作，取得了良好实效。

主要工作

【全面动员部署，深入推进开展】 *完善组织架构* 在区委、区政府的统一部署下，成立汕尾市城区政务整治、正风肃纪集中行动领导小组，由区政协主席、区委常委、区纪委书记张淑娟任组长，区委办、区府办、区纪委监察局、区委组织部等相关单位领导为成员。领导小组下设办公室，办公室主任由区纪委副书记、监察局局长蔡辉卿兼任，办公室下设秘书联络组、综合材料、宣传报道组和二个督导组。

全面动员部署 5月20日，城区召开全区全面深化政务整治、正风肃纪集中行动工作动员会议。市委常委、区委书记、区人大常委会主任陈少荣出席会议并作重要讲话，强调要把深化政务整治行动作为重中之重的工作，深入持续推进政务整治，促进全区党风政风根本好转。区委副书记、区长林展海就全区各地各单位认真贯彻落实工作方案作出部署，并对全区政务整治工作提出具体的工作安排。同日，区委办、区府办联合印发了《汕尾市城区全面深化政务整治、正风肃纪集中行动工作方案》（汕市区委办〔2015〕10号），明确了整治对象，整治任务和时间要求。

层层细化落实 区整治办多措并举，通过开通热线电话、网上信箱，在区党政大楼二楼大厅设立意见箱，先后7次在《汕尾日报》发表城区开展政务整治行动的进展情况等方式开展宣传，在全区形成浓厚的宣传氛围，推进政务整治行动深入开展。全区各地各部门按照区委、区政府的部署，成立了政务整治行动领导小组和办公室，落实工作责任、制订实施方案、细化整治内容、强化措施、层层抓好落实。并通过召开动员大会、座谈会、专题学习会、支部会等形式，组织党员干部加强学习，提高参与政务整治行动的自觉性。

【多方位全覆盖，认真查摆问题】 6月12日，城区召开全面深化政务整治、正风肃纪集中行动查摆问题阶段工作会议，部署查摆阶段的整治重点和工作任务。区整治办印发《关于做好查摆问题阶段有关工作的通知》，明确开展整治行动的工作重点和相关工作任务。全区各地各单位围绕查摆阶段整治重点，采取开门查摆、个人自查、单位自查、督查审核等方式，广泛征求意见建议，查摆政务环境和作风方面存在的突出问题。

广泛征求意见 全区各地各单位通过走访座谈、网上信箱、热线电话、微博等多种沟通形式广泛征求和收集上下级和业务相关单位、服务对象、人大代表、政协委员、基层群众、网民的意见建议。其中，区委、区政府向镇（街道）、区直单位、人大代表、政协委员发放征求意见表320多份，召开了3场座谈会，邀请人大代表、政协委员以及区直单位、镇（街道）、村（社区）干部等60多人参与讨论，收集了100多条意见建议。全区各地各单位共召开学习会100多场，平均发放征求意见表100多份。

从严从实查摆问题 全区各地各单位坚持查摆原则，对存在问题不遮不掩，坚持有什么问题就查

摆什么问题，实行开门查摆问题，多形式、多渠道广泛征求意见，形成问题清单。据统计，全区共发放征求意见表1万多份，征求到1450条意见建议；组织召开动员部署会129场次，专题学习会432场次，座谈讨论会297场次，撰写心得体会体会1894篇，编发简报74期，开设宣传专栏101个，在新闻媒体发新闻稿20篇，区各地各单位领导班子成员带头深入基层开展个别访谈1900多人次。据统计，全区各地各单位自查问题的总数2163个，开展自查干部职工的人数3135人，自查问题总数15680个。

认真剖析问题根源　各地各单位对征求到的意见建议和个人自查的问题相结合，全面查摆问题根源，形成自查问题清单，并对存在的问题进行深入剖析，形成全面深刻的剖析报告。区各级督导组强化督查，在督查过程中明确突出重点对象、突出关键环节，严格把好材料关，对各地上报的问题清单和剖析报告进行严格审核，坚决防止自查和剖析不彻底、不深刻、遮遮掩掩、轻描淡写等问题，确保政务环境和作风突出问题查深查透，经过严格审核，剖析报告全部上墙公示。同时，区政务整治领导小组切实落实责任追究，以问责手段推动查摆问题工作责任的落实，对查摆工作不落实的，予以严肃通报，并采取督办和约谈主要领导等形式，推动政务整治深入发展。

【全面整改巩固，推进问题落实】　制定整改台账　9月2日，全区召开全面深化政务整治、正风肃纪集中行动整改巩固阶段工作的会议，印发《关于做好整改巩固阶段有关工作的通知》，要求各地各单位针对自查问题清单和上级整治办交办督办的问题，制定详细的整改工作台账，逐个问题明确细化整改的目标、措施、时限、责任领导、责任部门和责任人。

深入落实整改　全区各单位围绕整治重点，制定相应工作方案，深入组织学习讨论，认真查摆问题、整改问题，落实具体责任措施。按照整改工作台账，一项一项抓好整改落实，做到件件有着落、事事有回音。

建立健全长效机制　全区各地各单位针对政务环境和作风突出问题，狠抓制度创新和完善，着力建立健全长效管用的机制制度，用制度砍断利益链，管住权力任性，提高政务环境管理科学化水平，推动政务环境和作风建设制度化、常态化和长效化。区纪委监察局印发了《关于开设“汕尾市城区政务整治、正风肃纪曝光台”的工作方案》，在城区党政办公大楼二楼大厅开设“曝光台”，每日播放典型案例，及时更新曝光内容。通过“曝光台”强化警示震慑和教育作用，促使各地各单位和广大党员干部自觉严守纪律、廉洁自律、改进作风，切实优化政务环境和党风政风。制订《汕尾市城区政务整治、正风肃纪承诺活动实施方案》，在全区开展政务整治、正风肃纪承诺活动，全区32个部门负责人在媒体做出公开承诺，明确群众反映政务环境的问题100%回复。同时，开通区长政务整治投诉邮箱，开通后收到投诉件5宗，办理回复5宗。区整治办制订了《关于在全面深化政务整治、正风肃纪集中行动开展明察暗访和纪律审查的工作方案》，针对群众反映比较强烈的热点问题和紧系群众生活、生产的政务服务行为开展有计划、有部署的明查暗访工作。2015年共开展明察暗访32次，明察暗访了70多个部门，18个办事窗口，发现问题6个，立案查处2人，约谈2人，批评教育3人，对6个单位发出了督办通知。

（李秀芹）

“十二五”时期经济社会发展达到目标要求

“十二五”时期是城区奋发图强、承前启后的五年，是为实现中央第一个百年目标、全面建成小康社会夯实基础、扬帆蓄势的五年，特别是中共十八大召开以来，区委、区政府在中央、省、市的正确领导下，认真贯彻中共的十八大以及省委《关于进一步促进粤东西北地区振兴发展的决定》的精神，按照区委的工作部署和要求，紧紧围绕“扩容提质、振兴发展”的目标，坚持以“发展、改革、稳定”为主线，依靠交通基础设施建设、产业园区扩能增效、中心城区扩容提质“三大抓手”，促使经济社会保持平稳发展良好势头，认真落实2015年和“十二五”规划的各项目标任务，为“十三五”发展奠定基础。

五年来，积极应对经济下行压力，坚持稳增长促发展，经济综合实力明显提高。全区地区生产总值从2010年的69.91亿元增加到2015年的111.63亿元，年均增长11.9%，人均生产总值由2010年的17323元提高到2015年的26904元，年均增长9.2%。

五年来，全力推进园区建设，加快产业转型升级，产业结构明显改善。工业化进程加快，2015年规模以上工业增加值40.72亿元，比2010年增长11.34亿元，年均增长7.7%。第三产业不断壮大，2015年社会消费品零售总额83.69亿元，比2010年增长28.63亿元，年均增长10.6%。三次产业结构中，第二、第三产业比重不断增加，产业结构进一步优化。红草园区被批准认定为省市共建循环经济产业基地、省级高新技术开发区、省产业转移工业园区。红草镇经过多年电子机械类及汽车销售产业发展，2014年，成功被认定为“广东省技术创新电子机械专业镇”。

五年来，不断完善公共基础设施配套，推进中心城区扩容提质，城市宜居水平明显提升。厦深铁路顺利开通营运，续建捷胜至凤飞山国防公路，完成海汕公路扩建优化工程，完成深汕高速长沙湾全互通出入口改造工程，完成一批农田水利设施建设，形成了比较完善的交通、通信、供水等基础设施网络。深入推进“创文”“创卫”工作，强力推进城市管理、环境卫生整治，形成城市管理和环境卫生巡查机制，依法依规拆除文明路、二马路、三马路等骑楼街道的违法搭建。开展一系列志愿服务活动，引导市民遵守交通秩序、爱护卫生环境，提升市民文明意识。

五年来，努力补齐民生短板，加快民生事业建设，基础民生保障明显改善。社会保障体系逐步健全，人民生活水平不断提高。扎实推进省、市十件民生实事和区八件民生实事工作，人民群众得到更多实惠。完成“广东省城乡医疗救助一站式管理网络系统”配套软件安装，实现医疗救助“一站式”即时结算服务，基本实现全区城乡居民养老保险制度全覆盖，切实提高低保、“五保”供养和城乡基本养老等底线民生保障标准。2015年，城区被省评为“城乡居民社会养老保险示范区”。切实落实临时救助，是年全区共筹集下拨临时救灾、救济和医疗等救助金825.62万元，帮助灾民、特困群众3.8万人(次)。抓好动物疫病、人感染H7N9禽流感等重大疾病的防控，免费开展农村妇女“两癌”筛查项目，保障人民群众的身体健康和生命安全。启动建设逸挥基金医院肿瘤防治中心、妇幼保健院综合楼、铜鼎山森林（郊野）公园等项目。2013年，红草开源养殖有限公司被农业部授予“健康养殖示范场”称号。加强深汕合作区对口帮扶工作，积极主动与深圳市四套班子办公厅和深圳光明新区对接联系，2014年帮扶建设了6个村头公园和2条道路。

五年来，坚持依法治区，推进精神文明建设，社会各项事业全面进步。“十二五”期间，城区依法妥善处置“东涌村事件”、小岛村纠纷斗殴、品清湖渔船“7·11”火灾事故等重点涉稳问题，有力维护了社会大局稳定。2015年，城区被全国普法办授予“全国法治县（市、区）创建活动先进单位”，区司法局被省评为“全省依法治省工作先进单位”，区法院和田家炳中学被省授予“广东省法治文化建设示范点”。教育创强创均工作取得阶段成效。全区中小学实现多媒体电教平台进教室；全区93所中小学100%完成标准化学校建设；2014年新港、马宫2个街道通过省教育强镇督导验收，在此基础上，认真推进凤山、香洲、红草、东涌、捷胜等5个街道、镇的创建工作。2015年，凤山、香洲、红草、捷胜等4个镇（街道）顺利通过了省教育创强督前检查。人口计生工作认真落实，全员人口信息库覆盖率98%，计划生育各项优惠政策落实率100%，2013年，区人口计生工作荣获“全国计划生育优质服务先进单位”称号。科技创新不断进步，2014年，红草镇被省科技厅定为广东省技术创新专业镇。文化旅游事业加快发展，2014年，汕尾渔歌入选第四批国家“非遗”名录，原创渔歌剧《默娘》成为广东省妈祖文化创新剧目并作为市城区反腐倡廉励志剧目。2014年，凤山祖庙旅游区被评为“国家AAAA级旅游景区”和“广东省中华文化传承基地”。精神文明建设扎实开展，香洲社区被省委宣传部、省文明办评为培育和践行社会主义核心价值观示范社区，田家炳中学被中央文明委授予“第四届全国文明单位”。2015年，市城区实现省级“双拥”模范区“七连冠”。

2015年，汕尾新区3个起步区建设加快推进，中央商务区火车站片区一、二期已完成征地1441亩，三期征地已通过村民代表大会同意，汕尾火车站站前广场项目主体工程已顺利竣工，碧桂园二期征地工作顺利完成，已交付建设使用。马宫金町湾旅游度假城项目开工建设，已开始销售楼房，希尔顿五星级酒店项目开工建设。红草产业园区首期征地2500亩已签订征地协议，其中832亩已实现供地，三和片区、拾和径口片区征地工作已进入扫尾阶段，地上作物及附着物补偿工作加快推进，近期西河等6个村委会的村民代表大会同意征地约540亩。区级24个重点项目建设顺利推进，完成投资13.77亿元，完成年度计划44.3%，项目开工率79.2%。深汕高速长沙湾互通立交改建工程已竣工投产；金町湾旅游综合地产项目、教师公租房项目、汕尾市城区2014年小型农田水利重点县建设项目、汕尾市城区红草马宫联围达标加固工程、汕尾市城区捷胜海堤达标加固工程、宝民汽车用品导航仪项目、恒美珍珠研产销项目、汕尾高新区红草园区道路建设首期项目、汕尾岭峰休闲度假有限公司建设项目、金海明珠房地产项目、逸挥基金医院肿瘤防治中心项目、城区妇幼保健院综合楼项目、汕尾逸挥基金医院全科医生培训基地项目等已开工建设。2015年，比亚迪新能源汽车项目、信利国际有限公司TFT5代线项目、国信通手机配件项目、肯迪文（英国）品牌服装公司K&C英国品牌服务项目、上海莱士生物制药项目等一大批高端产业项目落户城区投资建设。2015年，实施新一轮绿化汕尾大行动取得初步成效。小型农田水利重点县建设项目、小型病险水库除险加固工程、千里海堤建设工程、村村通自来水工程等民生水利项目相继开工建设，水利农田基础设施不断完善。是年，投入100多万元，建设了红草镇、捷胜镇、东涌镇和马宫街道、凤山街道、新港街道、香洲街道等7个简易垃圾转运站，改善了农村卫生环境，依法拆除了赤沙水库集雨区地段内的16户畜禽养殖场，加强了饮用水源地的生态保护。同时，认真落实市政府提出的十件民生实事，全面完成493户危房改造任务。加强与深圳对口帮扶工作，完成9个重点帮扶村，397户贫困户，1780贫困人口脱贫任务。

（胡炯森）

“三大片区”建设推进加快

2015年，全区上下同心协力、依法依规推进新区三大起步区征地补偿工作，努力保障落户新区的重点项目建设用地供应，积极推进“三大片区”加快建设进度。

红草工业园区　该区规划总面积17.3平方公里，启动区建设面积约4平方公里。截至2015年年底，园区首期征地2500亩已签订征地协议，已完成作物及附着物补偿1642.6亩，三和片征地2078亩、拾和径口片征地294亩组件已获得省国土资源厅批准。广物汽车城地块47085平方米已摘牌交付使用，并于2015年11月13日完成一期主体工程，正式对外开业。红草工业园区市政道路项目建设用地已有20亩土地完成平整。已动工项目有7个，分别是：广东省建工集团承建红草园区市政道路（一期）工程；广物汽车城项目二期主体工程；广晟集团南储公司冷链、物流基地项目；深圳宝民汽车用品公司汽车导航项目；香港珠盈珠宝有限公司珍珠基地；汕尾市海珍中央大厨房食品生产基地；广东金泰丰食品有限公司航空食品生产基地。另有，中国三峡新能源公司红草园区屋顶发布式光伏发电项目和广东科技金融服务中心项目正式挂牌运作。此外，亚洲村、拾和村、西河村分别召开了村民代表大会同意预征地1000亩、2800亩、600亩共计4400亩，为红草工业园区的持续发展提供土地储备。

中央商务区起步区　2015年，起步区中火车站片区一期831亩、二期610亩已完成征地，作物补偿和迁坟在加紧扫尾中，三期征地已召开村民代表大会通过同意，火车站站前广场项目用地已完成征地作物补偿，主体工程已顺利竣工，并投入使用。碧桂园二期征地工作顺利完成，已交付建设使用。华耀城项目用地已完成地上附着物补偿584.5亩。

金町湾滨海旅游区　2015年，该区顺利完成一期842亩的征地和作物补偿工作，并交付保利集团金町湾旅游度假城项目开工建设，现已开始对外销售楼房；希尔顿五星级酒店集团正式入驻金町湾滨海旅游度假区。二期1123亩征地工作已全面启动，截至2015年年底，已初步完成征地范围四至定点、土地分界和留成地初步选址工作。此外，深汕高速长沙湾互通立交改建工程项目已竣工，并实现通车。

（区政府办）

重点项目建设步伐加快

2015年，城区各地各部门落实工作责任，采取有力措施，扎实有序推进各重点项目建设，成效明显。市城区重点建设项目24个（其中新建项目12个，续建项目12个），计划总投资25.66亿元。截至2015年12月底，全区24个重点建设项目，累计完成投资13.77亿元，已开工在建项目19个，其中有3个完成年度建设任务，项目开工率79.2%。

深汕高速长沙湾互通立交改建工程项目,总投资2600万元，已全面完成工程建设，并实现通车；广物汽贸汕尾汽车城项目于11月13日完成一期主体工程，并正式对外营业；市城区妇幼保健院综合楼项目已按年度计划完成一期四层的主体建设工程，二期加建工程正在申报中。此外，汕尾高新区红草园区项目、广晟南储仓储冷链物流园项目、宝民汽车用品导航仪项目、恒美珍珠研产销项目、红草园区市政道路建设首期项目、金泰阳太阳能电站示范基地项目、岭峰休闲度假项目、市区红海西路综合改造工程项目、金町湾旅游综合地产项目、金海明珠房地产项目、新地豪苑项目、市城区2014年小型农田水利重点县建设项目、红草马宫联围达标加固工程、捷胜海堤达标加固工程、逸挥基金医院肿瘤防治中心、全科医生培训基地等16个项目已开工在建。其他5个未开工项目也正在加快推进征地补偿或用地报批等前期工作。

（区政府办）

招商引资势头良好

市城区牢牢把握促进粤东西北振兴发展和汕尾新区规划建设机遇，以深圳市光明新区对口帮扶城区为契机，以中央商务区、红草产业园区、金町湾旅游度假区三大片区建设为载体，全方位展开招商引资工作并取得较好成效。主要体现在“三个新突破”：

一是项目签约有新突破　2015年，城区主动对接深圳市光明新区，联合组织参与了深圳-汕尾2015年度招商推介会系列活动4场次，先后与卜蜂莲花超市、喜来登酒店、海鲜食街商业城等12个项目签约，总签约金额达183亿元，创下多年来签约项目数、签约金额数的新高。

二是项目落地有新突破　针对招商项目用地这一瓶颈，该区组织全区精干力量，分别成立了金町、红草、火车站片区三个征地工作组。征地工作组敢于担当，勇当“推土机”，把一个一个困难攻克下来,先后征收了一万多亩土地，使中央商务区、红草产业园区、金町湾旅游区的项目建设顺利落地,缓解了签约项目用地紧张矛盾。2015年，落户金町湾的保利集团已完成一期842亩的征地和作物补偿工作，其“金町湾滨海旅游度假城”项目已开工建设并销售楼房，入驻旅游度假城的世界著名企业希尔顿酒店也已开工建设；入驻红草产业园区的比亚迪新能源汽车、信利TFT显示器、肯迪文服饰、国信通手机配件、上海莱士生物制药等一批龙头企业必将为城区的实体经济提供强大的内生动力。

三是改善投资软环境有新突破　一方面，主动当好客商投资置业的“服务员”，深入开展“暖企行动”，积极做好签约项目的跟进，配合做好落户项目的前期工作。是年，在保利金町湾旅游度假城项目办理落户手续过程中，城区为其提供“保姆式”服务，不到一天时间就把工商执照、税务登记、技监代码等相关手续办妥，得到了保利集团的称赞，坚定了他们投资的信心。另一方面，主动当好城市环境管理的“主人翁”，大力开展市区城市管理、环境卫生大整治行动，有效改善市区的城市面貌，为招商引资工作的开展提供一张整洁的“名片”。

(区政府办)

市区环境整治有力推进

2015年，市委、市政府高度重视市区整体环境情况，区委、区政府按照把市区建成最美化最亮化最干净的要求，以推进“创文”、“创卫”工作为契机，全面深入推进城市管理、环境卫生整治。

1. 开展专项整治　联合市城管、工商、交警等执法部门开展市区环境卫生、违法建设、交通乱象三大专项整治行动，对市区主要干道的占道经营进行清理，拆除市区文明路、二马路、三马路、康平路两旁及品清村、夏楼美村旁的违建、乱占建筑物2400多处；市区红海西路综合改造工程已拉开全面建设的序幕，城区牵头组织市直有关部门，针对红海西路违章乱占建筑物和棚寮开展了拆除清理工作。

2. 整顿交通秩序　修补市区36条主要路道缺损的路面共计57公里；投入900万元对市区13个交叉路口进行渠化升级改造，安装智能化控制红绿灯；大力开展交通整治及查处，收缴了一批无牌无证车辆。

3. 实施亮化工程　在汕尾市区滨海大道、金湖路、滨湖路7.2公里环湖路栏杆装上了路灯，在市区罗马广场到碧桂园、海丰西闸到市区、马宫长沙高速口到市区的主要路道挂上了中国结，城市形象焕然一新。

4. 优化环卫管理　在市区实施环卫工作网格化终端化管理，明确责任区域、责任人员、保洁时间、工作人员、联系方式等，落实责任到人。落实“门前三包”责任制，启动市区街道、社区自行巡查和联合市城管执法部门巡查机制，各镇（街道）成立巡逻队，配套统一装备和巡查摩托车，24小时全天候对辖区范围内的环境卫生、企业、个体店、住宅区等“门前三包”情况进行巡查监督，对一些不文明行为进行曝光处罚。

5. 加大环卫设施投入　在市区主次干道新增安装600个果皮箱，升级改造市区3个转运站，在西区新建1个转运站，在红草、捷胜、东涌镇及马宫街道等投入100万元建设7个简易垃圾转运站；投入400万元采购了1部扫路车、2部高压清理车、2部钩臂车、50部三轮机动垃圾收集车、25部保洁车等一批环卫机械。

6. 启用监督投诉平台　是年11月11日正式启动市区环境卫生投诉平台，对广大市民公布统一投诉电话，至今受理投诉处理率达100%，受到广大群众好评;同时，启动汕尾市城区环卫微信平台，有关投诉问题在微信上实时提示、实时对讲、快速处理。

7. 严罚破坏环境卫生和公共设施行为　查处了乱丢、乱扔、乱堆放垃圾的违规行为113宗，分别处予50至500元的罚款，处罚金额共计9750元，并在公众媒体上进行曝光。

8. 开展志愿助力行动　在全区开展“同心争创文明城市，携手共建善美之城”、“垃圾不落地，汕尾更美丽”等志愿服务活动68场次，引导市民遵守交通秩序、爱护卫生环境，提升市民文明意识；定期环境卫生大扫除，确定每月20日为全区大扫除日，由各区直机关单位参与责任路段和重点路段的环境卫生的清扫工作，并将定期大扫除常态化，引导广大市民热爱城市、保护环境，在全区上下形成“汕尾是我家，环境卫生靠大家”的共识。

（区政府办）

文明创建扎实推进

2015年，文明创建工作紧紧围绕区委、区政府中心开展，以创建广东省文明城市为契机，大力开展文明创建活动，各项工作稳步推进。

大力推荐文明单位评选　认真做好省、市文明村、文明单位申报推荐工作，是年，上报了基础较好的汕尾市城区工商局角逐省、市文明单位荣誉，东涌石洲村委、龙溪村委，捷胜镇联安村委角逐省、市生态文明村荣誉称号。2015年，城区有5人被评为市道德模范，2人获得市道德模范提名奖，2人被评为广东好人，2人入选中国好人榜；区田家炳中学获得全国文明单位荣誉称号。全区精神文明创建氛围浓厚。

开展市民素质提升工程　制订出台《提高公民道德素质宣传教育活动工作方案》等文件，建设“道德讲堂”102所，市民文明学校7所，开展“文明学校”“文明家庭”创建活动及“我推荐我评议身边好人”“汕尾处处有雷锋”“书香城区”全民读书、禁毒涉枪等活动，创作创义歌曲《汕尾处处有雷锋》《汕尾隆隆金》和广东省首部大型渔歌剧《默娘》，利用“我们的节日”年组织各类文艺活动48场次。成立了志愿者义工联合会和各类志愿者队伍17支，在册志愿者达33987名，全年开展各类志愿服务活动36场次，有效促进市民素质的提升。

强化社区建设　召开社区创建工作推进会5场次，打造文明社区示范点2个、社区居民服务中心28个，评选区级文明户18747户、“最美家庭”30户、“美丽家庭”150户；全区有2个社区获“省级文明社区”称号，3个社区获“市级文明社区”称号。全区投入160多万元添置健身体育器材一批，新建足球场5个、游泳池3个、村头公园29个以及墩下城、环品清湖健身公园、岭峰郊野公园等一批健身休闲场所。

强化宣传发动　编发创文简报135期。全区设置创文宣传栏100多个，投入60多万元，制作市区建筑围挡公益墙体广告，悬挂张贴文明创建、核心价值观等宣传标语3000条；在城区党政信息网、《今日城区》开设宣传专栏，刊播“讲文明树新风”公益广告。充分利用各种宣传平台加强“讲文明树新风”公益广告的宣传力度。有力提高市民知晓率和参与度，形成浓厚创建氛围。

推进“文明校园”创建活动　一是组织开展“善美之城”、“扣好人生第一颗扣子”系列主题活动，大力弘扬“包容守信、务实争先”的汕尾人精神，培育和践行社会主义核心价值观。二是开展法治宣传教育活动。在全区各中小学校开展形式多样的禁毒宣传专项活动，发动全区6万多名学生家长签订“远离毒品、做好市民”的承诺书，进一步提升未成年人思想道德素质。

（罗其乐）

大事记

SHANWEISHICHENGQU YEARBOOK

汕尾市城区年鉴 · 2016

DA SHI JI

2015年城区大事记

1月

1日下午　区旅游局前往火车站，配合区直机关工委，组织该单位工作人员参加区志愿者活动，发放区旅游宣传资料。

6日　区党政务虚会召开，听取党政领导班子成员关于2014年工作的回顾总结，对是年存在问题进行分析，提出2015年的工作意见和建议。

是日下午　在区党政办公大楼6楼多媒体会议室召开全国、全省、全市安全生产电视电话会议，林展海、余汉生出席，各镇（街道）、区安委会各成员单位、重点企业主要负责人参加。

7日　市人大常委会常委孔烽、区委副书记许昌林等一行到区法院举行“广东省法治文化建设示范点”授牌仪式。

9日下午　在区党政办公大楼601会议室召开教师公租房工作会议，林展海、余汉生、许昌林、李振坚出席，区府办、区发改局、区教育局、区住建局、区财政局、市区国土分局主要负责人参加。

11日　市委副书记、政法委书记陈央率市督导组到区检查指导禁毒工作。市委常委、区委书记陈少荣等陪同检查。

12日　市委常委、组织部部长苏茂荣到区检查指导镇（街道）领导干部驻点普遍直接联系群众制度工作。

13日上午　在区党政办公大楼7楼会议室召开全区安全生产工作电视电话会议，余汉生出席，各镇（街道）、区委会各成员单位有关负责人参加。

15日下午　在区党政办公大楼6楼多媒体会议室召开全国机关事业单位养老保险制度改革工作电视电话会议，曾向镇出席，各镇（街道）、区直有关单位负责人参加。

18日　城区召开H7N9禽流感防控紧急工作会议。是晚20：00时，区委副书记许昌林、区政府副区长胡春莲按照市委、市政府和区委、区政府主要领导的批示，召集各镇（街道）镇长（主任），区卫计局、农业局、工商分局、财政局、畜牧局、食药监局、经信局等主要部门领导，各镇（街道）卫生院长（社区卫生服务中心主任）、区直各卫计单位负责人及区卫计局中层以上干部在区卫计局召开全区H7N9禽流感防控紧急工作会议。会上，区卫计局局长庄雄升通报了城区首例确诊人感染H7N9禽流感病例的情况，并对防控工作做了全面布署。区委副书记许昌林对防控工作提出了五点意见。一要各部门加强领导，高度重视疫情防控的重要性，认真做好防控工作；二要紧急行动，全面进行有关区域、场所的清理、消毒和排查工作，重点是市场，特别是“三鸟”市场和食品销售所涉及的场所进行全面排查，不留死角、不留隐患、不走过场；三要密切关注，及时掌握疫情动态，及时与市相关部门和专家组保持密切联系；四要落实责任、各司其职，启动相关应急预案，加强值班，落实各单位日报制度。五要做好群众的宣传引导工作，提高群众科学做好个人防护。

19日上午　在区党政办公大楼6楼多媒体会议室召开全省严厉打击非法开展人类辅助生殖技术服务专项行动电视电话会议，何秀滔出席，区府办、区委宣传部、区卫计局、区公安分局、区工商分局、各镇（街道）有关负责人参加。

19日~24日　区公安分局组织开展禁毒禁赌专项行动。此次行动出动警力约750人次，行政处罚涉赌违法人员6名（其中3名行政拘留、3名罚款），排查涉赌可疑部位47处，拆除简易棚寮6处，收缴老虎机、股子盆等赌具一批；行动中，共破获涉毒刑事案件4宗（其中贩毒3宗、容留他人吸毒1宗），抓获犯罪嫌疑人4人、吸毒人员21人，其中强制隔离戒毒17人，缴获毒品冰毒约130克。

21日上午　在区党政办公大楼6楼多媒体会议室召开全国爱国卫生工作电视电话会议，区爱国卫生运动委员会主任、副主任、全体委员及各镇（街道）分管负责人参加。

是日　区旅游局联合区安监局、食药监局到市区旅行社、星级饭店开展安全生产大检查。

22日　区召开防控H7N9禽流感工作会议，何秀滔出席，各镇（街道）、区府办、区委宣传部、区卫计局、食药监局、农业局、工商分局、畜牧兽医局、动监所有关负责人参加。

23日下午　在区党政办公大楼601会议室召开

碧桂园征地工作会议，林展海、余汉生出席，市国土资源局、区府办、区直工委、民政局、残联、畜牧兽医局、东涌镇府、东涌镇东涌村有关负责人参加。

25日上午　在区党政办公大楼6楼多媒体会议室召开全省职业教育工作电视电话会议，林展海、许昌林出席，各镇（街道）、区直有关部门主要负责人参加。

是日下午　在区党政办公大楼7楼会议室召开H7N9防控紧急会议，许昌林、何秀滔出席，区府办、公安分局、工商分局、畜牧兽医局、卫计局、林业局、食安办有关负责人及市区三个街道办事处主要负责人参加。

27日~28日　区公安分局在全区范围内组织开展社会面治安防控第一次统一行动。

28日上午　在区党政办公大楼6楼多媒体会议室召开全省安全生产和消防安全工作暨省政府第一季度防范重特大生产安全事故工作电视电话会议，余汉生、陈少华出席，各镇（街道）、区安委会各成员单位、区消委会各成员单位负责人参加。

是日　铜鼎山旅游区创建“国家AAAA级旅游景区”通过省评委专家组的评审。

29日下午　在区党政办公大楼3楼会议室召开酒类专卖局人员分流协调会，区府办、区委组织部、区监察局、区编办、区人社局、区财政局、区经信局、区社保分局、区法制局、区信访局、区商业集团公司有关负责人参加。

是日下午　在区党政办公大楼9楼会议厅召开全区办公用房公务用车清理工作会议，余汉生出席，各镇（街道）、区直副科级以上单位分管负责人参加。

30日下午　在区党政办公大楼6楼多媒体会议室召开新一轮绿化广东大行动推进会暨全省林业工作电视电话会议，林展海、何秀滔出席，各镇（街道）、区绿化委各成员单位主要负责人参加。

是日　区委七届四次全会召开。会议深入贯彻落实习近平总书记系列重要讲话和中央、省委及市委全会精神，总结2014年工作，部署2015年各项工作。市委常委、区委书记、区人大常委会主任陈少荣代表区委常委会作工作报告，代区长林展海作经济工作讲话。会议决定，要立足城区实际，统筹规划，确定2015年八项重点工作，全力推进城区扩容提质、振兴发展，把城区建设成为高端产业创新区、商贸物流集聚区、人海和谐发展示范区。会议号召，全区上下凝心聚力，担当实干，用法治理念推进振兴发展，以项目清单确保精准落实，为建设更加美好的城区努力奋斗。

31日　市委常委、区委书记、区人大常委会主任陈少荣到农村联系点红草镇埔边村慰问困难群众。

是月　城区边防大队大队长林汉潮走访汕尾市邮政局，向市邮政局办公室主任郑文忠介绍了区大队红草边防派出所建设相关情况，询问了其位于青草村的邮政所的基本情况，表达了将邮政所作为新建红草边防派出所营区的意向，郑文忠表示一定会支持部队建设工作。

是月　城区全面铺开一村（社区）一法律顾问工作，共聘请19名律师担任全区94个村（社区）法律顾问，为基层群众提供法律服务，实现法律顾问服务全覆盖。

2月

3日上午　在区党政办公大楼7楼会议室召开H7N9防控工作会议，许昌林、何秀滔、胡春莲出席，区府办、区委宣传部、卫计局、畜牧兽医局、农业局、工商分局、经信局、林业局、财政局、食安办、各镇（街道）、各卫生院、逸挥基金医院有关负责人参加。

4日　召开油补发放工作研判会，何秀滔出席，区人大办、区府办、区政协办、区监察局、区农业局、区维稳办、区海洋与渔业局、区审计局、区财政局、区信访局、区捷胜镇、区马宫街道、区新港街道有关负责人参加。

5日下午　在区党政办公大楼3楼会议室召开报送2015年全区民生实事项目工作会议，各镇（街道）、区直有关部门负责人参加。

是日下午　在区党政办公大楼7楼会议室召开全区禁炮工作暨市容环境卫生综合整治工作会议，林展海、余汉生、李振坚出席，各镇（街道）镇长（主任）、区直有关部门主要负责人参加。

6日下午　在区党政办公大楼7楼会议室召开区省级新农村示范片建设工作协调会，许昌林、何秀滔出席，各镇（街道）镇长（主任）、区省级新农村示范片建设工作领导小组成员单位主要负责人参加。

9日　区法律援助处联合区公职所和多家律师事务所，在市区通港路中段开展以“农民工权益受侵犯　法律援助帮你维权”为主题的农民工法律援助专项宣传活动。

10日下午　区公安分局在七楼会议室召开全区公安工作会议暨2014年度总结表彰大会，回顾总结2014年度全区公安工作，分析当前面临的新形势和存在的问题,安排部署2015年工作。

11日　区文学艺术界联合会正式成立，并召开第一次代表大会。审议通过《汕尾市城区文学艺术界联合会章程》《汕尾市城区文学艺术界联合会第一届委员会、主席、副主席选举办法》等议题，选举出城区文联第一届领导机构。

12日上午　在区党政办公大楼9楼会议厅召开全区安全生产和消防安全工作暨区政府第一季度防范重特大生产安全事故工作会议，林展海、余汉生、陈少华出席，各镇（街道）镇长（主任），区安全生产委员会各成员单位、区消防安全委员会各成员单位主要负责人参加。

是日上午　市司法局、区司法局和市公共法律服务志愿者分队在城区凤山街道举行社区矫正人员法律服务活动。市司法局副局长郑晓红，市司法局政治处主任庄俊超，区司法局、凤山街道有关负责人以及10多位法律服务志愿者参加了活动。

是日下午　在区党政办公大楼7楼会议室召开全区依法行政工作会议，郑新钦出席，区依法行政工作领导小组成员单位负责人参加。

13日下午　在区党政办公大楼6楼多媒体会议室召开区食品安全工作会议，胡春莲出席，各镇（街道）、区食品安全委员会各成员单位分管负责人参加。

是日下午　在区党政办公大楼3楼会议室召开区燃气整治紧急会议，李振坚出席，各镇（街道）、区政府办、区安监局、区住建局、区工商分局、区公安分局、区消防大队有关负责人参加。

2月19日~21日　城区文联与捷胜灯谜社在城区捷胜联合举办“迎春节，猜灯谜”群众文娱活动。

28日下午　在区党政办公大楼6楼多媒体会议室召开省政府第三次廉政工作会议，区政府领导班子成员出席，区府办正副主任、各镇人民政府（街道办事处）镇长（主任）及区直有关单位主要负责人参加。

是月　汕尾市城区公安分局召开全区公安工作暨2014年度总结表彰大会，区大队马宫边防派出所荣获集体嘉奖，港口边防派出所胡泽伟荣获个人嘉奖。

是月　根据汕尾边防支队开展打击涉毒违法犯罪专项行动工作部署，港口所联合新港街道和各村委在辖区开展大清查行动。

3月

2日下午　区长林展海和区委常委、政法委书记卓江广，在区府办相关人员的陪同下，到区公安分局调研指导工作。

5日　市区隆重举行元宵节灯会及“采花枝”等民俗活动。区公安分局共出动警力200人次，清查景区、车站、码头等公共场所18处，排除安全隐患9处，有序疏导现场人流约10万人次，无发生踩踏等群死群伤事件，无发生盗窃、抢劫等州事案件。

是日　市文广新局命名汕尾渔歌节为汕尾市特色文化品牌。

5日~10日　城区文联与汕尾市文广新局、捷胜镇人民政府、城区科技文体局、捷胜书画社在汕尾市图书馆一楼展览厅联合举办“古城风”第三届捷胜书画作品展。

11日上午　在区党政办公大楼3楼会议室召开市区“门前三包”工作会议，李振坚出席，市城管执法局、房管局及区府办、区环卫局、区爱卫办、区创文办、新港街道、凤山街道有关负责人参加。

13日　市委常委、区委书记、区人大常委会主任陈少荣主持召开区党政班子联席会议。会议研究通过《汕尾市城区开展创建法治村社活动实施方案》。

是日下午　在区党政办公大楼7楼会议室召开火车站片区征地补偿工作会议，区火车站片区征地工作指挥部成员、东涌镇党政班子成员参加。

14~15日　省旅游协会秘书长周志红到城区调研工作。分别到铜鼎山旅游区、金町湾旅游度假城调研考察。

14~17日　普通高考英语听说考试，在汕尾中学、新城中学、田家炳中学、林伟华中学、华师附中汕尾分校进行。为确保高考英语听说考试顺利进行，分局派出20名民警负责这次考试的保卫、保密工作。

17日　区委、区府创新出台《汕尾市城区村（居）民小组长管理制度（试行）》，明确了村（居）民小组长权利义务、村务管理及“三资”管理等规定，加强对全区村（居）民小组长管理。

是日下午　在区党政办公大楼6楼多媒体会议室召开全区人力资源和社会保障工作会议，曾向镇出席，各镇（街道）分管负责人、人社所负责人、医疗经办点负责人，区人社局、财政局、社保局、地税局、总工会、工商联负责人，区人社局各股室（中心）负责人参加。

18日上午，在区党政办公大楼9楼会议厅召开全区审计工作会议，林展海出席，各镇（街道）、区直各单位主要负责人参加。

是日下午，在区党政办公大楼6楼多媒体会议室召开全国、全省打击侵权知识产权和制售假冒伪劣商品工作电视电话会议，胡春莲出席，各镇（街道）、区打击侵权假冒工作领导小组成员单位有关负责人参加。

24日　省旅游局副局长张振林一行到城区铜鼎山旅游区和保利金町湾度假城调研工作。

是日下午　在区党政办公大楼7楼会议室召开“门前三包”工作会议，李振坚出席，市城管执法局、区府办、区住建局、区环卫局及各镇（街道）有关负责人参加。

是日下午　在区党政办公大楼9楼会议厅召开全区新一轮绿化大行动暨森林防火工作会议，林展海、何秀滔出席，各镇（街道）党政领导班子成员，各村（社区）党（总）支部书记、村（居）委会主任，区绿化委员会成员单位主要负责人，区森林防火指挥部成员单位主要领导参加。

25日　区旅游局联合市旅游局到海怡假日酒店进行3星级评定。

26日上午　在区党政办公大楼6楼多媒体会议室召开全省“水利与三防”工作电视电话会议，何秀滔出席，各镇（街道）、区“三防”指挥部各成员单位负责人参加。

26日下午　在区党政办公大楼6楼多媒体会议室召开全国外贸工作电视电话会议，李振坚出席，各镇（街道）、区直有关部门负责人参加。

27日下午　区司法局召开驻村（社区）法律顾问座谈会，总结经验，交流做法，分析问题，明确今后的工作任务。区委常委、政法委书记卓江广出席会议。会议由区司法局局长曾昭谋主持。

31日上午　在区党政办公大楼6楼多媒体会议室召开全省2015年全省计划生育工作会议，林展海、许昌林出席，各镇（街道）党政主要负责人、分管负责人、计生部门负责人，区人口和计划生育领导小组成员单位和兼职委员单位有关负责人参加。

是月　汕尾市城区水产技术推广站被农业部全国水产技术推广总站评为全国水产技术推广示范站。

是月　汕尾市城区人民法院陈俊杰的论文《构建符合职业特点的法官管理制度研究》获广东省法院第26届学术讨论会优秀奖。

4月

1日上午　在区党政办公大楼7楼会议室召开安全生产责任制履职情况汇报会，区党政领导班子成员出席，各镇（街道）党（工）委书记、人民政府（办事处）镇长（主任），区安委会成员单位主要负责人参加。

是日　市委常委，区委书记陈少荣到区工商分局调研对接工商体制调整工作。

是日下午　在区党政办公大楼7楼会议室召开国民经济动员潜力统计工作会议，张宏文、何秀滔出席，区直有关部门负责人参加。

是日　城区地税局以“新常态、新税风”为主题，积极协调国税及相关部门联合开展全国第24

个税收宣传月活动，对企业所得税、科技创新优惠政策等进行重点宣传。

2日上午　区召开开展创建法治村社活动动员大会，对全区开展创建法治村社活动进行全面动员部署。参加会议的有：区几套班子领导成员，区开展创建法治村社活动领导小组及办公室、督导组全体成员，各镇（街道）主要领导，各村（社区）党支部书记、主任，区直各单位主要负责人共300多人。会议由区委副书记、代区长林展海主持。

是日上午　在区党政办公大楼7楼会议室举行汕尾市工商行政管理局城区分局体制调整人、财、物意见协议签订仪式，余汉生、郑新钦出席，市工商局、区工商分局有关人员，区直有关单位负责人参加。市工商局与区政府签订体制转交书，标志着区工商分局管理体制由市垂直管理调整为地方政府管理。

是日下午　在区党政办公大楼6楼多媒体会议室召开贯彻落实《中共中央国务院关于深化供销合作社综合改革的决定》电视电话会议，余汉生出席，各镇（街道）、区直有关单位分管负责人参加。

3日　区委举办开展创建法治村社活动培训班。7月17日，区“法治村社”示范点现场推进会在马宫街道召开，市委常委、区委书记、区人大常委会主任陈少荣出席会议，陈少荣就如何做好下一步法治村社创建工作提三点要求：一要从严从实找不足，切实在解决问题上下功夫；二要不折不扣抓落实，切实在推进“十个一”（出台一个村（居）民小组长管理办法；开展一次法治村社培训；开展一次法治村社普法教育；开展一次“三资”清理；创建一个法治村社示范点；推行一村一法律顾问制度；每周开展一次直联工作；每周排查一次社会治安隐患；评比一批法治村社先进典型；建立一套法治村社机制）上下功夫；三要尽职尽责敢担当，切实在强化组织领导上下功夫。

8日　区公安分局部署为期一个月的“讲纪律守规矩，扬正气树形象”纪律作风教育整顿活动。是日下午，局在七楼会议室召开反腐倡廉建设暨"讲纪律守规矩，扬正气树形象"专题纪律教育工作会议，分局班子成员，各室、所、队现职正股以上民警，边防、消防大队及三个边防派出所各一名主官参加会议。会议由政委罗方锦主持，副区长、分局局长陈少华在会上作讲话。

9日上午　在区党政办公大楼7楼会议室召开全区海防与打私工作会议，陈少华出席，区武装部主要负责人，各镇（街道）分管领导、武装部长，市区边防大队主要负责人，边防派出所主要负责人，区海防与打私委员会成员单位负责人参加。

10日下午　在区党政办公大楼7楼会议室召开全区农村集体“三资”管理服务平台建设工作会议，许昌林、张淑娟、何秀滔出席，各镇（街道）主要负责人、分管负责人和区“三资”管理服务平台建设工作领导小组成员单位主要负责人参加。

是日下午　在区党政办公大楼6楼多媒体会议室召开2015年省政府第二季度防范重特大生产安全事故工作电视电话会议，余汉生出席，各镇（街道）、区安委会成员单位有关负责人参加。

14日下午　在区党政办公大楼6楼多媒体会议室召开全国涉农资金专项整治行动电视电话会议，会后，省政府、市政府召开套会，余汉生出席，各镇（街道）、区直有关单位主要负责人参加。

15日　市委书记温国辉、区委书记陈少荣一行到马宫街道调研直联和法治村社建设情况，并到深渔村示范点实地考察。

是日上午　在区党政办公大楼6楼多媒体会议室召开全省公共安全形势分析会暨全省应急管理工作会议，会后，市政府召开套会，林展海、郑新钦出席，各镇（街道）、区应急管理委员会成员单位主要负责人参加。

是日　区政协四届五次会议召开。会议要求，区政协委员要不断提升履职水平，推动区振兴发展。

18日　区七届人大五次会召开，听取了区人大、区法院、区检察院三个工作报告，审议通过区政府工作报告等六项决议草案，选举林展海为区人民政府区长。

22日下午　在区党政办公大楼7楼会议室召开全区教育“创强”工作推进会，许昌林出席，红草镇、东涌镇、捷胜镇、凤山街道、香洲街道党（工）委书记、镇长（主任）、分管负责领导，5个镇（街道）中心校长、各中学校长，区教育局有关人员参加。

23日　市委书记、市人大常委会主任温国辉带队到市区部分企业调研，强调要加强企业服务，支持企业加强技术创新，推动企业做大做强和转型升级。

是日　区委宣传部、区文明办联合启动以“提升市民素质，创建文明城市”为主题的“书香城区”全民读书系列活动。区有关领导、镇（街道）、区直单位及中小学师生等500多人参加。

24日上午　在区党政办公大楼7楼会议室召开全区第一季度经济工作分析会及区政府全体（扩大）会议，区政府班子领导成员，区府办正、副主任及跟线条领导，各镇（街道）镇长（主任），区直有关单位主要负责人参加。

24日~28日　城区文联在汕尾市图书馆一楼展览厅举办“匍匐的事物·杜青画展”。

28日上午　在区党政办公大楼7楼会议室召开全区水上交通安全管理问题协调会，郑新钦出席，东涌镇、捷胜镇、凤山街道、新港街道、区交通局、安监局、公安分局、民宗局有关负责人参加，会议邀请市海事局、红海湾海事处各一名领导参加。

28日　区司法局法律工作者应邀到市业余体校，为该校400多位师生上了一堂以“学习法律 尊法守法”为主题的法制教育讲座。

29日下午　在区党政办公大楼6楼多媒体会议室召开2015年深化医药卫生体制改革工作电视电话会议，区医改领导小组正、副组长、全体成员及全体联络员，医改办有关人员参加。

30日下午　在区党政办公大楼6楼多媒体会议室召开全省推进治理违法违规用地专项行动电视电话会议，会后，市政府召开套会，林展海、何秀滔出席，各镇（街道）、区直有关单位主要负责人参加。

是月下旬　制订《2015年伏季休渔实施方案》，休渔时间为5月16日12时至8月1日12时。全区应休渔船358艘全部参休。

是月　汕尾市城区人民法院研究室被广东省高院表彰评定立集体二等功。

是月　汕尾市委常委、城区区委书记陈少荣率区委班子成员到马宫街道检查指导工作，该区副区长、区公安分局局长陈少华、城区边防大队大队长陈海生陪同检查，陈少荣充分肯定了城区边防大队在维护驻地安全稳定、促进经济发展等方面取得的成绩，并表示将继续支持城区边防大队各项建设。

是月　为扎实开展“谈感受、讲故事、给点赞”爱民固边宣传活动，广泛争取社会各界肯定和支持，进一步扩大爱民固边战略影响力，城区边防大队召开“党政领导话爱民固边”主题座谈会，支队后勤处处长林汉潮，城区区委常委、政法委书记卓江广，市流渔协会主任廖学谦，城区公安分局局长陈少华，副局长陈业伟，城区打私办主任黄剑雄，城区大队军政主官以及所属派出所官兵共19人参加了会议。

5月

1日　区召开第一季度经济分析会暨区政府全体扩大会议。区长林展海出席会议并讲话。

1日~3日　为做好“五一”节期间安全防护工作，城区边防大队对所属派出所值班备勤、应急处突、车辆封存使用、官兵在位、内务秩序、执法执勤、落实防护期工作措施等情况积极开展督导检查。

1日~3日　城区文联与区科技文体局、东涌镇人民政府、城区象棋协会、东涌社区在城区东涌镇人民文化广场联合举办汕尾市首届“东涌杯”象棋大赛。

5日下午　在区党政办公大楼9楼会议厅召开全区计生工作会议暨夏季计生集中服务活动动员会，陈少荣、林展海、张淑娟、陈镜炉、何秀滔出席，区直副科级单位主要负责人，各镇（街道）党政主要负责人、分管负责人、计生办主任、计生服务所(室)负责人，各村（社区）党（总）支部书记，各卫生院负责人，各派出所负责人参加。

是日下午　在区党政办公大楼7楼会议室召开“三资”平台建设工作会议，区监察局主要负责人及有关负责人，区农业局主要负责人、分管负责人和相关人员，市区国土分局主要负责人，区水利局、财政局、林业局分管负责人，各镇（街道）分管负责人及农业办主任参加。

9日　由区委、区政府主办的汕尾市金泰阳100兆瓦太阳能电站示范基地举行奠基仪式，标志着区首个光伏发电项目正式开工建设。

是日上午　在凤山街道芦列坑村汕尾市金泰阳太阳能电站示范基地项目现场举行汕尾市金泰阳太阳能电站示范基地奠基仪式，区几套班子领导成员，各镇（街道）党（工）委书记、镇长（主任）、分管负责人，凤山街道干部职工，凤山街道芦列坑村和东涌镇新湖村“两委”干部，区直副科级以上单位主要负责人参加。

11日　区举行妈祖文化旅游节暨纪念妈祖诞辰1055周年大型系列活动。

是日　妈祖文化旅游节，上午举行妈祖合境巡安、文艺表演等，下午继续旅游景点推介交流会。

12日上午　在区党政办公大楼6楼多媒体会议室、7楼会议室召开全国推进简政放权结合智能转变工作电视电话会议，省政府、市政府召开套会，区政府班子领导成员、党组成员，各镇（街道）镇长（主任）主要负责人，区直有关单位主要负责人参加，会议同时邀请区委、区人大、区政协、区法院、区检察院各一名领导参加。

13日　城区地税局联手城区国税局召开中小企业纳税人座谈会，进一步拓宽税企交流渠道，建立起稳定长效的税企交流机制，搭建起重服务、促税收、保民生的税企“连心桥”。

14日　区公共法律服务中心成立。

是日　市工商联转赠城区中恒集团药品仪式在城区卫计局举行。仪式由区卫计局副局长林庆和主持，出席的有：市委统战部副部长、市工商联党组书记孔碧苑，市非公有制经济组织党工委专职副书记、市工商联党组成员兼秘书长林腾文，城区卫计局局长庄雄升以及城区各医疗卫生单位负责人、村（社区）卫生站代表、区卫计局有关共30多人。此次市工商联转赠给城区中恒集团药品22个品种共557件，总价值182万元，大大缓解了基层医疗机构缺乏临床药品的困境。城区卫计局按规定免费下发到全区7所基层医疗卫生机构和各村（社区）卫生站，再转发到困难的群众手中，为城区基层群众带来实惠，解决实实在在的困难。

18日　市委常委、区委书记陈少荣，区委副书记、区长林展海等到区计生服务站慰问节育对象，并到区卫计局指导计生工作，区委副书记许昌林等陪同。

是日下午　在区党政办公大楼6楼多媒体会议室召开全省公务用车制度改革工作电视电话会议，市政府召开套会，林展海、曾向镇出席，区纪委分管负责人，各镇（街道）镇长（主任）、区直参加公务用车改革的单位主要负责人参加。

19日上午　在区党政办公大楼6楼多媒体会议室召开全国就业创业工作电视电话会议，曾向镇、郑新钦出席，各镇（街道）、区直有关单位负责人参加。

是日　市司法行政系统在城区凤山街道召开全市社区矫正工作经验交流会，市司法局副局长郑晓红、凤山街道党工委有关负责人及各县（市、区）司法局分管副局长、社区矫正股负责人和全区各司法所负责人参加会议。

20日　区委、区政府召开全面深化政务整治、正风肃纪集中行动工作会议。区政协主席、区纪委书记张淑娟通报区近年来查处的作风典型案件，区长林展海作工作部署，市委常委、区委书记、区人大常委会主任陈少荣作讲话。会议强调，一要从发展的高度深刻认识全面深化政务整治行动的重要性和迫切性；二要坚决落实全面深化政务整治的责任；三要以制度化、常态化推动政务环境建设。会上，全体与会人员观看了政务整治行动专题片。同日，区委、区政府印发《汕尾市城区全面深化政务整治、正风肃纪集中行动工作方案》文件，明确了指导思想、整治对象、整治任务。9月2日，区召开政务整治、正风肃纪集中行动工作会议。会议强调，各地各单位要抓好整改措施工作落实，巩固扩大查摆阶段成果。10月底，区长林展海代表区政府，就政务整治、正风肃纪在该地新闻媒体向社会作出公开承诺。

21日　区委召开常委扩大会议，传达学习中央、省委、市委“三实三严”专题教育精神，研究部署在全区处级以上领导干部开展“三严三实”专题教育活动。市委常委，区委书记陈少荣主持会议。

26日下午　在区党政办公大楼9楼会议厅召开

全区实行国库集中支付制度改革暨国有资产清理清查工作会议，余汉生出席，各镇（街道）镇长（主任）、会计、出纳，区直各单位主要负责人、会计、出纳，区有关企业单位负责人和相关业务人员参加。

28日下午　在区党政办公大楼6楼多媒体会议室召开全省夏季消防安全检查工作电视电话会议，陈少华出席，各镇（街道）、区消防安全委员会成员参加。

29日下午　在区党政办公大楼6楼多媒体会议室召开2015年广东扶贫济困日活动视频会议，何秀滔出席，各镇（街道）、区直有关单位负责人参加。

是日下午　在区党政办公大楼7楼会议室召开迎接省计生半年检工作会议，何秀滔出席，各镇（街道）镇长（主任）、分管负责人、计生办主任，区公安分局分管户政工作领导，区人社局、区民政局、区教育局、区财政局、区委宣传部分管负责人，各卫生院负责人参加。

6月

1日　区召开“三严三实”专题教育动员工作会议，部署开展“三严三实”专题教育活动。要求全区各级党组织全面落实中央、省委、市委的要求，凝聚强大的正能量，推动城区加快振兴发展。市委常委、区委书记、区人大常委会主任陈少荣在会上作动员讲话并讲授党课。

4日　区委制订《中共汕尾市城区委常委会议事决策制度》《中共汕尾市城区委领导班子学习制度》《中共汕尾市城区委重点工作督查制度》，印发《中共汕尾市城区委关于进一步加强和改进调查研究工作的意见》。

是日上午　在区党政办公大楼6楼多媒体会议室召开全省就业创业工作电视电话会议，曾向镇、郑新钦出席，各镇（街道）、区直有关部门负责人参加。

是日　区公安分局在7楼会议室召开汕尾市公安局城区分局“三严三实”（严以修身、严以用权、严以律己，又谋事要实、创业要实、做人要实）专题教育工作会议。参会人员：分局班子成员；全体党员民警和工勤人员（包括已改非的副主任科员）；消防、边防大队及边防派出所各一名主官。

是日下午　区公安分局在机关大院召开全区禁毒清理清查誓师大会，参会人员有分局党委班子成员，全体党员民警和工勤人员，边防、消防大队、捷胜、马宫边防派出所各一名主官和城区政府各街道（镇）相关职能部门人员共300多人参加。会议由区委常委、政法委书记卓江广主持，城区政府副区长、市局党委委员、分局局长陈少华在会上作动员讲话。

6日下午　在区党政办公大楼7楼会议室召开全区森林防火工作会议，林展海、何秀滔出席，各镇（街道）、区森林防火指挥部成员单位主要负责人参加。

7~9日　普通高等学校招生统一考试（简称高考）在汕尾中学、新城中学、田家炳中学、市林伟华中学、华师附中汕尾分校等五个考场进行。分局派出22名民警到考场进行安全保卫保密工作。

9日　省法律援助局局长叶金昌一行在市司法局副处级领导蔡木权的陪同下，到城区司法局调研法律援助工作。

是日上午　汕尾市政府副市长、公安局局长杨志明率市局党委委员、政治处主任李小鹏，市局党委委员、指挥中心主任曾保国和市局刑警支队支队长李梓绿等一行到城区分局调研指导维稳及案件侦破工作。

10日　区召开省委第四巡视组巡视汕尾市城区动员会。会议宣布，从6月10日起，省委第四巡视组对区开展巡视。时间约一个月，巡视对象主要是区党政领导班子及其成员。区几套班子领导成员，区委委员、候补委员，区纪委、区委组织部班子成员，区直副科级以上单位、区各民主党派主要负责人，各镇（街道）党（工）委书记、镇长（主任），省和省以上党代表、人大代表、政协委员，近两年内退休的区领导，区巡视工作领导小组有关人员参加。

是日下午　在区党政办公大楼9楼会议厅召开全区创建广东省卫生城市工作推进会，林展海、余汉生、何秀滔出席，各镇（街道）镇长（主任）、分管负责人，各村（社区）党（总）支部书记，区直副科级以上单位主要负责人参加。

11日下午　在区党政办公大楼6楼多媒体会议室召开全国加强食品安全工作电视电话会议，何秀滔出席，各镇（街道）分管负责人，区食品安全委员会成员单位分管负责人参加。

17日上午　在区党政办公大楼3楼会议室召开渡口安全工作会议，郑新钦出席，市海事局、区交通局、区安监局主要负责人，捷胜镇、凤山街道、新港街道分管负责人，中山渡口、小岛渡口有关负责人参加。

18日下午　在区党政办公大楼6楼多媒体会议室召开2015年全省食品安全工作电视电话会议，会后市政府召开套会，何秀滔出席，各镇（街道）分管负责人，区食品安全委员会成员单位分管负责人和相关股室负责人，区直其他有关单位分管负责人参加。

19日　区司法局联合捷胜镇委在联安村举行创建法治村社法律咨询活动。

24日　深圳市光明新区、汕尾市城区联合举办2015年招商推介会。市委常委、城区区委书记陈少荣，深圳市光明新区党工委委员、管委会副主任刘伟新分别在会上致辞。推介会由区委常委、常务副区长余汉生主持。

26日　区司法局联合区禁毒办、区公安分局、团区委等部门和单位，在市区通港路中段举行“6·26”国际禁毒日暨“珍惜生命　远离毒品”青少年禁毒宣传教育活动。区领导卓江广、陈少华等出席活动。

是日下午　在区党政办公大楼9楼会议厅召开汕尾市城区开展“广东扶贫济困日”活动动员大会，区几套班子领导成员出席，各镇（街道）、区直各单位副科级以上领导干部参加。

28日~7月5日，城区文联与汕尾市文联、深圳市罗湖区文联在汕尾市图书馆联合举办“巾帼彩韵·七一献礼”汕尾·深圳罗湖女画家作品展。

30日　区委常委扩大会议召开，传达学习贯彻全市促进振兴发展工作会议精神，研究部署下一步工作。会议要求，全区上下要以全市振兴发展工作会议和市委书记石奇珠重要讲话精神为动力，真抓实干，推进经济社会加快发展。强调要紧紧围绕“三大抓手”，采取有力措施，全力加快振兴发展。

7月

3日　城区开展“法治讲堂”进村（社区）活动启动仪式在东涌镇举行，区委常委、组织部部长卢学军主持启动仪式，区委常委、政法委书记卓江广出席并讲话，区司法局、区委党校主要领导及东涌镇全体干部职工、村（社区）“两委”干部、村（居）民小组长共100多人参加。

7日上午　在区党政办公大楼6楼多媒体会议室召开省政府第三季度防范重特大生产安全事故工作电视电话会议，余汉生出席，各镇（街道）分管负责人、区安委会成员单位主要负责人参加。

9日　以省司法厅副厅长何流明为组长的省督查组，在市司法局局长潘恩宏、副局长杨克功等的陪同下，到城区开展一村（社区）一法律顾问工作专项督查。

是日　城区边防大队全力做好台风“莲花”防护救援工作，台风登陆时，联合区公安、海事、渔政、村委等多部门转移海上群众135人，并集结15名官兵在汕尾港轮渡码头值班待命，做好救援准备。

14日下午　在区党政办公大楼7楼会议室召开计划生育迎检工作会议，陈少荣、林展海、何秀滔出席，各镇（街道）党（工）委书记、镇长（主任）、分管负责人、计生办主任，各卫生院、计生服务站负责人，区公安分局分管户政工作负责人、各派出所所长，区委宣传部、区人社局、财政局主要负责人，区督查组主要负责人参加。

15日　区司法局制订《开展一村（社区）一法律顾问工作半年考核评估工作方案》，成立考核评估领导小组，联合各镇（街道）对各驻村（社区）法律顾问开展半年度工作考核评估。

17日　全区创建法治村社现场会在马宫街道召开，市城区委书记、区长、有关领导、七个镇（街道）书记、副书记在实地视察居委、深渔两个示范点的创建工作后，召开全区创建法治村社现场会。

是日上午　在区党政办公大楼6楼多媒体会议室召开2015年度征兵工作会议，张宏文、陈少华出席，区人武部有关领导，各镇（街道）镇长（主任）、武装部长，区直机关党工委书记、武装部长，区征兵工作领导小组成员单位有关负责人，各派出所负责政审工作领导参加。

22日下午 城区公安分局召开党委（扩大）会议，学习贯彻市局党委（扩大）会议和市委书记石奇珠到市局调研指导工作的讲话精神，总结上半年城区公安分局开展" 3+2" 专项打击整治行动情况，部署研究下一步工作措施，推进专项行动深入开展。区委常委、政法委书记卓江广，副区长、市局党委委员、分局局长陈少华出席会议，分局在家班子成员、各所队室负责人及" 3+2" 打击办全体成员参加了会议。会议由分局党委委员、副局长陈业伟主持。

是日下午 在区党政办公大楼5楼会议室召开区公务用车制度改革工作会议，曾向镇出席，区公务用车制度改革工作领导小组成员单位负责人参加。

23日上午 在区党政办公大楼7楼会议室召开汕尾市城区创建双拥模范城工作推进会，张宏文、李振坚出席，各镇（街道）、区创建双拥模范城工作领导小组成员单位、驻区各部队有关负责人参加。

24日下午 在区党政办公大楼3楼会议室召开公平灌区填报资料协调会，何秀滔出席，有关镇(街道)、区直有关部门负责人参加。

28日上午 在区党政办公大楼7楼会议室召开2015年汕尾渔歌节活动领导小组成员会议，刘元海、李振坚出席，区2015年汕尾渔歌节活动领导小组成员单位负责人参加。

31日 汕尾市城区委统战部、区工商联、区司法局以“道德讲堂”的形式，联合举办企业法治文化建设讲座。

8月

1日上午 区长林展海带队调研区环境卫生工作，李振坚、市城管局、区府办、区环卫局、东涌镇、红草镇、捷胜镇、马宫街道主要负责人陪同。

3日 省旅游局李国平教授到城区调研“十三五”重点项目（金町湾、铜鼎山两个点）规划工作。

7日下午 在区党政办公大楼629会议室召开区政府七届三十三次常务会议，区政府领导班子成员出席，区直有关部门主要负责人列席。

是日下午 在区党政办公大楼3楼会议室召开市区“门前三包”工作会议，李振坚出席，市区三个街道办事处、区委宣传部、团区委、区环卫局、区爱卫办、区创文办等单位有关负责人参加。

11日 区委召开开展城市管理、环境卫生整治活动动员大会。市委常委、区委书记、区创建省级文明城市工作领导小组组长陈少荣主持会议。会议强调，立即行动起来，举全区之力，集中力量打好城市环境卫生整治攻坚仗，不断改善市区卫生环境。会后，区委组织近千名干部职工上街大扫除，以实际行动助力区创建省级卫生城市。

是日上午 区委、区政府在区党政办公大楼9楼会议厅召开汕尾市城区开征城市管理、环境卫生整治动员大会，区几套班子领导成员、各镇（街道)、区直副科级以上单位、市区三个街道办事处村（社区）主要负责人等有关人员出席会议。

12日 城区工商联和司法局联合开展“守法承诺”法律咨询活动。区132家非公有制企业代表到场签订“守法诚信”承诺书。

是日 区印发《致市民一封信》，倡议广大市民要以创建卫生城市、文明城市为己任，参与到“清洁城市，美化家园”的环境卫生大行动中，共同把城市建设得更加文明、更加和谐、更加美丽。

13日下午 在区党政办公大楼3楼会议室召开教育创强项目推进协调会，郑新钦出席，区政府办、财政局、发改局、教育局、住建局、审计局等有关部门负责人参加。

14日~23日 城区公安分局利用10天时间，对民爆物品、烟花爆竹、剧毒化学品、易制爆危险化学品和放射性物品等生产、销售、使用、储存单位，开展一次地毯式、全方位的安全大检查。

15日下午 在区党政办公大楼6楼多媒体会议室召开全国、全省安全生产工作电视电话会议，林展海、余汉生出席，各镇（街道)、区安委会成员单位、有关企业主要负责人参加。

17日 由区卫计局举办的汕尾市城区卫生计生

系统“道德讲堂”活动在汕尾逸挥基金医院会议厅开课。区委常委、宣传部部长刘元海，副区长何秀滔以及区卫生计生系统全体干部参加了活动，活动由区卫计局局长庄雄升主持。

20日　区委组织开展爱国卫生大扫除统一行动。

是日　区党政联席会议召开，传达市禁毒暨打击非法枪支专项行动工作会议精神，听取全区禁毒工作情况汇报，研究通过区委、区政府《关于强化禁毒工作和打击非法枪支专项行动工作责任的决定》。

是日　全区推行政府工作部门权责清单制度及开展行政审批标准化工作动员会议召开。会议提出，力争在是年年底之前，完成实施编制政府权责清单和行政审批标准化工作改革。

8月21日　区委召开全区纪律教育学习月活动动员会暨科级领导干部（扩大）“三纪”培训班。市委常委、区委书记陈少荣出席会议并作讲话。就党员干部特别是领导干部如何严明政治纪律和政治规矩，进一步改进作风，陈少荣要求：一是必须把守纪律、讲规矩摆在更加重要的位置。二是必须强化落实“纪律意识、政务整治、追责问责”措施。三是领导干部要当好守纪律、讲规矩的表率。四是要精心组织、突出重点。确保纪律教育学习月活动取得实效。

22日下午　在区党政办公大楼3楼会议室召开公务用车制度改革会议，曾向镇出席，区公务用车制度改革领导小组成员单位有关负责人出席。

23日　全区举行小学升初中电脑派位，4158名小升初学生，全部完成派位。

26日下午　省教育厅那佳主任督学、副主任科员林敬华到城区调研教育创强创均工作，在区党政办公大楼7楼会议室召开汇报会，并实地调研有关学校，林展海、郑新钦陪同。

27日上午　在区党政办公大楼7楼会议室召开市区环境卫生工作会议，李振坚出席，市城管局、区环卫局、市区三个街道办事处及村（社区）有关负责人参加。

是日下午　在区党政办公大楼7楼会议室召开2015·汕尾渔歌节启动仪式暨渔歌大汇演文艺晚会协调会议，许昌林、刘元海、何秀滔、李振坚、胡春莲出席，市文化馆、区委办、区府办、区委宣传部、团区委、区公安分局、市区交警大队、市区消防大队、区旅游局、区卫计局、区环卫局、市区三个街道办事处等部门有关负责人参加。

28日上午　在区党政办公大楼7楼会议室召开全区土地确权和“三资”平台建设工作会议，何秀滔出席，各镇（街道）、区“三资”管理服务平台建设工作领导小组成员单位有关负责人参加。

28日下午　在区党政办公大楼629会议室召开研究“三旧”改造、城市管理、征地问题工作会议，林展海、余汉生、李振坚出席，区府办、市区国土分局、区住建局、区国资办等部门有关负责人参加。

31日上午　在区党政办公大楼6楼多媒体会议室召开全省深入推进户籍制度改革工作电视电话会议，陈少华出席，各镇（街道）、区直有关单位负责人参加。

是月　城区边防大队组织开展夏季安全隐患大排查活动，深入查找存在的安全隐患，并指定专人立即进行整改，切实将安全隐患消除在萌芽状态。

9月

1日上午　在区党政办公大楼629会议室召开太阳能光伏协调会，林展海、郑新钦出席，区经信局、区发改局、区林业局、凤山街道、东涌镇新湖村主要负责人参加。

是日晚上　在市区妈祖文化广场举办2015·汕尾渔歌节启动仪式暨渔歌大汇演文艺晚会，市政协副主席、市旅游局局长吕珠龙，区几套班子领导成员，各镇（街道）、区直副科级以上单位有关人员参加。

是日晚　“2015年汕尾渔歌节启动仪式暨渔歌大汇演文艺晚会”在凤山妈祖文化广场举行。市相关领导、深圳对口帮扶汕尾指挥部和市文广新局相关领导、区几套领导班子成员、区直有关单位及各镇（街道）干部职工与市区群众观看演出。活动由区委、区政府和深圳对口帮扶汕尾指挥部、市文广新局主办；区委宣传部、区科技文体局承办；区凤山街道、区旅游局、凤山祖庙管理处协办。2015年

"汕尾渔歌节"自9月1日开始至30日结束。

2日　市委常委、区委书记陈少荣主持召开区委理论学习中心组"三严三实"专题教育第一专题学习研讨会。学习会成员围绕"严以修身"交流学习体会，明确从严从实的努力方向。9月23日，区委理论学习中心组召开"三严三实"专题教育第二专题学习研讨会，围绕"严以律己，严守党的政治纪律和政治规矩，自觉做政治上的'明白人'"进行学习研讨。市委常委、区委书记、区人大常委会主任陈少荣主持会议。

3日　城区公安分局会同区教育部门，在全区82所中小学新学年开学之际，开展禁毒缉枪教育，让5万多学生接受禁毒缉枪教育，并要求学生家长签订拒绝毒品和非法枪支的承诺书。

6日　市政协主席莫英群带队一行到市区二马路、三马路对市区占道经营情况进行视察，市政协副主席尚德、市政协副主席吕珠龙陪同视察，林展海、李振坚陪同。视察结束后在区党政办公大楼7楼会议室召开座谈会，陈少荣、林展海、李振坚出席。

是日下午　在区党政办公大楼3楼会议室召开乡镇网站建设工作会议，郑新钦出席，有关镇（街道）、区直有关单位负责人参加。

是日　区委举办以汕尾精神"包容、守信、务实、争先"为主题的道德讲堂活动

8日上午　在区党政办公大楼629会议室就市委、市政府有关领导在《关于反映市区公交车站场不宜设在教育、办公重地出入口处的若干意见书》上的批示精神召开专题研讨会，林展海、郑新钦出席，市财政局、国土资源局、城乡规划局、城管局、交通局、粤运公司有关负责人及区有关部门负责人参加。

9日上午　在区党政办公大楼9楼会议厅举行2015年教师节座谈会，陈少荣、林展海、张淑娟、陈建新、郑新钦出席，区教育局、各中小学校长、幼儿园园长、教师代表参加。

是日上午　市人大常委会常务副主任杨青带队一行到市区二马路、三马路专题视察占道经营情况，林展海、李振坚陪同视察。

是日　区人大常委会组织40多名驻区的市人大代表视察奎山河整治和市区公路建设情况。区政府主要领导以及市住建、城管、公路、园林等部门相关负责人参加视察活动。

11日　深圳市光明新区党工委委员、组织人事局局长顾东忠带队一行到市城区考察帮扶工作。上午分别考察和顺社区村头公园、品清湖、后径小学，下午在区党政办公大楼7楼会议室举行座谈会，许昌林、郑新钦、范仕国及有关街道办事处、区直有关单位负责人参加活动。

11日上午　市政府副市长刘小静带队一行到市城区田家炳中学调研关于田家炳中学新校区扩建资金不足的问题。郑新钦及区教育局、田家炳中中学有关负责人陪同调研。

12日上午　在区党政办公大楼9楼会议厅召开全区秋季计生集中服务活动动员会，陈少荣、林展海、张淑娟、许昌林、陈镜炉、何秀滔出席，各镇（街道）党政主要负责人、分管负责人、计生办主任、计生服务所负责人，区直副科以上单位主要负责人，各村（社区）党（总）支部书记，各卫生院院长，各派出所所长参加。

14日上午　在区党政办公大楼7楼会议室召开红草工业园区道路项目建设推进会，许昌林、卢学军、卓江广、罗辉南、陈少华、郑前军出席，区推进重点项目建设处置工作协调组成员单位主要负责人参加。

15日　省委第四巡视组巡视汕尾市城区情况反馈会召开。组长符雄代表巡视组提出了意见建议：一要强化"两个责任"，保持惩治腐败高压态势。二要落实"三严三实"，加大政务整治力度。三要规范干部选任工作，加大干部培养选拔力度。

16日　省政府副省长温国辉带队到汕尾市调研。上午前往市人民医院视察；下午分别前往凤山街道卫生院、汕尾第二人民医院（逸挥基金医院）视察。陈少荣、林展海、何秀滔及区有关单位主要负责人陪同调研。

是日　由区卫计局和凤山街道办事处联合主办的科学育儿家庭教育主题活动——"婴幼儿喂养及常见疾病防治"培训班在凤山街道社区卫生服务中心举行，凤山辖区内近100多名育龄妇女参加了培训。活动由逸挥基金医院儿科主任张旭东担任主

讲，通过多媒体、现场互动等方式对“婴幼儿喂养和疾病防治”作了深入浅出地讲解，指导育龄妇女们掌握正确的科学育儿方法，赢得现场听众的阵阵掌声。市委书记温国辉、市长杨绪松、区委书记陈少荣等领导出席了活动。活动后区卫计局局长庄雄升为每位育龄妇女免费发放《0~3岁科学育儿指导贴心手册》。

17~18日　省、市安全生产检查组到巴黎半岛酒店、海洋旅行社、凤山祖庙旅游区检查安全生产工作。

18日　区委、区政府在市区慈云山广场举办“同心争创文明城市，携手共建善美之城”为主题的宣传活动。市委常委、区委书记、区人大常委会主任陈少荣出席启动仪式，为区骑行志愿者服务队授旗。区1000多名干部职工及共青团志愿者参加仪式。

是日　区军地联合开展整治环境卫生活动。区四套班子领导成员、区直单位干部职工和军分区、人武部、武警、边防、消防等官兵1000多人上街大扫除。

是日下午　在区党政办公大楼7楼会议室召开2015年汕尾市城区招商推介会协调会议，胡春莲、范仕国出席，有关镇、区直有关单位负责人参加。

20日　总投资780万元的汕尾市城区妇幼保健计划生育服务中心综合楼，主体工程建设完成封顶。

21日　城区地税局成功办理“一照一码”登记制度改革以来首户企业纳税人信息采集补录业务，实现了零的突破。此笔业务的成功，标志着城区局“一照一码”在操作层面上成为现实。

是日　区18个行政审批单位117项行政审批事项纳入电子监察系统，部分单位还制作项目实际动作流程图，进一步优化服务流程，压缩了办事时限和简化了审批环节。

22日上午　市政府代市长杨绪松带队到城区调研，并在区党政办公大楼7楼会议室召开座谈会，陈少荣、林展海、张淑娟、陈镜炉、曾向镇、郑新钦、范仕国出席，区府办正副主任及区发改局、财政局、经信局、外经贸局、环卫局主要负责人参加。

是日上午　省公安厅第八督导组副组长、省厅刑侦局副局长许源带领省厅第八督导组，在市局党委委员、指挥中心主任曾保国和市局“打击办”相关人员的陪同下，到分局督导“3+2”专项行动工作开展情况，并召开座谈会。副区长、市公安局党委委员、分局局长陈少华，分局副局长林春生、陈守鑫，分局治安、刑侦、经侦、便衣队等部门主要领导，分局“打击办”相关人员参加了会议。

是日上午　在区党政办公大楼6楼多媒体会议室召开全面推进“三证合一、一照一码”登记制度改革工作全国、全省电视电话会议，余汉生出席，各镇（街道）、区直有关负责人参加。

23日上午　市政府副市长骆金堤到城区检查督查计生工作，实地检查有关街道、社区，并在区政府629会议室召开反馈会，林展海、何秀滔出席，区府办、区卫计局主要负责人及各镇（街道）镇长（主任）、分管负责人参加。

是日　城区地税局启动“百日规范行动”，针对税收征管、纳税服务、队伍建设、作风纪律、党风廉政等五大内容建章立制、规范管理。百日期间内，共计出台20项规章制度。

是日　区委、区政府在凤山妈祖文化广场举办“汕尾渔歌节”启动仪式。

24日上午　深圳市光明新区政府投资项目前期工作办公室主任傅伦为带队到城区调研汕尾城区后径小学建设相关问题，郑新钦、范仕国及区有关部门负责人陪同。

是日上午　在区党政办公大楼7楼会议室召开全区公务用车改革工作会议，曾向镇出席，各镇（街道）、区直参加车改有关单位负责人参加。

是日　区委、区政府印发《汕尾市城区全面推进公务用车制度改革总体方案》和《汕尾市城区区直机关公务用车制度改革实施方案》。

25日　区五个重点建设项目在市金泰装饰材料市场集体开工。区几套班子领导和深圳市光明新区有关领导出席开工仪式。市委常委、区委书记陈少荣宣布动工项目启动。

是日下午　在区党政办公大楼3楼会议室召开全区农村“三资”平台建设推进会，何秀滔出席，各镇（街道）分管负责人和“三资”管理服务中心负责人，区“三资”平台建设领导小组成员单位有关负责人参加。

是日下午　在区党政办公大楼3楼会议室召开推进林业生态景观林建设工程和省级森林碳汇林抚育项目工作会议，何秀滔出席，区府办、区发改局、区林业局、区审计局、区财政局、东涌镇、红草镇、捷胜镇、马宫街道、新港街道、香洲街道分管负责人参加。

26日上午　在凤山街道办公楼6楼会议厅召开全区秋季计生集中服务活动推进会，陈少荣、林展海、许昌林、刘元海、何秀滔出席，各镇（街道）党政主要负责人和分管领导、计生办主任，凤山街道党政班子成员，区秋季计生集中服务中心总指挥部办公室全体成员，区计生督查组、应急组、督台组组长，区委宣传部、区法院、区教育局、区科技文体局、区公安分局主要负责人参加。

28日　区委召开基层工作会议，贯彻落实中央、省、市大抓基层的决策部署，深入推进全区基层治理工作。会议指出，区开展“敢担当”活动、“送法下乡”大普法活动及创建法治村社等一系列创新举措，切实加强了基层治理工作，取得了良好的成效。强调抓好基层、推进基层治理，最终目的是实现好、维护好、发展好最广大人民群众的利益，要把维护好群众合法利益贯彻到基层治理的始终。市委常委、区委书记、区人大常委会主任陈少荣出席会议并作讲话。

29日　区组织开展“迎国庆、促创文”爱国卫生大扫除活动，掀起全民创建文明城市的高潮。

30日上午　在凤山街道鼎盖山革命烈士陵园举行2015年革命烈士纪念日公祭活动，区几套班子领导成员、区人武部领导成员，区直各单位主要负责人，区公安系统、老促会、两纵联谊会代表，凤山、香洲、新港三个街道党政班子成员及部分干部职工，凤翔学校、凤山中学、凤山中心小学学生等参加。

是日　在《中华人民共和国法律援助条例》颁布实施12周年之际，区司法局联合区妇联，在市区通港路中段开展法律援助宣传月法律咨询活动。

是月　城区边防大队部、港口所组织官兵为市业余体育学校初中生开展了为期5天的军训，密切警民关系、加强警地交流。

是月底　全区共侦破毒品案件114宗，抓获涉毒犯罪嫌疑人100名，抓获吸毒人员512人，捣毁容留他人吸毒窝点2个，缴获各类毒品约843克；立涉枪案件3宗，侦破3宗（其中1宗为年前积案），抓获犯罪嫌疑人3名，缴获枪支3支，子弹27发。

10月

9日下午　在区党政办公大楼7楼会议室召开东涌镇新地大棚山地块征地工作会议，何秀滔出席，区东涌镇新地大棚山地块征地工作指挥部成员单位有关负责人参加。

10日上午　在区党政办公大楼6楼会议室召开全国棚户区改造工作电视电话会议，李振坚出席，各镇（街道）、区直有关单位负责人参加。

是日　市人大常委会副主任吴友深带领市人大检查工作组，到城区检查一村（社区）一法律顾问工作推进落实情况。区人大常委会副主任邝文泉、区司法局局长曾昭谋、区人大法工委主任黄春波参加活动。

12日上午　在区党政办公大楼629会议室，区政府区长林展海主持召开区政府七届三十四次常务会议，区政府班子成员出席，区府办副主任、区直有关部门主要负责人列席会议。

是日下午　在区党政办公大楼7楼会议室召开各镇（街道）计生服务站与卫生院（卫生服务中心）合并协调会议，何秀滔出席，各镇（街道）、区卫计局、区编办、区人社局、区财政局有关负责人及各卫生院（卫生服务中心）、计生服务所负责人参加。

13日　区司法局在市体校举办法制讲座，为该学校300多名师生上了一场“拒绝毒品 珍爱生命”的法制讲座。

是日下午　中华国际控股有限公司董事局主席何湛雄，国家发改委PPP项目促进办主任周凯波，国家开发银行评审局副局长王中敏，北京大学城市规划院院长石健吾，中商华建投资发展有限公司总经理徐萍，俊安集团满孚能源投资有限公司总裁蔡建军、董事孟祥惠，中国恒天副总裁赵传聪，中冶海外公司总经理吴庆宇、总会计师李中禹，中冶二十二集团广东分公司总经理马建民，中国低碳产业投资中心执行秘书长罗慧军一行到城区洽谈跨海大桥等“四位一体”项目合作，并在区党政办公大楼7楼会议室举行洽谈会，市政府副市长邹广、副秘书长叶佐义、区政府副区长郑新钦出席，市、区有关部门负责人参加。

16日下午　在区党政办公大楼6楼多媒体会议室召开全省第四季度外贸稳增长电视电话会议。

18日　汕尾市城区作家协会成立暨第一次会员代表大会在汕尾泰林酒店八楼召开，赖杉昌当选城区作家协会主席，吴玉婵、卓斯境、王晓忠、郑冰利当选副主席，庄海君当选秘书长。

18日~22日　城区文联与汕尾市文联、汕尾市民间文艺家协会在汕尾市图书馆一楼展览厅举办“2015·汕尾市民间工艺美术展”。

19日　区委、区政府制定《关于进一步加强人才工作的实施意见》。

20日　区开展“文明路倡文明”整治环境卫生活动。

是日上午　在区党政办公大楼7楼会议室召开迎接省计生考核工作会议，何秀滔出席，各镇（街道）镇长（主任）、分管负责人参加，

是日上午　在区党政办公大楼6楼多媒体会议室召开省政府第四季度防范重特大生产安全事故暨全省冬春火灾防控工作电视电话会议，余汉生、陈少华出席，各镇（街道）、区直有关单位负责人参加。

是日下午　在区党政办公大楼7楼会议室召开关于汕可路品清段违法建筑物会议，陈少荣、林展海、许昌林、卓江广、郑新钦、李振坚、陈少华出席，市直、区直有关部门，东涌镇、凤山街道、品清村有关人员参加。

22日下午　深圳市龙岗区农业科技推广中心主任（副处级）胡泽准带队一行到城区考察海洋产业，分别实地考察汕尾市五丰水产食品有限公司和汕尾市国泰食品有限公司，并在区党政办公大楼7楼会议室召开座谈会，郑新钦陪同考察并出席座谈会，有关镇（街道）、区直部门负责人参加。

23日上午　在区党政办公大楼6楼多媒体会议室召开国务院防范和处置非法集资工作电视电话会议，余汉生出席，各镇（街道）、区直有关部门主要负责人参加。

25日上午　在区党政办办公大楼629会议室召开红海西路建设工作会议，林展海、许昌林、郑新钦、李振坚出席，区府办、区住建局、香洲街道、红海西路建设指挥部办公室等有关部门负责人参加。

是日　区举行通港路“门前三包”示范街揭牌仪式。

26日　区各基层党（工）委、党（总）支部分别召开“三严三实”专题组织生活会，围绕“共产党员在进一步整治环境卫生、提升汕尾形象中如何发挥作用”的主题进行专题讨论。市委常委、区委书记、区人大常委会主任陈少荣以普通党员身份参加区委办党支部组织生活会。

是日下午　区委、区政府组织开展市区通航路大扫除整治环境卫生活动，区几套班子领导成员、区直各单位参加。

27日上午　在区党政办公大楼7楼会议室召开全区保障性住房建设工作会议，李振坚出席，各镇（街道）、区保障性住房建设工作领导小组成员单位有关负责人参加。

是日　省司法厅第九检查组到城区检查一村（社区）一法律顾问工作开展情况，市司法局局长潘恩宏、副局长杨克功及有关部门负责人陪同检查。检查组一行先后到马宫街道司法所及金町村、深鱼村和捷胜镇司法所及军船头村、联安村实地走访，向群众发放调查问卷，查阅工作台账，了解工作开展情况。

是日下午　在区党政办公大楼3楼会议室召开全区村村通自来水工程建设协调会，何秀滔出席，区村村通自来水工程建设领导小组成员单位有关负责人参加。

28日　区旅游局联合市局质监所谢文、陈庆辉到阳光旅行社检查安全生产工作。

是日下午　在区党政办公大楼7楼会议室召开全区计划生育工作会议，何秀滔出席，各镇（街道）、区直有关部门负责人参加。

30日上午　在区党政办公大楼6楼多媒体会议

室召开全国冬春农田水利基本建设电视电话会议，何秀滔出席，各镇（街道）、区直有关部门负责人参加。

是日　区委理论学习中心组召开“三严三实”专题教育第三专题学习研讨会。市委常委、区委书记、区人大常委会主任陈少荣主持，区长林展海作《严以用权，真抓实干，树立谋事创业新形象》辅导党课。

是月　区审计局荣获“2015年度全国审计宣传通联工作先进单位”称号。

11月

1日　汕尾市城区美术家协会召开第一次会员代表大会，并选举王泉为协会主席，吴玉婵、陈丹仪、陈泽祥、张立丰、黄锦冰为副主席，魏志忠为秘书长。

2日下午　在区党政办公大楼6楼多媒体会议室召开全国推进内贸流通现代化电视电话会议，郑新钦出席，各镇（街道）、区直有关部门负责人参加。

是日下午　在区党政办公大楼7楼会议室召开区水产供销公司企业改制领导小组成员会议，何秀滔出席，区水产供销公司企业改制领导小组成员单位有关负责人参加。

3日下午　在区党政办公大楼6楼多媒体会议室召开全省法治政府建设工作电视电话会议，市政府在会后召开套会，林展海、胡春莲出席，各镇（街道）、区直有关部门主要负责人参加。

4日　区旅游局联合区工商分局、食药监局配合市旅游局开展诚信旅游饭店初评工作。

是日　城区地税局举行城区公安与地税系统联合执法办公室成立暨揭牌仪式，城区公安分局局长陈少华带领城区公安干警参加仪式。

5日下午　在区党政办公大楼6楼多媒体会议室召开全省国有林场改革暨今冬明春森林防火工作电视电话会议，何秀滔出席，各镇（街道）、区森林防火指挥部成员单位有关负责人参加。

是日　由省食品药品监督管理局食品餐饮安全建管处副巡视员陈卓鹏带队一行，到城区开展餐饮食品安全专项督查，并与城区食品药品监督管理局落实联建相关工作。下午，检查组实地检查餐饮食品有关企业，并在区党政办公大楼7楼会议室举行交接仪式，召开联建交流会。何秀滔陪同并出席有关活动。

6日上午　在区党政办公大楼3楼会议室召开农村小学布局调整工作会议，郑新钦出席，东涌镇政府、红草镇政府、捷胜镇政府、马宫街道办事处的镇长（主任）、分管教育工作副镇长（副主任），区教育局主要负责人及相关人员参加。

9日上午　省公安消防总队总队长王郭社带队到汕尾市开展消防工作检查调研活动，先后调研市值勤点、市区消防大队，林展海、陈少华陪同调研。

是日下午　在捷胜镇政府2楼会议室召开扶贫双到迎检工作研讨会和“三资”核实扫尾工作会议，何秀滔出席，捷胜镇、东涌镇有关负责人及有关村（社区）干部，区农业局、区扶贫办有关负责人参加。

10日　城区在汕尾中学大操场举行禁毒暨打击非法枪支专项行动公开宣判处理大会，对10名被告人和7名犯罪嫌疑人进行公开宣判处理，起到较好的警示震慑作用。

11日下午　在区党政办公大楼3楼会议室召开市区至火车站公路、市区东城路中段征地拆迁工作协调会议，郑新钦出席，市财政局、市国土资源局、市公路局、振兴公司以及东涌镇、凤山街道、区交通局有关负责人参加。

是日下午　在区党政办公大楼7楼会议室召开凤山祖庙旅游区景点建设专项资金实施方案协调会议，胡春莲出席，区府办、凤山祖庙旅游区管理处、区旅游局、区法制局、区财政局、区发改局、区审计局、区住建局、区监察局有关负责人参加。

是日下午　在区环卫局4楼会议厅举行市区环境卫生投诉平台启动仪式，林展海、李振坚出席。

17日　区龟龄岛东部海域海洋牧场成功入选首批国家级海洋牧场示范区。

是日下午　在区党政办公大楼9楼会议厅召开2016年全区城乡居民医疗保险参保动员会议，曾向镇、陈建新、邵银洲出席，区城乡居民医疗保险工作领导小组成员；各镇（街道）镇长（主任）、分管副镇长（副主任）、人社所所长、各镇（街道）医疗经办人员、各村（社区）党（总）支部书记或村（居）委会主任；区地税局相关人员；各卫生院院长、逸挥基金医院、社区服务中心等有关人员参加。

是日下午　在区党政办公大楼7楼会议室召开计生考核工作会议，何秀滔出席，各镇（街道）镇长（主任）、分管副镇长（副主任）、计生办主任；各卫生院院长、逸挥基金医院、妇产科负责人；区公安分局、区人社局、区民政局、区财政局、区卫计局、区发改局、区编办有关人员参加。

是日下午　在区党政办公大楼3楼会议室召开区酒类专卖局改制工作会议，区直有关部门负责人参加。

18日　总投资1276万元的省级人大议案汕尾市城区捷胜龟龄岛东南生态公益型人工鱼礁工程通过验收，被评为合格工程。该项目该项工程需制作鱼礁1285个、建造礁体灯标4座、在礁区附近建设礁区警示牌1座。

是日　城区妇幼保健计划生育服务中心正式建立，由原城区妇幼保健院和城区计划生育服务站合并而成，业务用房面积2360平方米。2015年在职专业技术人员33人，其中副主任医师1人，中级技术职称人数15人，初级技术职称人数17人。设有办公室、妇幼保健科、围产期保健科、儿童保健科、医教科、后勤科等科室。主要负责全区重大卫生项目的实施，全区妇女儿童保健工作，计划生育技术服务工作，对辖区内妇幼卫生计划生育服务信息进行收集、统计、分析及汇总上报。承担全区预防艾滋病、梅毒、乙肝因素传播的技术指导、检查及检验人员培训，农村孕妇叶酸补服发放、农村妇女免费"两癌"筛查，基层开展公共卫生妇幼保健适宜技术指导和培训工作，计划生育服务技术，计划生育避孕药具免费发放，免费孕前优生健康等工作。

是日下午　在区党政办公大楼3楼会议室召开市区瓶装液化气专项整治工作会议，李振坚出席，市交通局、市城管执法局，各镇（街道）、区住建局、安监局、公安分局、消防大队等有关部门负责人参加。

19日下午　在区党政办公大楼6楼多媒体会议室召开第二次全国教育信息化工作电视电话会议，各镇（街道）、区直有关部门负责人参加。

20日下午　在区党政办公大楼5楼会议室召开市区公交车停靠站建设协调会，郑新钦出席，市国土局、规划局、财政局、粤运公司和香洲街道、东兴社区、新楼村有关负责人参加。

是日下午　在区党政办公大楼7楼会议室召开2015年保障性安居工程跟踪审计会议，各镇（街道）、区直有关部门主要负责人参加。

24日下午　在区党政办公大楼7楼会议室召开第二届南粤妈祖文化活动周协调会，许昌林、刘元海、胡春莲、黄义丞出席，活动工作领导小组成员参加。

25日上午　在区党政办公大楼7楼会议室召开计生迎检工作会议，陈少荣、林展海、何秀滔出席，各镇（街道）党（工）委书记、镇长（主任），区人社局、民政局、财政局、卫计局、教育局主要负责人，区公安分局有关负责人，各派出所所长、教导员，市区边防大队主要负责人参加。

27日　省纪委书记黄先耀一行到马宫街道视察党建与党廉建设、三资平台建设情况，并到马宫金町村委会、金町保利项目实地调研察看，市委书记石奇珠、区委书记陈少荣、区纪委书记张淑娟等一行陪同。

是月　根据城区政府的工作部署，区边防大队大队长陈海生带领14名官兵，圆满完成了在汕尾中学举办的城区禁毒暨打击非法枪支专项行动公开宣判处理大会安保警戒任务。

12月

1日　由城区司法局、团区委、田家炳中学主办，汕尾时代网协办的“12·4”法制宣传周“法律进校园”活动在城区田家炳中学隆重举行。广东电视台新闻中心编导、主持人吕子枫为该校学生现场说法。

是日下午　在区党政办公大楼7楼会议室召开凤飞山至捷胜公路建设工程交工验收预备会，刘元海、郑新钦出席，区交通局、审计局、航盛公司、长宏公司、汕尾市监理公司、施工组有关人员参加。

2日　区司法局联合新城中学、汕尾时代网在城区新城中学举行“法律进校园”活动。广东电视台新闻中心编导、主持人吕子枫为该校学生现场说法。

是日下午　在区党政办公大楼6楼多媒体会议室召开全省精准扶贫识别工作电视电话会议，林展海、何秀滔出席，各镇（街道）、区直有关部门负责人参加。

3日　区普法办联合市妇联在城区万盛针织时装有限公司厂区举行“禁毒防艾 建设法治平安家庭”法制宣传教育活动。市妇联和区司法局、区妇联、区法学会、区禁毒办等区普法成员单位负责人参加活动。

4日　区党政联席会议召开，市委常委、区委书记、区人大常委会主任陈少荣宣读市委的决定，王贤生挂任区委委员、常委，时间1年6个月；范仕国挂任区政府副区长，时间至2017年12月。

7日　区委印发《关于认真学习宣传贯彻党的十八届五中全会精神的通知》。

8日　深汕高速公路长沙湾（往汕头方向）举行互通立交通车仪式，市政府分管领导、区政府及公安、交通、马宫、长沙等单位领导参加。

是日　经省考核，确定城区为全面消除疟疾地区。专家评估组成员通过听取城区人民政府的工作汇报，查阅资料和进行座谈，对区、街道（镇）医疗机构临床医生和检验人员进行疟疾诊治知识、镜检能力考核，走访群众了解防疟知识情况等，充分肯定了城区工作成绩，一致评定城区为“县级消除疟疾地区”。

10日　在区党政办公大楼3楼会议室召开扶贫识别工作会议，何秀滔出席，东涌镇、红草镇、捷胜镇，区人大办、区政协办、区财政局、区住建局、区民政局、区农业局、区监察局、区统计局、区扶贫办等部门负责人参加。

11日　广东省海世界海洋集团谭总经理到城区品清湖考察投资环境（鲤鱼尾一带）。

15日上午　在区党政办公大楼7楼会议室召开深圳市光明新区-汕尾市城区2015年第四次招商推介会筹备会议，胡春莲、范仕国出席，筹备领导小组成员单位有关负责人参加。

是日下午　在区党政办公大楼7楼会议室召开财政国库集中支付原16个报账单位协调会议，余汉生出席，相关单位主要负责人、分管财务工作负责人、会计、出纳参加。

16日　区法院邀请人大代表、政协委员到区法院旁听案件审理，观摩庭审并参加联络工作座谈会。

17日　深圳中旅集团副总唐大志等到品清湖考察投资环境（沙海至鲤鱼尾一带）。

18日　深圳市光明新区——汕尾市城区2015年第四次招商推介会在市区黄金海岸显达广场举行。推介会以“精准招商、合作共赢”为主题，贯彻落实省委、省政府关于进一步加快粤东西北地区振兴发展战略部署，以搭建招商平台，加快推进汕尾产业园区建设和产业发展。区几套班子领导成员、各镇（街道）党政主要负责人、区直副科级以上单位主要负责人参加。

19日下午　在区党政办公大楼7楼会议室召开全区殡葬改革工作紧急会议，李振坚出席，各镇人民政府（街道办事处）主要负责人、分管殡改工作的负责人，区府办、区民政局等负责人参加。

21日下午　在区党政办公大楼6楼多媒体会议室召开全省加快转变农村发展方式促进农业龙头企业发展暨农村土地承包经营权登记颁证推进视频会议，各镇（街道）、区直有关部门负责人参加。

22日上午　在区党政办公大楼9楼会议厅举行中共十八届五中全会精神宣讲报告会，区几套班子领导成员、各镇（街道）党政主要负责人、区直单位副科级以上干部参加。

是日下午　在区党政办公大楼6楼多媒体会议室召开全省安全生产工作紧急电视电话会议，余汉生出席，各镇（街道）、区安委会成员单位有关负责人参加。

23日上午　在区党政办公大楼7楼会议室召开省计生考核工作会议，区直有关单位负责人参加。

是日　城区公安在分局大门口与全省同步开展打击和防范非法集资犯罪宣传日活动。汕尾市公安局、汕尾市城区金融办、市人民银行、证监局等部门提供相关宣传资料并派员参加，现场为群众讲解答疑，提供专业咨询服务，并发放2000余份宣传资料、纪念品。同时还收到各类非法集资信息80

条，接受群众咨询200余人次。

25日上午　在区党政办公大楼7楼会议室召开成业路等断头路工作协调会，李振坚出席，市、区有关单位负责人参加。

26日　区委、区政府牵头组织多个部门依法拆除市区红海西路西门市场路段及周边的违建物，拉开了红海西路建设项目拆迁工作的序幕。

是日下午　在区党政办公大楼7楼会议室召开火车站片区征地工作推进会，林展海、何秀滔出席，东涌镇党政领导班子成员、东涌村“两委”干部，区直挂钩东涌镇单位及抽调单位主要负责人，火车站片区征地工作指挥部各小组长参加。

27日　区委、区政府举办2015·汕尾市城区首届干群迎新年长跑活动，区几套班子领导成员、区党政系统干部职工、相关协会等参加。

28日　区公安分局在六楼会议室召开民主评议政风行风“回头查”工作总结会议。城区人民政府副区长、市公安局党委委员、分局局长陈少华出席会议并讲话，区直行评团团长卓孝义及全体成员、分局在家领导、各室所队主要领导参加了会议。会议由区直行评团团长卓孝义主持。

29日　区召开区委领导班子“三严三实”专题民主生活会。市委书记、市人大常委会主任石奇珠到会指导；市委常委、城区区委书记、区人大常委会主任陈少荣主持会议，代表区委领导班子作对照检查并作总结讲话。石奇珠要求，区当前必须着力解决好三个方面突出问题：一要着力解决信心不足的问题，树立信心，提振精气神，心无旁骛推进加快发展。二要着力解决主动作为不足的问题，积极落实主体责任，敢于担当，主动作为。三要着力解决工作“严”和“实”不够的问题，树立扎实实干的工作作风、严谨细致的工作态度，以实实在在的工作成效取信于民。

30日上午　在区党政办公大楼6楼多媒体会议室召开全省深化供销合作社综合改革电视电话会议，余汉生出席，各镇（街道）、区直有关单位负责人参加。

30~31日　区公安分局在全区范围内组织开展专项打击整治第三十六次统一清查行动。

是月　城区召开打私工作会议，副区长陈少华提出四点要求：一是充分认清当前反走私工作形势，认真履行职责；二是加强反走私情报信息搜集研判和巡逻防控；三是对走私行为严格按照法律法规从严从重打击；四是各职能部门加强沟通协调，合力打击走私。会后，副区长陈少华带队对马宫与红草交界至晨洲、海梧一带进行了勘察，实地部署反走私工作。

汕尾市城区概况

SHAN WEI SHI CHENG QU GAI KUAN

建制沿革

【概况】 汕尾市城区[①]（简称“城区”）是1988年1月7日经国务院批准设立的县级区，同年3月29日，区委、区政府正式挂牌办公[②]。城区是中共汕尾市委、汕尾市人民政府的所在地，汕尾市的政治、经济、文化中心。

1988年1月，国务院批准在海丰、陆丰两县区域设立汕尾市，从海丰县东南沿海析出汕尾、马宫、红草、东涌、捷胜、田墘、遮浪等7个镇设置城区。1989年2月撤销汕尾镇建制，设置凤山、香洲、新港等3个街道。1992年12月省政府批准从城区析出田墘镇、遮浪镇，设立汕尾市红海湾经济开发试验区。此后城区辖马宫、红草、东涌、捷胜等4个镇和凤山、香洲、新港等3个街道。2002年马宫镇改为马宫街道，2005年正式挂牌。至2015年12月未变。

自然地理

【位置·范围·面积】 城区位于广东省东部，汕尾市的东南部，东北与海丰县赤坑镇接壤，东南与红海湾经济开发试验区相邻，西北和西沿黄江河南岸至长沙湾与海丰县联安镇、梅陇镇隔河相对，南濒南海的红海湾，北与海丰县陶河镇毗邻。地理坐标为北纬22°36′~22°54′，东经115°10′~115°29′。城区水陆交通方便，深汕高速公路和厦深铁路横穿全境，陆路西距广州317公里，距深圳200公里，往东距汕头208公里，水路至香港81海里，至澳门120海里。城区设置时区域面积为401.05平方公里，析出田墘镇、遮浪镇后为302.11平方公里，2015年，市区面积24平方公里，海岸线长98公里。区内的汕尾港处于粤东沿海中心位置。海域内有岛屿10多个、海湾2处、较大的海湖6处。

【地质】 城区范围的地质属中生代以来隆起的剥蚀构造区。地质大部分为海相沉积物。断裂构造发育，褶皱构造不发育。北东向有宝楼山断裂，其配套断裂有规模较小的东涌断裂，市区有一条自西北向东南的小型断裂，从境内西北角（石脚桶）附近伸向红海湾到新港地带。境内未曾有过大地震的记载，但有小震级地震，多数以震群形式出现。

【地貌】 城区属东南沿海丘陵半岛地形。山地占地面积较广，海拔200米以上的山峰13座，最高峰为东涌镇与海丰赤坑镇交界处的羊牯岭山峰，海拔527.6米；滨海平原狭窄。东西南三面多港湾和海湖，海域中岛屿众多。海湾有长沙湾、红海湾；海港有汕尾港、马宫港、捷胜港；海湖主要有品清湖、沙坑湖、东坑湖、双石湖、石狗湖等；岛屿主要有龟龄岛、江牡岛、屿仔岛、金屿、菜屿、礁石屿等。城区沿海湖连海，港接湾，岛屿错落，是典型的滨海地貌。

【河流】 城区境内无大江河注入，境内河溪多发源于小山区，源近流短，流域面积10平方公里的溪流共12条，经湾、港、湖等注入南海。

【气候】 汕尾市城区地处中国大陆东南部沿海，属南亚热带季风气候区，海洋性气候明显，光、热、水资源丰富。其主要气候特点是：气候温暖，雨量丰沛，干湿明显，光照充足；冬不寒冷，夏不酷热，夏长冬短，春早秋迟；秋冬春旱，常有发生，夏涝风灾，危害较重。

2015年，汕尾市区年平均气温23.4 ℃，比历年偏高0.9 ℃，为有观测记录以来汕尾最暖的年份。高温日数偏多，盛夏时各地日平均气温超过30 ℃的天数刷新观测历史纪录。

5月5日偏晚26天入汛，比常年偏少，市城区降雨量约1303毫米。汛期（5月5日~10月4日）降水集中、猛烈，降下了全年雨量的85.5%。其间较大的降水过程有：龙舟水强降水集中期（5月19日到6月1日）、季风低压和季风槽连续降水过程(7月19到26日）和几次台风过程。全年的强对流天气发生较2013年、2014年两年大幅减少，种类主要包括雷暴、

注：① “城区”本是每个城市的市区域泛称，而本鉴的城区是汕尾市辖下的一个区域名称。

② 区委、区政府当时驻地在市区二马路东南段原汕尾镇府，1991年3月搬迁到市区香城路中段。

雷雨大风、短时强降水、暴雨和龙卷风等。

2015年，共有4个热带气旋影响市区，比常年偏少，但1510号“莲花”台风7月9日12:15在陆丰甲东登陆并横扫汕尾全市，市城区受到台风致灾明显。

(市年鉴资料摘录)

自然资源

【土地资源】 2015年，全区陆地面积约为302.11平方公里，耕地面积保有量为3360.98公顷，比建区初期减少1086.42公顷。城区属东南沿海半岛地形，是隆起的剥蚀构造地区，地质大部分为海相沉积物，土壤主要为洪积冲积土属和赤红砂土，适宜水、旱耕作，适种范围广。

【海洋资源】 城区面临南海，海岸线长98公里，海域面积8949平方公里（包括红海湾海域）。渔场主要是尖担渔场、盖苏文渔场、外脚渔场和内脚渔场。沿海多湖港海湾和岛屿及滩涂，海湖主要有品清湖、东坑湖、石狗湖；渔港有汕尾港、马宫港、捷胜港；海湾有长沙湾、红海湾；海岛主要有龟龄岛、江牡岛、莱屿岛、金屿岛、石澳岛、屿仔岛(有居民常住)。海滩涂面积706.6公顷，是养殖开发的优良场所。

海产品有10类85科860多种。鱼类主要有蓝园鲹、金色沙丁、鲐鱼、带鱼、银鲳、灰旗鱼、海鳗、大黄鱼、小黄鱼、断斑石鲈、海鸟、马鲛、勒鱼、鲥鱼、海鲶、石斑等。虾类有长额仿对虾、鹰爪虾、中华管鞭虾、墨吉对虾、长毛对虾、宽勾对虾、龙虾等。藻类有紫菜、江蓠、石花菜和海人草等。贝壳有鲍鱼、海胆、青蛤、牡蛎（蚝）等。沿海海水含盐浓度年平均32.7‰，是广东生产海盐的基地之一。海洋波浪是可开发的能源资源。

【旅游资源】 城区旅游资源十分丰富，得天独厚，素有“粤东旅游黄金海岸”、“山海湖城”之称，有长约110公里的湖海岸线。主要有“三山一湖”(鼎盖山、凤山、屿仔山、品清湖）景区和“二湾”(红海湾、金町湾）旅游区、捷胜得道庵旅游区、龟龄岛旅游区等。区内的凤山祖庙旅游区为国家AAAA级旅游景区，汕尾市铜鼎山森林郊野公园正在申报国家AAAA级旅游景区，品清湖面积为23平方公里，是天然滨海潟湖

城区人文古迹众多，关帝庙、黎明洞、墩下城和新石器时代遗址、商代文化遗址等都是可供开发的旅游资源。文化底蕴深厚，民俗风情丰富，独具地方特色的《汕尾渔歌》、稀有剧种西秦戏、白字戏、正字戏曲均被列入国家非物质文化遗产。还有堪称国内一流的生猛、美味海鲜美食，是集旅游观光、海滨娱乐、水上运动、休闲度假、养生康体于一体的旅游胜地。

【其他资源】 *矿产* 城区境内探明的矿产有锡、钨、铜、锆镆石、硫铁矿、玻璃砂等。锡矿分布于金町村、东涌村、芦列坑村、大华半岛和西洋村等地；钨矿分布于芳荣山和新地村等地；铜矿分布于石厝村；锆磺沙分布于捷胜镇等地；硫铁矿分布于马宫镇牛尾山；玻璃砂分布市区、捷胜镇海滩。境内有或露或藏的大量花岗岩。

金町、东涌、芦列坑等地的锡矿均属C2级储量，计有锡金属储量2590.3吨，锡的品位均在1%~1.5%之间，条数多且集中。

沿海岸线的风力资源是可供风力发电的再生能源。

水 2015年，区域内建有中型水库1座，小（一）型水库13座，小（二）型水库37座，山塘38座，总蓄水量6508万立方米。区域内年平均降雨量1176毫米，地下水源丰富。此外，还有公平水库、赤沙水库的灌渠贯穿境内。全区水资源（含地下水）总量约3.63亿立方米。

生物 粮食作物主要有水稻、番薯。经济作物中，蔬果类有蔬菜、花生、大豆、芝麻、南药、甘蔗、荔枝、龙眼、黄皮、柑、橘、橙、香蕉、青梅、油柑、杨桃、梨、芒果、李仔、桃、枇杷及花卉等。木本植物有柗、松、红椎木、稠木、荷木、木麻黄、台湾相思树、梓、柳、苦楝、油桐、橡树等。家养动物有鸡、鸭、鹅、牛、羊、狗、兔、猫等。陆生野生动物有数量较少的穿山甲、白鹤、苏门羚、猴鹰、蟒蛇、山猪、豺狗、鸢苍鹰、雀鹰、松雀鹰、鹭、响尾鹞、游隼、鸦鹃、草鹗、鹧鸪、斑鸠、夜游鹤、海鹅、岸鹅、山鸡、水鸭、银蛇、广蛇、索

蛇、大壁虎、青蛙等。

环境质量

【大气环境】 质量自动监测情况及监测结果和降尘 2015年汕尾市区继续保持优良水平，共监测365天，达标天数为352天，达标率96.4%（达到《环境空气质量标准》（GB3095-2012）二级标准限值为达标计）。环境空气质量自动监测项目年日均浓度值分别为：二氧化硫（SO2）、二氧化氮（NO2）、可吸入颗粒物（PM10）、一氧化碳（CO）、臭氧八小时（O3-8h）和细颗粒物（PM2.5）等6项指标年平均浓度值分别为10微克/立方米、13微克/立方米、41微克/立方米、0.8毫克/立方米、91微克/立方米和28微克/立方米，年平均浓度值除PM10达到《环境空气质量标准》（GB3095-2012）二级（良）标准限值外，其余项目均达到一级（优）标准限值。

2015年汕尾市区环境空气降尘月均值为4.96吨/平方公里·月，低于广东省排放限值（8吨/平方公里·月），监测值范围在3.40~6.90吨/平方公里·月，与2014年4.87吨/平方公里·月相比上升1.8%。

城市降水 2015年实测降水总量1751.8毫米，其中酸雨降水量180.5毫米，占实测降水总量的10.3%，酸雨频率为8.6%。全年降水pH值范围为5.07~8.50，pH值年均值为5.90，电导率均值为26.4微西/厘米，硫酸根（SO42-）均值为4.13毫克/升，硝酸根（NO3-N）均值为1.49毫克/升。

【声环境】 2015年，市区声环境质量保持较好水平。

(1) 道路交通噪声 市区共有26个监测点，每年监测1次，2015年昼间平均等效声级为67.6分贝，达到国家规定标准，与2014年相比上升了0.1分贝。

(2) 区域环境噪声 市区共有105个监测点，每年监测1次，2015年昼间平均等效声级为57.1分贝，达到国家规定标准，与2014年相比上升了0.7分贝。

(3) 功能区噪声 市区共有5个监测点，分别为1类区（居民文教区）、2类区（混杂区）、3类区（工业区）、4类区（交通干线两侧），每季度监测1次，分昼间、夜间监测，2015年监测结果除交通干线两侧夜间出现5个日均值略超0.2~1.8分贝，其余监测结果均符合功能区噪声标准昼间、夜间的要求，与2014年相比交通干线两侧夜间均有略超现象。

【水环境】 2015年水环境质量水质达标率为100%。

(1) 城市集中式饮用水源地 赤沙水库（2个监测点），其次是琉璃径水库、赤岭水库在出水口各设1个监测点，每月监测1次，每次监测67项，其中3月份监测114项。2015年监测结果表明所监测全部项目均符合国家《地表水环境质量标准》（GB3838-2002）Ⅲ类标准，其中赤沙水库水质全年均符合Ⅱ类标准，水质状况优良。

（2）乡镇集中式饮用水源地 每个水源地设1个监测点，2015年上半年（6月）、下半年（11月）各监测1次，每次监测32项，2015年监测结果表明所监测项目均符合国家《地表水环境质量标准》（GB3838-2002）Ⅲ类标准，水质状况优良。

（3）河流入库口监测 对进入饮用水源地的河流，在河流进入水库前50米外布设监测点，每月监测1次，每次监测8项，2015年监测结果表明所监测全部项目均符合国家《地表水环境质量标准》（GB3838-2002）Ⅲ类标准，水质状况优良。

（4）湖泊水库（非饮用水源地水库）监测 在中型水库，每个水库设1个监测点，1、4、7、10月上旬各监测一次，每次监测10项，2015年监测结果表明所监测项目均符合国家《地表水环境质量标准》（GB3838-2002）Ⅲ类标准，水质状况优良。

（5）近岸海域水质监测 设置2个监测点位，其中功能区点位分别为城区捷胜青屿、市区凤飞山；2个质量点位（国控点）分别为城区马宫、汕尾市区。3、7、10月各监测1次，3、7月各监测21项，10月功能区点位监测22项，环境质量点位分析监测35项。全部项目均达到《海水水质标准》（GB3097-1997）相应功能区标准。

（市年鉴资料摘录）

人口·民族·语言

【人口】 2015年，全区总户数为87796户，常住人口392809人，其中非农236097人，男性204647

人，女性188162人，出生入户8270人。

【民族】 城区有多民族散杂居住。2015年，户籍人口除汉族外，还有23个少数民族，人口共486人，占全区总人口的0.12%，其中居住城市的269人，居住农村的217人。分别是壮族244人、苗族66人、土家族33人、侗族32人、彝族21人、瑶族20人、蒙古族12人、土族11人、回族10人、布依族6人、满族6人、朝鲜族5人、毛南族4人、黎族3人、畲族2人、维吾尔族2人、仡佬族2人、白族2人、锡伯族1人、佤族1人、水族1人、羌族1人、傣族1人。另有流动少数民族人口约200人。

【语言】 全区使用的语言有福佬语（属闽南方言）、粤语、潮汕语、客家语、普通话、以福佬语为主。

行政区划

【概况】 城区区域面积302.11平方公里。2015年，辖凤山、新港、香洲、马宫4个街道，红草、东涌、捷胜3个镇，共7个乡级政区。包括35个社区，59个行政村。人民政府驻地在市区香城路中段，电话区号0660，邮政编码516600。

（城区民政局）

2015年汕尾市城区行政区划简表

表1

街道（镇）	面积（平方公里）	行政村、社区数（个）	行政村、社区名称	村（居）民小组数（个）
凤山街道		社区11 行政村2	联兴社区	19
			文亭社区	6
			凤照社区	19
			安美社区	7
			凤翔社区	4
			凤苑社区	6
			滨海社区	6
			盐町头社区	3
			奎山社区	2
			香洲社区	4
			新林社区	2
			小岛村委会	5
			芦列坑村委会	2
香洲街道		社区12 行政村2	东兴社区	3
			后径社区	无设居民小组
			城西社区	2
			新兴社区	3
			中区社区	无设居民小组
			园林社区	无设居民小组
			新瑶社区	无设居民小组
			新区社区	无设居民小组
			城南社区	无设居民小组
			新城社区	无设居民小组
			西兴社区	无设居民小组
			兴祥社区	无设居民小组
			梧桐村委会	无设居民小组
			西洋村委会	无设居民小组

续表1

街道（镇）	面积（平方公里）	行政村、社区数（个）	行政村、社区名称	村（居）民小组数（个）
新港街道		社区5 行政村5	海滨社区	5
			金海社区	6
			新园社区	5
			海港社区	5
			立新社区	5
			红卫村委会	12
			芳荣村委会	7
			新港村委会	6
			东风村委会	7
			前进村委会	5
马宫街道	22.63	社区1 行政村6	马宫社区	6
			长沙村委会	3
			新北村委会	2
			金町村委会	12
			浪清村委会	2
			盐町村委会	2
			深渔村委会	3
红草镇	69.73	社区1 行政村14	红草社区	6
			梧围村委会	15
			海梧村委会	7
			径口村委会	4
			拾和村委会	7
			青山村委会	4
			光明村委会	2
			五雅村委会	4
			埔边村委会	6
			三和村委会	2
			西河村委会	4
			南汾村委会	8
			新村村委会	3
			晨洲村委会	6
			亚洲村委会	1

续表 1

街道（镇）	面积（平方公里）	行政村、社区数（个）	行政村、社区名称	村（居）民小组数（个）
捷胜镇	49.48	社区 4 行政村14	东门社区	9
			西门社区	6
			南门社区	7
			北门社区	8
			联星村委会	11
			联安村委会	13
			大流村委会	20
			埔尾村委会	4
			前进村委会	9
			东坑村委会	16
			沙坑村委会	5
			牛肚村委会	3
			石岗村委会	8
			石头村委会	6
			南门外村委会	7
			五爱村委会	9
			沙角尾村委会	3
			军船头村委会	9
东涌镇	103.58	社区 1 行政村15	东涌社区	未设居民小组
			东涌村委会	8
			品清村委会	6
			新地村委会	7
			新湖村委会	9
			东石村委会	3
			赤古村委会	9
			洪流村委会	8
			石洲村委会	6
			宝楼村委会	7
			新安村委会	9
			新民村委会	3
			民群村委会	9
			民进村委会	8
			龙溪村委会	6
			安华村委会	7

政治

ZHENG ZHI

中共汕尾市城区委员会

城区委领导成员名单

书　记：陈少荣
副书记：林展海
　　　　许昌林
常　委：陈少荣
　　　　林展海
　　　　许昌林
　　　　余汉生
　　　　卢学军
　　　　刘元海
　　　　张淑娟
　　　　卓江广
　　　　曾向镇
　　　　周宏森（2015 年 3 月调离）
　　　　张宏文（2015 年 3 月任）
　　　　王贤生（2015 年 11 月任）

机构设置

【概况】 区委机构设置纪律检查委员会机关（区监察局与其合署办公）和办公室、组织部（与直属机关委员会合署办公）、宣传部（挂汕尾市城区精神文明建设委员会办公室牌子）、统一战线工作部（与区委台湾工作领导小组办公室、政府台湾事务办公室合署办公）、政法委员会（与区维护稳定及社会治安综合治理委员会办公室合署办公、挂区社会工作委员会办公室）、区机构编制委员会办公室（既是区委的工作部门，又是区政府的工作机构）7 个工作部门。

区委辖 5 个党组：区人大、区政府、区政协、区检察院、区法院。

区委下辖 9 个基层党（工）委：东涌镇、红草镇、捷胜镇、马宫街道、凤山街道、香洲街道、新港街道、区直属机关、逸挥基金医院党委。

区委办公室内设秘书股、综合股、督办股、信息股、政策研究室、机要局、区委保密委员会办公室（区国家保密局）。属下设立信息管理中心、区党政总值班室。区委党史研究室挂靠区委办公室。

重要会议

【区委七届五次全会】 2016 年 1 月 29 日，区委召开七届五次全会，深入贯彻中共十八届三中、四中、五中全会、中央经济工作会议、习近平总书记系列重要讲话及省委、市委全会精神，分析面临的形势，对当前及今后一个时期的工作进行全面部署，明确了“十三五”时期全面建成小康社会的目标任务。会议指出，“十二五”时期，城区坚持发展第一要务，担当实干、攻坚克难，国民经济稳步发展，经济社会建设成果丰硕。“四功能片区一中心”规划蓝图绘就，产业发展与城市建设融合并进；稳定压倒一切方针得到落实，信访维稳工作出现明显良性转折；城市管理逐步加强，市容市貌焕然一新；社会民生事业全面进步，工作呈现新的亮点；党建工作有力推进，基层组织战斗力明显增强，基本完成“十二五”规划的目标任务，开创了扩容提质、振兴发展的新局面。全会提出，“十三五”时期城区经济社会发展的主要任务是：坚持功能分区、组团发展，推进扩容提质；发挥工业园区孵化作用，构建现代产业体系；完善交通基础设施，建设快速便捷交通网络；加大依法治区力度，维护社会和谐稳定；注重生态文明，建设绿色家园；积极推进脱贫攻坚，统筹民生社会事业同步发展；深化改革创新，增强融珠振兴发展活力；加强党对经济社会发展的领导，为全面建成小康社会提供坚强保证。2016 年是“十三五”规划实施的开局之年，是推动城区振兴发展的关键之年。全会要求，凝聚力量，担当实干，为全面建成小康社会而努力奋斗；紧紧盯住“一个目标任务”，始终坚持“五大发展理念”，狠狠扭住“三大抓手”，努力补齐“三大民生”，着力打造“三大环境”；深入实施“四功能片区一中心”规划，依法维护社会稳定，大力实施最干净最美化最亮化的创建工程；持续发力抓好政务服务，进一步加快扩容提质、振兴发展，为“十三五”时期发展开好局、起好步。全会强调，加快振兴发展，全面建成小康社会，关键在于落实。各级党政必须精神再提振，坚定落实的恒心；必须力度再加大，务求落实的实效；必须攻坚再担当，突显落实的强度；必须责任再压实，营造落实的氛围。

【区委常委（扩大）会议】 2015年，共召开区委常委扩大会议7次，分别是：

4月30日，区委召开常委（扩大）会议，听取关于全区人口和计划生育工作、创文工作，区法学会筹建工作情况汇报，传达中央纪委、省纪委和市纪委强化监督执纪问责，深入纠正“四风”电视电话会议和市委党的群众路线教育实践活动整改落实工作推进会议精神，审定研究区人力资源社会保障综合服务中心建设方案。

5月15日，区委召开常委（扩大）会议，传达全市全面深化政务整治，正风肃纪集中行动工作会议精神，研究审定《汕尾市城区全面深化政务整治、正风肃纪集中行动工作方案》，决定成立区（处）级以上领导干部开展“三严三实”专题教育领导小组及办公室，研究通过《汕尾市城区县（处）级以上领导中开展“三严三实”专题教育实施方案》。

7月31日，区委召开常委（扩大）会议，传达市促进振兴发展工作会议精神，要求：一是迅速传达会议精神，二是加强自身的发展，三是加强城市管理，四是加快民生事业的发展，五是全力维护社会稳定。

9月23日，区委召开常委（扩大）会议，传达省委巡视组巡视情况反馈意见，研究区委《关于省委第四巡视组反馈意见整改落实工作方案》；学习有关文件精神，部署秋季计生工作。

11月20日，区委召开常委（扩大）会议，专题研究区委《关于整改落实省委巡视组巡视意见工作的情况报告》。

12月17日，区委召开常委（扩大）会议，传达市委六届五次全会精神，听取区“十三五”规划建议起草情况汇报，分析当前工作存在的问题和不足，提出今后工作意见。

12月28日，区委召开常委（扩大）会议，研究《区委领导班子对照检查材料》，讨论通过《关于调整城区机关事业单位人员津贴补贴及车改补贴的请示》。

【区党政联席会议】 2015年，召开区党政联席会议4次。

3月13日，市委常委、区委书记、区人大常委会主任陈少荣主持召开区党政班子联席会议。会议研究通过《汕尾市城区开展创建法治村（社）活动实施方案》。

4月30日，区党政联席（扩大）会议召开，听取区计生工作、创文工作、区法学会筹建工作等情况汇报，分析存在问题及原因，部署今后工作。

8月20日，区党政联席会议召开，传达全市禁毒暨打击非法枪支专项行动工作会议精神，听取全区禁毒工作情况汇报，研究通过区委、区政府《关于强化禁毒工作和打击非法枪支专项行动工作责任的决定》。

12月4日，区党政联席会议召开，市委常委、区委书记、区人大常委会主任陈少荣宣读市委的决定，王贤生挂任区委委员、常委，时间1年6个月；范仕国挂任区政府副区长，时间至2017年12月。

【党政务虚会】 1月6日，市委常委、区委书记陈少荣主持召开区党政务虚会，听取党政领导班子成员关于2014年的工作的汇报，对当前存在问题进行分析，并提出2015年的工作意见和建议。

【法治村（社）会议】 4月2日，区召开创建法治村（社）活动动员大会，决定从2015年4月起至12月，以实施“十个一”为载体，在全区全面开展创建法治村（社）活动。会议提出，要通过开展创建法治村社活动，达到“四个进一步”，即村（社区）干部群众的法律意识和法律素质进一步提高；村（社区）干部的依法决策、管理、办事的能力进一步增强，法治化管理水平得到提高；民主选举、决策、监督制度及《村规民约》《居民公约》等规章制度进一步完善；社会秩序良好，村容村貌进一步改善，群众安居乐业。市委常委、区委书记、区人大常委会主任陈少荣出席会议并作讲话。要求以实施“十个一”活动为主要载体，推进创建活动有序开展。一是出台一个村（居）民小组长管理制度。二是开展一次法治村社培训。三是开展一次法治村社普法教育。四是开展一次“三资”清理。五是创建一个法治村社示范点。六是每个村（社区）配备一名法律顾问。七是每周开展一次直联工作。八是每周排查一次社会治安隐患。九是评选一批法治村社先进典型。十是建立一套法治村社机制。会议还印发了《汕尾市城区村（居）民小组长管理制度（试行）》。

【政务整治、正风肃纪行动工作会议】 5月20日，区委、区政府召开全面深化政务整治、正风肃纪集中行动工作会议。区政协主席、区纪委书记张淑娟通报近年来全区查处的作风典型案件，区长林展海作工作部署，市委常委、区委书记、区人大常委会主任陈少荣作讲话。会议强调，一要从发展的高度深刻认识全面深化政务整治行动的重要性和迫切性；二要坚决落实全面深化政务整治的责任；三要以制度化、常态化推动政务环境建设。会上，全体与会人员观看了政务整治行动专题片。

【区委理论学习中心组学习会】 2015年，召开区委理论学习中心组学习会议3次。

9月2日，市委常委、区委书记、区人大常委会主任陈少荣主持召开区委理论学习中心组“三严三实”专题教育第一专题学习研讨会。学习会成员围绕“严以修身”交流学习体会，明确从严从实的努力方向。陈少荣就如何严以修身，强调：一是重在于“严”；二是要在于“修”；三是贵在于“实”。

9月23日，区委理论学习中心组召开“三严三实”专题教育第二专题学习研讨会，围绕“严以律已，严守党的政治纪律和政治规矩，自觉做政治上的‘明白人’”进行学习研讨。市委常委、区委书记、区人大常委会主任陈少荣主持会议。

10月30日，区委理论学习中心组召开“三严三实”专题教育第三专题学习研讨会。市委常委、区委书记、区人大常委会主任陈少荣主持，区长林展海作《严以用权　真抓实干　树立谋事创业新形象》辅导党课。

【“三严三实”专题民主生活会】 12月29日,区召开区委领导班子“三严三实”专题民主生活会。市委书记、市人大常委会主任石奇珠到会指导；市委常委、城区委书记、区人大常委会主任陈少荣主持会议，陈少荣代表区委领导班子作对照检查和总结讲话。石奇珠要求，城区当前必须着力解决好三个方面突出问题：一要着力解决信心不足的问题，树立信心，提振精气神，心无旁骛推进加快发展。二要着力解决主动作为不足的问题，积极落实主体责任，敢于担当，主动作为。三要着力解决工作“严”和“实”不够的问题，树立真抓实干的工作作风、严谨细致的工作态度，以实实在在的工作成效取信于民。

重大决策和活动

【深化政务整治行动】 为贯彻落实市委关于“要深入持久开展政务整治行动，向各县（市、区）、镇（街道）延伸，全面覆盖各级党政机关和一级窗口单位，推动政务环境和党建工作制度化、常态化和长效化“的指示精神，5月20日，区委、区政府决定在全区开展全面深化政务整治、正风肃纪集中行动，制定《汕尾市城区全面深化政务整治、正风肃纪集中行动工作方案》。该方案明确指导思想：大力推动政务环境制度化、常态化和长效化，努力实现精神面貌明显提升、机关作风明显改变、服务效能明显增强、发展环境明显改善、群众满意度明显提高，为加快城区振兴发展提供坚强保障。整治对象：全区各级党的机关、人大机关、政府机关、政协机关、法院、检察院、人民团体、各企事业单位及其一线窗口单位、各镇（街道）基层站所及所列单位工作人员，重点是掌握人力财力、行政审批权、行政执法权的部门、窗口单位及其工作人员。整治任务：从2015年5月中下旬开始至是年底结束。分两个层面开展，一是各地各单位普遍开展以整治作风突出问题为主要内容的集中行动；二是由相关职能部门牵头以整治一些部门和行业不正之风突出问题为主要内容的专项行动和以推进优化政务环境建设为主要内容的专项工作。

【推进党建工作】 2015年，区委强化党建“主业”意识，坚持从严治党，特别注重创新载体，做到基层党建工作都有主抓手，通过加强党的建设，突出党的先锋模范作用；通过法治建设,提高基层治理水平，让广大村干部懂法，依法管理、依法办事，让广大群众知法守法，促使村（社区）的平安和谐，带动全区的平安和谐。

为推进基层治理法治化，开展依法治村、创建法治村（社）活动，落实“十个一”措施。活动中，创新出台了《汕尾市城区村（居）民小组长管理制度（试行）》，强化全区村（居）民小组长管理；深入开展了“三严三实”专题教育和深化政务整治、正风肃纪集中行动，设立政务整治“曝光台”，开通投诉举报电话、“汕尾市城区党风廉政网”举报和手机短信举报平台，加大明察暗访和组织问责力度，对全区查摆出来的基层干部“不作为乱作为”、“庸懒散慢”等31项问题逐一开展整治，政务服务效能明显提升；严格执行《党政领导干部选拔任用工作条例》《关于加强干部选拔任用工作监督的意见》《推进领导干部能上能下若干规定（试行）》，坚持以敢担当为导向，切实做好干部选拔任用工作。

【推进公务用车制度改革】 为贯彻落实中共十八大和十八届三中、四中全会精神及《党政机关厉行节约反对浪费条例》，推进区公务用车和区直机关用车制度改革，加快建立新型公务用车制度，有效降低行政成本，根据中共中央办公厅、国务院办公厅《关于全面推进公务用车制度改革的指导意见》、《广东省全面推进公务用车制度改革总体方案》和《汕尾市全面推进公务用车制度改革总体方案》，结合城区实际，9月24日，区委办、区府办制定印发了《汕尾市城区全面推进公务用车制度改革总体方案》和《汕尾市城区区直机关公务用车制度改革实施方案》。

【加强和改进调查研究工作】 为进一步健全调查研究工作机制，转变调查研究工作作风，全面提高调查研究工作质量，提升决策民主化、科学化水平，根据中央和省委关于加强调查研究工作的有关规定，6月4日，区委印发《中共汕尾市城区委关于进一步加强和改进调查研究工作的意见》，《意见》提出：一要充分认识新形势下加强和改进调查研究工作的重要性；二要明确指导思想、总体要求和重点要求；三要建立完善调查研究工作制度，其中包括：建立健全重大决策调研论证制度、建立健全重点调研课题规划选题和管理制度、建立健全领导带头调研制度、建立健全调研成果交流汇报制度、建立健全调研工作考核检查制度；四要创新调查研究工作办法；五要切实改进调查研究工作作风；六要强化调查研究工作保障。

【加强人才工作】 为贯彻落实国家、省和市关于加强人才工作的部署要求，进一步加强全区人才工作，大力实施人才强区战略，建设高素质人才队伍，结合全区实际，10月19日，区委、区政府印发了《中共汕尾市城区委、汕尾市城区人民政府关于进一步加强人才工作的实施意见》。《意见》主要内容：1.实施人才强区战略，推进城区振兴发展；2.实施人才培养工程，加强人才资源能力建设。要实施党政人才培养计划、实施企业经营管理人才培养计划、实施专业技术人才培养计划、实施“两新”组织人才培养计划、实施农村使用人才培养计划、实施名师名医人才培养计划；3.以能力建设为核心，大力加强人才培养工作。要强化能力建设在人才培养中的核心地位，要加强教育改革与发展，要促进终身教育体系建设，要加大在职人员培训力度；4.完善人才引进机制，全方位吸纳各类优秀人才与智力；5.深化改革，进一步优化人才创业环境，改革和完善有利于优秀人才脱颖而出的选人用人机制，创造有利于开展科研活动的良好环境，加大对优秀人才的奖励力度，加快保障体系建设，健全保障机制，优化人才服务环境；6.加强人才市场建设，健全人才服务网络体系，加强人才中介机构建设，完善配置机制，发挥市场基础性作用，促进人才合理流动；7.全面落实党管人才原则，进一步加强对人才工作的组织领导。要建立和健全人才工作责任制、加大对人才培育引进的投入、加快政策法规体系建设、继续深化人才管理体质改革、加大宣传引导。

【宣传贯彻中共十八届五中全会精神】 12月7日，区委印发《关于认真学习宣传贯彻党的十八届五中全会精神的通知》。《通知》要求，一要全面准确把握中共十八届五中全会主要精神；二要营造学习宣传贯彻中共十八届五中全会精神的浓厚氛围。要抓好党委（党组）中心组学习，抓好宣讲活动，抓好学习培训，抓好群众性普及教育活动，精心组织新闻宣传；三要密切联系实际，切实把学习成效体现到加快振兴发展的各项工作中。

（李映慧）

附：区委办领导名单

主　任：许昌林

副主任：王海寅

　　　　林惠雄

　　　　黄汉家

党史工作

【概况】 2015年，区委党史研究工作在区委的正确领导和上级党史部门的指导下，以党史研究为重点，积极主动做好党史编撰工作，认真履行“存史、资政、育人”职能，强化党史宣传教育，发挥党史作用，转化党史研究成果，提升党史工作影响力，圆满完成上级交办的各项任务。

【党史征研】 根据省、市委党研室部署，区委党研室对已编撰《汕尾市抗战时期人口伤亡和财产损失》一书城区部分作进一步修改、增补、整理、审核。区委党研室通过深入镇村，广泛查阅档案资料，收集了抗战时期城区区域发生的重大抗日活动，人口伤亡和财产损失资料。按照上级下达的任务和要求，用新的标准重新审核了数字统计，填报材料，调研报告。做到每一事件都有人证，每个经济损失数字都经过严格的审核评估。

【党史宣传】 2015年是抗战胜利70周年，区委党研室在全区广泛开展爱国主义教育。与区委组织部、区委宣传部、区直工委、区教育局、团区委等6家单位联合，印发了《关于认真组织观看中共党史题材3D故事片〈冲锋号〉和文献纪录片〈没有共产党就没有新中国〉的通知》。通过组织干部职工观看抗战影片，让干部职工重温革命先烈的英雄事迹，铭记历史，进一步坚定理想信念，在实际工作中更好地践行“三严三实”，为推动城区振兴发展提供强大精神动力。据统计，共1000多名干部职工观看了电影，收到了较好的教育效果。同时，为配合纪念活动，在《城区组工通讯》设立“抗日专题”，组织人员撰写发表纪念文章。

（李映慧）

政策研究

【概况】 2015年，区委办政研室在区委的正确领导下，围绕区委的中心工作和全区的工作大局，根据城区发展中碰到的新情况、新问题和群众普遍关心、关注的社会热点难点问题，深入开展调查研究，形成一批较有价值、有影响的调研成果，为区委、区政府提供决策咨询和参考。2015年，重点完成关于汕尾市中心城区人口集聚、关于汕尾市城区镇级财力保障、关于城区村（居）民小组运作情况、关于城区招商引资工作情况等课题的调研。参与区委重要文件、文稿、领导讲话和会议材料的起草工作，圆满完成省、市委政研室以及其他上级部门交办的各项工作任务。同时，按照区委办部署，认真做好区委改革办（2014年4月成立了机构）工作，加强对全区改革工作台账化管理，协调各专项小组和区直有关单位，制定具体工作方案，明确改革工作时间表、路线图，较好服务和推动全区改革工作，保障全区重点改革任务进度和质量。

（谢维拉）

保密工作

【概况】 中共汕尾市城区委保密委员会办公室、城区国家保密局为“一个机构、两块牌子”，并入区委办公室，既是区委保密工作办事部门，又是区政府职能机构，承担《中华人民共和国保守国家秘密法》行政执法工作，主管全区保密工作。2015年，城区各级保密组织、保密行政管理部门紧紧围绕市委、区委保密委工作部署，突出重点、加强管理、开拓创新、扎实工作，全面加强城区的保密工作，充分发挥了保安全、保发展、保和谐的作用，受到市保密局充分肯定。

【保密工作领导】 为加强对保密工作的领导，由区委副书记许昌林任区委保密委员会主任。各地、各单位也相应调整充实保密组织机构，明确本单位主要领导或一名副职专门负责保密工作，落实有关人员负责日常管理工作。

【保密工作会议】 2015年3月23日，区委保密委召开保密工作会议，传达省、市保密工作会议的精神，总结2014年的保密工作情况并部署2015年保密工作任务。区委副书记、区委保密委主任许昌林出席会议并作了讲话。区政府副区长、区委保密委副主任郑新钦主持会议。

【保密教育】 城区各地、各单位认真开展保密教育。一是领导班子成员带头学习保密知识、带头遵守保密制度。4月23日，城区各级领导干部观看了保密技术巡回演示。通过观看演示，进一步提高了各级领导干部、涉密人员的保密意识和保密技能。二是举办保密岗位业务培训班和涉密人员保密管理培训班。9月15日，组织全区保密员参加全市保密工作岗位业务培训班学习。加强对涉密人员的教育，加深对保密知识的认识和理解，有效增强保密意识和责任意识。三是联合区纪检监察部门部署开展保密法纪宣传教育月活动。根据省、市保密局的部署，组织开展“六五”保密法制宣传教育规划总结验收。四是开展涉密试卷保密责任教育，确保各类涉密试卷考试顺利进行。

【保密管理】 2015年，一是做好定密情况统计分析工作，认真做好全区密级的确定、定密授权和定密责任人指定工作。二是推进涉密人员管理。三是推进网络保密管理。四是成立专项保密检查工作小组，开展了国企系统、海洋渔业系统、政法系统、信访系统等保密专项检查。五是表彰先进。2015年10月，城区国税分局黄春畅获得“广东省保密工作荣誉纪念章”一枚。

（廖海娜）

附：城区国家保密局领导名单

局　长：廖海娜

组织工作

【概况】 区委组织部是区委主管组织和干部工作的职能部门。内设秘书股、组织股、干部股、干部监督股、调研室、人才工作股、党代表联络服务办公室，下设电教中心。2015年，城区组织工作以科学发展观为主题，以中共十八届四中全会和习近平总书记系列讲话精神为指导，突出全面从严治党这条主线，着力加强基层组织建设、干部和人才队伍建设、组织部门自身建设，为城区扩容提质、跨越发展提供坚强的组织保证和人才支持。是年，全区有党员11130人，其中女党员2990人；有基层党（工）委9个，党组6个，党总支12个，党支部396个。全区有公务员824人，其中区直机关公务员760人，其中女公务员224人。

【党的基层组织建设】 *基层党建工作* 区委组织部结合工作实际，强化基层党建工作。是年，继续开展整顿软弱涣散党组织工作，在排查14个软弱涣散党组织中，上报省、市的有10个；通过找准软弱涣散的病根所在，形成整改台账，做到了四个明确，即明确整改问题、整改目标、整改责任人和整改时限；同时抓早抓紧落实“七个一”措施（落实一名挂点区领导、派驻一名“第一书记”、组派一个工作组、制订一套整改方案、列出一张问题清单、整合一批帮扶资源、建立一套督导机制）；全区整顿软弱涣散基层党组织工作效果明显。在此基础上，继续实施“书记项目”工作。是年，全区共上报书记项目8个，其中区级项目为《全区开展创建法治村社活动》；各个“书记项目”都按计划顺利实施，取得了良好成效。此外，为城区15名大学生村官（原17人，2人已考上公务员）建立了专人档案，落实动态跟踪管理。

驻点联系工作 区委组织部严格按照省、市的部署，突出城区特色，各驻点团队按照“三个固定”（即固定联系人员、固定联系时间、固定联系地点）要求，履行“五大任务”（即宣传政策法规、掌握社情民意、听取意见建议、解决实际问题、推进基层治理），积极主动进村入户、走家串户开展工作，上门服务群众。是年，受理群众反映问题3096件，已解决2941件；其中由区解决72件，镇（街道）解决256件。受理民事代理3383件，已解决3263件；各镇（街道）、村（社区）及时将群众反映的问题梳理汇总，形成问题台账，按照分工，落实责任，限时办结，建立完善了专题解决问题的会议记录、民情台账与驻点日志；在财政困难的情况下，区拿出100万元作为民事代理工作经费，拨给每个村（社区）1万元，为驻点联系工作提供了经费保证；区委组织部联合区社工委，每周一雷打不动地对全区进行随机巡查，改进督查督导方式，突出督查重点，层层传导压力，是年实现了对全区94个村（社区）督查全覆盖。

开展创建法治村社活动 全区组织开展以“十个一”（即出台一个村（居）民小组长管理制度、开展一次法治村社培训、开展一次法治村社普法教育、开展一次“三资”清理、创建一个法治村社示范点、推行一村一法律顾问制度、每周开展一次直联工作、每周排查一次社会治安隐患、评比一批法治村社先进典型、建立一套法治村社机制）活动为主要内容的创建法治村社活动，分动员准备、组织实施、总结验收三个阶段进行，抓基层、讲法治、多措并举促治理。区创建办设在区委组织部，牵头组织实施，区委明确把此项工作列为是年基层组织党支部书记述职内容，形成了各级党组织书记亲自

抓、组织部门牵头抓、各成员单位和镇（街道）具体抓、各级督导组督查抓的工作态势；活动中，“十个一”活动的每个牵头单位都制订了详细的《工作台账》，实行销账管理；区创建办建立了“月小结、季对数、年终收数”的工作制度。特别是区委组织部在落实牵头负责的“出台一个村（居）民小组长管理制度”工作中，制订了《汕尾市城区村（居）民小组长管理制度（试行）》（以下简称《制度》），这个制度是全区乃至全市第一个村（居）民小组长管理制度，并印制了2000份，在镇（街道）、村（居）委、村（居）民小组张贴公布；联合区委党校、区财政局分3场对全区511名村（居）民小组长进行培训，全面解读、宣传《制度》。通过实施该制度，提高了村（居）民小组长的履职能力，规范了其履职行为。同时，全区7个镇（街道）、94个村（社区）、245个农村集体经济组织全部开展了“三资清理”工作，清理面已基本完成，力使农村“三资”明晰化。活动中，通过在7个镇（街道）创建14个法治村（社）示范点，在94个村（社区）推行一村（社区）一法律顾问，在各村（社区）每周开展一次社会治安隐患大排查等一系列活动，全方位推进了城区基层治理法治化进程，取得了明显的效果。同时，坚持把宣传发动，严查实督贯穿活动全过程，区创建办共编发了专题简报48期，各地各单位制作宣传栏100多个；区督导组采取“听、看、查、问、评”五字督查方式，推动了各项创建活动任务的落实。

巩固教育实践活动成果　坚持在抓常、抓细、抓长上下功夫，落实中央八项规定精神。有效防止“四风”反弹回潮，对重点领域、重要时间节点易发多发的作风问题，重点研究解决。督促抓好“两方案一计划一清单”（“两方案”即班子整改方案、专项整治方案；“一计划”即制度建设计划；“一清单”即个人整改清单）的整改落实，把抓整改落实的情况作为平时考核、年度考核、任前考察、基层党组织建设考核的重要内容。同时，根据上级部署，对基层干部不作为、乱作为等损害群众利益问题开展专项整治行动，把排查出来的一个问题一项一项明确整治措施责任主体和进度安排。

“两新”组织党建　组织部着重做好了“两新”组织党建各方面工作。采取“突出重点，以点带面”的“两新”组织发展方针，是年，每个镇（街道）建立1至2个示范点，每个点补助5000元。对全区71名“两新”党组织书记加强培训，使他们的履职能力大为提高。全年共落实“两新”组织党建经费34.56万元，使“两新”党组织活动和党务工作者有经费、待遇有保障、发展有空间。

机关、企业单位党建　全区机关、学校、企业党建工作得到进一步加强。其中区直机关党组织继续开展“佩党徽、亮承诺、强服务、作表率”主题实践活动，进一步提高机关党建工作整体水平。7月2日，全市县（市、区）机关党建工作交流会在城区举行，逸挥基金医院党委作为示范点，做了经验介绍。同时，认真指导完成《试行乡镇党代会年会制》试点镇年会召开工作，东涌、捷胜、红草3个试点镇均按时完成该工作，其中东涌镇作为示范点，为镇党代会年会制工作创造了一些好的经验。

【党员管理】　区委组织部按照要求，从严从实，抓好党员教育管理工作。制订2015年城区发展党员计划，完善发展党员票决制，推行发展党员全程公示制，并将发展党员指标分解到各镇（街道）、区直工委。全年共发展党员173名。同时，对照《中国共产党发展党员工作细则》要求，印发3000多份《发展党员工作流程图》。严格经常性的党内组织生活，过好支部生活，严格执行“三会一课”、党员党性定期分析、民主评议等制度，规范和理顺党员组织隶属关系。围绕中心工作，发挥远教站点的作用，组织开展学习收看活动。是年，共组织党员干部群众收看远教课件70多个，收看场次5000场；同时加强对全区104个站点的检查，更换全新远程教育机顶盒50台，Moden（上网器）27台，远程教育终端站点全年开机率达到100%。

【领导班子和干部队伍建设】　*“三严三实”专题教育工作*　城区坚持抓实抓严，坚持问题导向，坚持找准载体，对开展“三严三实”专题教育高度重视，着力解决修身不严、用权不严、律己不严、谋事不实、创业不实、做人不实六大问题，并着手开展“整治群众办事难”“整治慵懒散奢问题”等31项专项治理。并坚持“四个有机结合”，即把专题教育与全面深化政务整治、正风肃纪集中行动有机结合起来，与推进卫生、环境、交通整治，推进创文创卫工作有机结合起来，与深化党的群众路线教育有机结合起来，与推进重点项目建设、推进汕尾新区建设有机结合起来。在全市率先开展“三严三实”专题教育，专门成立区“三严三实”领导小组和办公室。是年，全区28名副处级以上领导干部都上了专题教育党课，均撰写心得体会，《城区组工通讯》（增刊）以专刊形式向全区刊发，专门编印专题简报41期。

干部管理　以省委第四巡视组巡视城区为契机，从严从实抓干部工作。积极配合省委巡视组开展选拔任用干部情况巡视工作以及省专项检查组开展选人用人情况抽查工作。对干部名册进行了动态调整、充实，对科级干部进行比较详细的分类统计。组织学习贯彻新修订的《党政领导干部选拔任用工作条例》的新规定。是年，区委召开讨论人事任命常委会5次，共提拔科级干部24名，其中副科提任正科2人，股级提任副科18人，提任职务3人，任免组织干事、办公室主任和股级非领导职务干部9人，调配干部14人；共办理退休科级干部19名，对7名试用期满的区管干部和2名人秘股长、1名群团单位股室负责人进行了试用期考核，并办理了试用期转正手续。同时，按照省委、省政府《关于县以下机关建立公务员职务与职级并行制度的实施意见》的要求，对有关单位报送的申请职级晋升的科级干部审批材料，结合干部档案，进行严格核查，初步确定符合职级晋升的科级干部32人，其中正科晋升副处16人，副科晋升正科16人。

公务员招录　根据《中华人民共和国公务员法》的有关规定和城区乡镇缺编的情况，2015年全区共招录公务员45名，其中，乡镇公务员9名，乡镇选调生4名，机关公务员26名，参公机关事业编制人员6名，使镇（街道）、区直机关单位的公务员得到了一定的程度的充实。同时，对全区的公务员信息进一步进行修改完善。

【干部教育培训】　区委组织部以学习贯彻落实习近平总书记系列讲话精神为主线，增强干部教育培训的统筹性、针对性、实效性，培养造就一支高素质干部队伍。是年，举办全区综治维稳干部培训班、城区中青年干部培训班等13期7300多人次；安排、选送市管干部（处）和乡（科）级干部参加省、市、区举办的各种研讨班、培训班7期2000多人次。

【干部监督工作】　区委组织部贯彻执行中共中央印发的《党政领导干部选拔任用工作条例》和国务院新修订的《信访条例》，依照文件精神和干部管理权限，执行领导干部和全区组工干部个人事项报告，开展领导干部配偶子女移居国（境）外情况调查，完善“12380”举报电话、信访、网络“三位一体”的监督举报平台。2015年，城区尚未发现有领导干部配偶移居境外的情况。是年，区科级干部出国（境）办理，因私自费往香港、澳门旅游经区委组织部审批同意的共61人次；共预告干部考察、公示干部提拔任用4批35人次（其中科级干部25人、股级干部10人），公示期间没有收到任何的情况反映。

【人才工作】　组织部门进一步落实“人才强区”战略，调整充实区人才工作领导小组，制定出台《汕尾市城区人才工作的实施意见》和《汕尾市城区人才工作领导小组及成员单位工作职责和工作制度》。9月28日专门召开全区人才工作会议，进一步落实人才工作责任，增强人才工作合力，提升人才工作水平。继续做好拔尖人才和优秀农村实用人才的管理工作，建立城区海洋产业人才培训基地；加强人才工作基础建设，对全区人才信息库进行更新完善。确定“汕尾市城区海洋产业人才引育工程”作为2015年“扬帆计划”竞争性扶持市县重点人才工程项目，12月份已接受省专家的检查考核。

【信息调研】　2015年，编印《城区组工信息》53期、城区组工通讯7期，刊发文章信息182篇（则），其中被《中国组织人事报》《南方日报》、中国基层党建网、干部组织工作网、《汕尾组工信息》《汕尾组织信息（理论版）》等国家、省、市相关刊物、网站选登73篇（则）。是年，组织部门共3人被市委组织部评为“全市优秀组工通讯员”。

【档案管理】　组织抽调工作人员对干部人事档案开展“地毯式”专项审核工作，对年龄、履历等问题作出重新认定，对部分干部档案中存在的问题和缺失的材料进行了校对纠正和完善补充。是年，已审核干部档案642卷，完成补充档案材料262份。

【组织部门自身建设】　区委组织部按照开展“落实

总书记要求，建设模范部门”“争当行家里手，争做党建标兵”等主题教育活动和“三严三实”专题教育的部署要求，积极在全区组织系统全面开展“四围绕四落实，创建模范部门”活动。一是围绕讲政治，落实“四个查一查”。组织全区组工干部联系自身实际，开展“四个查一查”，即：查一查政治上、思想上和行动上是否与上级党委保持高度一致，查一查政治纪律和组织人事纪律是否严守，查一查党员义务是否模范履行，查一查兴趣情操是否积极向上。通过深化拓展以比谁“党性最强、学习最勤、业务最精、成绩最好、形象最佳”为主要内容的“五比”活动，每位组工干部从日常工作做起，带头下基层联系群众、带头讲党性遵守纪律、带头求实效改进工作作风、带头讲大局参与中心工作，2015年，积极参与火车站片区、红草高新区、金町湾旅游度假区等重点项目征地拆迁工作，以及清明防火、计生服务等中心工作，发挥了组工干部的模范带头作用。二是围绕重公道，落实“四个看一看”。全区组工干部结合工作职责，落实“四个看一看”，即：看一看在做决策、办事情时是否出以公心，看一看考察选拔干部程序是否走足，看一看对不正之风是否敢于亮剑，看一看组织干部工作是否公开透明。三是围绕业务精，落实“四个一”学习活动。按照建设学习型党组织的要求，落实“四个一”学习活动。即：建一网上学习站、上一堂课、写一篇文章、学一门技术的学习活动，特别是开设组工讲坛，每周星期二由部7个股（室）干部和全区7个镇（街道）党（工）组织委员轮流主讲，把“上一堂课”与“三会一课”制度有机结合起来，激发了党组织生活的生机活力。是年，已开课40多堂，部长还亲自上课，为全区组工干部起到带头示范作用，取得良好的效果。四是围绕作风好，落实“四个抓”。坚持按照“三严三实”的要求，落实“四个抓”。抓好服务。积极开展一张笑脸相迎、一把椅子让座、一杯茶水暖心、一个满意答复的“四个一”优质服务活动。是年，共接转党员组织关系325人次，党员、干部、群众满意度达100%。抓实帮挂。每个股室挂一个基层党支部，每名组工干部帮挂一户群众、一名党员，参与一项重点项目建设。力促组工干部实干、肯干、善干。抓严监督。是年，面向社会聘请10名人大代表、政协委员、离退休老干部、党外人士为部风监督员，召开两场部风监督员会议，集中听取意见，自觉接受监督。抓好形象。在部领导班子的示范带动下，全体组工干部做到弘扬家庭美德，筑牢“后院墙”；“八小时”内外讲规矩，筑牢“防渗墙”；推行对组工干部社交圈考察制度，筑牢“挡风墙”。

（江力航）

附：区委组织部部长、副部长名单

部　长：卢学军（兼）

副部长：卢立对

余鸿群（兼）

庄永富（兼）

宣传工作

【概况】 2015年，区委宣传部高举中国特色社会主义伟大旗帜，以习近平总书记系列重要讲话精神为指导，深入学习贯彻落实中共十八大以及十八届三中、四中、五中全会精神，紧紧围绕区委、区政府的工作中心，服务工作大局，以加快推进文化强区建设为目标，大力加强基层思想政治工作，真抓实干、周密部署，认真完成好各项宣传任务。为城区加快新区建设，振兴发展提供强大的智力支持、舆论氛围和文化支撑。

【抓好理论武装工作】 1. 认真做好区委理论学习中心组的秘书服务工作。制订《区委中心组2015年理论学习专题安排表》，对区委理论学习中心组工作进行全面的安排，严格执行坚持每月至少一次集中学习要求，提前做好开展理论学习中心组的相关工作，做好人员、学习材料、学习记录等秘书工作。一年来，区委理论学习中心组共开展集中学习13次，学习程度得到进一步增强，学习效果明显，学习机制进一步完善，学习氛围浓厚。

2. 切实抓好基层理论学习工作。在做好区委理论学习中心组秘书工作的同时，狠抓镇（街道）党委理论学习中心组、区直单位理论学习组的理论学习工作，进一步完善学习制度，要求各镇（街道）和区直各单位上报年度中心组学习计划，每月上报学习情况。根据上报情况，区委宣传部每个季度进行一次通报。订阅并下发《党建》《学习活页》等学习资料。

下发学习资料：4月23日，由区委宣传部主办的2015年"书香城区"读书活动启动，该部借助这一契机向各镇（街道）、区直各单位下发《习近平总书记系列重要讲话读本》《法治村社》等书籍400多册。

服务区委区政府中心工作：紧紧围绕区委、区政府中心工作，着重开展"整治政务、正风肃纪"、"共建和谐法治村社"、中共十八届四中、五中全会精神学习、"汕尾城市精神"区委书记区长大接访活动、道德讲堂、"环境卫生整治"、禁毒涉枪宣传活动、"汕尾处处有雷锋"和"纪念抗日战争胜利70周年、创建广东省文明城市等主题宣传报道工作，始终坚持宣传教育工作服务大局和正确的舆论导向，充分发挥宣传部门的核心作用，协调、指导各新闻单位做好宣传，利用一切可以利用的载体，及时、准确、规范、有序地开展宣传报道工作，形成报纸、广播、网络联动，且覆盖社会各阶层的主体宣传格局。整个宣传教育工作有声色，起到了服务大局、服务中心的作用。

宣传重点：1. 中共十八届五中全会。召开期间，联合汕尾电视台、《汕尾日报》，组织《今日城区》、区党政信息网开设宣传报道专栏，形成有份量的新闻报道，宣传中共十八届五中召开后城区学习贯彻落实的舆论氛围。

2. 深入学习领会习近平总书记系列重要讲话精神。在《今日城区》、党政信息网站开辟专栏，定期刊登习近平总书记系列重要讲话，加大宣传力度，在全区范围内营造良好的学习氛围。组织宣讲团下基层开展宣讲活动，以《习近平总书记系列重要讲话读本》为指导，大力开展宣讲活动。

外宣工作：3月5日~9日，中央电视台摄制组一行15人到汕尾拍摄纪录片《海上丝绸之路》，以汕尾城区工商联会员企业、市国泰食品有限公司董事长林孟德为人物故事，拍摄海洋渔业走出国门的故事。

文化成果：1. "我们的节日"活动丰富多彩。为丰富群众文化生活、传承地方文化，是年2月，区委宣传部组织书法家送春联下乡活动。组织了区机关诗书画协会十多位书法家前往红草镇、东涌镇、马宫街道等地为农民群众义写春联。5月份举办妈祖文化节，开展妈祖巡游、妈祖祭拜、抢炮头等民俗活动，弘扬妈祖精神；10月份举办渔歌文化节，大力打造渔歌特色文化，丰富群众精神文化生活；组织白字戏、正字戏、西秦戏等传统戏剧演出。

2. 文艺工作有新成果。一年来，区文联继续发挥职责，加强指导全区文艺工作，全区文化事业取得了一定的进展。成立了汕尾市城区作家协会，城区美术家协会；《品清潮》书画报创办并出版了13期报刊。继续组织动员文艺爱好者参与各种全国、省内外文艺比赛，是年3月，举办"匍匐的事物"杜青画展、汕尾市城区民间文化艺术展等活动，城区文艺工作较以往有了新的提高。

（罗其乐）

附：区委宣传部领导名单

部　长：刘元海

副部长：陈美初（2015年4月14日改非）

　　　　吕业群

精神文明工作

【概况】 2015年，城区精神文明建设办公室（简称区精神文明办）以科学发展观为指导，深入学习贯彻中共十八届三中、四中、五中全会精神和习近平总书记系列重要讲话精神，根据2015年度汕尾市城区精神文明建设工作要点，扎实推进思想道德建设和精神文明创建活动，为推进新区建设、加快城区振兴发展提供强大的精神动力。

【推进精神文明创建工作】 一年来，城区文明创建工作稳步推进。文明单位结对共建生态文明村、区直单位结对共建文明社区共建机制进一步完善。文明创建服务指导工作到位，继续探索完善"社工+志愿者"模式推进文明社区创建工作，新建了奎山社区志愿者驿站。认真做好省、市文明村、文明单位申报推荐工作，2015年，上报了基础较好的汕尾市城区工商局角逐省、市文明单位荣誉称号，东涌石洲村委、龙溪村委，捷胜镇联安村委角逐省、市生态文明村荣誉称号，全区精神文明创建氛围浓厚。

【做好创建省级文明城市工作】 按照《汕尾市城区创建广东省文明城市实施方案》要求，明确创建时间节点，积极加强创文工作的指导、协调和管理。一年来，加强全区"创文"宣传，在市区主干路道建筑围挡设立"创文"公益广告，在高铁站路口、海汕路、凤山妈祖广场设立大型"创文"广告牌3块。认真做好各责任单位档案资料整理。为是年取得创建广东省文明城市先进城市打下基础。

【做好我推荐我评议“身边好人”活动】 一年来，区委宣传部致力于弘扬社会美德，全面发掘身边好人好事，树立先进典型，以身边人身边事教育和引导广大市民，营造良好社会道德风尚。推荐了城区香洲学校余金城老师等一批先进道德典型参与“中国好人”“广东好人”的角逐。同时，区委宣传部与区妇联联合举办“寻找最美家庭”活动，并邀请了汕尾广播电台《汕尾夜话》栏目主持人、汕尾博助慈善社社长、市家庭教育讲师肖元作“弘扬家庭美德、倡导文明新风”讲座。联合市广播电视台对获奖家庭进行专门报道，组织开展“最美家庭”事迹报告会，通过发挥先进典型的示范作用和辐射作用，促进全区市民社会责任感进一步增强。

【深化社会主义核心价值观宣传活动】 把开展社会主义核心价值观宣传活动作为创建广东省文明城市，推进精神文明创建活动的重点内容，建设社会主义核心价值观广场，举办以社会主义核心价值观为主题的道德讲堂，开展志愿服务活动，大力培育和践行社会主义核心价值观，确保社会主义核心价值观内容深入人心，并得到广泛认同，成为全体市民的共同精神追求。

【推进“道德讲堂”建设】 一年来，区委宣传部大力推进“道德讲堂”建设工作，加强全区各地“道德讲堂”开展情况督导工作，并立足城区实际，探索完善道德讲堂新模式。是年，大力推进社区、校园道德讲堂建设，实现市区28所中小学校全覆盖，采取道德讲堂户外与户内相结合的方式，把道德讲堂带进课堂、带进生活，创建具有城区特色的道德讲堂品牌。

【开展志愿服务活动】 为加快城区志愿服务事业发展，推进志愿服务活动常态化，由区文明办牵头，联合团区委等部门，精心策划志愿服务活动。组织志愿者在市区开展关爱孤寡老人、义诊服务、交通引导、卫生清洁和文明礼仪进万家活动等志愿活动，为城区加快推进新区建设、创建广东省文明城市营造良好的人文环境。

【抓好乡村少年宫工作】 全力做好乡村少年宫建设指导工作，2015年，新建红草镇拾和小学少年宫一座，协助东涌镇中心小学、马宫镇中心小学做好乡村少年宫资金申报、设备配套、社会公示等相关工作。定期检查少年宫开设情况，为进一步做好乡村少年宫积累工作经验。

【抓好未成年人思想道德建设工作】 一年来，区委宣传部高度重视未成年人思想道德建设工作，以切实提升市民素质为出发点，制定并落实了系列工作，为未成年人的健康快乐成长营造良好的社会环境。一是加强校园周边环境的整治。对全区各中小学校周边的网吧及治安环境进行专项整治。二是组织未成年人开展“网上祭英烈”活动，进一步加强未成年人爱国主义教育。三是开展扣好人生第一颗扣子活动，进一步提升未成年人的思想道德素质。四是开展“善美之城”主题实践活动，进一步丰富学生的精神文化生活。五是开展法治宣传教育活动。以禁毒宣传为重点，在全区各中小学校开展形式多样的禁毒宣传专项活动。

【开展“讲文明树新风”公益广告宣传活动】 在城区党政信息网、《今日城区》开设宣传专栏，刊播“讲文明树新风”公益广告。并要求各镇（街道）、区直各单位要充分利用各种宣传平台加强“讲文明树新风”公益广告的宣传力度。确保活动扎实有效推进，取得预期成果。

【开展“汕尾处处有雷锋”主题宣传活动】 印发《汕尾市城区开展“汕尾处处有雷锋”主题宣传活动的通知》，组织全区各地各单位开展学雷锋系列主题活动，加强学雷锋网络宣传，制作《汕尾处处有雷锋》主题歌曲，以雷锋精神引导社会导向，凝聚发展共识，为城区创建广东省文明城市，加快振兴发展营造积极向上的正能量。

（罗其乐）

统战工作

【概况】 2015年，区委统战部在区委、区政府的正确领导下，在上级统战部门的指导下，始终坚持以“三个代表”重要思想和科学发展观为指导思想，学习贯彻落实中共十八大及历届全会、中央统战工作会议、《中国共产党统一战线工作条例（试行）》，以及中央八项规定和“三严三实”（严以修身、严以用权、严以律己，谋事要实、创业要实、做人要实）等精神，以全面深化政务整治、正风肃纪集中行动为契机，积极推动城区统一战线各领域工作成为新常态。

【民主党派工作】 2015年1月，区委组织部与区委统战部共同推荐了8名优秀的党外干部参加汕尾市委党校的党外干部培训班学习。区委在1月和10月分别召开了各民主党派、工商联和无党派人士座谈会和各民主党派组织后备干部选拔培养协商会议，两次会议针对各民主党派组织领导班子成员和优秀的党外干部任职作了深入的研究和探索，对下一步分批次做好党外后备干部挂职作了准备。11月，区农工党副主委林伟强被提拔为区妇幼保健计划生育服务站主任。12月，区委统战部组织各民主党派组织成员共22人，前往福建古田等革命教育基地以上党课、座谈会、到实地考察等多种形式开展学习活动。区民主党派组织中的人大代表、政协委员在区人大、政协“两会”期间，共提交了20件议案提案。

【联系非公经济工作】 在区委统战部的积极推动下，区工商联组织恢复出版会刊《汕尾城区商会信息》，不仅向全体工商联（商会）会员发放，还有意向要参加工商联组织的非公经济组织免费赠阅。2015年1月和7月，分别组织开展了非公经济人士社会主义核心价值观和理想信念教育实践活动。10月18日，成功举办了区工商联创会24周年活动，同时也为工商联（商会）组织吸收了林朝阳等33位非公经济人士作为新生力量，工商联组织队伍更加壮大了。2015年，共组织开展非公经济企业人士参加电子商务、法律等各类培训3次、培训208人；在市、区两级人大、政协“两会”期间，区非公经济组织中的各级人大代表和政协委员们积极参政议政，共提交了27件提案和议案，受到有关部门的重视和采纳；区非公经济组织代表人士在支持扶贫济困助学等各项社会福利事业中共捐款捐物达139多万元。

【港澳台统战工作】 积极开展“请进来、走出去”联谊活动。利用春节、清明节期间，港澳台同胞回乡探亲、祭祖等机会，主动与他们联系，加深感情、密切关系。2015年，城区共接待港澳台同胞和海外侨胞共28批、520多人次。在4月、10月、11月，统战部分别参加了香港长洲惠海陆同乡会、香港汕尾市同乡总会、澳门海陆丰同乡会、香港海丰商会换届就职活动；还分批次组织人员赴港与文康总会、海流保健协进会等爱国爱港进步社团组织和城区籍宗亲会联系，调动城区籍旅港乡亲的爱国爱乡的情感。11月，在广东省妈祖文化交流协会、汕尾市城区凤山祖庙管理处、区委台办等单位的共同协办下，在城区成功举办了以“两岸三地、欢聚汕尾、同谒妈祖、同梦中华”为主题的广东省第二届南粤妈祖文化周活动。

【加强自身建设】 认真组织开展政务整治、正风肃纪集中行动和“三严三实”整治活动。坚持严格按照区委整治办要求的各项规定动作，还结合部门自身特色组织党员、干部到马宫红海船舶修理厂、捷胜嘉伦服装、红卫渔网、新雅地毯等非公有制经济企业进行实地考察学习，与非公有制经济企业党支部党员一起上党课等。多批次组织了区统战干部队伍参与学习中央统战会议、《中国共产党统一战线工作条例（试行）》精神。加强联系基层，密切党群、干群关系。积极参与“直联”工作、驻村（社区）工作和大接访工作。抽调精干党员干部到驻点社区指导计划生育和基层党组织建设工作，帮助驻点社区党组织建设、开展文明社区创建工作，组织开展慰问贫困户和老党员等活动，进一步密切了党群、干部关系。

（林映杰）

附：2015年区委统战部领导名单

部　长：黄义丞

副部长：郑和悦

　　　　蔡汉章

区编制办

【概况】 2015年，区机构编制工作在区委、区政府的正确领导下，在市机构编制部门的精心指导下，围绕区“扩容提质”“科学跨越发展”的目标，把握“转职能、机构改革、控编减编”三大重点任务，认真推进各项工作，为城区的发展提供体制机制保障。

【推进政府职能转变工作】 深化行政审批制度改革 对第一批公布的行政审批事项实行目录管理，着力做好后续监管工作，确保该取消的取消、该承接的承接，至2015年年底，第一批目录涉及58项调整的审批事项已全部落实到位。在《第一批行政审批制度改革事项目录》的基础上，组织区有关部门对照《广东省行政审批事项通用目录》开展第二轮行政审批事项的清理清查工作，一是清理规范区级单位保留、承接行政审批事项目录；二是梳理区政府部门非行政许可审批事项，提出调整意见，不再保留“非行政许可审批”这一审批类别。城区于2015年11月公布《第二批行政审批制度改革目录》，涉及21个单位共保留行政许可事项101条。同时编制行政审批时限清单，公布《汕尾市城区公布缩短行政审批时限清单》，落实“保证行政事项办结时限比法定时限缩短30%以上，并在10个工作日内向社会公布”的具体要求，大大提高行政审批效率。

推进行政审批标准化建设 按省、市部署，城区积极推进行政审批标准化建设的前期工作，选择区卫生和计划生育局、安全生产监督管理局为行政审批标准化试点单位。是年5月22日，组织相关政府部门领导和工作人员约50人参加全省行政审批标准化培训班，对如何规范编写行政审批标准等作了专门的学习。

全力推行政府部门权责清单制度改革工作 城区于2015年8月启动权责清单工作，印发《转发中共汕尾市委办公室 汕尾市人民政府办公室关于印发〈汕尾市推行市、县政府工作部门权责清单制度实施意见的通知〉的通知》，区编办发挥牵头作用，成立专责工作组，严格遵循部门“三报三审”（审核工作采用部门上报、一审反馈，部门再报、二审反馈，部门三报、进行三审的步骤开展审查），广泛征求社会意见，区政府分管领导亲自审核等程序，初步形成区直31个部门的权责清单目录（初稿）。

【推进机构改革工作】 区编办积极整合区政府相关工作部门的职能，优化政府组织结构，抓好改革后续工作与相关配套工作。相关部门职能划转已落实到位，各部门均按照新的“三定”规定入轨运行，机构改革的成效逐步显现。

配合推进司法体制改革。摸清底数是做好司法体制改革的基础。区编办按上级的精神积极开展司法系统机构编制和人员管理等调研工作，核实全区法院、检察院机构编制和在职人员基本情况，形成花名册，确保全面掌握真实情况。

优化整合妇幼保健和计划生育技术服务资源。经区编委会同意、市编委备案后已印发《汕尾市城区优化整合妇幼保健和计划生育技术服务资源实施方案》《汕尾市城区妇幼保健计划生育服务中心机构编制方案》，镇（街）计生服务所职责并入卫生院（社区卫生服务中心），加挂“妇幼保健计划生育服务站”牌子，按方案要求已整合到位并运作。

印发区纪委（监察）机关新“三定”方案。进一步明确其职能主体，优化内设机构，提升履职能力。

做好工商部门由省以下垂直管理体制调整为分级管理的承接工作。是年4月，城区举行工商体制调整交接协议签订仪式，标志着区工商分局正式移交给城区政府管理。印发《汕尾市城区工商行政管理局主要职责内设机构和人员编制规定》，区工商局按“三定”规定已入轨运行。

完成事业单位分类改革收尾工作。继续做好深化事业单位分类改革工作，继续推进事业单位法人治理结构建设，进一步探索政事分开、管办分离的有效实现形式，推进事业单位网上登记，进一步完善事业单位年度报告公示制度。

【加强控编减编工作】 切实加强控编减编工作。印发《转发汕尾市机构编制委员会印发〈关于严格控制机构编制加强机构编制实名制管理的实施意见〉的通知》，出台《关于印发汕尾市城区机关事业单位补充人员使用编制工作程序的通知》，对城区机关事业单位补充人员使用编制工作程序进行明确规定。

继续完善机构编制实名制管理。继续抓好实名制管理系统建设，核准机构编制实名制信息库数据，是年，已3次下发区直机关事业单位实名制管理工作文件，对2015年以来全区机关事业单位机构编制、增员入编、减员出编等变动的信息进行核实，对区直各单位实有人员信息进行补充，充实完善机构编制台账，为编制审核和编制卡管理提供准确数据。据统计，全区共有391个机关事业单位、7422名编制、6414名人员纳入实名制管理。

（韩冬敏）

附：城区机构编制委员会办公室领导名单

主　任：王惠民

副主任：郑作锋

区直属机关工作委员会

【概况】 2015年，区直机关工委在区委的正确领导下，在区委组织部的指导下，以中共十八大、十八届四中、五中全会和习近平总书记系列重要讲话精神贯穿机关党建工作始终，不断提高机关党建工作科学化水平，充分发挥机关基层党组织的战斗堡垒作用和共产党员的先锋模范作用，紧紧围绕区扩容提质、振兴发展的工作大局，扎实开展党的群众路线教育实践活动，以改革的精神全面推进机关党的思想、组织、作风、制度和反腐倡廉建设，更好地为全区工作大局服务、为机关党员服务、为基层和群众服务。

【基层组织工作】 2015年4月中旬,审批入党积极分子65名，审批发展党对象51名，其中，吸收为预备党员38名，按期转正30名。2015年，区直工委联合区委组织部慰问50年党龄以上的老党员和困难党员28名。召开建党94周年座谈会。是年，已有任期届满的71个党（总）支部完成了支部换届选举。严格执行《中国共产党党费收缴、使用和管理的规定》，实行分级收缴、按月上缴的办法，确保党费收缴按时、足额。

【基层组织建设】 2015年，区直机关工委针对党建工作的新特点、新要求，做了几项工作：一是开展“党员示范岗”创建活动。深入推进政务整治和形象提升行动，扎实推进区直窗口单位和服务部门开展创先争优活动，在各窗口单位设立“党员示范岗”“党员服务岗”，做到“亮身份、亮承诺、亮形象”，树立共产党员标杆作用，着力打造机关党建工作品牌。二是扎实加强对“直联制”工作的督查，推进对乡镇（街道）、村（社区）居委“直联制”工作规范化、常态化的开展。区直工委立足于红草镇海梧村实际，帮助该村理清发展思路，结合“深入基层、服务群众”主题活动，为驻村办实事，解难题。协助该村加强基础设施建设，改善村容村貌，协调有关部门划拨修路资金；结合“深入基层、服务群众”主题活动，结穷亲、办实事。三是以党内法规为依据，做好党员管理、服务、发展工作。制定印发了《区直机关工委党员发展计划》，并根据实际制定了《发展党员八项制度》，进一步规范党员发展工作，保证党员发展质量。八项制度分别是：1. 发展党员计划申报制度；2. 入党积极分子公推选优制度；3. 培训教育制度；4. “三榜公示制”；5. 发展党员全程记录制度；6. 发展预备党员“三查三审”制度；7. 发展党员票决制；8. 上级党委派员列席支部发展党员制度。四是在“七一”前夕，召开区直机关党建工作交流会，并参观了区直党建示范点汕尾逸挥基金医院，均取得了很好的效果。五是加强对党员教育管理和培训工作。是年，为切实做好《中国共产党发展党员工作细则》的培训学习、宣传和实施，认真贯彻控制总量、优化结构、提高质量、发挥作用的总要求，把好发展党员入口关，区委组织部和区直工委在4月份组织了辅导报告，举办了《中国共产党发展党员工作细则》、基层党组织书记培训班。5月份在逸挥基金医院又举办了一次党务工作培训班,参加培训的有28人。六是扎实开展了“全面深化政务整治、正风肃纪集中行动”。区直工委严格按照区全面深化政务整治、正风肃纪集中行动领导小组办公室的部署和要求，以高度的政治责任感、严肃的工作态度和求真务实的作风，认真组织、扎实推进政务整治、正风肃纪集中行动，抓好队伍建设，不断完善规章制度，转变作风，提高群众满意度，推动政务环境建设制度化、常态化、长效化。七是按区委、区政府和区纪委党风廉政建设领导小组的分工要求，由区直工委牵头的政风行风评议工作已成功完成2015年的评议任务。区政风行风评议团从实际出发，认真开展助评活动，采取以“听、看、查、问、评”等工作方法深入调查了解，召开各类型座谈会、个别交流、发征求意见表、走访企业等。分阶段分别听取了区发改局等7个被评议单位和区教育局等7个“回头查”单位民主评议政风行风自查自评、整改落实等工作情况汇报，并将多方收集的情况进行梳理并提出了有针对性的助评意见。该工作推动被评议单位的作风建设升上新的一个台阶，为城区加快发展提供坚强保障。

（黄冬琪）

附：区直机关工作委员会领导名单

书　记：罗智冰

副书记、纪工委书记：刘瑜

武装部长：庄雪峰

老干部工作

【概况】 区老干部局成立于1988年，行政级别定为科级归属区委组织部管理。老干部局成立以来，在区委的领导下，在市老干部局的重视下，以邓小平理论和“三个代表”重要思想为指导，与时俱进、稳步发展，认真贯彻落实党的老干部政策，认真落实老干部政治、生活待遇，开展相关文体活动，组织引导老干部继续为社会经济发展、和谐稳定、关心青少年成长工作等发挥积极作用，不断提高老干部素质。2015年，全区有离休干部38名。

【落实老干部待遇】 *增加离休干部的离休费* 2015年8月12日下发文件。从2014年10月起调整全区离休干部的离休费标准，副处级待遇的离休干部的离休费每月增加580元，科级待遇的离休干部的离休费每月增加500元，工人待遇的离休干部的离休费每月增加460元。全区共有38位离休干部每月调整增加离休费1.9万元。

保证离休干部基本医疗 离休干部现处于“双高期”（高龄期、多疾病高发期），区委老干部局高度重视，为确保离休干部基本医疗费到位，争取离休干部定点医院和区财政局、卫计局的支持配合，保证离休干部住院治疗费用。全年共计160万元。

发放已故离休干部配偶补助 执行上级文件精神，关心已故离休干部配偶补助，于2015年7月和12月，分上下半年两次共发放已故离休干部配偶补助10.02万元，惠及已故离休干部配偶27人。

关心老干部健康 坚持做好节日期间对老干部的探访慰问工作，在老年节、春节等重大节日期间，局领导亲自带领该局干部职工，上门或到医院探访慰问。全区全年探访老干部140人次，发放慰问金5万元。

加强政治学习，开展各项活动 2015年5月，中共汕尾市城区委老干局、中共汕尾市城区委组织部联合发文《转发〈关于在全省离退休干部中深入开展“为党的事业增添正能量”系列活动的通知〉》的通知，广泛开展“学习新理论，畅谈新变化”活动，通过学习会、座谈讨论等形式，组织离退休干部深入学习中共十八大、十八届三中、四中全会以及中央纪委五次全会精神，深入学习习近平总书记系列重要讲话精神，教育引导老干部自觉在思想上、政治上、行动上与党中央保持高度一致。

2015年6月，分批组织身体条件较好的离退休干部就近参观革命老区和市政建设，让老干部重温党的历史，感受城区经济和社会发展的新成就、新变化。发挥老干部的余热，在离退休干部中组建志愿者服务队，利用他们的专业特长，力所能及地开展法律咨询、义务问诊、帮教助学等志愿服务活动，释放离退休干部的正能量。

（彭怡秀）

附：区委老干部局领导名单

局　长：庄永富

副局长：邓　光

关工委工作

【概况】 1990年6月，汕尾市城区成立“关心青少年成长研究会”。该机构成立至2015年，许多老干部利用自身的政治优势和高度的责任感，为城区两个文明建设、为关心下一代健康成长做出了重要贡献。

【关爱儿童健康成长】 2015年“六一”区关工委对城区机关、捷胜镇和马宫街道3所幼儿园进行慰问，赠送给城区机关幼儿园4部40英寸创维牌电视机，赠送给捷胜幼儿园1部索奈克牌电子琴，赠送给马宫幼儿园一部大豆磨浆机及一批糖果和文具用品。联合区妇联、区工商联和城区部分企业家、热心人士到捷胜镇，开展“六一”孤儿“会亲”活动，为该镇孤儿送上3万元慰问金和礼品。是年“六一”，赠送给城区机关幼儿园一批童欣牌幼儿桌椅，其中，桌子30张、椅子200张，金额1.155万元。给少年儿童献上一份“爱心”和节日礼物。

【重视青少年思想教育】 2015年11月，在汕尾马思聪艺术中心举办2场“高扬理想风帆，励志健康成长，做文明进取、奋发有为的中学生”报告会，2场报告会共有2600名师生参加，邀请教育专家黄沧海为全区高一、初一新生进行思想道德教育，并将授课内容制作成光盘发放给全区各中小学校。报告会上黄教授针对中学生成长的心理特点以及普遍存在的困惑，用大量的事例和生动的语言，为学生释疑解惑，用深入浅出的道理，为学生打开心锁，启迪灵魂，升华情操，提高青少年学生对创建广东省文明城市工作参与热情，争做文明学生、文明公民，助力城区创建省级文明城市。

(彭怡秀)

附：区关工委领导名单

主　任：石建平

副主任：曾昭群

　　　　王　琼

党校教育

【概况】 2015年，中共城区委党校（以下简称区委党校）在区委、区政府的正确指导下，认真贯彻落实全国党校工作会议要求和习近平总书记系列重要讲话精神，坚持党校姓党原则，切实增强政治意识、大局意识、核心意识、看齐意识，突出服务城区经济社会发展大局，着力发挥党校的主渠道主阵地作用，有针对性地开展各项教育培训工作，为加快城区经济社会发展做出了积极贡献。2015年,区委党校共举办各类培训班15期，培训干部8200多人次。其中：全区综治信访维稳干部培训班1期100多人次；中青年干部培训班1期60多人次；城区村（居）民小组长培训班7期200多人次；城区专业技术人员公需课培训班1期4800多人次；公务员全员培训班1期800多人次；城区组工干部培训班1期130多人次；城区村（社区）党支部书记培训班1期110多人次；城区基层党员干部法治知识宣讲1期1000多人次；城区中共十八届五中全会精神理论宣讲1期1000多人次。

【注重创新模式，切实提高培训效果】 一是注重创新模式，不断提高培训针对性。在新常态下，区委党校注重创新培训方式方法，在原有的讲授式教学的基础上，积极开展研究式教学，探索现代教学模式，采用案例式教学、专题研讨等方法，并将现场考察、播放影片、学员论坛等方式纳入培训过程中，受到广大党员干部欢迎。在全区组工干部培训班上，区委常委、组织部部长、党校校长卢学军在运用ppt为学员上课时配合音乐及诗歌朗诵，与学员开展课堂互动；在全区中青年干部培训班》上，针对汕尾市公共交通发展相对滞后的情况，设置了《从交通物流看汕尾市经济发展专题课，引发学员讨论、效果良好。二是着力改善管理，切实提高培训效果。坚持依法治校、从严治校，着力在教学管理上下功夫，积极营造良好干事创业氛围。重新修订完善了《党校学员管理制度》。重点强调和规范了学员上课、签到和请假等制度，学员培训期间的出勤、上课期间的纪律状况有了较大改善；制定和完善《工作人员岗位职责制度》，校内分工渐趋清楚，岗位职责更为明确，较好的提升了办学效率和行政效能，使得干部教育培训各种日常工作的开展更加有序、高效；完善了《外聘教师和领导干部授课制度》。对邀请区领导、区职能部门的领导和市委党校讲师、教授等到校授课的方式进行制度化。本年度共有10多名外聘教师、教授、律师先后为党校各类培训班授课20余节，对党校整体教学促进明显。

【“法治讲堂”进村社活动】 为助力法治城区建设，推进依法治村（社区），提升基层治理法治化的水平，区委党校联合区委组织部、区委政法委和区司法局成立以律师和教师组成的法治知识宣讲团，在全区94个村（社区）开展“法治讲堂”进村社活动，对全区1000多名镇（街道）驻村干部、“两委”干部及村（居）民小组长进行法律知识及法治理念的培训，并向干部群众赠送了《习近平关于全面依法治国论述摘编》《村社政语》等政策法规书籍1000多本。通过对基层干部群众进行基层发展理念、法治精神的学习辅导，引导他们对当前实现国家治理体系和治理能力现代化的现实意义进行深入反思，让基层每位党员干部都参与到依法治村建设，做到遵法守法。

【团队建设】 为全面提升党校办学能力，有效发挥党校在干部培训中的主阵地作用，区委党校结合自身实际，以“三个抓”进一步提升干部队伍素质。一是抓活动促提升。结合区委部署，组织开展了正风肃纪、“三严三实”“普法教育活动”“学党章守纪律”及纪律学习月等活动；结合自身实际，举办“两周一课”学习活动12次，开辟党的基本知识学习宣传栏1期，撰写政务整治相关行动体会文章13篇，干部的思想素质有了新的提升。二是抓教育促提升。在坚持集体学习和自主学习，要求教职工多听课的同时，积极选派骨干人员外出学习。其中选派1名骨干人员到江苏省脱产学习10天，2名骨干教师到省委党校分别学习5天等，做到边学习边进步，有效的提高了团队管理能力和教学能力。三是抓制度促提升。针对管理制度方面存在问题和不足，对党校现有的各项制度进行认真梳理，提升团队的管理职能。是年修改制定并发文的各项规章制度6项，其中，新制定出台制度3项，修改完善制度3项，有效改进了区委党校的工作作风，进一步强化了干部队伍建设。

（邓喜香）

附：中共汕尾市城区委党校、中共汕尾市委党校城区分校、汕尾市行政学院城区分院领导名单

校　长：卢学军（兼）

常务副校长：叶君玉

社会工作

【概况】 2012年2月，汕尾市城区社会工作委员会（简称区社工委）成立，与区委政法委员会实行“一个机构，两块牌子”；区社工委实行委员制，既是区委的工作机构，又是区政府的工作机构。核定行政编制3名，其中：主任1名（由区委领导兼任，不占社工委编制数），专职副主任1名（正科级），股长职数2名。内设社会建设工作室和公共服务促进室，财务、人事、后勤等工作由区委政法委统一管理，办公地点位于区政府大楼二楼。机构和编制数截至2015年年底不变。

【法治社会建设】 根据中央、省委、市委关于推进基层治理法制化的决策部署，2015年，全区开展以“十个一”为主要内容的法治村社活动，并作为各级“书记项目”来抓，“十个一”即：1. 实施出台一个村（居）民小组长管理办法；2. 开展一次法治村社培训；3. 开展一次村社普法教育；4. 开展一次“三资”清理（指对农村集体经济组织的资金、资产、资源进行合理清查、整顿、完善）；5. 创建一个法治村社示范点；6. 推行一村一法律顾问制度；7. 每周开展一次直联工作；8. 每周排查一次社会治安隐患；9. 评选一批法治村社先进典型；10. 建立一套法治村社机制。创建法治村的目的是通过加强基层法治治理，把基层的各项工作纳入法治轨道，特别是把村（居）民小组长和农村“三资”管理好，从根本上解决好基层因人、财、物问题引发的矛盾。

【社会组织管理】 2015年，是社会组织综合管理年，在推进社会组织建设中，区社工委重点做了几个方面的工作。一是加强管理制度改革，重点培育优先发展。按省委、省政府的要求，逐步完善“党委领导、政府负责、社会协调、公众参与”的社会管理格局，重点培育、优先发展公益慈善类、社会服务类、群众生活类的社会组织，对该类社会组织放宽准入的门槛，降低登记条件、缩短登记时间、简化登记程序，并对其做好方方面面的服务工作，培育、提高其服务社会的能力。二是建立组织机制建设，加大检查执法力度。城区社会组织管理工作，坚持重管理轻登记，管理部门不定期组织对社会组织自身建设的全面检查，详细地掌握情况，对存在问题的单位责令其限期整改，促使其不断提高整体素质。三是实行动态管理，严把年检质量关。严格审查各社会组织人员变动、经费支出、重大活动、刊物出版、遵纪守法等方面的情况，根据具体问题依法作出不同的处理意见，对问题突出的单位，责令其停止运作、限期整改，整改合格后方可重新运作。

【“南粤幸福活动周”】 2015年，为深入贯彻落实中共十八届三中、四中全会和习近平总书记系列重要讲话精神，以“三个定位、两个率先”（“三个定位”指广东要努力成为发展中国特色社会主义的排头兵、深化改革开放的先行地、探索科学发展的实验区。“两个率先”指率先全面建成小康社会、率先基本实现社会主义）为总目标，加强社会建设，深化社会体制改革，突出民间性、草根性、群众性和基层性，以“和谐、创新，健康、幸福”为主题，制订2015年城区“南粤幸福活动周”工作方案，特设了“幸福大礼包”“幸福手拉手”“幸福我来秀”“幸福我健身”“幸福大家谈”五个项目板块，并要求各地要根据统一部署，围绕主题，结合当地实际增设若干特色鲜明、群众欢迎、参与度高的项目板块，丰富组织形式和活动载体。充分调动社会力量，广泛发动社会组织、企事业单位和志愿者踊跃参与，打造各级党委政府与群众良性互动的平台，形成群众广泛参与、自我表现、自我教育和自我服务的良好社会格局。2015年，组织进社区开展法律咨询、法律援助和业务咨询活动；开展对市区和各镇的主要街道开展大扫除活动；开展“2015年南粤幸福活动周”科普宣传活动；进社区（村）开展义诊活动。通过这些活动，增强人民群众获得感、认同感和幸福感，形成社会既充满活力又和谐有序，进一步营造共建共享幸福汕尾城区的生动局面。

（罗美共）

附：区社工委领导班子名单

主　任：许昌林（区委副书记兼）
副主任：卓江广（区委常委、政法委书记）
　　　　何秀滔（区政府副区长）
　　　　陈少华（区政府副区长、
　　　　　　　　区公安分局局长）
专职副主任：庄汉杰（正科）

城区人民代表大会

【城区人大常委会领导成员名单】 2015年城区人大常委会主任、常务副主任、副主任、委员名单：

主　　任：陈少荣
常务副主任：陈镜炉
副　主　任：庄惠娥
　　　　　　洪浩波
　　　　　　陈建新
　　　　　　邝文泉
　　　　　　罗辉南
委　　员：（按姓名笔画顺序排列）
　　　　　　卢立对
　　　　　　冯振炯（2015年4月补选）
　　　　　　李楚云
　　　　　　吴可业
　　　　　　邱承杰
　　　　　　何秀泉
　　　　　　余国治
　　　　　　陈丽玲（2015年4月补选）
　　　　　　卓永红
　　　　　　罗世杰
　　　　　　郑友明
　　　　　　胡小军
　　　　　　黄春波
　　　　　　黄思平
　　　　　　曾玮玮（2015年4月补选）
　　　　　　曾昭群
　　　　　　谢显水
　　　　　　谢晓云

重要会议

【区七届人大五次会议】 2015年4月16日~18日，城区第七届人民代表大会（以下简称区人大）第五次会议在市区举行。会议听取和审议区人大常委会工作报告、区人民政府工作报告、区人民法院工作报告、区人民检察院工作报告，审查和批准城区2014年国民经济和社会发展计划执行情况与2015年计划草案的报告，审查城区2014年公共财政预算执行情况和2015年公共财政预算草案的报告，批准城区本级2014年预算执行情况报告和2015年区本级预算，并作出相关的决议。会议选举林展海为区人民政府区长，补选冯振炯、陈丽玲、曾玮玮为区人大常委会委员。会议期间，共收到代表议案3件，建议、批评和意见5件。根据《城区第七届人民代表大会第五次会议主席团关于代表提出议案的处理决定》，将3件议案转为建议处理，并与其他5件建议一并交区政府及有关部门办理。

（冯振炯、吴振业）

【常委会会议】 2015年1月26日，区七届人大常委会召开第二十六次会议，补选林展海为汕尾市第六届人大代表。

2月5日，区七届人大常委会召开第二十七次会议。会议议程：1. 通过区政府关于调整2014年国民经济发展计划指标的报告；2. 听取和审议区政府关于汕尾市城区2014年普法工作总结及2015年度普法工作计划的报告；3. 审议通过汕尾市城区人大常委会2015年度工作要点（草案）；4. 人事任免事项；5. 通过补选区七届人大代表的决定。

3月3日，区七届人大常委会召开第二十八次会议。会议议程：1. 通过关于召开区七届人大五次会议的决定；2. 通过关于列席区七届人大五次会议人员的决定；3. 听取区人大常委会代表资格审查委员会关于代表出缺情况和补选区代表的代表资格审查报告；4. 通过区人大常委会工作报告。

7月2日，区七届人大常委会召开第二十九次会议。会议议程：1. 听取和审议区人社局局长余鸿群和区海洋与渔业局局长庄厚樛的履职情况报告；2. 听取和审议区政府关于食品药品监督管理工作情况报告；3. 听取和审议区政府关于2014年民生底线保障资金落实情况报告；4. 作出关于补选区法院人民陪审员的决定。

8月13日，区七届人大常委会召开第三十次会议。会议议程：1.听取和审议区政府关于汕尾市城区2015年上半年经济社会工作情况报告；2.听取和审议区政府关于汕尾市城区2015年上半年国民经济和社会发展计划执行情况报告；3.听取和审议区政府关于汕尾市城区2015年上半年财政预算执行情况报告。

9月10日，区七届人大常委会召开第三十一次会议，补选石奇珠、曹小华为汕尾市第六届人大代表。

9月25日，区七届人大常委会召开第三十二次会议。会议议程：1. 听取和审议区政府关于2014年区本级财政预算执行和其他财政收支情况的审计工作报告；2. 听取和审议区政府关于教师队伍建设的情况报告；3. 听取和审议区人民检察院关于刑事诉讼监督工作的情况报告。

12月4日，区七届人大常委会召开第三十三次会议。会议议程：1. 听取和审议区发改局局长张祥文和区统计局局长陈永潮的履职情况报告；2. 听取和审议区政府关于2014年区级财政决算的报告；3. 听取和审议区法院关于审判管理工作的报告；4. 人事任免事项。

（冯振炯、吴振业）

重要工作

【依法治区】 2015年，城区依法治区工作紧紧围绕全区工作大局，立足运用法治思维和法治方式深化改革，开展法治村社创建活动，着力落实“十个一”工作 [即出台一个村（居）民小组长管理制度，开展一次法治村社培训，开展一次法治村社普法教育，开展一次“三资”清理，创建一个法治村社示范点，推行一村一法律顾问制度，每周开展一次直联工作，每周排查一次社会治安隐患，评选一批法治村社先进典型，建立一套法治村社机制]。切实加强农村基层党的组织建设和民主法治建设，发挥农村基层党组织的领导核心作用，完善村民会议、村（居）民全体会议、村民代表会议议事规则及村（居）务公开、财务公开等民主管理制度，实行村账镇代理。着力推进基层自治组织规范化、法制化、民主化管理。加强基层干部培训，整顿基层软弱涣散现象，让基层干部学法懂法，提高基层干部法律水平，夯实党依法执政的基础。区政府着力推进依法行政，出台了一系列依法行政配套制度，严格审查规范性文件，集体讨论研究决策事项，加强和改进规范性文件的审核工作。司法机关坚持司法为民、公正司法工作主线，大力推进公正司法，维护社会公平正义。司法行政部门开展送法下乡、社区矫正、安置帮教等工作，推行一村一法律顾问，组建普法讲师团，努力为保障和改善民生提供司法服务。深入开展大接访活动和“平安细胞”建设，严厉打击“两抢一盗”、严重暴力犯罪和涉枪涉毒犯罪，有力震慑了犯罪分子，净化城区社会治安环境。2015年顺利通过市对城区《法治城区建设(2011~2015)》工作的终期评估。

（黄春波、冯振炯）

【议案建议办理】 区七届人大五次会议期间代表依法提出议案3件、建议5件。经大会主席团研究通过，决定把3件议案全部转为建议处理，并与其他5件建议一并交区政府及有关职能部门办理，区人大常委会各相关工委以对口联系方式督办议案、建议的工作。截至2015年12月10日，区七届人大五次会议代表提出的8件议案、建议全部办复，并基本按要求书面答复提出议案、建议的代表。代表对议案、建议办理答复的征询意见满意度均在基本满意以上（其中："办理态度"和"办理结果"均为满意的5件；"办理态度"为满意和"办理结果"为基本满意的2件；"办理态度"和"办理结果"均为基本满意的1件）。12月30日区七届人大常委会第34次会议听取和审议了区政府《关于区七届人大五次会议议案、建议、批评和意见办理情况的报告》，并通过了《关于区七届人大五次会议议案、建议、批评和意见办理情况报告的审议意见》。

【选举任免】 区人大及其常委会坚持党管干部和依法选举任免干部相结合原则，进行选举任命国家机关工作人员。1. 区七届人大五次会议依法选出区人民政府区长1人，区七届人大常委会委员3人；2. 区人大常委会依法任命国家机关工作人员1人及人民法院人民陪审员10人，免去职务2人，接受区七届人大常委会委员辞职1人。

（何秀泉、冯振炯）

2015年汕尾市城区七届人大及其常委会选举任免干部情况表

表2

姓名	选举或任命	辞职或免去	人大及其常委会会议时间、任免职文号
谢觐光		汕尾市城区第七届人民代表大会常务委员会委员	2015年2月5日、常委会第二十七次会议、汕市区人常〔2015〕4号
林展海	汕尾市城区人民政府区长		2015年4月18日区七届人大五次会议依法选出
冯振炯	汕尾市城区第七届人民代表大会常务委员会委员		2015年4月18日区七届人大五次会议依法选出
陈丽玲	汕尾市城区第七届人民代表大会常务委员会委员		2015年4月18日区七届人大五次会议依法选出
曾玮玮	汕尾市城区第七届人民代表大会常务委员会委员		2015年4月18日区七届人大五次会议依法选出
范仕国	汕尾市城区人民政府副区长		2015年12月4日、常委会第33次会议、汕市区人常〔2015〕21号
侯燕玲		新港街道人民代表联络工作室主任职务	2015年12月4日、常委会第33次会议、汕市区人常〔2015〕22号
陈钧鉴		汕尾市城区人民法院审判员职务	2015年12月4日、常委会第33次会议、汕市区人常〔2015〕23号
蔡春平	汕尾市城区人民法院人民陪审员		2015年12月4日、常委会第33次会议、汕市区人常〔2015〕24号
李映慧	汕尾市城区人民法院人民陪审员		2015年12月4日、常委会第33次会议、汕市区人常〔2015〕24号
冯晓婷	汕尾市城区人民法院人民陪审员		2015年12月4日、常委会第33次会议、汕市区人常〔2015〕24号

续表 2

姓名	选举或任命	辞职或免去	人大及其常委会会议时间、任免职文号
黄必增	汕尾市城区人民法院人民陪审员		2015 年 12 月 4 日、常委会第 33 次会议、汕市区人常〔2015〕24 号
林悦涛	汕尾市城区人民法院人民陪审员		2015 年 12 月 4 日、常委会第 33 次会议、汕市区人常〔2015〕24 号
吴君生	汕尾市城区人民法院人民陪审员		2015 年 12 月 4 日、常委会第 33 次会议、汕市区人常〔2015〕24 号
陈晓晓	汕尾市城区人民法院人民陪审员		2015 年 12 月 4 日、常委会第 33 次会议、汕市区人常〔2015〕24 号
范钦满	汕尾市城区人民法院人民陪审员		2015 年 12 月 4 日、常委会第 33 次会议、汕市区人常〔2015〕24 号
陈恋科	汕尾市城区人民法院人民陪审员		2015 年 12 月 4 日、常委会第 33 次会议、汕市区人常〔2015〕24 号
阮小钊	汕尾市城区人民法院人民陪审员		2015 年 12 月 4 日、常委会第 33 次会议、汕市区人常〔2015〕24 号

【人事监督】 区人大常委会把人事任免权与监督权有机结合起来，听取和审议区政府组成部门主要负责人履职情况的报告。2015 年 7 月 2 日区七届人大常委会第二十九次会议听取和审议区人社局局长余鸿群、区海洋与渔业局局长庄厚樛履职情况的报告；2015 年 12 月 4 日区七届人大常委会第三十三次会议听取和审议区发改局局长张祥文、区统计局局长陈永潮履职情况的报告。会议分别对报告人的履职情况作出了审议意见。

【补选代表】 区七届人大常委会第二十六次会议依法补选林展海为汕尾市第六届人大代表、第三十一次会议依法补选石奇珠、曹小华为汕尾市第六届人大代表。有关选区先后补选了区七届人大代表 5 人。

（何秀泉、冯振炯）

重要活动

【依法治区领导小组会议】 5 月 27 日，城区召开依法治区工作领导小组会议。区依法治区领导小组副组长、办公室主任、区人大常委会副主任邝文泉传达省、市依法治省、市工作会议精神，总结 2014 年依法治区工作，部署 2015 年依法治区工作；通过 2015 年依法治区工作要点；市委常委、区委书记、区人大常委会主任、区依法治区领导小组组长陈少荣作了讲话并提出了要求。区依法治区领导小组成员单位负责人参加了会议。

【区代表统一活动日】 7 月 28 日，区人大常委会组织区七届人大代表以“关注重点项目建设，我为城区出谋献策”为主题，开展代表活动。上午，区人大常委会组织代表集中视察了东涌中央商务区火车站片区项目建设、红草高新技术产业园区项目建设、马宫金町湾滨海旅游区保利金町湾旅游度假城项目建设。下午，各代表团分别组织所属代表召开座谈会，对视察、调研了解到的情况提出意见建议。

【代表视察】 驻区的市人大代表视察情况：受市人大常委会委托，区人大常委会于 2015 年 9 月 18 日组织 40 多名驻区的市六届人大代表进行了集中视察活动。视察活动围绕市六届人大五次会议上代表提出的议案、建议落实情况和人民群众反映强烈的热点难点问题，视察了市区东城路品清段道路建设情况、市区奎山湖（河）污水污泥整治情况、香洲街道新兴社区盐屿村至后径社区华园小区排洪渠道建设情况。市住建局、市水务局、市公路局、市城管与执法局、区园林局及汕尾市振兴投资有限公司负责人，区政府分管领导及区府办、区住建局、区水利局、区交通局负责人应邀参加了视察活动，代表交流了有关情况；同时组织代表座谈讨论，代表们对视察情况提出了意见建议。

区人大代表视察情况：受区人大常委会委托，各镇（街道）人大及红海湾开发区人大联络处办公室结合当地工作实际，于第四季度分别组织了区人大代表进行集中专题视察活动。

（何秀泉、冯振炯）

附：(一) 2015年城区人大常委会办公室领导名单

主　任：黄思平

副主任：冯振炯

(二) 2015年城区人大常委会各工作委员会主任名单

财政经济及农村工作委员会

主　任：谢晓云

法制工作委员会

主　任：黄春波

教科文卫侨工作委员会

主　任：胡小军

选举联络人事任免工作委员会

主　任：何秀泉

(三) 2015年城区人大常委会主任科员名单

谢显水（2015年4月退休）

陈丽玲

(四) 2015年城区依法治区领导小组办公室领导名单

主　任：邝文泉

副主任：黄春波

刘水照

曾昭谋

城区人民政府

区政府领导成员名单

区　　长：林展海

常务副区长：余汉生

副　区　长：郑新钦

何秀滔

李振坚

陈少华

胡春莲

范仕国（2015年12月挂任）

区政府办公室机构设置

区政府办公室内设机构：秘书股、综合股、文教股、督办股、财管股、经济研究室、信息股、信息公开股。

下辖挂靠和归口管理单位：区法制局、海防与打击走私办公室、信访局、档案局（档案馆、地方志办）、外事侨务局、处置地方金融风险办公室、应急管理办公室、人民防空办公室、政务服务管理中心、公共资源交易中心。

下属事业单位：网络信息管理中心、机关服务中心

区政府办公室领导成员名单

主　任：刘泽扬

副主任：刘水照

黄剑雄

庄厚樛

王清红

吴春磊

李树荣（2015年11月任）

梁翰明（2014年9月挂任）

区政府常务会议

2015年，区政府共召开了8次常务会议，讨论研究了45个议题。其中，涉及重大决策和民生实事的主要有：《政府工作报告》《汕尾市城区2014年公共财政预算执行情况和2015年公共财政预算草案》《汕尾市城区2014年国民经济和社会发展计划执行情况报告与2015年计划草案》《汕尾市城区2015年重点建设项目计划方案》《2015年凤山等五镇街道“广东省教育强镇”创建工作推进方案》《汕尾市城区生产安全事故应急预案》《汕尾市城区区级粮食储备粮管理办

法》《汕尾市城区防台风应急预案》《汕尾市城区2016年普通高考奖励方案》《汕尾市城区开征市区生活垃圾垃圾处理费价格听证会方案》《2015年度依法行政工作情况报告》《关于汕尾市城区2015年度公共财政预算调整草案的报告》《关于落实新增地方储备粮规模的实施方案》《我区“十三五”时期经济增长速度初步方案》等。讨论研究了赴华南师范大学等院校招聘高中教师，成立国有独资企业，建设汕尾市城区人力资源社会保障综合服务中心，轮换地方储备粮，成立汕尾市城市运营投资有限公司及公司董事会组成人员，盘活粮食系统部分资产，征用粮食仓库用地，解决职业技术学校负债，2013年冬季转业士官、复员士兵指令性安置，汕尾逸挥基金医院2015年公开招聘专业技术人才，汕尾逸挥基金医院2014年公开招聘的应届硕士研究生和本科毕业生人事入编，调整城区机关事业单位工作人员基本工资标准和增加离退休费，汕尾市城区城乡医疗救助“一站式”即时结算服务工作，提高义务兵家属优待金标准，禁毒工作，区酒类专卖管理局改制等工作。

重要政事和政务活动

【汕尾市城区首创法治村社活动】 为深入贯彻落实中共十八届四中全会、省委十一届四次会议关于“推进基层治理法治化”的精神，进一步推进依法治村（社区）工作，汕尾市城区决定2015年在全市首创“法治村社活动”，全面推进基层依法治理，为该区扩容提质、振兴发展，全面建成小康社会创造良好的社会环境。法治村社创建活动为时一年，分三个阶段进行，即动员准备阶段（2015年3月至4月），组织实施阶段（2015年5月至11月），总结验收阶段（2015年12月）。主要内容是落实“十个一”措施，即出台一个村（居）民小组长管理制度，开展一次法治村社培训，开展一次法治村社普法教育，开展一次“三资”清理，创建一个法治村社示范点，推行一村一法律顾问制度，每周开展一次直联工作，每周排查一次社会治安隐患，评选一批法治村社先进典型，建立一套法治村社机制。通过开展创建法治村社活动，达到“四个进一步”的效果，一是村（社区）基层法制建设得到加强，群众的法律意识和法律素质进一步提高；二是村（社区）干部的依法决策、依法管理、依法办事的能力进一步增强，法治化管理水平逐步提高；三是民主选举、民主决策、民主监督制度及《村规民约》《居民公约》等规章制度进一步完善；四是社会秩序良好，村容村貌进一步改善，群众安居乐业，村（社区）政治文明、物质文明和精神文明协调发展。为确保各项工作落到实处，该区成立了以市委常委、区委书记、区人大常委会主任陈少荣为组长的活动领导小组，区委常委、组织部部长卢学军兼任活动办公室主任，并以“四个强化”推进工作落实：一是强化领导，明确责任；二是强化宣传，营造氛围；三是强化督导，严格奖惩；四是强化保障，加大投入，力促活动取得实实在在的效果。

【妈祖文化旅游节暨纪念妈祖诞辰1055周年系列活动】 2015年5月11日上午，妈祖文化旅游节暨纪念妈祖诞辰周年系列活动开幕式在凤山妈祖文化广场隆重举行。市、区有关领导，香港汕尾同乡会、澳门海陆丰同乡会、汕尾工商界及社会各界信众代表等出席了开幕式。妈祖文化旅游节活动时间为5月10日至11日共2天，主要为纪念妈祖诞辰1055周年，通过民俗拜祭、巡游队伍表演、地方戏剧演出、炮会等形式，推广民俗文化旅游品牌，推动物质和精神文明互动发展。

举办妈祖文化旅游节暨纪念妈祖诞辰周年活动，是城区实施文化强区和旅游旺区发展战略，推进经济社会科学发展，建设幸福城区的重要举措。现今，凤山祖庙旅游区已成为粤东地区乃至全省较有影响力的妈祖文化传播社区。城区以妈祖文化旅游节活动为载体，结合创建文明城市工作，推进文明培育，促使广大人民群众受到良好的文化熏陶；以推进创建文明城市为抓手，全方位推介城区、宣传城区，吸引各地人士到城区旅游观光、投资置业，全力推进招商引资和重点项目建设。

【2015中国·汕尾海洋文化旅游节系列活动——汕尾渔歌节】 2015年9月1日，汕尾市城区举行2015中国·汕尾海洋文化旅游节系列活动——汕尾渔歌节启动仪式。活动中，市文广新局向城区政府授予“国家级非遗项目—汕尾渔歌”和“汕尾市特色文化品牌—汕尾渔歌节”牌匾，并通过一系列精彩的渔歌文

艺节目表演，有力的展示了汕尾渔歌的风采。

汕尾渔歌作为城区的特色文化品牌，被音乐界称为海洋音乐的活化石和海洋民歌，被誉为“南海渔歌的代表”，具有宝贵的文化艺术价值。著名音乐家、作曲家朱践耳、刘诗昆、施光南等纷纷到汕尾采风，以渔歌为素材创作了《在希望的田野上》《走进新时代》《春天的故事》《军港之夜》《渔家姑娘在海边》等经典歌曲。华南歌舞团把渔民的民俗“娶新娘”编入《南方歌舞》搬上银幕。

至2015年，汕尾市城区渔歌传承基地表演队、汕尾新港渔歌队多次参加全省、全国比赛获多项金奖银奖；多次应邀前往港澳演出，载誉而归；新创作的渔歌舞《渔家娶亲》《斗歌》《织网谣》及大型渔歌剧《默娘》、组歌《疍家风情》深受群众好评；新编辑出版的《南海渔唱--汕尾渔歌》，被列入广东非物质文化遗产丛书。

是年，汕尾渔歌被授予“国家级非遗项目”和“汕尾市特色文化品牌”，这标志着汕尾渔歌的保护、传承和发展得到了国家和省、市的高度重视和肯定。城区将不断改进、创新非物质文化遗产保护工作方式方法，以打造城区特色文化，擦亮城区文化品牌为动力，大力推进汕尾渔歌的保护、传承和发展。在城区各级党委政府的正确领导下，在各有关部门的共同努力下，在广大文艺工作者和渔歌爱好者的热情参与下，汕尾渔歌将唱响全中国、歌声传遍海内外。

【汕尾市区环境卫生投诉平台正式启用】 2015年11月11日，汕尾市城区隆重举行汕尾市区环境卫生投诉平台启动仪式。汕尾市区环境卫生投诉平台是政府联系群众、服务百姓的重要平台，体现了执政为民、以人为本的发展理念。投诉平台的开通，加快推进阳光政府、责任政府、服务政府的建设步伐，方便广大市民对环境卫生管理提出宝贵意见。借助这个平台，政府可以直接帮助群众解决具体问题、及时了解群众的需求、广泛听取社会各界的意见和建议、畅通广大人民群众参与城市管理的渠道，倾听民意、汇聚民智，助推市区环境卫生管理稳步发展。投诉平台自11月11日开通至是年年底，一个多月的时间共收到投诉28宗，处理率100%，受到市民的好评。

（区政府办）

法治政府建设

【法治政府建设】 2015年度，区政府根据《关于贯彻落实国务院全面推进依法行政实施纲要的实施意见》《关于加强法治政府建设的实施意见》《汕尾市城区法治政府建设规划（2011-2015）》和《汕尾市城区2015年依法行政工作要点》的文件规定，全面推进依法行政，加快法治政府建设：一是制订实施方案。颁布了《汕尾市城区人民政府关于印发汕尾市城区全面推进依法行政加快建设法治政府的实施方案的通知》，明确提出城区全面推进依法行政加快建设法治政府的指导思想和工作目标、严格依法履行政府职能、完善重大行政决策机制、提高制度建设质量、深化行政执法体制改革、严格规范公正文明执法、强化行政权力监督、依法化解社会矛盾纠纷、加强组织领导和法制机构建设、增强依法行政观念和能力、实施步骤和强化落实等十二方面的工作措施，确保在2020年基本建成法治政府。二是深化行政审批制度改革。根据国务院和省、市政府关于行政审批制度改革的部署要求，城区以转变政府职能为核心，组织开展了行政审批事项清理工作，通过清理规范，城区于2013年10月、2015年8月公布了两批行政审批制度改革事项目录，累计取消和调整区级审批事项141项（其中取消121项，委托1项，调整为日常管理事项19项），今后不再保留“非行政许可”审批类别。三是推行权责清单制度。于2014年8月启动权责清单工作，成立专责工作组。严格遵循部门“三报三审”、广泛征求社会意见、区政府领导审核等程序，区法制局对现有的权责事项进行合法性审查，最终形成区直31个部门的权责清单目录，共清理各类权责事项3690项。其中，行政许可110项，行政处罚2337项，行政强制200项，行政征收27项，行政给付35项，行政检查279项，行政确认60项，行政奖励12项，行政裁决12项，其他618项。该目录已经区政府审议通过并经区委同意，对外公布实施。四是加强市场监管。按上级工作部署，全面推开工商登记制度改革。1.实施注册资本认缴制改革。推行注册资本认缴登记制等放宽工商登记条件以及强化工商登记后续监管，注册资本从实缴制改为认缴制改革，构建“宽进严管”体制机制等多项改革措施。2.精简工商登记前置审批。全面实施《广东省工商登记前置审批事项目录》和《广东省工商登记前置改后置审批事项目录》“两个目录”，工商登记“先照后证”改革措施正式“落地”，大幅精简压减工商登记前置审批，仅保留13项前置审批，将其余108项前置审批改为后置审批，前置审批事项压减近九成。对国家前置目录中属于国务院决定取消或调整的项目进行了清理，形成调整后的国家前置目录，即《工商登记前置审批事项目录》（37项）和《企业变更登记、注销登记前置审批指导目录》（31项）。3. 全面实施“三证合一”登记制度。从2015年9月1日起，全面实施推进营业执照、组织机构代码证、税务登记证“三证合一”登记制度，按照“一表申请、一窗受理、联动审批、核发一照”的模式，建立了完善业务规则和流程。4.实行营业执照网上登记。五是成立法律顾问室。按照《广东省政府法律顾问工作规定》，成立了“汕尾市城区人民政府法律顾问室”，由法制机构负责人任首席法律顾问，并聘请有资质的律师和法律专业人才组成政府法律顾问室成员，提高依法决策的水平。六是履行政府职能。1. 严格审查规范性文件。对报备的规范性文件进行严格审查，2015年，共审核规范性文件4件、出台3件。2. 健全行政决策机制。按照《汕尾市城区行政决策程序暂行规定》，对重大行政决策事项范围、决策的调查研究、专家咨询论证、征求意见、法律审查、事后评估及纠错等方面依法依规按程序进行决策。2015年，区政府召开常务会议8次，通过集体讨论研究决定事项45项。3. 规范行政执法。凡新领证件和证件到期实行年审制。积极探索规范行政处罚自由裁量权。制定了《汕尾市城区规范行政处罚自由裁量权暂行规定》，全面建立健全行政处罚自由裁量权工作。区法制部门每年都组织强化对公务员和行政执法人员的培训。4. 加强行政复议和行政应诉工作。区政府建立健全行政复议工作责任制，充分发挥行政复议在行政监督、解决行政争议、化解人民内部矛盾和维护社会稳定方面的重要作用。2015年，区政府未收到行政复议案件，有2宗行政诉讼案件都胜诉。七是健全领导干部学法用法制度。按照《汕尾市城区人民政府常务会议学法制度》的规定，在政府常务会议前认真组织学习与会议即将审议的重大事项密切相关和其他法律知识。

（刘水照、唐万里）

附：区人民政府法制局领导名单

局　长：刘水照

信访工作

【概况】 2015年度，城区的信访工作在区委、区政府的正确领导下，牢固树立“发展是第一要务、稳定是第一责任”的工作理念，在加快推进经济社会发展的同时，把维护社会和谐稳定摆在最重要的位置来抓，对突出信访问题，主要领导亲自研判、亲自过问、亲自调处，同时通过深入开展区委书记、区长基层大接访活动，切实把大批社会矛盾纠纷化解在基层。在各级各部门的共同努力下，信访维稳工作取得明显成效，全区没有发生重大不稳定因素和群体性事件，社会大局和谐稳定。

【区委书记、区长基层大接访活动】 城区深入贯彻落实中央联席会议《关于深入推进领导干部接待群众来访的意见》文件精神，2015年1月9日，区委办、区府办联合颁发了《关于2015年度区委书记、区长基层大接访活动及实行区党政领导干部接待群众来访日制度的通知》，规定每月15日和30日为区委书记、区长基层大接访活动日。要求区党政领导班子成员要深入到各自挂驻镇（街道）中去，进村入户、下访约访群众，认真倾听群众的呼声和诉求。2015年，区委书记、区长大接访活动共接访约访群众153批302人次，及时就地解决群众问题56宗，切实把矛盾纠纷解决在基层，为群众解决一批实际困难和社会矛盾纠纷。

【区领导干部接访日制度】 市城区继续深入开展领导干部接访日制度，每天安排一名党政领导班子成员到区人民群众来访接待室轮流值班接访。2015年，共接待群众28批98人次，化解了一大批社会矛盾纠纷；按照市接访领导的线条分工，每月15日都安排一名区党政领导到市政府参加陪访，使群众反映的信访问题都能及时就地得到妥处。

【健全矛盾纠纷排查研判机制】 2015年度，城区坚持每月一研判一排查、十天一督查，镇（街道）每周一研判一排查制度。区每个月一次研判会都由城区区委书记陈少荣亲自主持召开，对本辖区矛盾纠纷进行研判、排查，谋划解决问题的方法，争取掌握工作的主动权；同时各村（社区）维稳工作站也积极联动，发挥了其第一时间发现问题解决问题的“稳压器”作用。全区社会大局总体平稳，到区信访量大幅度下降。

【全力化解市、县两级领导包案的重点案件】 为更好落实信访工作属地责任、主办责任，切实解决群众反映的合理诉求，减少越级上访、大规模集体上访、重复上访，2015年，市交办城区重点案件有4宗，信访事项专项整治活动重点案件市县两级领导包案3宗。社会矛盾纠纷重点案件市县两级领导包案1宗。对这些重点案件，城区按照省提出的“一件信访积案、一名包案领导、一个化解工作小组、一次协调会交办、一套化解方案、一套稳控措施、一个解决期限、一份协调会议纪要、与信访人见面一次”的“九个一”工作要求，全部落实区党政领导包案和责任单位化解，要求区包案领导要做到“四亲自”，即亲自研究案情、亲自约访群众、亲自跟踪掌握进度、亲自参与协调化解。责任单位在化解积案过程中必须做到“五个到位”：一是诉求合理的解决到位；二是要求过高的疏导到位；三是有瑕疵的纠正弥补到位；四是有实际困难的救助帮扶到位；五是违法缠访闹访的依法处理到位。

【切实做好重点时期信访维稳工作】 2015年，城区切实做好全国“两会”、抗战胜利70周年纪念活动、中共十八届五中全会及省委十一届五次全会等重点节日期间的信访工作，每个重点时期都制订了相应的工作方案，成立了临时领导小组，对各个时期的信访问题和不稳定因素，特别是可能引发进京到省上访的突出问题，做到切实依法、及时就地化解，并加强敏感时期信访预警机制。2015年，国家和省重点节日等重要时段，市城区都没有发生群众进京到省上访。

【全力推进全国信访信息系统的应用】 2015年，市城区进一步推进信访信息化建设，健全“网下办理、网上流转”的群众信访事项办理程序，将接待来访、办理来信、网上投诉等信访事项纳入全国信访信息系统，实现信访业务网上流转。把受理、办理和结果等重要环节通过网络公开，实现信访事项的“可查询、可跟踪、可督办、可评价”。认真做好信访事项办理群众满意度评价工作，切实把办理工作置于群众的监督之下，全力打造“阳光信访”，进一步提升信访工作透明度和公信力。

【切实履行属地责任】 2015年，城区社会形势虽然平稳可控，但仍存在一些不稳定因素，如黄金海岸部分业主要求办理房产证的问题、市林伟华中学基建问题等，都是多年遗留的老问题，涉及面广、利益纠葛复杂，解决起来非常棘手，随时可能引发越级上访。还有红草高新产业园区的征地及项目动工建设，遭到个别群众反对，并到省进京集体上访。这些问题给市城区造成了极大的稳控压力。但市城区责无旁贷，切实履行属地责任，坚定树立“城区稳则全市安”的大局观，区委主要领导多次召集区有关领导和有关部门进行研判，商讨解决方法，落实公安机关网上网下收集信息情报工作，落实镇（街道）全力做好群众解释疏导工作，组成工作组多次进京开展劝返工作，尽最大努力避免矛盾进一步蔓延扩大。做到敢于担当，以实际行动维护好一方稳定。

【大力规范信访秩序】 做好新形势下的信访工作，既要依法依规解决群众合理合法的诉求，又要坚守法律底线，维护正常的信访秩序。对存在“大闹大解决”的非正常上访行为，城区进行了严厉打击。2015年8月20日上午11时，城区水产品批发市场管理所职工30多人到区政府非正常上访，反映该单位已几个月没发工资，要求政府尽快给予解决的问题。由于信访人没有理性反映诉求，十多人堵住了大门，不让工作人员和车辆出入，在区领导和有关人员多次对其解释、劝阻无效的情况下，市公安局城区分局主要领导带领公安干警50多人赶到现场处置。将在场的所有上访人带到城区分局接受训诫，对挑头分子实施了行政拘留，切实有效维护了城区的信访秩序。

【信访情况与对策】 2015年，城区群众进京上访4批15人次，其中集体访1批12人次；到省上访6批24人次，其中集体访2批17人次；到市上访137批282人次，其中集体访6批34人次；到区上访28批98人次，其中集体访7批60人次；受理群众来信117件；省、市交办网上信访案件12宗，全部办结。为把矛盾纠纷和不稳定因素化解在基层和萌芽状态，城区采取相应措施和对策：一是探索和完善大接访长效机制。继续探索和完善区委书记、区长基层大接访活动长效机制，尽最大努力将上访群众吸附在当地。二是加大事前稳控化解力度。加强矛盾纠纷排查化解力度，深入贯彻区每月一研判一排查、十天一督查，镇（街道）每周一研判一排查制度，对排查出来的突出问题落实区党政领导包案负责，要求包案领导第一时间靠前处置，及时化解矛盾。三是加大重点问题的处置力度。把信访积案、信访突出问题、涉稳重点问题作为党委政府重中之重的工作来抓，并进一步强化各地党政和各部门“一把手”工作职责，切实做到亲自抓、亲自管、亲自面对、亲自督办。四是加大民生问题处理力度。对因征地拆迁引发的民生历史遗留问题，加大跟踪、协调和督办的工作力度；五是深入宣传《广东省信访条例》。加大对《广东省信访条例》的宣传力度，全力扩大宣传的覆盖面和影响力。同时加强对各级领导干部的业务培训，进一步提高各级领导干部依法办事和解决问题的能力。

（林木寿）

附：区信访局领导名单

局　长：施友隆

副局长：范长河

打私工作

【概况】 2015年是“十二五”规划的收官之年，城区海防与打击走私工作在区委、区政府的领导下，在市海防与打私办等上级部门的指导和大力支持下，各地、各部门紧紧围绕区委、区政府工作中心，深入贯彻落实省、市海防与打私工作会议精神，着力采取铁腕治“私”，全力加强海防安全管控，海防与打私工作取得明显成效。据统计，2015年共查获成品油走私案件26起，成品油111.58吨；查获冻品走私案件2起，冻品93.38吨；发现并拆除一红油脱色窝点。一年来，区打私工作一直保持高压态势，坚持露头就打、绝不姑息，有效地刹住走私歪风，有力地维护了城区的社会稳定和经济发展。

【重要会议】 区委、区政府领导高度重视区反走私工作，区委书记、区长及区委政法委书记、区分管副区长等领导，经常过问区反走私工作，并多次在会议上对区打私工作作出指示、提出要求。

2015年4月9日上午，全区海防与打私工作会议在区政府七楼会议室召开。区政府副区长、区公安分局局长陈少华出席会议并作讲话；区海防与打私办主任黄剑雄主持会议，各镇（街道）分管打私工作领导、武装部长，区边防大队大队长及三个边防派出所所长，区海防与打击走私委员会成员单位领导共30多人参加了会议。陈少华总结了2014年工作，分析了当前形势，并提出了2015年工作安排。

陈少华强调：一要高度重视，切实把打击走私工作列入各级各地重要议事日程；二要精心侦查，切实把走私犯罪活动的手段搞清楚。三要加强防范，重拳出击。

会上，副区长陈少华代表区政府与各镇（街道）及相关职能部门签订了《反走私综合治理责任书》。

黄剑雄传达了省、市海防与打击走私工作会议主要精神。

2015年12月在全区禁毒暨打击非法枪支行动会议上，区委书记陈少荣、区长林展海、副区长陈少华三位领导均对城区打私工作提出了意见，强调了责任落实。各镇（街道）、各职能部门在区委、区政府的统一领导下，充分发挥在海防与打击走私工作中的基础作用，认真落实工作职责，分别成立了领导机构，指挥协调本地、本部门的各项行动的开展和落实，确保打私工作有人管、有人抓、有人查，保障全年各项打击走私行动的顺利推进。

【开展打私行动】 2015年，按照上级的工作部署，区结合实际，紧密配合、突出重点、严字当头、重拳出击，先后多次开展了以成品油走私、冻品走私、毒品和枪支走私、野生动物走私等为打击重点的专项和联合行动。

一是强化海上堵截。先后出海巡逻620余次，检查船舶6268艘次；组织清港清湾24次，查处违规船舶110艘，查扣“三无”船舶11艘，查获成品油走私案件26起，成品油111.58吨。查扣车辆16辆，船舶9艘；查获走私冻品案件2宗，冻品93.38吨，查扣车辆3辆，船舶6艘。

二是强化陆上防控。针对滨海码头、品清湖边、马宫港周边、红草堤围、捷胜沙角尾等重点区域，采取专项性和一般性巡查，严厉打击和防范了各类走私活动。12月11日，区海防与打私办在马宫长沙铁桥下附近截获一涉嫌走私油罐车，红油约45吨，案件交由马宫边防派出所审理，为此，区海防与打私委根据区委、区政府领导的指示，下发通报，对反走私工作提出了“强化思想认识、强化组织领导、强化协调联动、强化队伍建设、强化问责追责”五项要求。

三是强化市场清查。区多次组织相关部门，对辖区内各加油站（点）和油库开展成品油清理检查，对辖区内各农贸市场开展冻品检查。

四是形成打私合力。如“五一”期间，组织公安、工商、消防、经信等部门开展成品油联合清理行动；5月，组织区公安分局、红草镇、红草及马宫派出所对红草南汾村一处红油脱色窝点进行拆除；7月，组织区公安、工商、消防、食药监等部门对走私冻品开展联合清查行动。

【打防结合，督查宣传有落实】 2015年，区坚持打击与防范并重，一方面，加强宣传引导。区打私办创新宣传方式，开展多种形式的反走私宣传活动，在捷胜镇指导联安村委布置反走私宣传栏、不锈钢宣传牌及图书阅览室等，营造了良好的反走私氛围。另一方面，加强督导检查。城区海防与打私办组织各地各职能部门多次深入反走私重点地段进行督查调研，掌握了解最新动态，重点对马宫、红草堤围、东涌沙角村一带的走私易发地严加防控，有效防止走私活动的发生。

（叶德望）

附：城区海防与打击走私办公室领导名单

主　任：黄剑雄

外事侨务

【概况】 2015年，城区外事侨务局坚持以中共十八大精神为指导，以加强因公出访管理、处置涉外突发事件、处理侨房信访工作和加强海外社团联络联谊工作为重点，依法行政、务实创新，扎实有效推进各项工作开展，取得较好的成绩。

【加强外事侨务队伍建设，提升机关整体形象】 按照区委、区政府统一部署，积极开展思想政治教育活动，团结实干，提高机关工作人员的服务意识和业务水平。积极开展“三严三实”专题教育、政务整治行动、民主评议政风行风等活动，加强对党员干部政治理论、宗旨观念、职业道德、业务知识和政策法规的学习教育，认真查找“不严不实”、政务环境、作风建设等方面存在问题，并加以整改落实。通过学习努力，机关作风得到改善，干部精神面貌得到提升，为民服务意识强化，工作责任心增强，工作效率进一步提升。

【侨务扶贫工作】 坚持专款专用、公开公平、统一标准、对号入座的原则，用好省下达的扶持贫困归侨专项资金，确保资金落实到位、到人。完善2015年贫困归侨扶贫救助一般性转移支付补助资金3.3万元的分配方案，结合各镇归侨人数和实际情况，分解下达扶贫专项资金，及时足额发放到扶持对象手中，确保专项资金用到实处、发挥作用。所资助困难归侨侨眷共有39户，其中3户特困归侨补助各1300元，36户贫困归侨各补助810元，充分体现党和政府对贫困归难侨的关爱。

【开展关爱工程】 宣传落实国家、省、市对归侨扶贫的各项政策措施，积极开展归侨侨眷关爱工程，引导海外侨胞进一步支持城区慈善事业。局支部利用节假日等，到捷胜镇慰问老党员与贫困户，给他们送上慰问金，嘘寒问暖，带去问候与祝福。

【切实加强因公出访管理工作】 将规范因公出访管理、提高办事效率、为地方经济社会发展服务作为出国管理工作的核心内容，实现了既强化因公出国管理，又提高工作效率和服务水平的双重目标。一是强化和规范城区因公出国（境）管理工作，根据“统一管理、分级保管、层层负责”的原则，将全区因公出国（境）证件进行了归口管理。二是强化因公出访的计划性管理工作，对出访团组和人员总量进行严格控制，加大制止公款出国（境）旅游工作力度，严格控制党政机关和事业单位领导干部因公出国（境）人数，有力地配合全区的厉行节约和党风廉政建设工作。2015年，城区因公出境赴港澳48批人次，较2014年稳中有降。

【强化因公出境程序管理工作，为出访提供高效服务】 做好因公赴港澳证件办理。严格审核、审批，为因公赴港澳人员履行公务提供优质、高效的服务。在任务重、要求严、时间紧的情况下，一方面坚持原则不动摇，严格按照上级要求从严把关；另一方面，坚持以不误事为目标，简化办事程序，急事急办，特事特办，按时完成区委、区政府参加各种座谈会，经贸洽谈会、庆典等赴港澳人员证件的受理、送签，保证参会人员按时赴港澳，积极鼓励支持城区文艺团体赴港开展文化交流，协助组织部门做好赴港培训工作，为与港澳的交流合作发挥应有的作用。是年1月至11月，办理行政因公赴港澳40批48人次。

【处理涉外事件】 为有效应对涉外突发性事件，根据城区实际的变化，不断完善《汕尾市城区涉外突发事件应急预案》，推动城区应对涉外突发事件工作的规范化和制度化建设。是年，配合市外事侨务局全面细致清查了境外非政府组织专项工作，市局给予肯定。

【健全因公出国管理机制】 根据区委、区政府的工作部署，认真贯彻落实中央“八项规定”，2015年，制定《区外事侨务局关于进一步规范区国家工作人员因公临时出国的意见》，进一步健全因公出国管理机制。

【做好信访维稳工作】 2015年，协调处理了4宗信访案件，维护了侨胞、港澳同胞的合法权益。全年共收到侨务信访来函2件，来访18人次。包括房产权益、民事纠纷、补办证件、生产生活、遗体入粤安葬等方面的问题，依法依规处理信访难题，注重做到早发现、早处理、早解决，把矛盾化解在基层，维护城区和谐稳定。

【涵养侨务资源，做好涉侨其他服务工作】 1. 2015年，局领导前往香港拜访了2个社团，分别有香港广东汕尾市同乡总会、香港海陆丰盂兰胜会,还与社团有关负责人就城区红草工业园区工作进行交流。2. 服务地方企业发展。定期上门为基层、企业解决实际工作中出现的热点难点问题。积极为汕尾本地民营企业和外资企业提供优质高效办证服务，主动上门推介APEC商务旅行卡，做好邀请外国人到汕尾确认函的办理服务工作，支持帮助企业“请进来”与“走出去”，拓展对外交流。积极为企业解答申办外国人入境咨询，迅速帮助他们做好各项申报工作，缩短办事时间，促进服务提速增效。3. 为归侨、侨眷子女上学就业提供服务，按规定严格把关、为全区参加高考的“三侨生”（指归侨青年，或归侨子女，或华侨在国内的子女）提供身份确认。

（王冬妮）

附：区外事侨务局领导名单

局　长：许岸悦

副局长：王冬妮

对台工作

【概况】 2015年，区委台湾办公室（简称区委对台办）认真贯彻落实党的对台工作方针政策，紧紧围绕“和平统一、一国两制”的基本方针，推进祖国和平统一大业，积极主动地开展对台工作，热忱为台商、台胞、台属服务，努力创新对台宣传、对台联络、对台经贸、自身建设等工作，并取得了较好的成绩。

【对台宣传力度加大】 利用接待和春节慰问台胞台属等机会，以台湾问题或两岸关系为主题召开座谈会，宣传“一国两制”在港澳的成功实践和粤港澳合作的成效，通过对他们的贴心服务，促进加大他们对对台方针政策的理解和支持。是年，共召开个别、集中座谈会66场次。

【对台交往工作有突破】 深入推进汕台经贸交流合作，立足汕台亲情乡情、文缘业缘，多做“手牵手”“心连心”“肩并肩”的工作，加强接触、消除误解、增进了解，在扩大交流交往中讲好汕尾故事、树好汕尾形象。是年7月16日至17日，台湾法务部门原负责人施茂林等一行在汕尾市台办主任彭丹乔等领导的陪同下到城区寻根访祖。市城区政协副主席、台办主任黄义丞等区领导对施茂林一行的到来表示欢迎，对施茂林的家乡情结表示肯定，并向其介绍了市城区近年来经济社会发展及语言、地域分布等情况。施茂林表示，此次到访汕尾，主要是到家乡寻根问祖，增进两地亲人感情，促进两地交流合作。通过此次访问，感受到家乡人的热情，了解了家乡文化，增强了“根”的观念和家乡情结。汕尾的经济发展情况及投资环境使其感到惊喜，具备广阔的发展空间，两岸同根同源，血浓于水，汕尾具有对台交往的优势，他希望两地今后加强联络和交流互动，可以在文化、农业、旅游等方面进行更深层次的合作和交流，将两地的乡情和友谊传承下去。11 月 29 日，由省妈祖文化交流协会主办、汕尾市城区协办（按区委的工作要求，区委统战部、区台办为主负责做好协办工作）的广东省第二届南粤妈祖文化活动周在市区开幕，来自两岸三地的 50 多个天后宫（妈祖庙）代表和全国各地妈祖信众、游客共 3000 多人参加开幕式，其中来自台湾地区信众有 100 多人。本次的活动主题是“两岸三地、欢聚汕尾、同谒妈祖、圆梦中华”。通过举行系列活动，加强两岸三地妈祖文化交流，发挥其纽带桥梁作用，凝聚民心；彰显汕尾妈祖文化特色，繁荣汕尾传统民俗文化，提高汕尾知名度；加强妈祖文化学术交流，着力妈祖文化与经济社会的融合，为社会传递正能量。开幕当天，在市区举行了妈祖绕城巡游、祈福典礼、《崇尚妈祖文化，断恶修善，远离毒品》妈祖文化大讲堂、《弘扬妈祖文化，助推二十一世纪海上丝绸之路建设》研讨会以及“妈祖缘　两地情”大型文艺晚会等活动。同时还做好赴台人员的行前教育和回访工作。

【对台基础工作扎实开展】　一是努力做好台湾人民的工作。区委对台办始终把做好台湾人民的工作当作一项基础工作来抓，对待在台同胞的亲友，生活上关心、工作上支持、政治上信任，对台商、台胞、台属热情服务，努力为他们排忧解难办实事共 12 件。二是确保涉台工作任务落实到位。相继完成核发定居台胞生活困难扶助金、在区台胞人员情况、在台宗姓情况、两岸婚生子女情况，得到市台办的充分肯定。

（黄　斌）

附：区委台湾工作办公室领导名单
（区人民政府台湾事务办公室）

主　任：黄义丞

应急管理

【概况】　2015 年，城区应急管理工作在市应急办和区委、区政府的正确领导下，坚持贯彻落实《中华人民共和国突发事件应对法》《广东省突发事件应对条例》和《广东省办公厅印发广东省突发事件应急体系建设“十二五”规划的通知》的要求，围绕城区应急管理工作目标，切实加强组织领导，努力完善工作机制，大力提高应急处置能力，较好地完成了各项工作和任务。

1. 加快应急体系建设。区政府调整充实了区突发公共事件应急委员会成员，进一步强化对城区应急管理工作的组织领导，确保领导到位，组织有力，并将区应急办值班纳入区党政总值班室合并管理，增加 3 名人员，实行 24 小时轮班值守，强化突发事件的应急处置力度。规范各镇（街道）和区直有关单位应急领导机构的设置，并要求各村（社区）、学校和企事业单位明确落实具体人员负责应急工作，促进各级应急组织机构的建立和健全。

2. 健全应急管理制度。为把应急管理工作真正落到实处，及时、准确地处置突发公共事件，区采取有力工作措施。充分整合利用现有资源，筹备应急指挥平台建设，提高应急管理工作的科技水平；在全区范围内全面开展突发事件隐患排查、预判和预警工作，大力加强对可能引发突发事件的重点情报信息的收集、研判和报送工作；建立健全应急管理制度，确保在突发事件发生后迅速反应、准确到位、指挥得当、处置有力；在应急预案的基础上，逐步推进应急管理工作规范化、程序化、法制化，建立健全应急处置突发机制，确保信息报送及时、报送内容准确完整；切实做好日常排查和防范工作，争取工作主动，公共事件一旦发生，区分管领导作为责任人亲自到现场指挥协调，各职能小组上下联动，密切配合，履行好各自职责，确保及时妥善处置事件。

3. 完善各项应急预案。按照科学制定、可操作性强的原则，进一步建立和完善区各项安全应急预案和应急处理办法，并根据实际情况进行补充和完善，形成工作制度，使各类专项应急预案在新时期、新形势下提高应对突发事件的处置能力。先后修改完善了《汕尾市城区动物 H7N9 流感防控应急预案》《汕尾市城区生产安全事故应急预案》和《汕尾市城区防台风应急预案》3个应急预案，确保应急预案的科学性和可操作性明显加强。

4. 加大应急宣传力度。根据省、市要求，结合城区的实际，采取各种宣传形式，组织开展了《中华人民共和国突发事件应对法》等应急救援的法律法规和政策的宣传活动，使应急管理的法律法规、应急预案、救援知识进企业、进学校、进社区，提高了生产经营单位从业人员救援技能；转发了省、市多个应急管理工作的文件；充分利用省“百人百场应急知识”等宣传活动，开展学校应急教育和应急演练，进一步完善学校突发事件应急预案，提高学校应对突发事件的能力；各有关部门也结合自身实际情况，组织开展相应的应急演练，增强公众的公共安全意识。2015年，在全区范围内累计发放各类应急宣传资料10000多份，并于11月3日至5日开展了以“应急知识在心中，和谐平安在广东”为主题，为期3天的宣讲活动，有500多人次参加宣讲活动，扎扎实实提高了公众应急救护意识和自救互救能力。同时在各镇（街道）、村（社区）宣传栏张贴应急知识图片，张贴应急知识标语，使应急知识人人关注，在全区范围内形成良好风气。

（余少杰）

机关事务工作

【概况】 区直属机关事务科是负责区委、区政府接待工作的职责部门。2015年，接待工作紧紧围绕区委、区政府中心工作，以学习贯彻中共十八大精神为抓手，以建设“高瑞产业创新区，宜居城市后起新秀”为目标，紧扣服务经济建设这个工作中心，强化全局意识、服务意识、质量意识和奉献意识，本着勤俭节约、有利公务、热情实在、统一安排的原则，严格按有关规定认真做好接待工作，坚持“科学化、规范化、特色化”方针，开拓创新、扎实工作，圆满完成各项接待工作任务，全年共接待内外宾220多批次2880人次，参与重大接待活动6次,完成区委、区政府交办接待任务8次。失误率为零，受到各级领导和来访团组的一致好评。为宣传城区对外形象、提升汕尾地位、增强合作交流，做出应有贡献。

【完善各项规章制度】 按照中央“八项规定”及《党政机关厉行节约反对浪费条例》等规定，重新修订《接待管理制度》《食堂管理规定》，明确接待人员和食堂工作人员工作职责，建立内部管理制度。

【把握接待工作的三个重要环节】 坚持以“热情周到、耐心细致、安全规范、高效廉洁”的工作要求，努力提升接待工作的水平和质量，注重把握接待工作中的三个重要环节。一是认真细致地做好接待前准备工作。掌握来访对象的组成结构、考察意图、活动日程及要求等基本信息，制订详细接待方案，按程序实施接待。二是热情周到地做好接待中服务工作。及时与相关接待单位沟通协调，安排专人全程跟踪服务，掌握来访客人的动态需求，调整服务项目，保证接待不出差错。三是及时做好接待后总结工作。通过总结，归纳服务要点，查找不足之处，建立服务档案，不断提高接待质量和工作效率。

（彭春晓）

附：区机关事务科领导成员名单

科　长：王世铭

副科长：李敢铸

　　　　刘儒彬

档案、地方志工作

【概况】 2015年，区档案局（馆）、区地方志办合署办公，实行一套人员三块牌子，编制7人，在职6人。档案局内设监督指导、管理编研和方志编纂股等3个股室。主要负责全区档案事业行政执法、档案保管利用和组织指导,以及地方志编纂工作。

【档案安全建设不断加强】 以规范管理作为档案安全建设的主要抓手，进一步加强档案综合管理，推进了档案管理的规范化、制度化。一是抓好档案安全文件精神的学习贯彻。认真组织全体干部职工学习《转发汕尾市档案局转发广东省档案局转发国家档案局关于开展档案安全专项检查的紧急通知》，提高了干部职工的档案安全认识，更好做好档案安全工作。二是抓好各项制度的落实。以制度规范管理，以管理落实责任，做到定任务，落实责任。重点是落实好档案馆档案保管措施，定期检查、定期消毒、及时降温除湿，为档案的保管提供良好的条件。三是抓好档案库房安全工作，主要是落实好值班制度和落实好安全保卫措施，确保库房和档案安全。四是抓定期检查档案安全。定期检查档案安全工作，认真做好档案防虫、防霉、防尘、防光等八防工作。是年，更换了一批档案盒、目录夹、档案柜、防虫药等，同时维修了抽湿机、空调机、防盗铁门等装备。

【档案管理进一步规范】 为推进全区档案管理的规范化建设，尤其是突出抓好全区档案归档进馆管理，区档案局拟出并提请区政府审定后以政府名义印发了《关于对全区档案进馆工作情况的通报》《汕尾市城区档案馆档案收集范围实施细则》等文件，进一步推进全区档案工作的规范化管理。

【档案进馆、查阅利用明显增加】 是年，共按收进馆文书档案2296件，新增图书684册，政府信息化纸质文件57件，查阅利用者达106人（次）291卷（件）。有6个单位新安装了档案目录软件。档案编研工作较好推进，完成了《汕尾市城区明朝墩下城古迹保护和研发利用专题调研报告》《汕尾市城区金町湾保护和开发利用专题调研报告》。

【档案业务督查指导扎实开展】 注重做好现场指导、上门服务、电话咨询、传帮带和代立档等方式，对区属机关、企事业单位进行档案业务指导。通过多渠道、全方位和创新的业务指导模式，全面提升了城区的档案业务管理工作。区档案局先后到区卫计局、区水利局、区经贸局、区打私办、区委统战部等单位现场指导，此外接受区凤山祖庙管理处、区海洋渔业局、区委政法委的电话咨询。同时，对市档案局督查的档案达标复检单位，加强了督查指导，红草镇、新港街道、东涌镇等3个整改单位落实了整改措施。

【年鉴和资料年报工作走上常态化】 2015年4月初以区政府办公室名义下发了《关于抓紧做好〈汕尾市城区年鉴·2015〉编写和完成地方志资料年报工作的通知》，全面启动年鉴工作，10月完成总纂和排版工作，10月中旬送方志出版社审稿申请书号。实行资料年报工作每季通报制度，较好促进年报资料进度。至12月止，完成2014年年报资料上报单位82个，2008年至2013年上报单位52个。

【地方志资源开发利用和信息工作稳步推进】 是年完成了《汕尾市城区明朝墩下城古迹保护和开发利用》《汕尾市城区金町湾保护和开发利用》两个项目的结项工作。汕尾市城区地情网站自2009年8月开通以来，网站已发布文章415篇，图片76张，合共21万多字。网站访问量共142612人次，其中2015年网站访问量为14352人次。

【自然村落历史人文普查工作全面启动】 是年11月19日，区地方志办公室拟出了《汕尾市城区确保按时完成自然村落历史人文普查工作方案》，报区政府审定后印发实施，全区自然村落历史人文普查全面启动。

（陈春杰）

附：城区档案局、地方志办领导名单

局　长（馆长、主任）：许争荣

副局长（副馆长、副主任）：王耿绵

政协汕尾市城区委员会

【概况】 2015年，区政协在区委的正确领导下，在市政协的指导和区政府的大力支持下，高举中国特色社会主义伟大旗帜，以邓小平理论、“三个代表”重要思想和科学发展观为指导，认真学习贯彻习近平总书记一系列重要讲话精神和中共十八大以及十八届三中、四中、五中全会精神，紧紧围绕区委、区政府中心任务，积极发挥广大政协委员主体作用，切实履行政治协商、民主监督、参政议政职能，为城区经济发展和社会和谐稳定做出了积极贡献。

政协第四届汕尾市城区委员会主席、副主席、常委名单

主　席：张淑娟（2015年4月任）

吴大集（2015年4月离任）

副主席：曾向勤

邵银洲
郑前军
黄义丞
卓孝义（2015年4月离任）

常　委：朱锦城
江浩波
余远霖
吴小臻
吴惠芳
张小兵
张家瑶
李泗远
陈庆本
陈建文
卓炎昌
林义鸿
林礼标
林伟强
林志权
林孟东
罗世健
郑礼建
洪海燕
郭乃坎
王声效（2015年4月任）

重要会议

【区政协四届五次会议】 会议议程：1.听取和审议中国人民政治协商会议第四届汕尾市城区委员会常务委员会工作报告；2.听取和审议中国人民政治协商会议第四届汕尾市城区委员会常务委员会提案工作报告；3.听取和讨论汕尾市城区人民政府工作报告及有关报告；4.表彰政协汕尾市城区四届四次会议以来优秀提案和承办提案先进单位；5.选举事项；6.审议中国人民政治协商会议第四届汕尾市城区委员会提案委员会关于四届五次会议期间提案审查情况的报告（书面）；7.审议通过中国人民政治协商会议第四届汕尾市城区委员会第五次会议决议。大会同意吴大集辞去区政协主席，卓孝义辞去区政协副主席职务，选举张淑娟为区政协主席，增选王声效为常务委员，增补蔡汉章、邹世海、刘才浦、邝世来、周爱如、林礼祝、林奋杰为委员。

2015年4月15日至16日，区政协四届五次会议在汕尾市城区召开，出席会议委员有189人。会议审议通过区政协主席吴大集代表政协第四届汕尾市城区委员会常委会所作的工作报告和区政协副主席郑前军代表政协第四届汕尾市城区委员会常委会所作提案工作报告。与会委员列席区七届人大五次会议，听取和讨论区政府工作报告及其他报告，紧紧围绕党政工作大局进行热烈讨论，建言献策，会议期间，区委、区政府主要领导出席会议并参加政协分组讨论，认真听取委员们对城区经济发展和社会和谐稳定的意见和建议。

【区政协常委会议】 2015年共召开5次，主要内容是学习贯彻中共十八届五中全会精神、习近平总书记系列重要讲话精神；讨论汕尾市城区人民政府工作报告（征求意见稿）；听取区政府副区长李振坚通报区政府2015年工作情况和2016年区政府工作思路，讨论区政协2015年工作要点，讨论通过区政协四届五次会议日程、议程、常委会工作报告、常委会提案工作报告以及报告人、四届五次会议有关事项；讨论通过四届五次会议决议，提案收集情况审查报告，听取四届五次会议各组召集人情况报告；总结2015年度区政协常委会工作，听取区政府关于城区经济和社会发展情况的通报，审议通过区政协有关人事和增补委员、常委名单。

【区政协主席会议】 2015年共召开10次，学习省、市、区重要会议精神。落实区政协重点提案督办领导、承办单位责任人。确定2015年度表彰优秀提案、先进承办单位；研究政协常委会议议程，政协四届五次会议日程、议程及工作报告，确定委员发言题目，讨论政协2015年度工作要点，讨论区政协提案交办会事项；研究区政协出版文史、“委员之家”网络平台建设、提案督办工作；通过开展“三严三实”专题教育活动实施方案；研究委员提案办理落实方法；研究重点督办提案事项、开展调研、视察课题等。

重要活动

【协商议政】 2015年6月2日下午，区政协召开校企合作解决用工难专题协商议政会。参会人员有区政协主席张淑娟、党组书记吴大集、副主席邵银洲，区政府副区长郑新钦，区教育局、区人社局等有关部门负责人，区政协部分委员，会议还邀请汕尾职业技术学院、汕尾市技工学校、汕尾市职业技术学校领导参加。

会议围绕如何开展校企合作缓解用工难问题进行协商议政，探索解决城区用工难、用工荒的新路子。会议听取了区教育局、区人社局分别汇报城区职业技术教育发展和企业用工情况、存在问题及下一步工作意见，市职院、技工学校、职业技术学校领导介绍校企合作、加强用工培训的经验做法及建议。会上区政协委员与参会单位领导就协商议题开展协商交流。会议提出五点意见和建议。

2015年6月26日下午，区政协根据区委工作部署，召开法治城区建设专题协商议政会议。参加会议的有区政协主席张淑娟、党组书记吴大集，区委常委、政法委书记卓江广，卓孝义、洪海燕、罗智冰等部分政协委员，区委组织部、区委政法委及有关部门主要领导，各镇（街道）分管领导。会议围绕推进法治城区建设，就如何推进法治政府建设、法治社会建设、依法治村（创建法治村社）及提高司法公信力等进行协商议政，提出意见和建议。会上，区法制局、区司法局、区公安分局、区法院、区检察院、区委组织部、区民政局分别汇报推进法治政府建设、法治社会建设、创建平安城区、司法公正、依法治村、创建法治村社情况和存在问题及下一步工作意见。参会人员与区政协委员就推进法治城区建设进行讨论、交流。会议认为，在区委、区政府的正确领导下，在各有关职能部门的努力下，城区推进法治政府、法治社会、创建平安城区、司法公正、依法治村和创建法治村社工作取得了初步成效，为法治城区建设打下了坚实的基础。会议对推进法治城区建设过程中存在的问题予以关注，对推进法治城区建设提出意见和建议。

2015年年初，召开区民主党派、无党派人士和工商联座谈会，区委书记陈少荣参加了座谈会，要求各民主党派齐心协力推进城区振兴发展、扩容提质，积极凝聚发展正能量。2015年10月，召开区民主党派后备干部选拔培养工作专题协商会议。会后，区政协加强与区委组织部、统战部的沟通协商，促使城区民主党派后备干部选拔培养工作有新的进展。如区委组织部针对党外干部青黄不接的问题，采取多种形式培养党外后备干部，进一步健全了城区民主党派后备干部选拔培养机制；区政协常委、农工党城区支部副主委林伟强被区委提拔为区妇幼保健计划生育服务中心主任，增强了民主党派干部做好工作的信心和决心。

【参政议政】 2015年，在政协汕尾市城区委员会四届五次会议上，城区民主党派民革、民盟、致公、农工、无党派人士代表、工商联等共有13名委员发言，内容针对城区经济、文化、教育、卫生、交通，城市建设方面等提出了宝贵的意见建议：

林义鸿委员代表汕尾市城区工商联界别作《立足市区一盘棋，建好三个起步区》的发言。

王声效委员代表民盟汕尾市城区总支作《实现公共法律服务全覆盖，推进法治村社建设》的发言。

罗善球委员代表致公党汕尾市城区总支作《集中转运处理垃圾，改善农村卫生环境》的发言。

马丽雅委员代表农工党汕尾市城区总支作《充分利用现有资源，做好妇幼保健工作》的发言。

施镇波委员代表民革汕尾市二支部作《规范市区交通管理，提升汕尾文明形象》的发言。

黎文祥委员代表汕尾市城区经济界别作《用好股权托管交易平台，拓宽中小企业生存空间》的发言。

蔡国洲委员代表汕尾市城区经济界别作《设立微信电商平台，拓展商业流通领域》的发言。

林晓良委员代表汕尾市城区工商联界别作《扩建停车场，缓解泊车难》的发言。

余德荣委员代表汕尾市城区无党派人士作《加强物业管理，构建和谐城区》的发言。

林世海委员代表汕尾市城区经济界别作《规划四条街，配套特色游》的发言。

吴红梅委员代表汕尾市城区教育界别作《落实中小学校用地确权登记的建议》的发言。

胡家为委员代表致公党汕尾市城区总支作《关于尽快解决红草高新产业园区供水问题的建议》的发言。

卓孝义委员代表民盟汕尾市城区总支作《修通断头路，完善市道网》的发言。

【民主监督】 食品药品安全是保障和改善民生的重要事情，关乎人民群众的切身利益。为营造健康有序的食品药品监管环境，保障人民群众食品药品安全，切实维护群众利益，区政协于2015年9月上旬至9月下旬开展区食品药品安全专项民主监督活动。组成人员有顾问：张淑娟，组长：郑前军，成员：陈建文、吴惠芳、李泗远等15人，监督检查的主要内容：（一）全区食品药品安全基本情况；（二）区食药监局行政执法监督制度建立情况，包括是否制定相应的工作制度和工作流程；（三）开展日常监督检查工作情况，包括执法行为是否严格规范等；（四）监管队伍能力建设情况;（五）开展食品药品安全法宣传情况;（六）其他有关情况。此次专项民主监督活动主要通过发放调查问卷收集群众意见建议，组织委员深入两家餐饮单位和两家药品经营企业实地察看，听取区食品药品监督管理局情况汇报等方式，就城区食品药品监督管理工作提出意见和建议，促使城区食品药品监督管理工作得到进一步加强。

【专题调研】 2015年8月11日，区政协组织部分委员开展创建教育强区专题调研，调研组采用“看、谈、听”的方式进行，11日上午，调研组实地察看凤山中心小学、东涌中心小学。11日下午，调研组在区教育局召开中小学校长座谈会,参加人员有区政协主席张淑娟、党组书记吴大集、副主席郑前军及5所完中校长、5所初级中学校长、7所中心小学校长。座谈主要内容有八方面：如何推进创建教育强区，目前碰到什么困难和问题，有何意见和建议；幼儿教育管理存在的问题和解决办法；如何解决市区小学教育不均衡问题，农村小学合并存在问题和解决办法；初中生辍学情况及解决办法；如何提高教育教学质量；优秀教师流失的原因及对策，如何提高教师积极性；如何应对学校周边环境对教育教学的影响；其他需要反映的意见和建议。中小学校长座谈会后，调研组接着召开汇报会。会上，听取了区教育局汇报创建教育强区的情况；听取了区发改局、区财政局、区人社局、区住建局、市区国土分局汇报落实区委办、区府办《关于印发汕尾市城区创建广东省教育强区工作实施方案的通知》的情况。区直有关部门还与区政协委员进行协商交流。

【专题视察】 2015年7月10日上午，视察组组长邵银洲召开动员会，参加人员有视察组成员，区发改局、区住建局、区外经贸局、区财政局、区招商办等区直部门负责人，要求参与政协委员在开展视察前深入“三个起步区”进行调查研究，掌握相关情况。7月17日下午，区政协主席张淑娟、党组书记吴大集及视察组成员、区有关部门领导深入“三个起步区”现场进行实地视察。现场视察后召开座谈会，会上听取了东涌镇、红草镇人民政府、马宫街道办事处负责人汇报项目建设、征地拆迁情况和存在问题、下一步工作意见和建议，并与区有关职能部门座谈交流如何推进“三个起步区”项目建设、招商引资、征地拆迁等工作。要求所在镇（街道）、有关职能部门摆正位置，破解征地难题，树立市、区“一盘棋”的思想观念，以“主人翁”精神全力投入起步区建设，不辜负市、区党委政府和全区人民的重托和期望。位于城区的“三个起步区”征地拆迁、项目建设扎实推进，有保利集团、比亚迪新能源汽车、肯迪文服饰等一批项目落户，前景美好、形势喜人。区政协常委会在开展“汕尾新区三个起步区”建设专题视察的基础上，组织经济界政协委员调研组，赴云浮、肇庆等地的产业园区开展学习考察和交流，召开座谈会，联系实际、对照先进地区产业园区建设经验，深入分析影响制约红草工业园区建设的瓶颈，广泛征求意见，认真研究对策，与会委员提出了很多有针对性的意见和建议。

提案文史

【提案工作】 区政协四届五次会议以来，通过创新提案工作方法，提高办理质量和服务质量，提案办理协商工作成效不断提高，社会影响日益扩大。政协各参加单位和政协委员认真履行职责，围绕全区工作大局，深入调研，认真撰写提案，共提出提案45件。经提案委员会审查确定立案45件。在立案的提案中，集体提案6件，联名提案23件，委员个人提案16件。按类别分，经济方面17件，占立案总数的38%；科教文卫体方面21件，占46%；政法、统战、劳动人事等方面7件，占16%。经过各方面共同努力，提案落实效率明显提高，办复率达100%。政协提案为推动城区经济社会持续健康发展和全面深化改革发挥了重要作用。

5月15日下午，区委、区政府、区政协联合召开政协四届五次会议提案交办会。区政协主席、区委常委、纪委书记张淑娟，区委副书记许昌林，区政协副主席郑前军，区政协提案室，区委、区政府办公室及提案所涉及的32个承办单位主要负责人出席会议。会议由区政协党组书记吴大集主持。实行区领导领衔督办制，由区委、区政府及政协领导领衔督办，如区委书记陈少荣领衔督办提案《立足市、区一盘棋，建好“三个起步区”》，区政府区长林展海领衔督办提案《切实治理品清湖生态环境，为未来开发打下坚实基础》，其他提案按分管线条由区相关领导领衔督办。加大提案督办力度。区政协多次召开提案办理、督办会议，深入承办单位指导提案办理工作。如为使《集中转运处理垃圾，改变农村卫生环境问题》提案得到落实，区政协组织区环卫、住建等职能部门深入东涌镇、红草镇、捷胜镇、马宫街道察看农村卫生状况和垃圾收集点建设情况，与镇（街道）干部、群众座谈交流，听取意见建议。东涌镇、红草镇、捷胜镇、马宫街道和相关职能部门采纳政协委员的合理建议，加大投入，加快建设进度，已建成7个简易垃圾转运站并投入使用，破解了城区农村垃圾围城、垃圾围村困境。继续实行“市、区两级政协联合办理”制，将涉及市职能部门的12件区政协委员提案，转为市政协委员提案，由市、区两级政协跟踪督办。

2015年，区政协四届五次会议表彰优秀提案8件、先进承办单位7个。

优秀提案：

《立足市、区一盘棋，建好三个起步区》（城区工商联）

《切实治理品清湖生态环境，为未来开发打下坚实基础》（林伟强等7位委员）

《集中转运处理垃圾，改善农村卫生环境》（致公党汕尾市城区总支部）

《关于加快我区妇幼保健服务中心建设，提升妇幼保健水平的建议》（农工党汕尾市城区支部委员会）

《挖掘渔歌文化资源，打造城区文化艺术品牌》（叶清宜等5位委员）

《修通断头路，完善市道网》（民盟汕尾市城区总支部）

《关于综合整治城区小产权房的提案》（张家瑶委员）

《规范市区交通管理，提升汕尾文明形象》（民革汕尾市二支部）

承办提案先进单位：

汕尾市城区政府办公室

汕尾市城区住房和城乡建设局

汕尾市城区卫生和计划生育局

汕尾市城区科技文体局

汕尾市城区东涌镇人民政府

汕尾市城区红草镇人民政府

汕尾市城区马宫街道办事处

【文史工作】 政协《汕尾城区文史》第九辑，于2015年3月26日出版，主编：郑前军，副主编：罗智冰　黄吉庆，责任编辑：吴小臻　郭少鑫　陈剑钊，收集了《汕尾市区盐业的沧海桑田》《不断发展的城区渔业》《汕尾港今昔变迁》《述说汕尾市城区造船业》《汕尾海关设置沿革》和《从汕尾港渔民渔获物销售史看国家相关政策演变》等6篇史料文章。

（吴小臻、陈兴盛）

附：政协第四届汕尾市城区委员会各专门委员会主任、副主任名单

社会和法制委员会

主　任：林佑信

副主任：张家瑶

洪卫京

黄健民

王声效

洪海燕

林礼标

学习和文史委员会

主　任：罗智冰

副主任：张子贺

黄汉家

黄吉庆

陈庆本

卓炎昌

“三胞”委员会

主　任：许岸悦

副主任：张小兵

罗世健

潘楚辉

经济委员会

主　任：叶庆雄

副主任：李泗远

江浩波

陈建文

林义鸿

吴惠芳

林孟东

余远霖

提案委员会

主　任：朱锦城

副主任：王晓卫

刘水照

郑礼建

林志权

科教文卫体委员会

主　任：郭乃坎

副主任：郑伟雄

郭少鑫

吴义军

林伟强

纪检·监察

【概况】　1988年3月，经国务院批准，汕尾建市设区，同年3月24日，经中共汕尾市委批准，成立了中共汕尾市城区纪律检查委员会，属副处级建制单位。1988年11月，汕尾市城区监察局正式挂牌。1994年4月，经区委、区政府批准，中共汕尾市城区纪律检查委员会与汕尾市城区监察局合署办公，实行两块牌子一套人马，履行纪检监察两项职能。

城区纪委监察局2015年有人员32人，其中班子成员7名。内设办公室、党风政风监督室、第一纪检监察室、第二纪检监察室、案件审理室、信访室、宣传教育室、案件监督管理室8个室；派驻纪检组5个。

重要会议

【区纪委七届五次全会】　2015年2月13日，中共汕尾市城区纪委七届五次全体会议召开，区几套班子党员领导干部及区直单位副科以上领导干部200多人参加。市委常委、区委书记、区人大常委会主任陈少荣出席会议并作重要讲话。区委常委、区纪委书记张淑娟代表区纪委常委会作了题为《落实全面从严治党、依规治党要求，深入推进党风廉政建设和反腐败斗争》的工作报告，总结了2014年城区党风廉政建设和反腐败工作，研究部署2015年工作任务。会上还开展了述责述廉述德活动。马宫街道、新港街道党工委书记，区人社局、区海洋与渔业局局长分别向区纪委全会作“三述”报告。

【全面深化政务整治、正风肃纪集中行动工作动员会】　2015年5月20日，全区全面深化政务整治、正风肃纪集中行动工作动员会召开。市委常委、区人大常委会主任陈少荣，区委副书记、区长林展海，区政协主席、区委常委、区纪委书记张淑娟分别在会上作讲话。会议由区委副书记许昌林主持，区四套班子领导成员，区纪委常委、各镇（街道）党政主要领导、各区直单位主要领导及区直各单位股级以上干部400多人参加会议。

【纪律教育学习月活动动员会】　2015年8月21日，城区以“守纪律、讲规矩、作表率”为主题，召开纪律教育学习月活动动员大会，同时举办“党纪政纪法纪”教育培训班，组织观看警示教育专题片。市委常委、区委书记、区人大常委会主任陈少荣出席会议并作讲话，区政协主席、区委常委、区纪委书记张淑娟作了活动部署。全区副科级以上领导干部、镇（街道）各办负责人及区直单位正股长500余人参加。

主要工作

【概况】　2015年，在区委和市纪委的坚强领导下，区纪委、监察局坚持把纪律和规矩挺在前面，突出主业，强化监督执纪问责，正风肃纪，积极惩治和防治腐败，全区党风廉政建设和反腐败斗争取得了明显成效。

【推进“两个责任”落实】　2015年，区纪委、监察局认真执行中央、省、市相关规定，结合城区实际，强化监督问责，切实将“落实党风廉政建设责任制，党委负主体责任，纪委负监督责任”落到实处。明确职责，推动主体责任落实。印发《关于落实党风廉政建设党委主体责任和纪委监督责任的意见》，及时调整党风廉政建设领导小组，推动制定《区委、区政府领导班子成员党风廉政建设岗位职责》，明确区委、区政府领导班子成员在党风廉政建设和反腐败工作中的责任。印发《关于全区有关单位落实2015年党风廉政建设和反腐败工作任务部署分工的通知》，将任务落实到具体部门、具体人。继续开展述责述廉述德活动，新港街道党工委书记等4个单位一把手分别在区纪委七届五次全会上进行“三述”，接受区纪委委员的测评、评价。严格问责，全年对10名违反相关规定的责任人进行追责。

【强化领导干部廉洁自律】 2015年，区纪委不断加强对领导干部社交圈、生活圈、休闲圈的监督，切实增强遵守纪律和规矩的自觉性。建立完善领导干部重大事项报告制度，有3名领导干部向党廉办报告婚丧喜庆事宜，区纪委向报告喜庆事宜的领导干部发送廉政卡，给予温馨提示。关口前移，强化监督检查。开展整治收送“红包”礼金行动，着重在春节等重要时间节点前向全区科级以上领导干部和各村（居）委负责人发送廉政短信，督促提醒。约谈镇（街道）、区直单位负责人64人次，督促领导干部严格自律，带头杜绝收送“红包”礼金，营造风清气正的工作环境。加大对落实中央“八项规定”及各项节约措施的监督力度，从严控制考核检查项目，将全区原来的47项检查考核项目压减为5项。

【严明政治纪律和政治规矩】 2015年，区纪委坚持把纪律和规矩挺在前面，加强对党的路线方针政策执行情况的监督检查，探索运用监督执纪“四种形态”，加大谈话、函询、诫勉力度，建立健全提醒谈话抓早抓小工作机制。全年开展任前廉政谈话47人（次），进行诫勉谈话、批评教育等组织处理10人（次），函询6人（次）。通过信访监督，为35名党员干部澄清了事实。全区纪检监察机关在处理的违规违纪人员61人中，给予党纪政纪处分29人，其中党内严重警告及以下、行政降级及以下等轻处分19人，占受处理总人数的31.1%；党纪政纪重处分10人，占受处理总人数的16.4%；移送司法机关3人，占受处理总人数5%。

【保持惩治腐败高压态势】 2015年，区纪委紧紧围绕遏制腐败蔓延目标，聚焦主业，突出执纪审查重点，着力查处违纪违法案件。

全区纪检监察机关多举措拓宽信访渠道，全年共受理各类信访举报88件次，办结85件次；立案69宗，同比上升53.3%；结案61宗，同比上升48.8%；处理违规违纪人员61人,同比上升48.8%；结案率88.4%；通过办案挽回经济损失245万元。重点查处了基层干部骗取低保金、种粮直补款、违规报销社保基金及违反殡改规定等案件。

实行分片联合和交叉排查制度，扎实推进农村基层党员、干部违纪违法线索集中排查工作。7个镇街纪委办案实现全覆盖，线索排查实现大飞跃，全区全年共排查出农村基层党员干部违纪违法线索121条，办结85件，其中转立案40件。

强化反腐败组织领导。召开了2次反腐败协调小组成员会议，严明执纪审查程序和纪律要求。区纪委通过加强与司法机关的协调配合，查办了党员干部违纪违法案件8宗。

健全镇案区审制度，严把案件审理质量关，在市纪委案件质量检查中，城区的案件质量各指标均在优良以上。

积极配合做好巡视工作，承办省委第四巡视组交办信访件35件，办结35件。

【持之以恒抓好作风建设】 2015年，区纪委持续加大明察暗访力度，对70多个部门、18个办事窗口开展明察暗访32次，发现问题6个，立案查处2人，批评教育3人，约谈2人，对6个单位发出了督办通知。深入开展政务整治行动，着力整治“中梗阻”、乱作为、不作为等问题。全区32个单位负责人在媒体上做出公开承诺。开通区长政务整治投诉信箱，受理投诉6件，回复办理6件，办理回复做到百分之百。是年，在区党政办公大楼二楼大厅开通“曝光台”，每日播放典型案例，曝光3期共12宗典型案件，强化警示震慑作用。畅通为民便民服务渠道，受理行政效能投诉17宗，办结17宗。其中立案查处2人，诫勉谈话1人，批评教育3人。

【扎实推进行政监察工作】 2015年，区纪委不断加大行政监察力度，强化对城区行政审批电子监察系统平台落实情况的监督检查，对涉及行政审批电子监察系统平台的19个单位、146项行政审批事项进行实时在线的监督。全区办理审批业务的提前办结率为98%。强化对农村基层党风廉政信息公开平台落实情况的监督检查，全区共录入并发布农村"三务"（党务、村务、财务）信息21528条，录入率、发布率均为100%，居全市前列。加强农村"三资"（农村集体的资金、资产、资源）的管理监督，督促全区1个区级和7个镇级完成"三资"管理服务平台建设，逐步规范基层"三资"管理。

【深化反腐倡廉教育】 2015年，区纪委认真组织学习贯彻习近平总书记系列重要讲话精神，中共十八届纪委四次全会、省纪委十一届四次全会和市纪委六届五次全会精神和反腐倡廉理论。不断强化宣传教育，营造廉政氛围。编发《城区纪检监察信息》40期，编写正面典型材料《书写为税清风新篇章——区国税局勤政廉政工作纪实》、反面教材《扶贫款不是"唐僧肉"——市城区红草镇民政办负责人某某某贪污扶贫款违纪违法案件》，开展正反面典型教育。积极开展廉政文化进农村、进机关、进企业、进家庭、进学校的"五进"活动，精心组织纪律教育学习月活动，组织全区正股以上干部500余人观看警示教育专题片，向全区各单位发放反腐倡廉教育学习读本399册、电教片86套，向副科级以上领导干部和村（社区）书记及主任发送勤政廉政短信累计达5131条。办好城区廉政网，加强反腐倡廉宣传和舆论引导。

【加强纪检监察干部队伍建设】 2015年，区纪委完成了议事协调机构清理工作，退出牵头或参与的议事协调机构92个；完成了纪委机关内设机构的调整、合并，增加了1个检查室，并统筹整合办案力量，使办案人员占到总人数的70%以上，进一步推动了纪检监察机关转职能、转方式、转作风的"三转"工作落到实处。扎实推进镇街纪委规范化建设，帮助镇街纪委加强谈话室等硬件建设，7个镇街各建设了1个谈话室，并配备了整套相关设备。在区委的支持下，对空缺的1名镇纪委书记和2名副书记进行了补充。打造学习型机关，建立完善了工作例会、中心组学习会制度。每月召开一次工作例会、一次理论中心组学习会。扎实开展"三严三实"专题教育，组织2堂专题党课，教育全区纪检监察干部要严守纪律、严格执纪。继续开展"一室一课"学习活动，组织该系统业务培训4场共150人次，选送业务骨干参加省、市纪委专题培训45人次。

（贾继业）

附：中共汕尾市城区第七届纪律检查委员会书记、副书记、常委名单

书　记：张淑娟

副书记：蔡辉卿

　　　　郑友明

常　委：陈小凯

　　　　黄东升

　　　　吴智全

　　　　王茂松

区监察局局长、副局长名单

局　长：蔡辉卿

副局长：陈小凯

区纪委机关各室主任名单

办公室主任：吴智全（兼）

党风廉政建设室主任：王茂松（兼）

执法监察室主任：游远坤

纪检监察室主任：林怡展

案件审理室主任：邱友忠

宣传教育室主任：罗志飞

信访室主任：刘克萍

民主党派和工商联

·民盟汕尾市城区总支部委员会

【概况】 2015年，民盟汕尾市城区总支部委员会共有5个支部，盟员66人，其中，男47人、女19人。其中本科学历36人，大专学历19人；界别分布为医药界2人、教育界52人、政府机关单位2人，还有10人来自不同界别。盟员中具有高级职称的有29人，中级职称的有24人；中高级职称占80%。

【思想建设】 民盟城区总支部委员会始终把抓思想

建设作为自身建设的首要任务，以各种有效形式促进思想建设。一是加强政治理论学习，总支部委员会组织和带领盟员认真学习贯彻习近平总书记一系列重要讲话精神，全面落实中共十八大和历次全会精神，深入开展树立和践行社会主义核心价值体系和建设学习型参政党活动。二是结合总支部委员会的实际情况，建立盟员理论学习制度、政治学习制度，保证盟员从思想上处于领先地位。2015年，盟总支副主委王声效前往中央社会主义学院学习统战理论。学习培训后，城区盟总支专题组织了学习。是年，民盟城区部分盟员还参与区委统战部组织的到福建龙岩党校学习培训并参观了古田会议的纪念场馆，重温历史、与党同行，同时利用中国共产党建党95周年、民盟成立75周年的契机，组织盟员前往海丰红宫、红场接受教育并参观彭湃烈士的故居等爱国主义教育基地，组织盟员学习盟的发展史，缅怀烈士丰功伟绩，从而更加坚定服从执政党领导的信念和更加坚定走中国特色社会主义政治发展道路的信心和自觉性。

【组织建设】 民盟城区总支部委员会从保障多党合作可持续发展的高度，积极探索新形势下组织发展规律，认真做好组织发展工作。2015年，盟总支通过各支部推荐人选，认真按照盟章对新入盟各项条件的要求进行层层把关，最后确定3人为是年新入盟对象，市盟会议已经研究批准。在平常工作中，注意发现有才能的培养对象，同时，密切同本单位党组织沟通，广泛征求群众意见，确保组织后备队伍人才不会断层。

【参政议政】 民盟城区总支部委员会有市政协委员2人，区政协委员6人，区人大代表1人；1人被市人民检察院、市质监局、市城管局和区工商局聘为特邀监察员。他们积极参加中共城区委、区政府邀请的各民主党派、无党派人士参加的各种座谈会、征求意见会，对所协商的议题认真准备，在这些会上以高度的责任感和使命感，大胆建言献策，认真履行参政议政、民主监督职责。在2015年市政协例会中，区盟总支通过深入调研，以党派的名誉和个人的名誉向大会提交了2篇较为有分量的提案，副主委王声效撰写的《关于构建公共法律服务体系，助推依法治市工作的建议》，市政协委员、民盟城区总支主委卓孝义提出的《关于加强红海西路建设的建议》得到新任市委书记和市长的高度重视。市区红海西路多年来“雷声大雨点小”，迟迟得不到落实，是年终于开工建设，得到社会高度的好评。《依法治校、依法执教、构建和谐平安校园》等提案都得到与会委员的高度好评。在是年区政协例会上，区民盟总支分别以集体或个人名誉向大会提交6份提案，其中盟总支撰写的《修通断头路、完善市道网》《实现公共法律服务全覆盖、推进法治村社建设》，副主委王声效撰写的《整合资源，关爱农村留守儿童》《关于为全区中小学配备专职心理健康辅导教师的建议》，政协委员施长文撰写的《关于加强汕尾城区电子商务发展的建议》，张庆伟撰写的《关于埔边高速路口设置人行天桥的建议》均受区党政领导的高度赞扬和与会代表的一致好评。

（卓 越）

附：民盟汕尾市城区总支部委员会主要领导名单：

主　委：卓孝义
副主委：王声效
　　　　袁绍成

民盟汕尾市城区各支部主委名单：

新城中学支部主委：卓孝义
汕尾中学支部主委：袁绍成
城区区直支部主委：王声效
田家炳中学支部主委：易光文
凤山中学支部主委：余嘉

·农工党城区支委会

【概况】 中国农工民主党（简称农工党）是以医药卫生界高中级知识分子、环境保护和人口资源领域的代表性人士为主，具有政治联盟特点，致力于建设中国特色社会主义事业的政党，是同中国共产党通力合作的参政党。2015年有党员35人，其中本科学历14人、大专学历15人；党员中，医药界21人，教育界9人，金融界1人，政府机关单位2人，退休党员2人。所有党员中具有高级职称的有16名，中级职称的有16名；中高级职称占91%。

【思想建设】 农工党城区支委会始终把思想建设作为自身建设的首要任务来抓，以各种有效形式促进思想建设。加强政治理论学习。带领全体党员认真学习邓小平理论、“三个代表”重要思想，重点学习近平总书记的一系列重要讲话和中共十八大精神及农工党中央十五大精神，学习新时期统战理论政策和传达贯彻各有关会议或文件精神。积极组织农工党员深入开展“三增强”“四热爱”（增强对中国共产党“三个代表”重要思想的认识、增强对社会主义制度优越性的认识、增强中华民族凝聚力，热爱中国共产党、热爱祖国、热爱社会主义、热爱人民）教育活动，做好宣传报道工作，努力扩大农工党在社会上的影响面。认真学习《前进论坛》《广东农工》及《同舟共进》等该党机关刊物和政协机关刊物。结合支委会的实际情况，认真开展“坚持和发展中国特色社会主义学习实践活动”。2015 年，支委会还组织党员积极参加市委会组织的报告会、座谈会、研讨会 4 次，参加区政协、区委统战部组织的调研活动、座谈会 2 次。支委会还多次召开支委会委员及部分党员学习座谈会。通过学习，党员们增强了自觉履行参政党职能的使命感和责任感，为在各自的工作岗位上尽责出力提供强大的精神动力。

【组织建设】 组织建设和队伍建设是农工党履行参政职能，服务地方经济建设的重要保证。2015 年，一方面通过组织支委会领导班子成员参加中共市、区二级统战部门举办的民主党派领导干部培训班和民主党派党员骨干培训班，通过学习和培训，提高班子成员和部分党员骨干自觉服从中国共产党的领导，积极参政议政的全局意识和议政能力，提高支委会班子成员和部分党员骨干的政策理论水平，增强他们作为民主党派成员的责任感和自豪感。另一方面，支委会着力抓好队伍建设，积极发展具有一定政治素养、自觉服从共产党的领导，业务能力强、在本行业、本部门和社会上具有一定影响力的优秀中青年为农工党党员。

【参政议政】 2015 年，农工党城区支委会的党员中区人大常委会副主任 1 名，市政协委员的有 1 名，城区政协委员的有 4 名，其中区政协常委 1 名，农工党市委会副主委 1 名、市委委员 1 名。他们积极参加中共城区委、城区政府邀请的各民主党派、无党派人士参加的各种协商会、情况通报会、座谈会、征求意见会，对所协商的议题认真准备，在这些会上以高度的责任感和使命感，大胆建言献策，认真履行参政议政、民主监督职责。是年 3 月，在区政协四届四次会议上，农工党城区支委会关于《加强基层卫生医疗机构人才队伍建设的建议》的大会发言提案，被评为区政协四届三次会议优秀提案。2015 年，农工党城区支委会向区政协四届五次大会，提交集体提案题为《切实治理品清湖生态环境　为未来开发打下坚实基础》；在区政协会议上的《关于加快我区妇幼保健服务中心建设提升妇幼保健水平的建议》的发言，受到与会代表的一致好评以及区党政领导的高度赞扬。

（*颜秋萍*）

附：农工党城区支委会领导名单

主任委员：洪浩波

副主任委员：林伟强

·中国致公党汕尾市城区总支部委员会

【概况】 中国致公党是以归侨、侨眷中的上层人士为主要成员组成的，具有政治联盟特点，是一个接受中国共产党领导的参政党。致公党城区总支部委员会是中国致公党在汕尾市城区的基层组织。2015 年，总支部下辖三个支部，党员数 52 人，其中女党员 18 人。汕尾中学的杜宇，所担任的高三年级高考各项指标全面超标，由于工作出色，获得了“汕尾市优秀教师”的荣誉。

【参政议政】 在 2015 年召开的区政协四届五次会议上，致公党区政协委员立足“为民务实”，关注“民生热点”，踊跃上交提案，提案的质量高、数量多、切合实际，深受区政协提案委的表扬和肯定。中国致公党城区总支部委员会提出的《集中转运处理垃圾，改善农村卫生环境》和《关于尽快解决红草高新产业园区供水问题的建议》作为发言提案，并被列为重点督办提案。在这次会议上，其他政协委员以个人或联合名义共提交了 12 件提案。是年，由于从实际出发，联系经济社会发展要求，关注社会热点难点问题和民生实事，一些提案建议称得上是精品提案、金牌提案，充分显示了致公党参政议政的水平和能力得到进一步提升。2014 年，总支部在区政协四届四次会议提出的《关于推进青少年社区矫正工作的建议》、白明亮提出的《加快教师职称工资套改工作进程，促进我区教育水平持续稳定发展》、麦木声等提出的《关于"捷胜路口至捷胜镇"公路架设路灯的建议》、在2015年区政协四届五次会议上均被评为优秀提案。在2015年市政协六届四次会议上，林礼标也提出了《关于大力发展我市海洋产业，做大做优海岸经济"蛋糕"的建议》的提案。是年，在区人大七届五次会议上，蔡慕玉提出了《关于加强品清湖海域管理的建议》的议案。2014年，在区人大七届四次会议上提出的《关于要求尽早解决城区教师职称套改工资问题的建议》议案，2015年已得到解决落实。

【思想建设】 2015年，按照致公党市委会的部署，结合实际，深入开展社会主义核心价值观、中共十八大和十八届四中、五中全会精神学习座谈活动，进一步提高广大党员的政治敏感性，发挥党员的主体作用，增强总支部委员会的活力和凝聚力。一是积极组织青年党员、骨干，认真参加致公党市委、中共城区委、区政府以及区委统战部、区政协组织的座谈会、研讨会、培训班等多项学习活动，提高党员对区情民意的认识水平，提升履职能力。二是深入开展"三严三实"专题教育活动，教育广大党员"从严从实"做好自身工作，营造干事创业良好氛围。三是组织全体党员认真学习中国特色社会主义理论体系、学习爱国统一战线理论知识和政权组织形式常识，提高全体党员的理论水平和参政议政能力。四是加强与其他地市、县区党组织的交流学习。以各地开展"学习先烈、重走致公路"活动为契机，加强与各地党组织交流学习，吸取、借鉴他们的先进经验，提高自身组织建设水平。一年来，开展了形式多样的座谈学习活动。如1月份，组织总支部委员参加区委召开的民主党派、无党派、工商联新年座谈会；6月份，召开专题组织生活会，开展"三严三实"专题教育活动，组织全体党员认真学习"三严三实"的内容、意义；7月份，组织骨干党员参加市委统战部、致公党市委举办的中央统战工作会议精神宣讲大会，并选送骨干党员参加省委会组织的"全省骨干党员培训班"学习培训。通过一系列学习、座谈活动，使广大党员进一步坚定了致力为公，与中国共产党同心同德、同心同向、同心同行的信念，增强了党总支的凝聚力和向心力，使全体会员团结一致、齐心协力，高举爱国主义、社会主义旗帜，自觉参与社会管理、履行参政议政职责。在组织建设方面，本年度在公务员及教育阶层上发展了2位年轻、具有高素质的新党员，进一步提高了总支部的综合素质。

【社会服务】 2015年，致公党城区总支部高度重视党员的社会服务工作，教育引导全体党员努力发挥自身优势，树立"我为党派添光彩、争荣誉"的思想，立足本职工作，脚踏实地，广泛参与社会服务工作。多次组织政协委员参加调研视察活动，撰写调研报告，对社会热点问题提出意见建议；致公党的政协委员还多次参加区政协参政议政专题协商会，共商经济社会发展大计，体现致公党"心系城区发展"之情。是年6月，致公党城区总支部响应省关于开展"扶贫济困日"的活动，号召全体党员奉献爱心、捐款助学，体现了"心系社会弱势群体，关注民生热点难点，积极扶贫济困"的良好风尚。是年致公党城区总支部办公室每月都积极参加区政府组织的"整治环境卫生，提升城市形象"活动，以实际行动履行"三严三实"，深化政务整治集中行动。

【党庆活动】 2015年，适逢中国致公党建党90周年。90年来，无论是在革命战争时期，还是在改革开放中，中国致公党始终与中国共产党同舟共济，在中国共产党的领导下，为中国革命和经济社会建设做出巨大贡献。作为与中国共产党通力合作的参政党，致公党城区总支部一直致力于中国特色社会主义建设。为继承和发扬致公党的优良传统，引导全体党员深刻认识致公党历史，自觉参与社会建设。10月11日，中国致公党城区总支部举行建党90周年座谈会，表彰4名党龄逾30周年的老党员，号召全体党员继承学习"致力为公"精神，努力提高"政治把握、参政议政、合作共事、民主监督"四种能力，为建设幸福平安城区贡献力量。

（罗思琦）

附：致公党城区总支部委员会领导名单

主　委：郑前军

副主委：蔡慕玉

　　　　罗善球

致公党城区总支部委员会各支部主委名单：

第一支部：黄国生

第二支部：陈会吉

第三支部：罗善球（兼）

· 区工商业联合会

【加强思想政治工作，促进非公有制经济健康发展和非公有制经济人士健康成长发展】 在开展以守法诚信为重点的非公经济人士理想教育实践活动中，紧密联系非公经济企业的实际，按照省市工商联的部署，认真学习贯彻落实中共十八大和十八届四中、五中全会精神，增强非公经济人士对中国特色社会主义的道路自信、理论自信、制度自信，构建守法诚信企业，引导企业遵法学法守法用法，促进企业牢固树立法治意识和法治思维，遵守法律、重信守诺，自觉为创建守法诚信企业做贡献。2015年1月21日，区工商联组织人员深入会员企业，将区委统战部、区工商联印发的《关于创建培育和践行社会主义核心价值观示范点的实施方案》发到会员企业，同时指导会员企业创建践行社会主义核心价值观示范点，帮助会员企业提高对“富强、民主、文明、和谐、自由、平等、公正、法治、爱国、敬业、诚信、友善”的社会主义核心价值观的认识，增强对中国特色社会主义的信念、对党和政府的信任、对企业发展的信心和对社会的信誉，为市城区实现小康社会而贡献力量。7月3日，区工商联为推动非公经济人士理想信念教育实践活动深入开展，连日来组织人员到各镇、街道的会员企业发放守法诚信活动方案及宣传栏样式，指导会员企业联系企业实际，开展形式多样的法治学习，确保活动取得实效，教育引导企业牢固树立守法诚信意识、提高诚信立业、依法治企、守法经营、依法维权、创新发展的能力和水平，践行社会主义核心价值观，确保始终在法治轨道上健康持续发展。7月31日，城区工商联举办了以“守法诚信、健康发展”为主题的企业法治文化建设道德讲堂，聘请司法部门的专家为70多位工商联会员企业代表讲述法律知识，引导企业重视运用法治思维和法治方式，增强学法、守法、用法的主动性，为非公有制经济发展营造良好的法治环境。8月12日，区工商联与司法局联合开展上街举办守法诚信法律周活动。在活动中，区司法局有10多名律师和法律工作者为前往咨询的非公经济企业员工及市民释法解惑，为120家企业员工和市民解答了有关农民工工资、企业维权、劳资关系、借贷关系等方面的法律问题，并向广大市民发放了1200多份宣传法律知识小册子，引导市民学法懂法知法，增强法律观念和维权意识，做文明守法、依法维权的公民，为创建文明城市、诚信守法企业营造公平公正的法治环境。工商联会员企业在这次活动中积极响应，当场签订“守法诚信承诺书”132份。

【建立“会长活动日”制度】 为每年开局工作着想，改变工商联领导班子成员聚会少、工作方式老套，区工商联主席（会长）在集体讨论中决定在每月8、9日作为研究工作、探讨问题的“会长活动日”。2015年1月9日下午，市委常委、区委书记、区人大常委会主任陈少荣，区委副书记、代区长林展海，区政协主席吴大集，区委副书记、区委办主任许昌林，区政协副主席、区委统战部部长黄义丞在区委统战部副部长、区工商联党组书记蔡汉章，区工商联党组副书记、秘书长李泗远等的陪同下到会祝贺并指导工作。“会长活动日”这个平台的建立，旨在帮助民营企业直接反映情况，坦诚交流，搭建政企交通，共同畅议在发展中遇到的问题，达到互相理解、解决问题的实效。会上，陈少荣赞扬了这个“会长活动日”形式，勉励在座的民营企业家要切实加强学习、提高素质，研究国家政策，把握政策精神，要加大发展民营经济力度，为推动城区经济发展做出新的贡献。同时，希望区工商联要主动向党委政府和有关部门汇报工作，积极争取对区工商联工作的重视和支持，为工商联提供良好的政策环境和工作保障。与会的企业家们也深刻感受到区委、区政府对企业发展的关心重视，发展信心得到再次提振，将积极认识新常态、适应新常态，加快转型升级，保持企业健康持续发展。

【发挥参政议政职能，积极建言献策】 2015年，在市、区“两会”期间，区工商联的各级人大代表和政协委员们积极参政议政，共提交了27件提案和议案，受到有关部门的重视和采纳。是年3月，在区政协四届四次会议上，区工商联《打造一流工业园区，撬动城区经济发展》的提案，被评为区政协四届三次会议优秀提案。2015年7月17日，市人大代表、区工商联常委何展辉领衔的《关于要求整治市区奎山湖（河）污水污泥的议案》（第09号议案）在市六届人大五次会议上，被市人大评为2015年度多年来呼吁重要民生问题的重点议案，该议案得到贯彻落实，并进行了清淤作业。

【组织开展多种形式学习培训】 2015年，共组织开展非公经济企业人士各类培训5次、培训285人。4月21日，46家企业80人参加市中小企业局举办的市电子商务培训班，为中小微企业的电子商务提供学习平台，掌握网络营销知识。7月16日，组织15名非公有制经济代表出席市委统战部召开的“汕尾市中央统战工作会议精神宣讲大会”，聆听省第三宣讲组传达中央统战工作会议精神。同时，组织40多家企业主和高管参加由市工商联、梧桐荟产业金融联盟和市民营企业协会举办的第三届民营企业高峰论坛，聆听专家关于商业模式与资本整合，帮助企业掌握发展形式。7月31日，区工商联在区党政大楼“道德讲堂”举办会员企业法治文化建设讲座，聘请区司法局专家为70名会员上课，帮助会员正确掌握法治知识，守法诚信、文明经商。9月10日，组织80名会员积极参加由市中小企业服务中心举办的广东省工业化和信息化整合贯标与牵手工程培训学习，推动信息服务企业与传统行业的交流对接。

【以服务发展为重点，促进非公有制经济健康发展】深入企业、商户为他们提供信息咨询、业务指导，到民营企业开展调研和帮扶。2015年7月1日，区工商联组织机关干部职工参加由区委统战部带队的“服务发展，关注企业，促转型升级”的主题党日活动，前往在捷胜镇的会员企业嘉伦、新雅和红卫渔网厂等党支部开展座谈联欢，鼓励企业在“一带一路”中做出新的贡献。12月4日，区工商联参加由区委统战部组织的进基层、开展暖企活动，前往马宫街道涉渔企业万聪、红海两家修造船工业企业实地考察调研，了解企业在发展中遇到的困难和问题，支持企业做大做强。

【引导企业积极履行社会责任】 2015年春节前夕，林志权、陈伟荣等工商联会员发动渔区的民营企业主及船东筹资30多万元，为红卫村80户贫困户、低保户和单亲家庭每户赠送600元，为400多名65岁的老人每人赠送400元慰问金。1月16日上午，会员企业小风帆艺术学校在董事长陈文诗的率领下，前往市儿童福利院开展“爱心义卖”捐赠活动。1月17日，城区工商联与5+2商城联合在城区福利院开展“献爱心送温暖”慰问活动中，工商联会员和社会热心人士有30多人参加，为孤寡老人送上节日加菜金和一批食油、大米、饮料等，并向他们致以新春的问候和祝福。1月，从区政协副主席岗位退下来的区工商联荣誉主席黄光生，热心为社会做公益事业，他从2014年11月至2015年1月，用70天时间牵头发动社会各界人士热心捐款100多万元，重修了市区庙前街、成兴街、打铁街、共和街、码头街等五条古街的路面及地下排水管道，深受广大干部群众赞扬。在这项建设中，得到城区许多工商联会员企业的热心捐助。1月28日，区工商联在区委统战部副部长、区工商联党组书记蔡汉章的率领下，组织了部分民营企业家和机关工作人员到捷胜镇军船头村慰问贫困户和老党员，为他们送去党和政府、民营企业家的温暖和关爱，同时，深入该村看望慰问多位70多岁的贫困户老人和80多岁的老党员，并送上慰问金、大米和花生油，祝福他们新春快乐。5月30日，城区工商联与区妇联、关工委等联合以“六一”会亲形式，深入到城区捷胜镇为当地30名孤儿学生开展慰问活动，民营企业家翁贤春、李金辉、陈庆本等为孩子们捐赠了慰问金和礼物，城区工商联会员同时还为全区260名孤儿赠送节日慰问金和书包、笔盒等文具，让他们感受到社会大家庭的关怀和温暖。5月31日，城区工商联有许剑伟、许春江、黄贤德、李金辉、林晓良、林义鸿、邱承杰等14名会员捐款4.1万元响应市工商联、市妇联联合开展的“爱心善举、快乐六一”的号召，援助全市1000名社会散居孤儿的爱心捐款活动，为构建社会主义和谐社会，弘扬人道主义精神，帮助散居孤儿生活问题，改善他们的生活状况，提高其学习能力做出爱心贡献。5月31日，区工商联常委、沙滩宝贝妇婴幼儿用品连锁公司总经理蔡国洲携带1.5万元婴童用品参加市妇联组织慰问市儿童福利院献爱心活动。7月28日，城区工商联常委、市海跃发展有限公司总经理黄友全在区工商联的陪同下，开展“八一”拥军活动，前往城区武警边防派出所、海军驻汕部队和海丰县大湖边防派出所看望官兵，为全体官兵送上节日的祝福和加菜金。他还为海军码头的大门及护栏和军事锚位重修工程献出一份爱心。整个拥军活动和重修码头大门、护栏共捐出了3万多元。9月15日，城区工商联开展中秋慰问城区福利院送温暖、献爱心活动，组织365名工商界人士和社会人士像走亲戚般到城区社会福利院，看望生活在该院的孤寡老人和孤儿，为他们送上近2万元的食油、大米、糖果、月饼、饮料及纸品等慰问物资和节日慰问金，并向他们致以节日的问候和祝福。10月21日，城区民营企业家吴友谊出资8万元为安美祖庙举办“千叟宴”，开设170席为当地安美、文亭、联兴等6个社区1500位60岁以上老人欢度重阳节。据介绍，吴友谊在安美祖庙举办“千叟宴”已经有12年了。在捷胜投资设厂的新雅地毯制造公司，热心为当地捐款安装价值2万元路灯，红卫渔网厂为捷胜当地乡村贫困户赠送了几千元慰问金。据不完全统计，2015年，各会员企业捐款捐物达139多万元。

【加强部门合作，积极服务企业】 3月12日，支持29家会员企业参加由市、区人社部门在市区玉台山广场举行的“2015南粤春暖”汕尾、深圳、东莞、惠州劳务对接企业用工招聘活动，为求职者提供上万个就业岗位，帮助企业缓解用工问题。4月，协助上级工商联到会员企业发放《民营企业“走出去”调查问卷》，指导涉外的会员企业填写问卷。7月，协助省工商联就《广东省行政许可监督管理条例》指导企业认真填写问卷。11月，深入10家会员企业放发《关于省工商联企业调查问卷》，完成市工商联交给的任务。通过调查促进非公经济和非公人士健康发展。

【引导构建企业文化，推进信用体系建设工作】 根据城区实际情况，区工商联从促进企业诚信建设着手，着力打造信用企业，开展企业文明诚信和谐创建活动。2015年，有一批获得全国、省市荣誉称号的会员企业和先进个人。会员企业中，万聪船舶修造有限公司油漆车间主任罗方城被授予“2015年广东省劳动模范”，海珍实业有限公司陈成钊一家被省委宣传部、省妇联、省文明办、广东家庭文化研究会评为“广东优秀书香家庭”称号，美顿食品有限公司被省工商联评为全省社会主义核心价值观示范点，德昌电子有限公司党支部书记贾成林和万盛针织时装有限公司党支部书记黎海被省委组织部授予“全省优秀（两新）组织党组织书记”称号；广东彭寿生物科技有限公司生产的“彭寿养生茶”被中国互联网新闻中心联合中国品牌领袖联盟等单位授予“中国民族品牌”称号；成为在北京人民大会堂国学教育研讨会上唯一指定饮品“彭寿茶”。国泰食品有限公司董事长林孟德被授予“中国好人榜诚实守信好人”称号；诚利商务中心总经理林晓良获“首届汕尾市道德模范”称号。会员中，开心假期旅行社有限公司总经理王心洁荣获“广东省三八红旗手”称号，国泰食品有限公司董事长林孟德的贸易往来的事迹入拍央视纪录片《海上丝绸之路》。

【加强自身建设、践行党的群众路线】 2015年，工商联始终坚持“服务立会、服务兴会、服务强会”的指导思想，加大发展会员步伐，壮大会员队伍，在工作中将重点发展企业信誉好、有一定经济实力、守法经营、在群众中有一定威信，热心工商联工作的私营企业主吸收为会员，使非公有制经济人士成为城区经济发展和社会稳定的一支主力军。10月18日，区工商联在召开创会24周年活动中，林朝阳等33位非公经济人士被吸收为工商联会员。

【加强信息宣传，推介企业先进业绩】 2015年，为推进非公有制经济健康发展和非公有制经济人士健康成长，积极报道民企的各项先进事迹及创新成果。是年，在省、市、区内报纸、刊物、网站上发表信息106篇。

（黄吉庆）

附：城区工商业联合会（商会）主席、副主席名单

主席（会长）：余国治
荣誉主席：黄光生
区委统战部副部长、工商联党组书记：蔡汉章
党组副书记、专职副主席、秘书长：李泗远
副主席（副会长）：朱锦城
林义鸿
邱承杰
林志权
陈志雄

江浩波
翁贤春（女）
郑礼建
涂家文
黎文祥
陈伟荣
钟永强
翁一岚（女）
陈成钊
张小兵
林礼标
林孟东
许春江
何文聪
林祥群
林晓良
许剑伟
黄贤德
李金辉
陈庆本

群众团体

·城区总工会

【概况】 2015年，城区总工会在职职工5人，退休人员12人，内设机构1部1室（即组宣保障部、综合办公室）。一年来，在区委和上级工会的正确领导下，紧紧围绕服务全区加快振兴发展的大局，加强新形势下的职工思想政治工作，大力宣传劳模精神，开展职工建功立业劳动竞赛活动，依法科学维权，切实抓好工会组织建设和工资集体协商等工作，着力构建和谐劳动关系，加大帮扶工作力度，自觉做好服务会员和职工群众工作，各项工作取得新进展。

【服务大局，发挥主力军作用】 全区各级工会以实现“中国梦、劳动美”为活动主题，继续深入开展“当好主力军，建功十二五”主题竞赛活动，以“工人先锋号”为载体，在全社会倡导劳动光荣、知识崇高、人才宝贵、创造伟大的新风尚，团结动员广大职工广泛开展劳动竞赛，激励和引导全区广大职工勤奋劳动、诚实劳动、创新劳动，提高职工的劳动技能和整体素质，为加快城区振兴发展做贡献。2015年度，新城中学文学荣、美顿糖果有限公司黎丽琼2个劳模创新工作室被省总工会命名为“广东省示范性劳模创新工作室”。省委、省政府授予汕尾逸挥基金医院“广东省先进集体”称号，授予东涌镇品清小学的何建如“广东省劳动模范”称号。获得全国总工会表彰的有：区总工会刘友扬被评为“全国工会经审工作优秀干部”，汕尾市国泰食品有限公司工会罗非鱼工会小组被评为“全国模范职工小家”，汕尾信联针织时装有限公司工会委员会被评为“全国模范职工之家”。获得省总工会表彰的有：城区国家税务局工会女职工委员会被评为“工会女职工工作先进集体”；城区地方税务局欧阳丽被评为“广东省工会女职工工作先进工作者”；新城中学被评为“广东省第二届厂务公开民主管理示范单位”。

【构建和谐，提高履职能力】 一是做好普法宣传工作，提高广大职工维权意识。6月，邀请省职工在线服务中心律师孟庆杰为全区企业工会主席作《广东省企业集体合同条例》辅导讲座。配合人社部门做好职工再就业工作，参与承办“南粤春暖”劳务招聘活动，组织律师团现场为职工解惑释疑。二是积极参与联合执法和就业、分配、社会保障、劳动保护等视察和执法检查活动，积极参与企业的劳动安全卫生检查，发放法律法规、安全卫生小册子，是年培训职工5000多人次。同时以规范民主程序、构建和谐劳动关系和维护职工合法权益为抓手，促进社会和谐稳定。区总工会派员参加省劳动仲裁培训，并考取资格证。一年来，配合人社部门成功调解劳资纠纷53宗、涉及人数354人，为农民工追回拖欠工资1040万元。认真做好职工信访工作，健全了职工信访信息定期报送，职工群体性上访及重大事件信息的快报制度。

【扩大覆盖，加快标准化建设】 区总工会认真贯彻执行区委《关于新形势下加强基层工会建设的意见》的通知精神，充分发挥“党建带动工建、工建服务党建”机制的作用，截至2015年年底，全区绝大部分机关、企事业单位完成工会组建和换届工作。坚持“哪里有职工、哪里就有工会”的建会思路，以区域性、行业性工会联合会建设作为重点，最广泛地把职工组织到工会中来。7个镇、街道组建了10家村、社区工会联合会，覆盖小微企业达150多家。以数据库的非公企业单位，按照上级工会的要求，深入非公企业宣传发动建会工作，同时对全区基层工会按时换届选举工作进行了部署。区总工会大力开展农民工入会工作，10月28日，在岭峰包装印刷有限公司举行“农民工入会集中行动攻坚月”现场推进会，省、市、各县总工会领导亲临现场，公司200多名农民工举行集体入会宣誓仪式，发放会员证，工人们热情洋溢，手捧会员证，体验工会组织的温暖，场面壮观。2015年全区农民工入会人数达到了5200多人。

【服务职工，彰显帮扶作用】 认真组织开展春送“希望”、夏送“清凉”、金秋“助学”、冬送“温暖”等主题帮扶活动。一是开展职工爱国主义和道德教育活动，8月21日与区委宣传部联合，组织市区环卫工人到东涌民俗村开展爱国主义教育活动，并给他们送大米、食油，在活动过程中，环卫工人高兴万分，享受从未有过的高层次服务，表示工作要加倍努力，当好城区“美容师”。11月18日到美顿糖果有限公司开展“道德讲堂”活动，受到了企业和职工的欢迎。二是对全区困难职工全面调查摸底，为帮扶工作提供决策依据。通过摸查、走访、核实和补充完善，已建立困难职工档案1376户。三是开展夏送“清凉”活动，9月，与天明房地产工会联合到金海明珠建筑工地开展送清凉活动，为450多名建筑工人送凉茶饮料。四是开展金秋“助学”、冬送“温暖”活动，12月与市总工会联合到美顿糖果有限公司、丽洁服装有限公司开展冬送“温暖”活动，为80多名困难职工每人发500元的春节慰问金。一年来，全国、省、市、区总工会和区政府慰问困难职工、劳模919人共62万元，金秋“助学”63人共6.3万元。

【切实维权、规范工资集体协商等工作】 2015年7月，省、市总工会领导到岭峰印刷包装有限公司调研厂务公开工作。是年，全区已通过省贯标认证的企业56家。做好非公企业工资集体协商工作，建立工资协商示范点，加强指导和督导工作。是年，全区区域性集体合同和工资集体协商达100%，覆盖企业134家，职工权益得到保障。

（吴春满）

附：区总工会主席、副主席名单

主　席：庄惠娥

副主席：刘友扬

　　　　叶素萍

·共青团汕尾市城区委员会

【概况】 2015年，共青团汕尾市城区委员会（简称团区委）机关有工作人员4人，下属正股级事业单位1个，为团区委青年志愿者行动指导中心。全区有基层团委15个，团（总）支部304个，专职团干部4人，团员7269人。是年，团区委团结带领全区广大团员青年，凝心聚力、奋发有为，高举团旗跟党走，坚持服务青年更有形、服务社会更有效的工作宗旨，以开展品牌活动为重点，有力促进共青团作用的发挥，带领全区广大青年团员为建设幸福汕尾城区贡献青春力量。

【“三严三实”专题教育】 是年，为了做好新形势下共青团工作，团区委于5月份组织开展“三严三实”专题教育。5月22日上午，团区委召开“三严三实”专题教育动员会，团区委全体干部职工参加了会议。会上，团区委书记曾玮玮传达区“三严三实”专题教育会议精神和区委书记陈少荣关于“三严三实”专题会讲话精神，并结合城区开展全面深化政务整治、正风肃纪的工作要求，部署本单位开展专题教育的各项工作。

【加强团干部培训】 为学习贯彻习总书记有关共青团工作的重要指示精神，落实团中央《关于在全团开展“团干部如何健康成长”大讨论活动的方案》要求，团区委在12月份开展“团干讲团课”活动，邀请获得2015年度广东省“五四”系列表彰获奖团干部和获奖团组织负责人为团员青年上团课，重点围绕团情团史、中国特色社会主义核心价值观和中国梦的内在联系、基层团组织自身的重点工作及有关团务知识、团干部自身成长的经历和经验四个方面授课，2015年共开展团课3场次，覆盖青年团员人数达3000多人。

【召开“五四”运动96周年纪念大会】 为更好地

弘扬“爱国、进步、民主、科学”的“五四”精神，4月28日，团区委组织召开“五四”运动96周年纪念大会。区和各镇（街道）有关领导，各基层团委、直属团组织、区直各单位团员青年及各界青年代表等200多人出席大会。会议号召广大青年要与时俱进地继承和发扬“五四”精神，坚定理想信念、勇立时代潮头、争做时代先锋、在全区振兴发展伟大征程中挥洒青春、焕发光彩。

【志愿者工作】 *成立汕尾市城区志愿者（义工）联合会* 为适应城区志愿服务事业的蓬勃开展,志愿服务的不断深入,在团区委带领下，区各志愿服务队共同发起成立城区志愿者（义工）联合会,并在4月28日上午正式成立城区志愿者（义工）联合会。联合会的成立，标志着区志愿服务工作在规范化、系统化、科学化发展中迈出了坚实的步伐，为今后志愿服务事业继承开拓、持续创新奠定坚实的基础。

大型志愿服务宣传活动 团区委紧紧围绕城区创建广东省文明城市工作，于9月18日承办“同心争创文明城市，携手共建善美之城”为主题的大型宣传活动，2000多名青年志愿者齐聚在市区慈云山广场，组织动员广大志愿者及群众，开展城市管理志愿服务活动，为城区创建省级文明城市营造浓烈氛围。在9月28日，团区委利用微信公众号推出以“我是汕尾人，我宣言、我承诺、我做到”为主题的保护公共设施的网络宣言，号召广大市民一起来爱护公共设施，共建美好家园，助力省文明城市创建工作，活动当晚信息点击率超过10万人次。

广泛开展各类志愿服务活动 是年，团区委不断整合社会资源，创新服务方式，在全区各级团组织和志愿者组织中广泛开展城市管理志愿服务系列活动。开展交通协警、环境卫生整治、服务社区、禁毒宣传；开展关爱孤寡老人、留守儿童、外来工子女等志愿活动。9月27日，组织150名志愿者开展以“垃圾不落地、汕尾更美丽”为主题的中秋节环保宣传劝导活动，汕尾市市长杨绪松，市委常委、区委书记陈少荣也作为普通志愿者全程参与此次活动。活动成果显著。

2015年，不定期组织开展活动共86次，为8万多人次提供志愿服务，各类活动取得了明显成效，也得到了广大市民的积极响应和好评，本地网络平台和新闻媒体也多次报道。

【服务青少年健康成长发展】 *“法制教育进校园”活动* 是年5月，团区委在全区各中小学校开展“法制教育进校园”系列活动，邀请区司法局、交警大队、海警大队，律师事务所等部门的资深工作人员和律师为学生举办法律讲座。2015年，共开展了30多场次，覆盖青年人数2万多人。

重点青少年群体保护 为深入贯彻落实《中华人民共和国未成年人保护法》《中华人民共和国预防未成年人犯罪法》及与青少年权益保护相关的法律法规精神，按照上级有关部门的部署，团区委联合区综治委成员单位开展重点青少年群体排查摸底专项行动，此次行动采取全区统一步调、上下衔接、整体推进的方式展开，主要依托城区公安分局、民政局、教育局、司法局、人社局积极开展各项活动，互相协调完成工作。

持续开展关爱农民工子女活动 7月27日至8月4日，团区委联合华南师范大学数科团委组成青年志愿者团队在城区奎山小学开展了为期一周的“暑期三下乡（文化、科技、卫生），关爱留守儿童”活动，受到了学校和师生的热烈欢迎。

爱心助学行动 2015年，团区委通过开展“潮商助学”及“鹏城会亲助学”等助学项目，加强对失学辍学学生、贫困家庭子女的扶助力度，帮助其重返校园，是年共筹集助学款6万元，共资助贫困学生30人。

展翅计划 为帮助在读大学生、应届毕业生和离校未就业大学生通过参与社会实践和职场体验活动，进一步端正就业观念，提升就业创业能力，团区委积极整合各方资源和力量，主动联系城区党政机关、企事业单位，加强沟通、有效对接，完成了105个优质实习见习岗位的募集工作，为高校大学生及时参与见习工作打下坚实基础。

电商培训 11月26日上午，团区委举办了农村电商培训班，各镇（街道）创业青年代表共60多人参加了培训。培训班特邀请汕尾市孟军实业有限公司总经理、汕尾市青年创新创业孵化基地负责人刘孟军给青年代表们授课，重点讲解《电子商务发展趋势现状以及互联网思维商业模式》等知识。

（胡振坤）

附：共青团汕尾市城区委员会领导名单

书　记：曾玮玮

副书记：石泽旭

·区妇女联合会

【概况】 2015年，区妇女联合会（简称区妇联）围绕党政中心，立足于维护妇女儿童合法权益，积极帮扶困境妇女儿童，加强基层组织建设，充分发挥妇联枢纽型组织作用，在文明城区建设中发挥积极作用。

【节庆活动】 “三八”节：2015年3月4日，区纪念“三八”节105周年暨“提升女性素质建设家庭文化创建文明城市”讲座在区党政办公楼九楼举行，镇（街道）妇联干部、区直机关女干部职工近300人参加了活动，会议总结了2014年区妇联工作并对2015年妇女儿童工作作出部署，区委副书记许昌林代表区委对妇女同胞及妇女工作提了三点意见，活动还邀请了原汕尾师范校长黄沧海教授作“提升女性素质　建设家庭文化　创建文明城市”专题讲座；3月5日，召开老妇联干部座谈会，40多名老妇联干部汇聚座谈，为城区妇女工作建言献策、发挥余热。

“六一”节：5月28日，组织区20名孤儿代表参加市妇联在实验小学举行的庆“六一”手牵手活动，实验小学的20名小学生为20名孤儿代表送上书包、文具、水壶等礼品，还有亲手制作的卡片。5月28~31日，联合市、区关工委，发动社会爱心人士，为区200名孤儿、困境儿童送上书包及文具一批，价值约4万元。5月29日，配合区关工委给城区机关幼儿园、捷胜中心幼儿园、马宫中心幼儿园的孩子们分别送上高清液晶电视、电子琴、豆浆机等礼品及糖果一批。5月30日，联合区工商联、关工委等单位，组织爱心企业家深入捷胜镇开展孤儿会亲活动，看望捷胜镇50多名散居孤儿，与他们亲切交流，并为他们每人送上200元的节日慰问金及书包、文具等礼品。6月1日，市委常委、区委书记陈少荣在妇儿工委有关成员单位负责人陪同下，走访慰问了凤山街道中心小学及城区机关幼儿园师生，向孩子们送上慰问金及良好的节日祝愿。

母亲节：5月8日，联合市妇联在区新港街道办事处召开以“情暖单亲母亲”为主题的“母亲节”座谈会，新港街道的52名单亲母亲代表及区部分女企业家代表参加了座谈会，女企业家和单亲母亲们亲切交谈，勉励单亲母亲们要坚强起来，并热情欢迎有就业需求的母亲们到公司工作，另外还为参加活动的单亲母亲每人送上200元的慰问金。母亲节期间，还得到区府、区政府的支持，为全区233名贫困母亲每人送去100元的节日慰问金和母亲节的祝福与问候。

【家庭文化建设活动】 联合区文明办开展“寻找最美家庭”活动，2015年，全区共评选出10户“最美家庭”和47户“美丽家庭”及2个“寻找最美家庭活动”先进组织。于11月27日上午在区党政办公大楼九楼进行表彰，并充分运用电视、报纸、网络等媒体，对“美丽家庭”和“最美家庭”的先进事迹进行集中宣传报道，让“最美家庭”发挥榜样力量引领全区广大家庭；积极开展文明家庭创建活动，通过申报推荐、审核评选，全区评选出1万多户文明家庭，弘扬了家庭文明新风。此外，城区的“最美家庭”代表林秀家庭还被省妇联评为“广东省百户最美家庭”，其事迹在2015年7月份的《家庭》杂志上被刊登报道。

【家庭教育工作】 整合社会资源普及科学家庭教育知识　2015年7月15~16日，联合区关工委，邀请香港卓越父母国际研究院家教讲师为区直机关干部职工开展为期两天的系统的科学家教知识讲座，传播科学家庭教育文化，营造文明家风。开展家庭教育大讲堂活动　12月21日~22日，邀请广东省家庭教育研究会常务理事叶亦凡老师到城区开展家庭教育大讲堂活动，叶老师为为香洲街道杨鲜育优幼儿园、城区机关幼儿园、新港街道中心幼儿园的家长们作了《陪伴就是最好的教育》《2015年新父母主体责任》等讲座，切实增强了家长们的科学育儿观念。举办家庭教育骨干培训班　2015年12月23~24日，联合市妇联、区教育局在区职业技术学校举办“省妇联送教活动暨汕尾市家庭教育骨干培训班”，邀请家庭教育咨询专家晏秀祥教授和原广东省家庭教育讲师团团长黄沧海教授分别作《父母做对了，孩子更优秀》讲座和《举办家长学校的理念、方法、内容和保障条件》讲座，晏教授和黄教授的课程分别从微观和宏观的角度剖析了家庭教育知识，对如何开展家庭教育工作有很好的指导意义和示范作用。积极做好“巧珑玲”图书馆建设　根据省市妇联要求，上报了城区机关幼儿园为“巧珑玲”图书馆项目，该项目将免费为幼儿及家长提供优质的阅读指导服务，形成一个以亲子阅读为主体，幼儿园、家长和孩子紧密互动，线上线下一体化的家庭教育文化传播系统。

【法律宣传与信访工作】 以节日为契机，通过宣传栏、发放宣传册子等形式加大对妇女儿童权益保障法等法律法规的宣传，形成尊重、关爱妇女儿童的良好社会氛围。6月26日的国际禁毒日，配合区禁毒办开展禁毒宣传服务活动。9月30日，联合区司法局开展“知法懂法、依法办事，共建法治文明城市，建设美好家园”法律宣传咨询服务活动。12月4日，联合市妇联、区司法局、区禁毒办等单位在区万盛针织厂开展“禁毒防艾　建设守法平安家庭”法律宣传进工厂活动，通过系列的法律法规宣传服务活动，提高了广大妇女群众的法制意识，推进全民学法守法用法。通过“12388”妇女维权热线和信访窗口为妇女群众合法维权。是年共接待来信来访来电32宗，基本上解决了所反映的问题。

【搭建平台促妇女就业创业】 以创建“巾帼文明岗”为载体，促进行业树文明新风，提高服务水平，城区机关幼儿园、汕尾市开心假期旅行社有限公司等两个单位获得省“巾帼文明岗”荣誉称号，广东海陆律师事务所执业律师林海鹰、汕尾市天姿姞西卡美容会所蔡伟鸿等2人获得市“三八”红旗手荣誉称号。积极开展妇女小额担保贷款工作，为妇女就业创业提供政策支持。大力推进农民专业合作社工作，培育了以女性为负责人的春农祥种养专业合作社；11月20日，联合市千汇职业技术学校，在市广播电视大学举办“自尊自信自立自强”励志讲座暨就业培训宣传动员活动，城区208名单亲母亲代表及50名基层妇联工作者参加了活动，该活动邀请了骄阳教育创办人温韧老师作励志讲座，同时，市千汇职业技术学校负责人还对单亲母亲进行了就业指导和培训，最后，社会爱心团体还为参加活动的每位单亲母亲送上200元的慰问金，共计4万多元。

【为妇女儿童做好事实事】 以节日为契机开展慰问活动。在春节、“三八”节、“六一”儿童节、母亲节、“七一”节等节日期间，对单亲特困母亲、困境妇女、孤儿、困难女党员和困难妇女干部进行慰问。援建单亲母亲安居房。上报了5户单亲母亲安居房援建户，4户已完工并入住。开展“爱心父母”牵手困境儿童志愿行动。广泛发动区直机关、企事业单位及社会热心人士加入“爱心父母”行列，从生活、学习、心理等方面全方位对困境儿童进行帮扶。积极开展巾帼主题志愿服务活动。10月20日早上，联合市妇联组织50多名巾帼志愿者在海滨街的绿化道上开展环境卫生集中清理行动，为文明城市建设发挥巾帼力量。12月4日，联合市妇联在区凤山街道香洲社区举行“邻里守望·姐妹相助”巾帼主题志愿服务活动启动仪式，并开展巾帼志愿服务活动，为居民进行日常法律、心理知识讲解与咨询服务，并走上街头、走进市场向过往群众发放《中华人民共和国妇女权益保障法》《文明城市共创建》等宣传小册子及防艾计生用品等，同时带着大米、油、棉被等慰问品到6户困境妇女儿童代表家中探访慰问，为困境妇女儿童群体送上邻里的亲情，姐妹的温暖。妇女卫生健康行活动。联合区卫计局、妇幼保健院开展妇女“两癌”免费普查项目，全年共发动了1万多名妇女参加了免费检查，做到对“两癌”疾病早发现、早确诊、早治疗，提高广大妇女的健康水平和生活质量。

【基层组织建设】 “妇女之家”建设全面铺开。2015年，全区94个行政村已全部成立“妇女之家”，覆盖率达到100%，有一半以上的村（社区）建立了规范化的“妇女之家”，有固定的活动场所、有专人负责、有计划有定期地开展活动，在群众中产生了积极的影响。继新港街道东风村、香洲街道西兴社区、凤山街道香洲社区被定为省级“妇女之家”示范点后，区妇联积极发挥妇联枢纽型组织体系优势，探索在机关事业单位及社会团体中成立“妇女之家”，经过调查研究培育了“逸挥基金人民医院妇女之家”“城区丰祺蔬菜种植专业合作社妇女之家”“城区红舞鞋艺术培训中心妇女之家”“城区文化馆妇女之家”等四家新领域、新形式的“妇女之家”。积极开展儿童友好示范社区建设。自凤山街道文亭社区、香洲社区被推荐为省儿童友好社区后，大力宣传，充分调动、利用各社区所有可整合资源，加大全区儿童友好社区建设，将家庭教育及儿童关爱职能纳入到社区服务功能中，是年香洲街道园林社区也被授予儿童友好社区称号，现示范点各项硬件初步完善，已多次开展社区亲子活动，营造了关爱儿童的良好社会氛围。

【推进实施妇女儿童发展规划】 认真履行区妇儿工委办公室的职责，加大对妇女儿童新规划的宣传和实施，协同妇儿工委各成员单位切实做好2015年度妇女儿童发展规划中期评估监测工作。

（陈晓晓）

附：城区妇女联合会领导名单

主　席：李楚云

副主席：洪郁冬

· 城区归国华侨联合会

【概况】 汕尾市城区归国华侨联合会于1991年7月成立。2015年有编制3人，专职领导1名；综合设立一个办公室，承担具体的日常事务工作。全区归侨侨眷港澳眷属近12万人，其中归侨70多人，这些归侨大部分是从印尼、马来西亚、越南等国家归国的。

【理论学习】 2015年，城区是推进城区扩容提质、振兴发展的关键之年。区侨联在区委、区政府的正确领导和上级侨联的指导下，深入贯彻中共十八大和十八大四中、五中全会精神和习近平总书记系列重要讲话精神，认真贯彻区委七届四次全会的决策，严格落实中央“八项规定”。认真贯彻落实城区的全面深化政务整治、正风肃纪集中行动、“三严三实”专题教育的工作要求。坚持“以人为本，为侨服务”宗旨，紧紧围绕区委、区政府中心任务，做好侨联的各项工作。

【参政议政】 2015年，城区一年一度的区人大会、区政协会议期间，侨界人大代表、政协委员履行职责，参政议政。同时他们联合侨联经常深入到各镇、街道、乡村、居委调查了解侨情，倾听归侨侨眷的呼声和建议，对一些难点热点问题，积极向有关部门和领导反映，或通过人大、政协中的归侨、侨眷代表、委员出言献策，为侨界群众的切身利益表达意愿。

【为侨服务】 是年，区侨联主要按照区委、区政府提出的要求，结合全面深化政务整治、正风肃纪集中行动工作，开展为“侨”服务的各项工作。把开展政务整治行动，推动政务环境和党建工作制度化、常态化和长效化，贯串于侨联工作。1.周密部署，认真做好集中行动动员部署。组织全体干部职组织开展“改进机关作风、提高行政效能、优化政务环境”专题大讨论活动，重点弄清“面对当前城区振兴发展的新形势新任务新要求，侨联系统的党员干部究竟要有什么样的观念、状态和作风，立足城区侨联工作特色，该做什么，如何去做”的问题，把思想和行动都统一到区委关于整治行动的决策部署和工作要求上来，切实增强干部职工参与整治行动的自觉性的主动性，要以时不待我的紧迫感和责任感助力城区振兴发展。2.成立领导机构。成立区侨联专责领导小组和工作机构，领导小组下设办公室，设在侨联办公室，由洪少红兼任办公室主任，区侨联整治办负责整治行动的组织协调、检查指导等全面工作。3.明确整治任务、查找问题、找准根源、落实措施。根据区委、区政府的统一部署和工作要求，以整治作风突出问题为主要内容查找问题，领导班子和班子成员按照要求认真查找问题，单位和个人把查出来的问题归类，列成清单和剖析报告。在全面深化政务整治、正风肃纪集中行动工作的同时，继续做好改善侨界民生工作，构建和谐侨界，得到领导和归侨侨眷的好评。

【服务基层】 为进一步提高新形势下领导干部做好群众工作的能力，改进工作作风、密切联系群众，区侨联组织全体干部职工深入到基层开展“四群”教育活动，即：深入树立群众观点，坚持群众路线，维护群众利益，做实联系群众工作；且取得了显著的成绩。区侨联挂驻东涌镇新湖村，每个星期进村入户不少于一次，深入基层帮助出主意、想办法解决实际困难。1.直联入户听民愿，网格管理促平安。2015年1月，侨联在驻点普遍直接联系群众制度实施后，在进村入户走访群众掌握民情中了解到乡贤、群众提出建立综治维稳网格化管理，强化本地治安管理的建议。经深入调研、多方征集意见，为进一步提升社会治安综合治理基层基础建设水平，夯实综治基层基础，促进“平安东涌”建设，区侨联协助镇、村两级按照“以综治工作为主题、以掌握民情为重点、以化解矛盾为目的、以服务群众为宗旨”的工作要求.大力开展新湖村综治维稳网格化管理工作。侨联和镇驻点团队与村“两委”、各村民小组强力推进，以村民小组出资与乡贤、群众捐款共70余万元作为启动资金，短短一个月的时间，设备采购、区域布局、人员配备、技术掌握、运作制度建设等工作已全部完成。是年年底，设备安装80多个摄像头，覆盖率达到100%。新湖村在综治维稳方面一直是区的创新先锋，多次被区委、区政府评为维护社会稳定及社会治安综合治理工作“先进单位”。2.是年5月12日，区侨联联合区残联在东涌镇新湖村开展进村入户“爱心助残”活动，共走访慰问了颜无等22位残疾人，并为他们代办“残疾人证”，受到该村残疾人的热烈欢迎和衷心感谢。

【做好涉侨信访维稳】 2015年，区侨联把贯彻归侨侨眷的合法权益与大力宣传党和政府的优惠政策结合起来，经常到归侨侨眷家中宣传党的优惠政策和侨法法规。还把《中华人民共和国归侨侨眷权益保护法》和《中华人民共和国归侨侨眷保护法实施办法》印成小册子30份发到他们的手中，使归侨侨眷能用法律、法规保护自身的合法权益。认真接待来信来访，对于归侨侨眷的来信来访，做到件件有回复、事事有落实，切实保护归侨侨眷的合法权益。是年，接待来信来访1宗，1宗已落实。

（石巧芳）

附：区归国华侨联合会领导名单：

副主席：洪少红

·区文联

【概况】 城区文学艺术界联合会（简称区文联）成立于2015年2月，由主席、副主席各1人，委员12人组成。区文联成立后致力为建设“文化强区”营造浓厚的文化氛围，充分调动广大文艺工作者的主动性、创造性，并立足本土、贴近生活，努力创作一批人民群众喜闻乐见的文化精品佳作。同时组织开展各类文艺活动，不断加强文艺队伍建设，不断增强吸引力、凝聚力和感召力，使区文联真正成为城区广大文艺工作者的温馨之家。结合文联实际情况，加强组织建设，积极开展丰富多彩的文艺活动，力促取得实效，丰富广大群众的精神文化生活，推动城区文艺事业的发展。

【主要工作】 2015年，区文联发挥职责，加强指导全区文艺工作，使全区文化事业取得了一定的进展。2015年，成立了汕尾市城区作家协会、城区美术家协会。城区机关诗书画协会，创办的《品清潮》书画报出版了13期报刊。继续组织动员文艺爱好者参与各种全国、省内外文化活动及文艺比赛，各协会多次组织会员开展采风创作等活动，城区文艺工作较以往有了新的提高。

（吕业群）

附：区文联领导名单：

主　席：吕业群

专职副主席：陆海声

副秘书长：吴玉婵

·区残疾人联合会

【概况】 2015年，区残疾人联合会（简称区残联），内设办公室，劳动就业服务所，编制6人，其中，理事长1名，副理事长1名；中共党员4人；建立和完善村（社区）残疾人协会93个，聘任镇、村残疾人专职委员95人，并落实专职委员工作补贴。

【康复工作】 2015年，城区残联在开展康复救助工作过程中始终结合实际，坚持政策扶助为主导，全力实施省下达各项康复项目，使上级各项康复优惠政策全面落到实处，使部分有需求的困难残疾人得到及时的救助、康复。0~6周岁残疾儿童抢救性项目。在城区尚未建成儿童康复中心，专业医疗机构没有开设残疾儿童专门康复机构的情况下，区残联根据省残联的有关规定，加强协调，借助海丰老区人民医院的医疗条件，委托医院就城区籍的残疾儿童申报省级康复资金的救助并组织集中康复，全年城区籍96名重度残疾儿童得到及时的救助和康复（其中34名为儿童福利院孤儿）;加强宣传，促进白内障复明工作日常化，区残联主动作为，加强对白内障复明纳入城乡医保报销范围的政策的宣传，使更多的白内障患者及时得到康复，全年白内障患者得到免费康复近348例;筛查城区听障残疾人人工耳蜗手术需求对象35名;组织康复机构对5名重度困难肢体残疾人开展居家康复，免费为2名肢体残疾人安装假肢，减轻残疾人家庭的负担和残疾人的痛苦;申报捷胜镇联安村为全省助残健身工程示范点创建单位，对今后城区残疾人的文化体育事业将起到积极的带动作用；发放0~6周岁贫困残疾儿童“七彩梦”辅助器具7件。

【扶贫、教育、文体工作】 2015年，残疾人的扶贫工作主要做了如下几方面：为15户受超强台风“天兔”损坏的房屋全倒户申报每户补助资金3000元，合计4.5万元;申报城区家庭贫困残疾人农村危房改造42户，每户补助资金6000元，合计25.2万元;组织对10户困难残疾人落实居家无障碍改造;发放2015年度重度残疾人护理补贴1956人，每人每年1800元，残疾人生活津贴1516人，每人每年1200元，两项补助合计534万元;对57户特困残疾家庭给予救助，每户600元，合计3.42万元;争取扶贫资金9.6万元对200多户生活困难残疾人家庭给予慰问救助;协助区医疗中心对2134名重度残疾人免费参加城乡医疗保险;选派3人参加省残联举办的全民助残健身工程示范点健身指导员培训;积极组织和开展好第二十五届“全国助残日”活动，投入2万元组织对困难残疾人的慰问;为2015年城区新入学残疾人大学生朱晓芬等4人申报广东省“南粤扶残助学工程”活动，其中一次性资助朱晓芬1.5万元，陈炳荣、林宇琳、黄守霖各1万元，合计4.5万元;扎实开展创文工作，主动加强与市残联和区创文办的沟通协调，城区侵犯残疾人合法权益事件每万户投诉率低于1.5起，按要求落实考核标准;是年9月12日在四川成都举行的“全国第九届残疾人运动会暨第六届特殊奥林匹克运动会”中，城区共有2名残疾人运动员代表省队参加此届比赛，取得1金2银1铜4枚奖牌的佳绩。其中何忆义，男，21岁，以优异的成绩取得了多个名次（男子跳远第一名、男子100米短跑第二名、男子200米短跑第三名）；罗智明，男，24岁，取得男子轮椅篮球赛团体第二名。

【残疾人就业】 2015年，区残联为进一步推动残疾人就业，加大了宣传力度，经常组织人员到机关、企业宣传残疾人参加职业培训的义务、意义等，并定期组织残疾人参加职业培训，做好来访登记和培训机构介绍工作。区残联落实专人负责对有培训意愿和就业能力的残疾人进行来访来电登记，并根据残疾人自身情况介绍到相关职业机构进行培训。是年，到区残联登记失业的残疾人员人数89人，培训残疾人数76人，实现就业人数81人，残疾人职业培训效果明显。是年共组织残疾人职业培训14人次，创业培训11人次，实名制系统管理员培训1期1人次。为促进残疾人的就业，加大按比例安排残疾人就业力度，区残联主动参与市、区两级人力资源与社会保障局联合举办的“暖企行动”大型企业用工招聘会。

【基层组织建设】 加强残疾人数据库建设，严格办证程序和办证标准，提高办证率，截至是年年底止，全区共办理残疾人证4112份；加强对各镇（街）、村（社区）专职委员的管理和教育；增调陈梓钦为区残联办公室主任，主持办公室全面工作，提高区残联的工作效率和服务水平；认真开展全面深化政务整治、正风肃纪集中行动，大力推动政务环境和党建工作制度化、常态化和长效化；紧紧配合区委，区政府中心工作，促进城区经济社会的稳定发展。

【信访维权】 区残联重视做好残疾人信访工作，认真贯彻国家《信访条例》。安排专人负责，领导亲自处理来信来访工作，对残疾人反映的康复、就业、教育、生活困难和权益等实际问题，进行登记，并针对性的帮助解决和做耐心细致的疏导说服工作，坚持矛盾不上交政府，将问题解决在萌芽状态。教育营运三轮车残疾人要服从政府管理，注意安全，做一名遵纪守法的文明市民，有效维护了社会稳定。是年，收到残疾人来信来访1件，上级转办2件，办结率100%。积极参加“法律援助惠万家”法律宣传咨询活动。

（陈梓钦）

附：区残疾人联合会领导名单

理事长：刘宗锐

副理事长：王彩

·城区红十字会

【博爱送万家活动】 2015年，城区红十字会继续弘扬“人道、博爱、奉献”的红十字精神，努力为生活困难的群众排忧解难。是年春节前夕，开展了“博爱送万家”活动，筹集了价值5565.9元的大米、花生油、衣被等物资到全区贫困单亲家庭、特困农民工和特殊家庭进行节日慰问。

【惠民医疗服务】 区红十字会联合城区卫计局积极联系企业赞助，中恒集团对城区卫计系统捐赠药品567件、价值约182万元。并把这些药品无偿捐给城区各基层医疗卫生计生机构，重点对困难户、特殊扶贫对象发放，缓解了群众“看病难、看病贵”的问题。

【开展无偿献血活动】 区红十字会积极组织机关、学校、医院、企事业单位宣传开展献血等爱心活动，全区共200名干部职工参加了无偿献血活动，共献血1.8万毫升，缓解了医疗卫生机构临床用血紧张的状况。

（罗海恩）

附：城区红十字会领导名单

会　长：罗海恩

武　装

WU ZHUANG

武装工作

【概况】 2015年，城区人民武装部（简称区人武部）在汕尾军分区党委和区委、区政府的正确领导下，紧紧围绕强军目标和“三严三实”专题教育整顿的要求，按照“举旗铸魂、聚焦备战、强基固本、依法治军、整风塑形”的工作思路，向“三个牢记”（是习总书记提出的：全军官兵要牢记坚决听党指挥是强军之魂；牢记能打仗、打胜仗是强军之要；牢记依法治军、从严治军是强军之基）聚焦用力，扭住思想政治建设不放松，军事斗争准备不动摇，狠抓人武部党委班子建设、正规化建设、民兵预备役建设和保障部队海训演习等工作，人武部安全稳定，圆满地完成了上级赋予的各项任务。

【思想政治工作】 以加强党委班子建设为重点，着力提高党委班子领导单位全面建设的能力。区人武部始终把加强党委班子自身建设作为年度工作的重点内容，以班子建设带动单位全面建设。一是认真贯彻落实民主集中制。部党委认真贯彻“十六字”原则，严格执行《党委议事规则》，促进了党委班子的团结共事意识和集体领导、集体决策水平；二是加强党风廉政建设。党委班子成员充分发挥表率作用，始终做到廉洁自律、“过紧日子”、“把紧关子”。坚持党委集体理财，强化监管机制；三是狠抓党委班子成员业务素质培养。为提高党委班子成员的业务素质和决策能力，该部组织党委委员进行了《党委工作条例》《党委议事规则》《中国共产党章程》和《民主集中制学习资料》等相关法规制度和知识的学习和教育，进一步提高了班子成员的理论素养和综合素质，不断增强班子成员参与集体决策的水平和能力。2015年3月以来，区人武部全面贯彻中共十八大和十八届三中、四中、五中全会精神以及习主席关于“三严三实”专题教育整顿要求，狠抓整改落实，完成了教育实践活动的规定动作，富有成效。一是专题教育整顿内容全部落实。党委围绕习主席在全军政治工作会议上指出的10个方面问题、中纪委五次全会上提出的纪律建设5个方面问题，对照“坚定理想信念、匡正用人风气、强化组织功能、加强纪律建设、肃清徐才厚案件影响”5个方面，在同步参加上级“规定动作”基础上，前后3次组织安排集中学习教育，同时按照省军区和军分区标准要求召开了“专题民主生活会”和“专题组织生活会”，突出了整改落实、解决问题，收到了较好的效果。二是注重实效抓了配合活动。1.召开了一次座谈会。组织全体党员进行座谈，从不同侧面分析查找问题。2.观看了红色电影和警示教育系列片。组织所属人员观看了《支部建在连上》《古田会议》《作风建设永远在路上》等红色电影和警示教育系列影片，更加纯洁了官兵的思想。3.召开了一次专题民主生活会和专题组织生活会。根据上级要求，召开了专题民主生活会和专题组织生活会。集中组织班子成员填报“个人事项报告表”，全体干部认真准备了对照检查材料，对查摆出来的问题进行了立即整改，不能立即整改的也作出了时限要求。4.彻底清查了涉郭、涉徐、涉周信息，并在政治立场上表态。组织所属人员进行横向到边、纵向到底清查销毁了涉郭、涉徐、涉周信息，以党小组会的形式在政治立场上表态发言。5.参加了一次参观见学活动，11月11日，组织干部、基层武装部部长参加军分区统一组织的到海丰县革命烈士纪念馆和深汕合作区参观见学系列活动，扫清了官兵的思想尘埃，打牢官兵听党话跟党走的坚定决心。6.参加了军分区统一组织的“两支队伍”培训。组织政工干部和基层武装部部长参加了“两支队伍”培训活动，打牢了思想基础，提升了业务素质。7.开展了一次谈心活动。书记和副书记找全体干部各谈了一次心，了解了干部个人情况和思想动态，增进了相互了解，沟通了同事感情。三是查摆问题注重边总结边整改。该部坚持问题导向，广泛征求各方意见建议，深入查找问题，及时抓好整改。1. 全方位收集意见。向全体干部职工、专武干部发放征求意见表，召开干部职工座谈会等形式全面、系统、公开的听取了大家的意见建议。2. 突出抓好解决问题。针对查摆出来的问题和收集到的意见建议，注重问题回应。该部也特别强调，对梳理出来的问题进行全面立即整改、明确责任人，不能立即整改的问题要承诺整改时限。

【军事管理工作】 以军事斗争准备为牵引，扎实抓好战备防护和安全管理工作。一是重点抓好了大规模作战准备工作。2015年是大规模作战准备的验收之年，区人武部对照大规模作战准备检查验收细则，进行了自查、摸清了底数，在自查过程中边查边改。3月份对照大规模作战准备要求标准进行了自评，针对存在的不足进行整改。完善了各类方案预案和各类硬件设施。6月按照上级大规模作战准备的验收标准，高标准的完成了任务。二是狠抓了战备工作。以落实战备值班、战备教育、战备检查等各项制度为抓手，狠抓各类值班人员、值班分队战备工作落实。修订了各类战备方案和非战争军事行动预案。补充战备物资，规范“三室两库”管理，进一步夯实了战备基础。三是扎实抓好军事训练。按照习主席提出的“能打仗、打胜仗”的标准要求，以干部、职工和民兵应急分队比武考核为抓手，紧紧围绕人武部担负的使命任务开展训练。通过训练，有力地推动了干部、职工和民兵队伍完成多样化任务能力的提升，确保部队能随时“拉得出、用得上”，圆满完成上级赋予的遂行抢险救灾、维稳治乱、演训保障等多样化军事任务。四是深入开展“创建法制军营、争当守法军人”活动。认真贯彻两级军区安全工作会议精神，人武部定期召开安全形势分析会议，按照实现“四个确保”“六个不发生”的目标，突出人员、车辆、武器弹药、信息保密和涉军网上炒作等问题开展自查自纠活动，组织干部职工学习部队条令条例和法规制度，组织队列会操和条令条例知识考核，抓好点滴养成、正规四个秩序，确保了人武部秩序正规、工作有序；五是按要求落实民兵整组工作任务。是年民兵整组，区人武部按照任务牵引、平战结合、突出重点、建用一致的原则，减少了担任作战任务民兵队伍数量，增大了担负应急任务民兵规模，减少农村编兵数量，增大城镇编兵比重，减少内陆镇民兵数量，增大沿海和重点交通沿线民兵规模。形成以应急分队为重点、支援分队为支撑、储备队伍为补充的基干民兵建设格局。3月上旬，部领导带队进行了调研摸底；4月1日至4日进行了民兵整组检查；4月6日至10日对各镇（街道）民兵应急分队进行了点验；按照大规模作战准备有关要求进行了查漏补缺。

【海训保障工作】 主动作为，完成了保障部队海训演习任务。尽管年复一年的保障海训、演习任务，老百姓保障热情也不同程度降温。海训、演习部队要求越来越高，出动保障人员越来越多，区人武部克服困难、主动作为，把它作为一项政治任务来完成。广泛开展保障部队海训演习重要意义教育，认真学习上级关于保障部队海训演习的重要指示精神，引导干部职工和民兵预备役人员充分认清保障部队海训演习的特殊重要意义，统一思想认识，牢固树立小单位有大任务、有大作为的思想观念，变被动保障为积极主动服务。2月，结合民兵整组优化了保障队伍结构编成，进一步提升了保障水平。4月，结合“开展学习贯彻习主席国防和军队建设重要论述专题调研活动”，组织机关和基层武装部、民兵队伍学习了上级关于海训保障的有关文件精神。自演训部队进驻以来，区人武部协调区委区政府成立了演习海训保障工作领导小组，5月，就演习海训保障工作进行了专题调研，收集了第一手资料。据不完全统计，是年以来该部保障部队机动、实弹射击、演训等活动20余次，协调处理因演训引起的赔偿纠纷23起，共出动干部、职工、专武干部、民兵预备役人员和地方保障人员700多人次。

【后勤工作】 突出质量效益，稳步提高后勤保障水平。严格执行《军队财务管理细则》，从严控制非急需、不合理开支，加强预算执行情况检查与监督，控制好行政消耗性开支，使后勤各项工作达到标准化、制度化、规范化。一是高标准完成财政大清查。2015年，按照两级军区统一部署，区人武部主要对2013年、2014年度预算管控、经费收支、审批报销、账户资金管理情况进行全面清查。1月26日到2月8日，对照清查内容，逐项查摆问题，逐一列出清单，针对存在问题，制定整改措施。5月份迎接省军区财务大清查工作组。二是抓紧完善了各项保障方案计划。根据汕尾城区担负应急防卫作战的任务特点，组织修订完善各类后勤保障方案、计划，重点做好人武部与军分区、人武部与基层武装部方案、计划的衔接工作。积极协调、配合经济动员部门开展国民经济动员普查，进一步摸清了全区动员资源和潜力调查，修订完善了应急作战经济动员预案，不断更新潜力数据，为战时快速动员奠定基础。协助地方经济动员、交通战备部门完善动员保障分队编组计划，重点抓好医疗、油料、运输、工程道路抢修分队等保障力量建设。完成了省军区对全省国民经济动员潜力统计调查及后勤综合保障群建设情况检查调研工作。11月份迎接省军区国民经济潜力调查工作组检查。三是完成固定资产清查任务。9月10日，军分区进行固定资产清查工作。四是积极完成各项重大活动的后勤保障任务。补充完善人武部机关指挥所开设的战备物资、器材储备和民兵作战分队物资器材储备。加强对现有后勤战备物资、器材和装备的维护保养。五是积极完成日常各项后勤保障工作。坚持党委集体理财，强化综合预算管理，积极开源节流，努力提高经费保障效能。抓好标准经费管理，确保单位年度预算综合平衡率达到100%，家底经费达标率100%。坚持重大经费开支报告制度，集中财力抓大项办大事。大力抓好营区绿化美化建设。

【“双拥”工作】 以“双拥”共建为载体，进一步巩固军政军民团结。区人武部紧紧围绕城区创建省“双拥”模范城“八连冠”，以保障部队海训演习为平台，以解决问题为抓手，着力推动“双拥”工作创新发展。一是扎实开展新一轮扶贫“双到“活动。是年，该部通过金融扶贫、就业扶贫、助学扶贫等多种形式，先后3次到扶贫挂钩点捷胜镇前进村（后改为新联村）帮扶，为贫困户解决了生产生活中很多实际问题，受到了当地政府和村民的一致好评。二是广泛参与地方“四个文明建设”。是年，该部干部职工和城区广大民兵预备役人员踊跃参加义务献血、学雷锋和军民共创“文明城市”等系列活动，通过活动既增强了官兵全心全意为人民服务的宗旨意识，又融洽了军地军民关系。三是积极发挥民兵队伍遂行非战争军事行动能力。汕尾地区民风独特、自然灾害多发、社会矛盾突出。是年，应地方政府请求，该部先后6次出动干部职工和民兵预备役人员700多人次，参与扑救山火和抢险救灾行动，出色地完成了任务，受到了地方政府好评和驻地百姓的赞扬。

【征兵工作】 高标准、严要求，严密组织征兵工作。是年，7月至9月，城区人武部2015度年征兵工作在市征兵办和区委、区政府的正确领导和市征兵办的有力指导下，在各镇（街道）党委、政府的协助及全社会的大力支持下，坚持以有关法律法规和上级指示为依据，加大领导、宣传和廉政建设力度，严把对象推荐、上站体检、政治考核、文化程度审核关，确保了新兵质量，圆满完成了2015年度兵员征集任务。

（刘哲霖）

附：城区人武部领导名单

人武部部长：孟庆勇

人武部政治委员：张宏文

人武部副部长兼军事科科长：张斌武

人民防空

【概况】 2015年，汕尾市城区民防工作在区委、区政府和区武装部的正确领导下，坚持以科学发展观为指导，认真贯彻落实《中华人民共和国人民防空法》和《中共中央、国务院、中央军委关于深入推进人民防空改革发展若干问题的决定》，按照省、市民防办的工作部署和任务要求，着力推进“战备人防、效益人防、和谐人防”建设，积极开展人防法规和知识的宣传教育等工作，取得了明显成效，达到预期工作目标。

【人防法制宣传教育】 城区有计划、有针对性地推进人防宣传教育活动。一是继续把人防法律法规纳入“六五”普法考试和党校开展人防法律法规课程的培训教学工作。二是以学校为重点，会同教育部门做好人防知识宣传教育。在市区初二年级教育普及人防法律知识学习，增强中学生的国防观念和人防意识，全区初级中学受教育学生2200人次。三是继续开展人防“五进”（进机关、进学校、进企业、进社区、进家庭）活动，建立健全人防教育工作的长效机制。四是大力开展形式多种的宣传。在区党政网、《今日城区》报和区政府政务公共栏等新闻媒体和公共场所开展人民防空宣传教育工作，全年共刊登或出刊人防知识宣传刊栏6次，其中，由区人防办在区党政办公大楼右侧政务公开栏出版人防知识宣传栏4次，《今日城区》报刊登2次；在党政办公大楼和区各街道悬挂人防宣传标语30多条，通过各种形式的宣传，提高人民防空知识在社会的覆盖率、知晓率和认知度，进一步增强广大党员干部、人民群众的国防观念和人防意识，营造良好的社会氛围。

（刘水照）

附：城区人民防空办公室领导名单

主　任：刘水照

法 治

FA ZHI

政法委及综治工作

【概况】 2015年，全区政法综治工作在上级政法部门的有力指导和区委、区政府的正确领导下，深入贯彻落实中共十八届四、五中全会及中央、省委、市委政法工作会议精神，坚持以“三严三实”（严以修身、严以用权、严以律己，谋事要实、创业要实、做人要实）、“政务整治、正风肃纪”为抓手，围绕建设“平安城区、法治城区、过硬队伍”的工作目标，创新思路、勇挑重任、主动作为，为城区建设创造了安全稳定的社会环境、公平正义的法治环境和优质高效的服务环境。2015年度创建平安汕尾暨社会治安综合治理工作考评结果城区第1名，为优秀等次。

【社会大局持续稳定】 充分发挥政法部门的主力军作用，深入开展反渗透反颠覆反暴恐反邪教斗争，扎实做好重大活动和重大节假日的维稳工作。全年没有发生暴力恐怖事件、涉邪教案件，实现“五个不发生”（不发生重大政治影响事件、不发生暴力恐怖事件、不发生重大刑事案件、不发生重大群体性事件、不发生公共安全事件）目标任务，全国“两会”、“七一”、“八一”、中秋、抗战胜利70周年纪念活动、国庆、五中全会等重要时期、重要节点平安无事，红草高新区、红海西路拆建、汕尾碧桂园、金町湾等一批重点项目建设顺利推进。

【矛盾纠纷化解及时】 是年，到省、市、区信访量稳中有降，进京正常访4批15人次，无非访；到省上访6批24人次，到市上访137批282人次,集体访6批34人次，集体访批次和人次分别同比下降40%和74.4%；受理网上信访案件5宗，全部办结。全区综治信访维稳三级平台共受理矛盾纠纷571宗，依法调处成功543宗，调处成功率91%；排查出重大矛盾纠纷38宗，已化解37宗，化解率97%。妥善解决了林伟华中学征地遗留问题、黄金海岸业主办证上访、三和村民上京越级上访、区水产品批发市场管理所职工社保纠纷以及涉土、欠薪涉稳问题，及时处置了马宫白沙浮海域溺水事故、四海酒家意外坠亡事故、香洲街道梧桐村打人致死事故等多宗突发性事件。

【治安环境逐步趋好】 围绕群众反映强烈的治安突出问题，始终保持严打高压态势，部署开展了“3+2”“禁毒缉枪”“猎狐2015”“扫黄禁赌冬季百日行动”等专项行动，从重从快打击各类犯罪活动。区公安机关共立刑事案件594宗，破300宗，抓获犯罪嫌疑人318人，查处治安案件852宗，破“两抢一盗”案件67宗，对“八类”暴力性案件30宗及时侦破。区检察院共受理审查逮捕案件268件328人；区法院围绕“公正与效率”，全面推进各项审判工作，共收刑事案件356件448人，审结325件401人。区司法局积极开展法制宣传、人民调解、社区矫正、安置帮教、法律服务等工作，助推法治城区建设。区边防大队查获冻品93吨，成品油96吨；区消防大队狠抓消防专项整治工作，消防隐患得到有效整改。全年没有出现重大的火灾、交通事故，没有出现重大的刑事治安案件。

【禁毒缉枪成效显著】 各级各部门压实责任、主动作为，有力推进禁毒暨打击非法枪支专项行动纵深开展。是年全区侦破毒品案件183宗，抓捕涉毒人员151人，查获毒品2.07千克；查破涉枪案件8宗，涉毒涉枪犯罪得到有效遏制。党政主导禁毒工作、各部门齐抓共管的局面已初步形成，社会各界和人民群众支持、参与的热情逐步提升。

【服务发展更加有力】全区政法机关紧紧围绕区委、区政府中心工作，深入开展“便民利民”“暖企”行动，坚决打击商业贿赂犯罪、侵犯知识产权、非法传销活动等专项会战。是年共查结贪污、贿赂、诈骗等各类经济犯罪案件14宗15人；受理民商事案件799宗，诉讼标的额15323.5万元；办理各类经济公证992件，为企业提供法律咨询和法律服务3932人次。

【全民创安扎实推进】2015年，各地各部门围绕平安建设工作要点，狠抓各项创建措施落实。全区创建“无邪教”示范镇（街道）2个，“无邪教”示范村（社区）5个；创建“无毒”村（社区）28个，平安村居覆盖率为100%。社会治安防控体系不断完善，基层综治信访维稳三级平台建设得到加强，群防群治队伍建设上新台阶。

【依法治区卓有成效】 扎实推进“六五”普法教育，积极开展“一村（社区）一法律顾问”“送法下乡进单位”活动。全区共建立普法机构199个，配备专（兼）职普法人员280名，区直法制宣讲组18个，举办各类讲座、培训班、座谈会、法律咨询宣传活动300多场次，开展送法下乡、进校园、进企业活动共220多场次。城区“六五”普法教育通过市考核验收，名列全市第一名。

【群众工作深得人心】 扎实开展“直联”工作，开辟诉讼“绿色通道”，加大法律援助，建立做实群众工作制度。一年来，全区政法机关接待群众来信来访40批150人次，当场答复解决问题113件，减免困难群众诉讼费用4余万元，受理出入境材料54600人份，办理法律援助案件122件，为23名未成年被告申请了法律援助。

【干警形象不断提升】 是年，通过深入开展“三严三实”“政务整治、正风肃纪”活动，针对目前存在的“四风”问题和群众反映的热点问题，开展了一系列切实可行的整改措施，政法队伍工作主动性和积极性不断提高，履职能力不断增强，成为推动城区社会环境整治强有力、靠得住的钢铁队伍和有力保障。特别是在以区公安部门为主力军在推进三大片区建设中，服从区委、区政府指挥，快速、高效，队伍较高的作战能力得到有效验证。是年，全区政法干警荣获个人二等功1名、三等功11名、嘉奖58名。全区政法队伍中没有出现违法违纪现象。

（王伟峰）

附：区委政法委领导成员名单

书　记：卓江广（区委常委兼）
副书记：陈少华（区政府副区长、市公安局城区分局局长）
　　　　张水武
　　　　郑　暾
委　员：陈展科（区法院院长）
　　　　陈嘉涛（区检察院检察长）
　　　　曾昭谋（区司法局局长）
　　　　罗方锦(市公安局城区分局代理政委)
　　　　陈海生（区边防大队队长）

区委政法委下设办公室，主任：王德瀚

公　安

【概况】 2015年，全区公安机关在区委、区政府和市局的领导下，以中共十八届三中全会、四中全会、五中全会和中央政法工作会议精神为指引，全面贯彻落实全省市公安局长会议和市委六届四次全会精神，围绕一个中心（维护社会稳定）、构建两大体系（社会治安防控体系和反恐情报体系）的工作思路，紧扣“平安城区”这一主线，开展了打击涉毒、涉黑恶、涉盗抢和市局部署的打击涉食药假、涉枪专项行动(简称“3+2”专项打击整治行动)以及“禁毒缉枪”“猎狐2015”“扫黄禁赌冬季百日行动”等专项行动，有力地打击了违法犯罪，维护了城区的政治安定和社会稳定。

【国内安全保卫】 2015年年初，区公安分局成立了“处置恐怖袭击案（事）件指挥部”，下设办公室、现场处置一组、现场处置二组、情报信息组、调查取证办案组、法制宣传组、后勤保障组、女警应急组、网络舆情监控组。并制订了《汕尾市公安局城区分局关于处置恐怖袭击案（事）件工作预案》。6月13日，分局根据上级公安机关的统一部署和安排，结合城区的实际，制订了《汕尾市公安局城区分局“7·5”敏感期社会面治安防控工作方案》。在敏感时期，国保部门围绕维护国家安全和社会政治稳定总体目标任务，采取切实有效措施，迅速高效地搜集情报信息，研判有关有用情报，随时应对和处置突发事件，先后召开12个派出所综合研判会议5次，向区委、区政府和市局上报各类情报信息18条，圆满完成了“4·25”、“7·5”、“7·22”等重大政治敏感期的维稳安保工作。

【“大情报”工作】 2015年，全局12个派出所“大情报”工作全面铺开，重点对象管控子系统全面启用，签收率达100%，反馈率100%，处置率和在控率逐渐上升。分局“大情报”平台运行质量良好，重点人员管控“四率”大幅度提升。全年，分局共接收各类预警10841条，其中红色预警64条（含8条瑕疵数据）、黄色预警465条、蓝色预警10312条。按时签收10169条，按时反馈869条，成功抓获红色预警在逃人员22名（其中通过二次研判抓获13名）。2015年12月14日，分局中心综合情报部门接到“DQB”平台发出红色预警信息：在逃人员昌某国（男，31岁，重庆市忠县人）入住市区夜来香旅馆。接报后，情报部门快速反应，迅速下达指令至辖区新湖派出所，该所值班民警立即赶赴预警地点进行抓捕，经严密布控，成功将持刀抢劫犯罪嫌疑人昌某国抓获。

【妥善处置不安定因素和矛盾纠纷】 2015年，区公安分局进一步强化涉稳情报信息研判预警、应急处置和矛盾纠纷排查化解等工作机制，围绕重点项目建设、征地拆迁、房产纠纷、劳资纠纷、村委换届历史遗留问题等可能引发的不稳定因素，深入开展矛盾纠纷排查调处工作，及时消除不稳定苗头和因素。全年，共调解各类矛盾纠纷860余起，调解成功率达95%以上，圆满完成了红草汽车工业城等重点项目建设的保驾护航工作，对阻挠施工、阻碍执行职务的15名闹事者依法进行处置；及时预警并协助有关部门阻止了民办教师林某某、梁某等准备上省进京上访事件，成功处置了黄金海岸部分业主到市政府上访事件，以及市区违建拆迁整治、后径村、盐屿村土地纠纷、区水产品批发市场管理所职工到区、市政府上访等事件一大批，成功化解影响稳定的苗头和事端93起。

【刑事案件】 2015年，区公安分局刑侦部门继续保持“严打”凌厉攻势，积极开展侦查破案。全年共立刑事案件594宗，破刑事案件300宗，抓获犯罪嫌疑人318人，及时查破“八类”暴力性案件30宗(其中杀人2宗、放火1宗、伤害12宗、强奸2宗、抢劫13宗)。先后侦破了“2·28”故意伤害致死案、“4·29”故意杀人案、“8·30”故意伤害案、协助深圳警方侦破龙华“7·30”绑架案以及“11·24”曾某某等犯罪嫌疑人跨区域抢劫、抢夺犯罪团伙系列案等一批影响较为恶劣的重大案件。在侦查刑事案件中，分局推进和落实了现场勘查新机制,严格按照“一长四必”（“一长”是指县局局长对刑事案件现场勘查工作负总责，“四必”是指“现场必勘、物证必采、信息必录、物证必比”）的工作要求，并将“视侦、图侦、网侦”等全新侦查措施贯串于整个案件的侦查中，全面提升侦查能力和办案能力。

【案例选录】 *聂某某故意杀人案* 4月29日下午5时许，群众报称其租客李某某（女性，41岁，四川省武胜县人）在汕尾市城区园林小区西街29号三楼出租屋死亡。城区分局刑侦部门接报后，侦查民警立即赶赴现场，开展侦察破案，经十多个日日夜夜缜密侦查，于5月12日在重庆市永川区将犯罪嫌疑人聂某某抓获归案。据犯罪嫌疑人聂某某供述：4月27日11时许，聂某某从重庆市坐车到汕尾市城区找被害人李某某，并入住汕尾市城区帝嘉宾馆，当天晚上12时左右，聂某某以其父亲生病为由，拨打李某某的电话，提出向其借钱，遭李某某拒绝。28日凌晨二时多，聂某某到汕尾市城区园林西街29号李某某住处楼下后，因看到楼上有灯光，便返回宾馆。凌晨3时左右，聂某某又拨打李某某的电话，李某某在电话告诉聂某某，说又新找了一个男朋友，叫其不要烦她。聂某某听后很生气，然后到李某某的住处，叫其开门并进入李某某房间，进入房间后，李某某躺在床上，聂某某坐在床边并要求留宿，但李某某以“新找了男人，你养不起我”等话叫聂某某离开。至此，聂某某萌生杀害李某某之念，双手掐住李某某的脖子直至其没有气息。随后，聂某某从冰箱上撕了一块保鲜膜紧盖住李某某的面部，惊慌离开李某某的住处返回宾馆。28日7时多，聂某某离开汕尾返回重庆市永川区。

苏某某出售非法制造的发票案 2015年6月18日，汕尾市城区地方税务局向城区分局经侦大队报称：2015年5月6日,在汕尾市城区地方税务局办税大厅发现有一张伪造发票。经查，此发票是蔡某某向吕某某购买位于汕尾市区黄金海岸金玉湾XX栋东梯XX号的套房时，委托宜家地产公司负责人李某某办理交易手续。李某某付给苏某某6万元人民币，委托其办理该套房交易的纳税手续，苏某某得款后，并没依法去税务机关办理纳税手续，而是将自己伪造的发票（面额为72.5万元人民币）出售给宜家地产公司负责人李某某。苏某某得悉自己伪造发票的情况败露后，为逃避打击，负案潜逃。至2015年7月5日，当犯罪嫌疑人苏某某在汕尾市城区红草镇埔边出现时，被惠州铁路公安处汕尾站派出所民警抓获归案。经进一步侦查，发现苏某某曾伪造3张湖景花园3套住房的假发票：面额分别是：1.号码：04578875、面额:63.51万元人民币；2.

号码：04578806、面额:48.55万元人民币；3.号码：04578897、面额:40.06万元人民币。苏某某共得款17.7万元人民币。

【专项打击整治行动】 2015年年初至年底，全区公安机关开展了“3+2”专项打击整治行动（打击涉毒、涉黑恶、涉盗抢、涉食药假、枪专项整治行动）。行动期间，分局先后开展了36次统一清查行动，累计出动警力8100余人次，清查出租屋2432间次，旅馆、歌舞娱乐场所、网吧、重点部位及其他治安复杂场所3650处。经过全局民警十个多月的艰苦奋战，取得了五个方面的显著战果：一是在打击涉盗抢方面，共破“两抢一盗”案件67宗，抓获犯罪嫌疑人69人，（其中刑事拘留51人）。抓获逃犯11人，打掉跨区域流窜入室盗窃犯罪团伙1个，抓获督捕逃犯1人（叶某某，涉嫌抢劫）。二是在打击涉毒方面，根据警综系统数据统计：侦破毒品案件183宗；查处吸毒人数728人，处以强制隔离戒毒的495人。行动中，缴获各类毒品共93.8714千克（其中2014年11月22日市局指派分局办理的余某某、廖某某等人涉嫌制造毒品案毒品43.850千克）。三是在打击涉黑恶方面，共查破涉恶案件23宗，抓获犯罪嫌疑人38人，抓获逃犯10人。四是在打击涉食药假方面，经侦大队作为牵头单位不断克服区域限制、案源枯竭等客观困难，采取超常规工作措施，集中优势力量进行专线攻坚，共立涉食药假案件4宗破2宗，抓获犯罪嫌疑人6人。五是在打击涉枪方面，共查破涉枪案8宗，抓获犯罪嫌疑人5人，缴获枪支5支，子弹51发。

【打击经济犯罪】 经侦部门继续保持对各类经济犯罪严打的高压态势，积极拓展线索、广辟案源、深挖细查、开展侦查破案，有力地维护了市场经济秩序。2015年，共受理案件7宗，立案7宗（其中信用卡诈骗案3宗、非法经营案1宗、出售非法制造的发票案2宗、集资诈骗案1宗）。破案6宗（其中1宗为积案）。抓获犯罪嫌疑人11人（7人为年前积案）。刑事拘留7人，逮捕7人（5人为年前积案），抓获在逃人员13人（其中2人是外地外单位在逃人员），移送起诉15宗13人（其中10宗10人为年前积案，3人一人两宗案件）。协助外单位办理案件10宗20人。

【查处治安案件】 2015年，全年查处治安案件852宗（其中扰乱公共秩序5宗、妨害公共安全12宗、侵犯人身财产权利44宗、妨害社会管理秩序791宗）；查处人数1129人（其中治安拘留128人、强戒841人、其他160人）。

【巡警工作】 针对市区“两抢一盗”频发的突出问题，巡警大队及时调整巡逻模式，采取以蹲点执勤为主，机动巡逻为辅模式，有效地打击了路面现行“双抢”和涉毒案件，收到良好效果。全年，巡警大队先期处置各类案件245宗，先期处置交通事故340宗，制止、调解群众纠纷205宗，抢险救灾16宗，处置群众上访51宗，接受群众求助42宗，无效警情76宗，其他192宗。共抓获各类违法犯罪嫌疑人289人，其中涉毒犯罪嫌疑人38人（破毒品案件28宗，移交其他部门10宗10人），涉盗抢犯罪嫌疑人4人（2人移交派出所处理），开设赌场、聚众赌博犯罪嫌疑人35人（开设赌场1宗、赌博1宗、移交其他单位30人），吸毒人员212人。

【危险物品管理】 在民用爆炸物品行业的日常管理工作中，分局认真贯彻落实安全生产检查工作制度，对全区民用爆物品销售公司、民爆仓库、爆破作业单位、临时爆破作业点、采石场、烟花爆竹仓库等20多个单位，加强了隐患排查整改。定期或不定期地对全区涉爆单位的安全生产进行检查。并督促和指导各派出所加强对民爆单位的安全管理，落实对涉枪涉爆等单位每月不少于一次的安全检查，发现问题和隐患立即进行整改，把事故和隐患消灭在萌芽之中。为深刻吸取天津“8·12”事故教训，分局从8月14日至23日，利用10天时间，对民爆物品、烟花爆竹、剧毒化学品、易制爆危险化学品和放射性物品等生产、销售、使用、储存单位，开展一次地毯式、全方位的安全大检查。全年，分局治安部门对涉爆单位进行了24场次检查，审批、开具购买证、运输证各217份，审批炸药1526.5吨、雷管38.16万发。民爆品管理全程实行信息化，管控更为严格、规范。

【重大社会活动和会议安全保卫】 2015年，分局圆满完成了政协汕尾市第六届委员会第四次会议和汕尾市第六届人民代表大会第五次会议、抗战胜利70

周年纪念活动、汕尾渔歌节启动仪式暨渔歌大汇演文艺晚会、2015年汕尾市城区招商推介会、汕尾市城区第七届人民代表大会第五次会议、政协第四届五次会议、国防兵器展示暨国防爱国主义教育活动、2015年磨房汕尾首届40公里徒步活动、2015年普通高考英语听说考试、2015年普通高等学校招生统一考试、2015年普通高中招生考试和国庆节、五一节、春节、元宵、清明节、端午节、中秋节、“采花枝”民俗活动等15场次重要会议和重大社会活动的安全保卫。

【户政管理】 2015年，分局户证部门保质保量按期完成了是年的户口统计、制发临时身份证、审批户口手续和流动人口的服务管理等工作。年末，全区总户数为87796户，常住人口392809人（其中非农236097人），男性204647人，女性188162人。是年，户证部门制发临时身份证7405人，上报、审批户口手续8500多份14250人。同时，进一步加强对出租屋和流动人口的服务管理，认真开展排查、采集、录入工作，共排查出租屋450间，录入流动人口信息6700条。

【治安拘留所】 2015年，区公安分局拘留所认真落实全市监所“三项重点工作”（规范执法、创新管理、化改矛盾）检查活动和在押人员安全风险等级评估、分级管理、人性化管理等工作制度，深化视频监控系统的应用，认真开展监所安全隐患排查与应急预案演练，圆满完成876名违法人员收押任务，实现了监所安全无事故目标。并被广东省公安厅评为“三级拘留所”等次。

【出入境管理】 2015年，出入境管部门以“提高服务质量，树立良好窗口形象”为目标，强化了出入境管理工作职能，创新便民服务措施，较好地完成了各项工作任务。全年，出入境部门共受理中国公民因私出国（境）54600（45960）人次，其中受理往来港澳通行证46547（40177）人次，定居1263（1683）人次，护照6790（4100）人次。审核上报中国公民因私出国（境）63091（46476）人次，其中往来港澳通行证54599（41518）人次，定居1612（929）人，护照6880（4029）人次。

【公安法制】 2015年，法制部门以争当法治公安排头兵为目标，充分发挥职能作用，深入推进执法规范化建设和法制建设，取得明显成效。2015年，共办理刑事案件285件342人，其中刑事拘留261件317人（批捕243人，转强制隔离戒毒1人，变更取保候审66人，变更监视居住5人，释放2人），取保候审6件6人，批捕在逃归案件18人（其中变更取保候审7人）。移送审查起诉288人（其中取保候审移送审查起诉33人）。办理行政案件852宗1129人。

【警务督察】 2015年，纪检督察部门围绕公安中心工作和重大警务部署开展警务督察，积极履行督促落实、预警防范、维权保障等职责，确保警令畅通和各项警务工作落实，提高广大公安民警遵纪守法、依法办案、忠于职守的自觉性，全面推进公安工作和促进公安队伍的正规化建设。全年，出动警力169人次开展现场督察77场次、网上视频督察13场次，发现查纠问题39个，派出警力22人次，对城区存在黄、赌、毒现象进行暗访5次；受理的群众举报41件次，初核38件，成功办结38件（其中3件正在按期限进行办理）；对试用期转正任用的9名干部进行廉政审查；对10名新招录民警试用期间遵守党纪政纪的情况进行审查；同时，对全局办公楼安装工程、办案中心改造和9个行政派出所的办案场所改造等项目开展专项审计，总审计金额为人民币325.7万元。

【档案管理】 2015年6月初，分局办公室在公务繁重的情况下，挤出时间、抽调专人，整理完成了2007年至2013年共7个年度的文书档案109卷（其中短期60卷、长期17卷、永久32卷）。11月初，分局拨出专款近万元，购置了抽湿机、干粉灭火器（6支）、温湿度计、档案管理专用软件、电脑、打印机、影印机、应急灯、桌椅等，对档案设备设施进行了补充和完善。

【公安宣传】 2015年，分局通过电视、报纸、网络、设立宣传栏、悬挂禁毒宣传牌、举办咨询签名活动、印发禁毒倡议书、召开宣判处理大会等方式，形成全方位、全覆盖的禁毒宣传氛围。9月3日，分局会同区教育部门，在全区82所中小学新学年开学之际，开展禁毒缉枪教育，让5万多学生接受禁毒缉枪教育，并要求学生家长签订拒绝毒品和非法枪支的承诺书。在全区高速公路、主要干道等主要路口、敏感路段树立20块固定宣传牌。7个镇（街道）和94个村（社区）开通广播经常进行宣传，每个镇（街道）每周固定出动2次宣传车巡回宣传。11月10日，城区在汕尾中学大操场举行禁毒暨打击非法枪支专项行动公开宣判处理大会，对10名被告人和7名犯罪嫌疑人进行公开宣判处理，起到较好的警示震慑作用。在开展禁毒宣传的同时，城区分局于2015年12月23日，开展打击和防范非法集资犯罪宣传日活动。汕尾市公安局、汕尾市城区金融办、市人民银行、证监局等部门提供相关宣传资料并派员参加，现场为群众讲解答疑，提供专业咨询服务，并发放2000余份宣传资料、纪念品。收到各类非法集资信息80条，接受群众咨询200余人次。在各派出所设置的宣传栏中，定期刊载《侵财犯罪案件防范常识》《如何防范非法集资》《诈骗花样新辖区群众要当心》等内容的文章，教育群众提高防范意识，避免上当受骗。在开展"3+2"专项打击整治行动中，广大基层民警深入街道、社区等向群众广泛宣传，动员群众广泛参与"3+2专项"行动，营造全民参与的良好氛围。据统计，共在该地新闻媒体刊播新闻稿件10多篇（次）。同时，结合汕尾《警声》节目，制作专题片4期。在平安城区"微博等网络媒体上发布微博60余条（次），组织"进社区、进村镇、进企业、进学校、进家庭"的宣传活动10余场次，摆放宣传展板80多块，发放宣传资料3万多份。11月11日上午，分局召开赃物发放现场会，向人民群众展示全区开展"3+2专项"打击整治行动和打击"两抢一盗"行动取得的重大战果，并将此次专项行动缴获的小汽车、电脑、高档烟酒及现金等部分赃款赃物逐一返还给受害群众，营造了良好的舆论支持和社会氛围，极大地提升了城区"3+2"专项行动的社会效果。

【后勤保障】 警务保障部门在加强装备管理的同时，努力提高装备保障能力。是年增添警用设备计有：台式电脑134台、手提电脑18部、采集仪12台、便携式打印机18部、扫描仪18部、碎纸机20部、彩色打印机18部、黑白打印机20部、执法记录仪107台、行车记录仪50部、执法装备3件套（伸缩警棍、手铐、催泪剂）50套、SIS手机采集仪15台、警用摩托43部、民用摩托6部、采集箱15个、相机15部、录像机15部。并投入232万元对局办案中心和9个派出所办案区进行升级改造建设。

【队伍建设】 一是政治思想教育。6月初，根据上级党委的部署，城区分局党委开展了"三严三实"专题教育活动。活动中，城区分局党委始终高标准、严要求推进各个环节的规定动作。同时，结合公安工作实际，深入开展"秉公执法人民公安为人民"和"学党章、守纪律、当先锋"主题教育活动。通过"三严三实"专题教育，队伍作风问题得到明显改善，广大党员民警思想认识与宗旨意识明显强化，队伍工作作风与精神面貌明显提升，党群关系、警民关系明显改善，打击违法犯罪能力进一步提升，平安建设有效推进。

二是警衔授予与晋升。2015年，公安部长郭声琨批准汕尾市公安局城区分局晋升警衔的民警10人，广东省公安厅厅长李春生批准汕尾市公安局城区分局晋升（其中1人授予）警衔的民警共27名，广东省公安厅政治部主任盘展欣批准汕尾市公安局城区分局授予警衔的民警12人。

三是人事管理。是年年初，市公安局任命城区分局副局长1名（原挂职），为10名试用期满的民警办理按期转正手续。年底，从外地调入副局长1名(挂任)。全年，先后对14名科、所、室领导及内勤民警进行工作岗位调整。吸收辅警60名。

四是业务技能培训。全年，分局共组织民警参加各类培训11场次。其中较为大型的有6场次。3月17日分局在六楼会议室举办VCS视频图像采集摘要比对器的操作培训会议，由分局聘请VCS公司的工程师主讲。参加培训的有指挥中心、刑侦、巡警、治安、国保、经侦大队、各派出所（包括三个边防派出所）的联络员和业务员等共43名。6月12日，分局在城区公安消防大队五楼学习室举办公安派出所消防监督业务培训班，主要学习派出所消防监督检查知识及系统录入操作方法，分局各派出所分管消防工作领导、1名专（兼）职消防民警参加了这次培训。7月30日，分局在七楼举办"一长四必"现场勘查技能培训班，时间一天。上午：现场痕迹物证的发现与提取，现勘、刑技平台等系统的使用。主讲人是市局刑侦三大队副大队长李南雄。

下午：现场摄影基础课程。主讲人是市局刑侦三大队副大队长余加友。分局派出34名民警参加这次培训。10月28日至11月2日，分局260名民警分为4期（每期65名），参加市人力资源和社会保障局在市委党校报告厅举办的依法行政与法治思维专题培训和公务员学法培训。此次培训学习的课程是《中华人民共和国宪法》《中华人民共和国行政诉讼法》和《公务员依法行政与法治思维》。11月2日至12月11日，分局基层所队（含派出所、监所）及内设科室现职副科（含副科）31名副科级领导干部分6期，到警察训练支队参加市公安局举办的领导干部大轮训培训班。12月11日，分局刑侦大队、治安大队、巡警大队、便衣、经侦大队，各派出所（包括三个边防派出所）的内勤和1名业务骨干在分局六楼会议室参加省厅举办的基层所队民警信息化技术视频培训讲座。

五是立功受奖与年度考核。2015年度，洪泽涛荣获“全省公安机关政治工作先进工作者”称号；庄成杰荣立个人二等功；李耿强、梁传泉、何一仕、奚明川、彭苏艺、罗海建、詹德锋、马金宝、施志明、肖世宇、刘文侯、黄守江、黄梓森、黄仕到、郑泽丰、黄如钦等16人荣立个人三等功；林耀霖、黄守江、吴伟生、罗长骤等4人受到市公安局嘉奖。在2015年年度考核工作中，全局有40人被评为该年度公务员考核优秀等次。

（蔡子良）

附：汕尾市公安局城区分局领导名单

局　长：陈少华
政　委：罗方锦
副局长：陈业伟
　　　　陈守鑫
　　　　林春生
　　　　吴国忠（2015年12月4日挂任）
纪委书记：彭晓君

消　防

【历史沿革】 1988年10月，汕尾市城区公安分局消防股成立（现役制），正营级单位建制，建队初办公地址设在城区二马路中段。1993年,城区公安分局消防股升格为城区公安分局消防科，并将办公地址迁至汕尾市城区公安分局。2005年1月，经公安部消防局批准，城区公安分局消防科改称城区公安消防大队，并将市区直属公安消防中队划转为城区公安消防大队管辖，更名为城区公安消防中队。筹建初期，城区公安消防中队无独立营房，仍借用市消防支队二楼办公。2007年，城区大队办公大楼正式建成，2008年10月大队由城区公安分局迁至现城区公安消防大队办公，同时城区公安消防中队也随即进驻。2011年大队升格为副团级建制，2012年，城区公安消防大队更名为汕尾市公安消防支队城区大队。至2015年不变。

【概况】 2015年，大队共有人员34人，其中现役官兵30人，政府专职消防员4人。是年，城区公安消防大队在地方党委政府、市公安消防局和区公安分局的领导下，攻坚克难、砥砺拼搏，圆满完成了各项工作任务。是年，城区公安消防大队共接警216起，共发生火灾106起，出动216次（含增援），出动消防车367辆次，消防人员1808人次，抢救被困人员31人，疏散人员67人，抢救财产价值55.05亿元。成功处置了“10·29”深汕高速甲苯泄漏等火灾及抢险救援事故，圆满完成灭火及抢险救援任务。同比2014年，火灾起数下降了32.05%，死亡人数下降了100%，受伤人数与2014年持平，直接财产损失上升175.88%，实现了火灾“四项”指数稳中有降，受到城区委、区政府各级领导高度肯定。

【消防监督】 集中开展劳动密集型企业消防安全专项治理、夏季消防安全检查、易燃易爆危险品场所专项整治、今冬明春火灾防控等系列专项行动10余次。完成市政府挂牌督办新港街道火灾隐患重点地区整治工作。2015年，大队共检查单位1014家次，发现火灾隐患1229处，督促整改隐患1201处，行政处罚单位22家，责令“三停”（停产停业、停止施工、停止使用）单位9家，临时查封9家，罚款22万元，行政拘留4人。社会消防安全环境明显得到净化。

【实战练兵】 城区公安消防大队注重实战。向实战练兵要战斗力，修订2015年全区所有重点单位灭火救援预案，共制定灭火抢险预案60份。注重实战化训练，大队开展各类灭火救援演练50次，提高了部队的实战能力。向技术装备要战斗力，落实“车场日”制度，加强器材装备维护保养，提高官兵器材装备应用操作水平。向安全管理要战斗力，开展百日安全防事故活动，提高官兵安全防范意识。

【消防宣传】 以新闻媒体、城区的户外电子显示屏等为载体，播出消防宣传片、公益广告及火灾警示片，构建了消防宣传网络新格局；与汕尾电视台、汕尾日报社等市级主流媒体建立合作报道长效机制；开通“汕尾城区消防”微信公众号，关注人数达6000余人，坚持每天向关注人群发送消费资讯和消防知识，提升消防的认知度。是年在省市级媒体发稿10余篇；结合“119”消防安全宣传月等活动共举办群众性互动活动10场，开放消防站10次，开展疏散逃生演练10余次，发放消防宣传单2万多份，发送短信3万余条，开展消防培训60余次，培训人员2万余人。

【“双拥”工作】 2015年，通过警民共建、消防站对外开放、简化办事程序、强化为民服务意识等措施，构建和谐警民关系。坚持“党建带团建”的原则，大力开展创先争优和拥政爱民活动，组织开展义务劳动10次，为辖区群众送水500余吨，冲洗街道20余公里，参与重大保卫活动10次，并参加义务植树、义务献血等活动。城区中队复核通过“广东省青年文明号”称号。

【后勤保障】 2015年，大队千方百计协调区政府研究解决消防经费保障及落实等问题，在城区政府财政十分困难的情况下，经不懈努力，将现役官兵福利补贴追加纳入财政预算保障范围，争取政府拨付50万元；完成消防水上训练基地码头建设工作并投入使用；升级改造配备一辆消防宣传车；基层基础建设环境进一步得到改善。

【“10·29”深汕高速甲苯泄漏事故处理简况】 2015年10月29日凌晨4时28分，位于深汕高速往汕头方向2758处，一辆载满粗甲苯槽罐车发生泄漏，情况危急。接到命令后，城区公安消防大队立即出动一个抢险救援编队、一个灭火编队共30名官兵赶赴现场处置。由于现场情况紧急，一旦发生爆炸，后果不堪设想。城区公安消防大队在实施侦查、警戒、稀释的战斗部署后，果断向市消防支队报告请求增援，支队值班领导支队长段建国率全勤指挥部赶赴现场组织指挥，组织交警、环保、安监等相关部门进行协同作战，最终采取倒罐转移方法，对事故槽罐进行倒灌。10时45分，在各部门的共同努力下，事故得到成功处置，未造成人员伤亡。

【上级领导视察】 11月9日上午，省消防总队总队长王郭社到汕尾支队城区大队检查指导工作并亲切看望慰问基层消防官兵，详细了解掌握部队建设和消防工作发展情况，并就如何抓好当前和今后一个时期汕尾城区消防工作提出要求。

【全区消防安全工作会议】 2月12日，城区政府召开2015年全区安全生产和消防安全工作暨区政府第一季度防范重特大生产安全事故工作会议，区长林展海，常务副区长余汉生，副区长、公安分局局长陈少华，各镇（街道）负责人以及区消防安全委员会成员单位的负责人参加了会议。会议由常务副区长余汉生主持。副区长、公安分局局长陈少华分析了2014年全区消防安全形势，总结了2014年消防安全工作情况，指出了当前消防工作存在的突出问题，并对2015年消防工作进行了部署。会上，区长林展海就消防安全工作作了重要讲话。

(周锦程)

附：汕尾市公安消防支队城区大队领导名单

大队长：李　昱

政治教导员：王　新

副大队长：龚长野

边　防

【概况】 汕尾市公安边防支队城区边防大队成立于1988年12月，大队部位于城区金海娱乐园右侧。2015年，大队编制89人，实有73人，其中干部59人、士兵14人；下设4个边防派出所（红草边防派出所正在筹建之中），均担负治安、户籍、边防管理，其中港口所担负台轮管理任务。辖区共设有警务室15个，警务室警官22人。

大队下属边防派出所管辖的沿海乡镇2个，共辖沿海行政村22个、自然村75个，居委（社区）5

个，辖区总面积86.61平方公里（其中：港口14.5平方公里,捷胜49.48平方公里，马宫22.63平方公里），海岸曲线长83.1公里，常住户籍18232户，常住人口81119人，暂住人口1353人。辖区共有港口2个、岛屿3个、码头16个、澳口4个；辖区共有各类出海船舶1328艘、渔船民7438人；流动渔船民924人。

【学习中共十八届五中全会精神，扎实开展党风廉政建设】 大队党委坚持把学习贯彻中共十八届五中全会精神为首要的政治任务，以学习领会全军政治工作会议精神为重点，坚持每月上好一堂廉政教育课，每周编发一条廉政短信，每个班子成员履行“一岗双责”，带头执行廉洁自律的各项规定。开展开展纪律教育学习月活动及“严肃纪律、强化责任”专项教育整顿活动，教育引导官兵树立正确的人生观、价值观，筑牢官兵防腐底线，使官兵“不敢腐、不想腐、不易腐”。是年，大队共组织官兵撰写心得体会80余篇，编发廉政“小短信”600余条，组织党风廉政建设自查自纠6次。

【深化爱民固边，构建和谐警民关系】 大队以落实常态走访为重点、以排查化解社会矛盾为主线、以创建爱民固边系列模范活动为载体、以民警村官为抓手、以推动社会联动为突破，深入开展爱民固边活动。大队全面加强信息采集，结合上级公安机关部署开展的户籍清理整顿、无相片人员清查、双重户口人员清理整顿活动，联合村委干部组织民警深入辖区居民家中，逐户采集比对信息，对户籍、警综、指纹、系统等多个公安内部系统数据有效地进行清理和完善；基层官兵扎实推进大走访活动，2015年，共走访群众2万户8万余人、党政机关85次、企事业单位46家、学校106所次、走访困难儿童52人次、孤寡老人90人次、残疾人75人次、特困户156人次、发放补助累计23400元，为群众做好事办实事解难事40件。

班子广泛征集社情民意，在爱民固边战略实施10周年之际，组织开展了“地方党政领导话爱民固边”系列座谈活动，征集意见建议10余条，进一步创新工作思路，更好地推进爱民固边战略向纵深发展，获得了地方党政机关高度赞许。各所积极完善爱民固边模范村建设，是年，共开展了4次送法下乡活动，有效提升群众的法律观念，定期组织干部与村民开展辖区大清查，树起了村风正气，村“两委”和群防组织逐渐健全，社会治安状况保持良好。

【提高打防管控能力，维护辖区稳定】 2015年，大队深入开展了“3+2”“打击涉毒”“缉枪治爆”“打击黄赌毒”“国门利剑”等专项行动，严厉打击各类违法犯罪活动，确保了辖区稳定。一年来，辖区发刑事案件36宗、破18宗，治安案件发案65宗、破60宗，调处民事纠纷46宗、救助群众25人；救助火灾6起；累计清查港岙口65个（次）、码头150个（次），检查粤港澳流动渔船652艘次、台湾渔船143艘次、国内渔船5800艘次，渔船民7214人次；查获非法买卖（运输）成品油案件24宗，查处运输成品油车辆16辆、运输船只9艘、查获成品油93.38吨。

（赵华良）

附：城区边防大队领导名单

大队长：陈海生（2015年4月任）
林汉潮（2015年4月离任）
政　委：吴国锋
副大队长：蔡礼生
罗卫平（2015年4月任）

检　察

【概况】 2015年，区检察院内设12个机构：办公室、政工科、案管科、反贪污贿赂局、职务犯罪预防科、司法警察大队（直属行政单位）、控告申诉检察科、民事行政检察科、反渎职侵权局、侦查监督科、监所检察科、公诉科。专项编制58人，实有在编干警46人，其中公务员39人，职工7人。全院干警的平均年龄为42岁，35岁以下的有14人。检察长1正3副，副书记2名，检察委员会委员11名，检察员22名，助检员5名。具有本科学历38人（全日制毕业16人），专科学历8人。

【刑事检察】 侦查监督　侦查监督是审查逮捕和立案、侦查活动监督的总称。2015年共受理审查提请批捕案件268件328人，经审查，批准逮捕242件296人。加强逮捕必要性审查工作，对具有法定从轻、减轻或免除处罚情节的犯罪嫌疑人坚持“慎捕”原则，全年共作出不批准逮捕决定29人。

侦查活动监督　进一步完善监督方式，不断加大立案和侦查活动监督力度、主动作为，集中走访城区和红海湾公安分局及其属下的所有派出所，就近年来办理的刑事案件中“另案处理”及在逃人员的跟踪情况进行法律监督，并就办案中存在的问题进行面对面交流，指导侦查人员依法办案，督促其规范执法行为，提高办案质量。在立案监督中，对应当立案而不立案的监督侦查机关立案2件2人；在侦查监督中，向侦查机关发出书面纠正违法通知5份、检察建议3份。

审查起诉　根据《中华人民共和国刑事诉讼法》的规定，人民检察院的公诉工作包括代表国家行使公诉权追诉犯罪和进行刑事审判监督两个方面。2015年，共受理移送审查起诉案件312件394人，经审查，向同级法院提起公诉311件385人，依法报市检察院审查起诉12件32人。认真贯彻落实宽严相济刑事政策，在执法办案各个环节更加注重化解社会矛盾，减少社会对抗。对主观恶性小、犯罪情节轻微、社会危害不大的偶犯、过失犯和未成年人犯等，本着教育、感化、挽救的方针，积极促使当事人和解，依法从宽处理，共作出相对不起诉决定13人。

刑事审判监督　加强对刑事审判活动的合法性以及裁判结果的正确性进行法律监督，保证准确查明案件事实，保障当事人的合法权益。进一步推行量刑建议改革，是年发出量刑建议152件。

【贪污贿赂检察】　2015年，立案侦查贪污贿赂犯罪案件5件5人。如立案侦查红草镇三和村委会水陂村民小组原小组长黄某某挪用征地补偿款案。

【渎职侵权检察】　2015年，立案侦查渎职犯罪案件5件5人。如立案侦查城区和陆丰市海洋渔业系统的2名副局长、1名渔政大队长滥用职权案，该3名犯罪嫌疑人在审批与发放国家渔业柴油补贴过程中滥用职权，致使国家渔业柴油补贴款被违规领取，造成国家财产的重大损失和恶劣的社会影响。

【职务犯罪预防】　在大力查处职务犯罪案件的同时，把预防职务犯罪工作摆在重要位置，利用警示宣传、预防咨询等形式，不断扩大预防工作的社会影响力。如反贪局干警先后深入新港街道、捷胜镇等15个村委会和村民小组开展预防涉农领域职务犯罪工作，通过剖析反面典型案件对“两委”干部进行警示教育，同时又促使惠民惠农政策落到实处。反渎局干警主动走进7个行政机关，开展渎职犯罪预防工作，促进其依法履职、秉公用权，取得较好的预防效果。是年开展警示教育12次、预防咨询20次、受理行贿犯罪档案查询18次。

【监所检察】　扎实抓好刑罚执行检察工作，积极开展特赦法律监督，严格排查辖区内四类特赦服刑罪犯，对区司法局报请特赦的7名社区服刑人员，及时启动法律监督程序，确保特赦工作依法有序推进。做好监外执行罪犯的档案管理，并深入基层司法所对社区矫正工作进行监督检查，针对发现的问题提出改进措施和建议，确保了辖区内168名监外执行人员得到有效监管。

【民事行政检察】　是年，认真开展民事行政检察工作，办结刘某某等人申请民事执行监督一案。经审查，该案不符合监督条件，决定不支持监督申请。为此，耐心做好申诉人的息诉服判工作，使申诉人真心息诉，有效化解矛盾纠纷，维护司法权威。

【控告申诉检察】　全面推进涉法涉诉信访工作机制改革，开通视频接访系统，进一步落实信访案件首办责任制和检察长接访日制度，着力化解矛盾纠纷。是年，受理各类信访件24件次，其中来访11批次，来信13件；检察长接访10件16人，均依法及时妥善处理。

【法制宣传】　全面推进检察官开展“五进”（即进学校、进乡村、进社区、进机关、进企业）活动，助推社会治理。是年共开展“五进”活动52次，取得实实在在的成效，受到普遍好评。如主动与城区和红海湾经济开发区教育局分别启动检校共建活动，组织青年检察官进15所学校开展普法教育，推进“平安、和谐、法治”校园建设；积极响应市委市政府“暖企行动”号召，开展检察官送法进企业活动；院领导班子走访10个检察工作联络室，强化检察工作联络室的“服务平台”和“前沿阵地”作用。同时，为配合“五进”活动的开展，加大宣传力度，印制以“举报贪腐”和“五进”活动为主题的大型海报4000份，分发到社区、乡村、学校等；撰写“五进”活动专项简报16期及活动经验材料，被《汕尾日报》等媒体采用报道，提高了“五进”活动的影响力和感染力。

(曾小倩)

附：区检察院领导名单

党组书记、检察长：陈嘉涛

党组副书记、副检察长：张金水

党组副书记：潘国雄

林佑信

副检察长：曾小湖

陈海生

法　院

【概况】 2015年度，区法院在区委的领导和上级法院的指导下，深入贯彻落实中共十八大和十八届三中、四中、五中全会精神，围绕“全面建成小康社会、全面深化改革、全面依法治国、全面从严治党”的战略部署，坚持“司法为民、公正司法”工作主线，扎实开展“全面深化改革实施年”活动，认真履行司法审判职能，切实维护社会公平正义，各项工作取得新进展。是年，新收各类案件1383件，旧存224件，合计1607件，办结1318件，结案率为82.02%。

【刑事审判】 依法惩治犯罪，维护辖区社会稳定。是年，共受理刑事案件356件448人，审结325件401人。在生效判决中，有60名犯罪分子被判处五年以上有期徒刑，重刑率为18.29%。积极参与区委、区政府组织开展的禁毒暨打击非法枪支专项行动，依法严惩制贩毒和非法持枪违法犯罪活动，审结涉毒案件166件，审结涉枪案件3件，涉毒、涉枪案件占刑事案件的52%。对普通犯罪分子中的从犯、少年犯和具有自首、立功等情节且罪行较轻的犯罪分子，根据犯罪事实、情节和认罪态度，在法律规定的幅度内酌情从宽处理，并保证无罪之人免受刑事追究。是年，有53名罪犯被判处缓刑，1人被判处无罪。加大刑事附带民事诉讼调解力度，在办结的10件刑事附带民事诉讼案件中，附带民事部分和解的6件，和解率为60%。

【民商事审判】 妥善解决民商事纠纷，促进经济发展社会稳定。是年，共受理民商事纠纷案件1055件，审结830件，其中有482件民商事诉讼案件以调解或撤诉方式结案，调、撤率达58.07%。卓有成效地审理好借款合同纠纷、民间借贷、商业保险等案件，防范和化解金融风险，平等保护市场主体合法权益。在审结的46宗汕尾农商行起诉的金融借贷合同纠纷系列案件中，有39宗案件以调解、撤诉的方式结案,调、撤率达84.78%。妥善审理人身伤害、劳动就业、社会保险、婚姻家庭等与群众生产生活密切相关的案件，依法保障人民群众的合法权益。如田墘法庭在审理婚姻家庭纠纷案件中，把握好审判节奏，缓冲双方情绪、倾听双方诉求、搭建沟通桥梁，真情化解纠纷。在审结的55宗婚姻家庭纠纷案件中，有37宗案件以调解、撤诉的方式结案,调、撤率达67.27%，有效地化解了婚姻家庭矛盾。稳妥审理汕尾市翡翠湾房地产有限公司因延迟交房而引发的商品房销售买卖合同纠纷系列案共46宗，有效地避免群体性上访事件的发生。

【行政审判】 监督与支持并重，增进群众对政府依法行政的信任感。是年，共受理行政诉讼案件29件，审结22件；受理非诉执行案件4件，全部结案。自2015年5月新行政诉讼法正式实施以来，行政案件起诉难的局面得到改善，行政案件受案数明显上升，同比增长1.17倍。工作中，注重协调好公权力和私权利之间的关系，监督制约公权力的行使，促进行政机关依法行政，保护行政相对人合法权益，维护社会公平正义。如在审理涉土地行政案件时，谨慎处理涉案渔民、农民与相关行政部门的纠纷，避免矛盾进一步激化，是年，共审结涉土地案件4件。

【执行工作】 加大执行工作力度，扎实解决执行难题。是年，共受理执行案件168件，执结141件，执结标的279.0883万元。通过网络查控被执行人银行存款情况，对被执行人有存款信息的，直接制作电子文书发送给各银行，快速冻结被执行人账户内的存款，有效防止被执行人转移存款；依法穷尽执行措施，按照“四查一告知”的要求，查控被执行人存款、房地产、公司资产、车辆等财产情况，及时告知申请执行人关于被执行人财产执行情况；对查封、扣押的财产依法及时进行评估、拍卖，及时向申请执行人兑付执行款物。加大强制执行力度，对于“老赖”和涉及民工工资及交通事故、工伤等损害赔偿等“特殊主体”案件，用足用好强制执行手段和措施。

【司法为民】 以立案登记制的实施为契机，进一步解决立案难问题。对于当事人的起诉、自诉或申请，只要信息完整、材料齐全，符合立案条件的，工作人员当场进行登记立案。对于材料不齐全，不规范的，以书面清单的形式一次性告知当事人应当补正的材料和期限，有效避免了当事人因材料不齐全而多次奔走。自实行立案登记制以来，当场立案率达100%，切实做到有案必立。2015年5月起，区法院受理案件之后，在给当事人的案件受理通知书上附有密码，当事人可凭案号和密码登录置于立案大厅的公共信息查询系统或区法院门户网站，随时查询案件的审执情况，实现了司法公开“三大平台”以公开促公正的效应。简化领取离婚案件生效证明的手续，需要法院开具生效证明的当事人可以直接找主办法官领取。加大对困难群众及弱势群体的司法救助和法律援助力度。是年，为23名没有委托辩护人的未成年被告人指定了承担法律援助义务的律师为其提供辩护，依法保护了未成年被告人的诉讼权利；给予5宗案件的当事人缓交诉讼费共计43608.12元，努力消除困难群众及弱势群体的诉讼障碍。

【审判管理】 每季度进行一次审判工作运行态势分析，及时发现影响审判质效的新情况、新问题，制定行之有效的措施予以解决。在制定清理未结案件计划基础上，实行层层分解，责任到人，量化办案指标。进一步规范案件信息录入，实现案件网上实时监控，对审（执）期限即将届满的案件，通过提示、催办、通报等方式，督促办案人员加快审理进度，是年，共发出催办令125份，确保所有案件在审限内办结。采用本院自评和上级法院抽查的方式进行案件评查，是年，共自评案件177宗，评查情况整体良好，没有发现不合格案件，市中级人民法院随机抽查案件8宗，评定为优秀案件1件，良好案件7件。推行裁判文书上网，严把上网文书质量关，是年，共在中国裁判文书网上公开生效裁判文书650份，完成了应上网裁判文书上网率100%的工作目标。

【司法宣传】 充分发挥审判的预防、威慑、教育的作用，通过案件公开审判，增强旁听群众的法制意识。在区委的领导和区委政法委的组织下，2015年11月10日，区法院在“汕尾市、区禁毒暨打击非法枪支专项行动公开宣判处理大会”上对黄春雄等10名被告人进行公开宣判，有力营造了打击涉毒涉枪违法犯罪的声势。实时跟踪法院新动态，总结法院新举措，编发《法院工作简报》16期；立足审判执行和法院管理实务，通过深入调研和总结，为改进法院工作献谋划策，编发《调研与思考》3期；通过各种媒体平台，精选典型案例编写成新闻稿，被省高院官方微博采用9条，《汕尾日报》采用43篇（条），为树立法院新形象，传播法治理念，增强公民法治观念起到了积极的作用。

【“三严三实”专题教育活动】 多措并举，扎实开展“三严三实”（“严以修身、严以用权、严以律己，谋事要实、创业要实、做人要实”）专题教育活动。采取院领导为全院干警上党课，以党支部为单位召开专题组织生活会等方式，对党员干警进行教育；要求全体干警深刻查摆工作中存在的不严不实问题，按整改目标进行整改，主动接受监督，邀请区人大代表、政协委员旁听庭审，举办区人大代表、政协委员座谈会，发放《关于对区法院“三严三实”专题民主生活会征求意见表》，征求人大代表、政协委员对区法院党组在践行“三严三实”情况的意见和建议，推动整改落实取得实效。

（胡良岸、黄映珠）

附：区法院领导成员名单

法院党组书记、院长：陈展科

法院党组副书记、副院长：洪卫京

法院党组成员、副院长：陈海星

陈伟星

司法行政

【概况】 城区司法局组建于1988年6月，为正科级单位。至2015年年底，有内设机构6个：政工室（副科级）、秘书股、宣传教育股、法规与公证律师股、基层管理股、社区矫正股。下属机构3个：区公证处、区法律援助处、区公职律师事务所。派出机构（司法所）7个：凤山、香洲、新港、东涌、捷胜、红草、马宫司法所。编制总额38名，其中行政编制28名（局机关政法专项编制12名、区法律援助处政法专项编制2名、基层司法所政法专项编制14名），事业编制10名（后勤服务人员事业编制2名、区公证处5名、区公职律师事务所参照公务员管理事业编制3名）。截至2015年年底，实有在编在岗人员36名，其中局机关12名，区法律援助处2名，后勤服务人员2名，公证处4名，公职律师事务所3名，司法所13名（凤山司法所1名、新港司法所2名、红草司法所2名、香洲司法所2名、捷胜司法所2名、马宫司法所2名、东涌司法所2名）。

【普法工作】 不断健全完善"党委领导、人大监督、政府实施、部门负责、广泛参与、齐抓共管"的普法机制，以"法律六进"（进机关、进单位、进校园、进企业、进社区、进农村）为载体，按照《"六五"普法规划》《年度普法计划》和《区人大常委会的审议意见》的部署和要求，紧紧围绕城区经济社会发展和维护社会稳定大局，积极开展各项法制宣传教育活动。2015年7月，顺利通过市"六五"普法终期考核组的考核验收，成绩名列全市第一名。一是制定普法工作计划和方案。二是完善普法工作联席会议制度。三是加强普法工作队伍建设。为进一步深化城区普法教育工作，从律师、警官、法官、检察官、纪检监察干部等法律工作者中选拔了15名精干人员扩充普法师资力量，努力形成涵盖城乡和各行业的大普法格局。2015年，全区共建立普法机构199个，配备专（兼）职普法工作人员280人，区直职能部门法制宣讲组18个。四是发挥"三大普法平台"（普法网站、普法微信平台、手机普法短信平台）的积极作用。"三大普法平台"成为城区普法工作的亮点和品牌。是年，共发送手机普法短信8万多条，微信平台关注量达3500多户，网站浏览量23万多人次。五是围绕中心工作开展普法宣传。紧紧围绕开展创建村社活动和"创文"活动等中心工作，深入开展普法宣传。六是深化"法律六进"活动。突出重点，分层次、分类别开展普法教育工作，切实抓好各级领导干部、公职人员、青少年学生、村社"两委"干部等重点普法对象的教育，确保重点对象的法制教育覆盖面达到90%以上。2015年，全区各部门牵头举办的全区性大型普法活动10场次，各类专题普法宣传活动120多场次，各类法制讲座、培训班、辅导课293场次，开展法律咨询活动85场次，接受群众法律咨询10万多人次，印发各类法律法规宣传资料10万多份，征订各类法律法规报刊杂志、书籍8万多册（份），展出宣传板报800多块，张挂横幅1万多条，设立固定法律宣传栏550多个，开展送法下乡活动50场次，送法进企业活动20场次，为"两委"干部和村（居）民小组长上法制课293场次。

【人民调解】 以抓好人民调解组织、队伍、制度、业务四方面的规范化建设为重点，落实措施，推进人民调解工作组织网络化、工作制度化、业务规范化，有效地提升了工作水平。是年，全区各级人民调解组织认真履职，以构建平安法治城区为目标，深入开展社会矛盾纠纷大排查大调处，及时有效化解矛盾纠纷，努力发挥人民调解在维护社会稳定中"第一道防线"作用。各级调解组织、行业调解组织积极参与土地纠纷、劳资纠纷、医疗纠纷、交通事故等矛盾纠纷的调解工作，坚持"深入基层、深入群众，逐件排查、逐日上报"的原则，对基层矛盾隐患做到底子清、情况明，将矛盾纠纷化解在基层，化解在萌芽状态。2015年，全区共排查受理各类民间纠纷706件，调解706件，调解成功705件，调解率100%，调解成功率99.5%。其中：防止民转刑案件16件37人；防止群体上访7件109人；防止群众性械斗4件41人；避免和挽回当事人经济损失264万元。

【社区矫正】 认真贯彻落实省司法厅2015年度社区矫正工作要点，以严格管理为核心、以预防和减少重新违法犯罪为目标，建立健全管理制度，明确工作要求、强化人员培训、完善衔接机制、加强电子管理、落实督查督导工作、全面推进社区矫正工作。全区社区矫正工作实现规范化、制度化。一年来，全区累计接受矫正对象421人，其中，期满已解矫271人，现在矫人员150人，在矫人员管控到位，建档率100%，重新违法犯罪率为1.11%，至今没有发现矫正人员参与严重影响社会和谐稳定的重大案件。

【公共法律服务】 2015年，城区司法局以为民惠民为立足点和出发点，着力推进公共法律服务体系建设，优化法律服务质量。（一）努力推进法律援助工作。把法律援助作为党委政府的“民心”工程，多举措并举，提高法律援助覆盖面和社会影响力。一是优化12348法律服务热线，把12348热线电话打造成为法律服务和普及法律的渠道，在接受咨询、解答问题的同时，宣传普及有关法律知识。二是推行一次性告知制、首问首办责任制，开展电话咨询、上门服务、预约服务，简化受理、审批手续，方便群众申请办理法律援助。三是降低法律援助经济困难标准门槛，拓宽法律援助申请渠道，推进法律援助向村居延伸，在7个镇（街道）和区妇联设置8个法律援助工作站，基本实现“能援必援、应援尽援”。一年来，共接受来访193人次，12348来电咨询161人次，为企业、群众解答法律疑难问题113件，办理法律援助案件122件，办结案件数比2014年同期增长50%，并实现受理率和办理率两个100%。（二）着力推进公证服务工作。在公证处开展三项服务承诺，优化公证窗口的服务质量：一是开通网上办证业务，做到公开透明、业务快捷、程序简化。落实限时办结制，小案当天完成，大案最长不超过3个工作日，大大提高了办证速度，进一步方便了群众。二是推行预约办证、上门办证服务，对孤寡老人、残疾人等特殊人群办理公证业务实行电话预约、上门服务等手段。三是实现办证流程透明规范化，将公证收费标准、办事指南、办理流程张榜公示，凸显公证业务“为民惠民”质效。四是发挥公证在服务政府中心工作，推进重点工程建设和加强城市管理方面的积极作用，组织公证员参与红草工业园区、金町湾旅游区征地建设和市区文明路、站前路等违建拆除行动，配合区有关部门做好相关证据保全工作。一年来，公证处共办理公证992件，实现群众“零投诉”。（三）全面铺开一村（社区）一法律顾问工作。1月份开始，城区全面铺开一村（社区）一法律顾问工作，共聘请19位律师担任村（社区）法律顾问，实现了法律顾问服务在全区94个村（社区）的全覆盖。切实加强对驻村（社区）法律顾问管理、指导和督促，支持协助法律顾问开展驻村（社区）法律服务工作。是年，法律顾问服务总人数2869人次，接受群众咨询1063人次，参加纠纷调解35宗，上法制课263场次，审查合同20件，提出法律意见7件，代书30件，提供法律援助1件，有力提升了干部群众的法律意识。（四）着力构建公共法律服务体系。按照省司法厅构建县（区）、镇（街）、村（社）三级公共法律服务平台网络体系的要求，通过整合法治宣传、社区矫正、安置帮教、人民调解、法律援助等各项司法行政工作，着力抓好公共法律服务实体平台建设，为群众提供一站式的法律服务。

（黎明静）

附：城区司法局领导名单

局　长：曾昭谋

副局长：王声效

　　　　吴贤义

政工室主任：黄文深

经济管理

JING JI GUAN LI

经济建设

【概况】 2015年，在市委、市政府和区委、区政府的正确领导下，在区人大及其常委会和区政协的监督支持下，全区干部群众认真贯彻落实区委、区政府工作部署和要求，紧紧围绕扩容提质、振兴发展目标，扭住“三大抓手”（中心城区扩容提质、产业园区建设、交通基础设施建设），守住“两条底线”（发展与生态），稳增长、调结构、惠民生、促和谐，推动全区经济社会稳步发展。全区全年完成生产总值111.63亿元，年均增长11.9%；人均生产总值达到44837元，年均增长10.9%。规模以上工业增加值、固定资产投资、社会消费品零售总额年均增长率分别达到18.5%、19.1%、13.2%。

【主要措施】 2015年，全区完成固定资产投资32.41亿元，同比增长12.0%。汕尾新区3个起步区建设加快推进，中央商务区火车站片区一、二期已完成征地1441亩，三期征地已通过村民代表大会同意，汕尾火车站站前广场项目主体工程已顺利竣工，碧桂园二期征地工作顺利完成，已交付建设使用。马宫金町湾旅游度假城项目开工建设，已开始销售楼房，希尔顿五星级酒店项目开工建设。红草产业园区首期征地2500亩已签订征地协议，其中832亩已实现供地，三和片区、拾和径口片区征地工作已进入扫尾阶段，地上作物及附着物补偿工作加快推进，西河等6个村委会的村民代表大会同意征地约540亩。区级24个重点项目建设顺利推进，完成投资13.77亿元，完成年度计划44.3%，项目开工率79.2%。深汕高速长沙湾互通立交改建工程已竣工投产；金町湾旅游综合地产项目、教师公租房项目、汕尾市城区2014年小型农田水利重点县建设项目、汕尾市城区红草马宫联围达标加固工程、汕尾市城区捷胜海堤达标加固工程、宝民汽车用品导航仪项目、恒美珍珠研产销项目、汕尾高新区红草园区道路建设首期项目、汕尾岭峰休闲度假有限公司建设项目、金海明珠房地产项目、逸挥基金医院肿瘤防治中心项目、城区妇幼保健院综合楼项目、汕尾逸挥基金医院全科医生培训基地项目等已开工建设。

发展与改革工作

【概况】 2015年，在市委、市政府和区委、区政府的正确领导下，在区人大及其常委会和区政协的监督支持下，全区干部群众认真贯彻落实区委、区政府工作部署和要求，紧紧围绕扩容提质、振兴发展目标，扭住“三大抓手”（中心城区扩容提质、产业园区建设、交通基础设施建设），守住“两条底线”（发展与生态），稳增长、调结构、惠民生、促和谐，推动全区经济社会稳步发展。

【经济综合实力不断增强】 “十二五”时期，城区经济增速稳定在合理区间，产业结构不断优化。2015年，完成地区生产总值（GDP）达111.63亿元，年均增长11.9%，保持了较快的增速；人均生产总值达到44837元，年均增长10.9%。规模以上工业增加值、固定资产投资、社会消费品零售总额三项指标年均增长率分别达到18.5%、19.1%、13.2%。经济结构不断优化，三次产业比重由2010年的15.1∶46.6∶38.3调整为2015年的15.5∶46.6∶37.9。其中，第一产业增加值17.26亿元，同比增长4.4%；第二产业增加值52.02亿元，同比增长5.4%；第三产业增加值42.34亿元，同比增长10.4%。城区公共财政预算收入2.71亿元。

【重点项目建设进展顺利】 2015年，全区完成固定资产投资32.41亿元，同比增长12.0%。区级24个重点项目建设顺利推进，完成投资13.77亿元，完成年度计划44.3%，项目开工率79.2%。深汕高速长沙湾互通立交改建工程已竣工投产；金町湾旅游综合地产项目、教师公租房项目、汕尾市城区2014年小型农田水利重点县建设项目、汕尾市城区红草马宫联围达标加固工程、汕尾市城区捷胜海堤达标加固工程、宝民汽车用品导航仪项目、恒美珍珠研产销项目、汕尾高新区红草园区道路建设首期项目、汕尾岭峰休闲度假有限公司建设项目、金海明珠房地产项目、逸挥基金医院肿瘤防治中心项目、城区妇幼保健院综合楼项目、汕尾逸挥基金医院全科医生培训基地项目等已开工建设。

【工业转型步伐加快】 加大对企业帮扶力度，积极实施“暖企行动”，推动企业扩能增效转型升级，努力促进实体经济平稳健康发展，保持了全区工业经济稳定增长发展态势。2015年，全区规模以上工业企业达到40家，完成规模以上工业增加值40.72亿元，同比增长5.6%。比亚迪新能源汽车项目、信利国际有限公司TFT5代线项目、国信通手机配件项目、肯迪文（英国）品牌服装公司K&C英国品牌服务项目、上海莱士生物制药项目等一大批高端产业项目落户城区投资建设。

【农业经济稳步发展】 2015年，全区完成农业总产值27.66亿元，同比增长4.3%。投入资金1000多万元，完成防护林人工造林、封山育林、森林抚育和生态景观林带建设64489亩。实施新一轮绿化汕尾大行动取得初步成效。小型农田水利重点县建设项目、小型病险水库除险加固工程、千里海堤建设工程、村村通自来水工程等民生水利项目相继开工建设，水利农田基础设施不断完善。是年，投入100多万元，建设了红草镇、捷胜镇、东涌镇和马宫街道等七个简易垃圾转运站，改善了农村卫生环境，依法拆除了赤沙水库集雨区地段内的16户畜禽养殖场，加强了饮用水源地的生态保护。同时，认真落实市政府提出的十件民生实事，全面完成493户危房改造任务。加强与深圳对口帮扶工作，完成9个重点帮扶村、397户贫困户、1780贫困人口脱贫任务。

【城乡消费市场持续畅旺】 居民消费结构不断升级，城乡商贸活跃、消费旺盛。2015年，全区完成社会消费品零售总额83.69亿元，同比增长10.8%，消费对经济增长的贡献率不断增强。旅游业发展加快，旅游配套设施建设扎实推进，旅游发展环境不断优化。是年，全区接待外来旅客145万人次，旅游总收入7.98亿元，同比增长16%。

【民生保障不断改善】 2015年，新增城镇就业6056人，城镇失业人员实现再就业2312人，城镇登记失业率控制在2.36%以下；转移农村劳动力6257人，职业技能培训2205人。全区征收社会保险基金1843万元。切实提高“低保”“五保”供养和城乡基本养老等底线民生保障标准，落实提高城乡居民基本医疗保险补助标准等医疗卫生工程。

【社会事业建设步伐加快】 教育创强工作加快推进，2015年，马宫、新港街道被评为“广东省教育强镇”。2015年年底，捷胜、红草、香洲、凤山等四个镇（街道）顺利通过省教育强镇督前检查。文化旅游事业加快发展，汕尾渔歌入选第四批国家“非遗”名录，原创渔歌剧《默娘》成为广东省妈祖文化创新剧目，成为汕尾市文化特色品牌。成功举办妈祖文化旅游节暨纪念妈祖诞辰1055周年系列活动。铜鼎山郊野公园被评为“国家AAAA级旅游景区”。基层医疗卫生服务体系进一步完善，医疗服务质量和水平不断提高，逸挥基金医院创建三级甲等已进入评审阶段，肿瘤防治中心项目、信息化建设项目、全科医生培训基金建设项目和城区妇幼保健院综合楼建设项目、城区东涌镇卫生院门诊住院综合楼建设项目加快推进。食品安全和打假工作不断深入，安全生产形势稳定好转，社会管理进一步加强，全区社会大局稳定，群众安全感和满意度提升。

【开展价格执法检查工作，规范市场价格行为】 2015年，局在价格监管和检查工作中，做了大量工作。一是重视价格监管检测工作，特别在节假日期间，坚持对与人民群众生活密切相关的商品等价格进行检测和巡查，指定专人负责，及时掌握相关市场价格信息。二是经常性组织局价检人员开展对市区各商场、药品零售商店以及其他经营商品进行明码标价执法检查，落实明码标价规定，引导经营者自觉做到标价真实、合法、规范。一年来出动人员30多人次，发放明码标价宣传资料共计2000份。三是开展对教育收费、医疗收费、以及旅游景点门票收费进行专项检查，力促收费价格规范、合法，通过专项执法检查，及时发现并制止乱抬价乱收费行为，切实保障人民群众的利益。

（胡炯森）

附：区发展和改革局领导名单

局　长：张祥文

副局长：蔡举瑜

何世烈

颜焕强

工商行政管理

【概况】 2015年，汕尾市城区工商行政管理局（以下简称区工商局）内设办公室、人事监察股、法规股、登记注册股、企业监督管理股、市场监督管理股、消费者权益保护股等7个内设机构及经济检查大队等1个直属行政单位，下设凤山、香洲、新港、东涌、红草、马宫、捷胜工商所等7个派出机构，还设有汕尾市城区消费者权益保护委员会（加挂12315投诉举报中心牌子）等一个属下事业单位和城区个体劳动者协会和城区私营企业协会。是年年底，全系统共有正式干部职工154人，其中，公务员124人，事业干部6人，工勤人员24人。

是年，区工商局以中共十八大、十八届三中、十八届四中全会精神为指导，以"稳中求进、进中求快、快中求好"为基调，以深化改革创新为统领，以营造宽松平等的准入环境、公平竞争的市场环境、安全放心的消费环境为中心任务，深入开展党的群众路线教育实践活动，认真落实区委、区政府及上级工商部门的工作部署和要求，扎实推进工商登记制度改革，优服务、强监管、惠民生、提素质、稳队伍，提升工作效能，狠抓工作落实，为服务城区地方经济的发展，做出应有的贡献。

【扎实推进商事登记制度改革】 按照《广东省商事登记制度改革方案》的要求，在上级部门的统一部署下，城区工商局持续推进工商登记制度改革，推进工商注册制度便利化。改革经营范围登记、简化住所（经营场所、营业场所）登记手续，为各类投资主体创造一个公开、规范、统一的准入环境，激发全社会的创业热情，促使市场主体增量提质。同时，2015年9月1日起，城区全面推进"三证合一、一照一码（一照一码：营业执照加载的18位法人和其他组织统一社会信用代码中的8位主体标识码由工商总局统一管理，执行统一代码国家标准，实时生成全国唯一的统一代码）"改革工作，根据《广东省人民政府办公厅转发国务院办公厅关于加快推进"三证合一"登记制度改革意见的通知》精神，区工商局积极落实上级部门有关要求和部署，推进营业执照、组织机构代码证、税务登记证"三证合一"，"先照后证"（由先办理相关行业行政许再办理营业执法改革为先办理营业执照再办理相关行业行政许可）改革和对"两个目录"（《广东省工商登记前置审批事项目录》《广东省工商登记前置改后置审批事项目录》）实行动态管理，继续做好商事登记制度改革的工作，尽职尽责服务企业、个体工商户，全力推动地方经济的发展。2015年，全区共办理个体户设立登记1602户,新增注册资本9130.6万元；农民专业合作社设立登记14户，新增注册资本2655万元;企业设立登记80户,新增注册资本68229万元，其中，公司设立登记40户，新增注册资本21668万元。

【整顿和规范市场经济秩序】 充分发挥工商部门职能，不断创新监管执法机制，提高监管执法效能，加强市场监管力度，全面加强对市场流通领域各种违法违规行为的查处工作，重点是依法取缔无照经营、积极开展食品安全监管、打击非法传销和销假贩私、查处商标侵权和虚假广告、反不正当竞争各类经济案件，强化市场监管力度，狠抓案件查处工作，经济检查工作取得了较好成效。2015年，城区工商局共查处经济违法违规案件216宗，罚没金额32.99万元。

严厉打击各类市场违法行为　一是大力查处取缔无照经营行为，共查处无照经营案件190宗，罚没金额22.62万元，引导办照161户，有力打击了无照经营活动，保护了消费者和经营者的合法权益。二是查处销售不合格商品行为，共查处销售不合格商品案件4宗，已罚没款约2.89万元。三是积极配合政府部门开展清理烟花爆竹专项行动，对辖区内的集贸市场、工业区、住宅区等人员密集地区的商铺进行检查，对发现的非法储存、生产和销售烟花爆竹等违法经营行为，依法依规立案查处，共

缴没并销毁烟花爆竹97件。

强化户外广告监管工作　加强巡查监管，净化户外广告市场，确保户外广告的真实性，积极指导、配合执法单位办案，与执法单位联动，互通信息，共办理户外广告登记100户次，查处广告案件7宗，罚款1.5万元，查处商标案件7宗，罚款4.6万元。

深入推进市场主体年度报告、信息公示工作　城区工商局高度重视市场主体年度报告、信息公示工作，按照上级部门的部署和要求，认真贯彻落实《企业信息公示暂行条例》，注重抓好宣传引导、学习培训和服务指导，通过分解工作任务，落实责任分工，采取多项有效措施，调动一切积极因素，克服工作推进中的种种困难，分阶段有序推进企业年报公示工作。2015年度，商事主体整体年报完成率为83.5%，具体情况：企业应报1393户，已报公示1051户，年报率为75.45%；个体工商户应报20722户，已报公示17406户，年报率为84%；农民专业合作社应报98户，已报送91户，年报率为92.86%。

做好“H7N9禽流感”防控工作　认真贯彻落实上级部门和区委、区政府关于防控人感染H7N9禽流感工作会议精神，并成立H7N9禽流感防控领导小组，制订完善市场监管和疫情防控应急预案，明确疫情防控的综合协调、组织推进、督查指导等各项工作职责和责任单位。实行局长总负责、分管副局长具体负责和网格监管人员包片负责的责任机制。一方面加强市场准入、严把源头控制对禽类养殖、经营、禽类产品熟食加工等经营户进行了全面的调查摸底和经营资格审查，进行全面排查和登记造册，准确掌握了禽类来源、销售动向等基本情况，并督促市场开办者落实进货查验、索证索票、挂牌经营等制度。另一方面加强市场巡查，加大宣传教育力度。通过加大对经营者防控H7N9禽流感病毒知识宣传，提高经营者责任意识和参与防控的积极性，引导大家理性对待，提高公众的自我防护意识和能力，消除不必要的恐慌情绪。并督促市场开办者严格落实“一天一清洗消毒、一周一大扫除，一月一休市，活禽零存栏”等措施。同时加强与畜牧兽医局、食药监局、卫生局等部门的协调配合，形成情况交流和信息互通机制，提高工作合力。积极发挥12315信息平台作用，及时掌握市场疫情防控信息，建立部门之间快速反应机制，强化应急处置，切实做到早发现、早报告、早处置，实现监管无缝隙的管理目标。行动期间，出动执法车辆43车次，执法人员250人次，共检查活禽及其产品经营户105户。

积极创建“诚信经营示范街”　切实落实汕尾市创建省级文明城市工作的部署和要求，进一步提升商业企业的文明程度，构建良好的经营秩序和和谐的消费环境，推动城区的文明建设和诚信体系建设，营造良好的消费环境，将市区通港路中段（香城路至城内路）定为“诚信经营示范街”，并于2015年10月9日举行了隆重的揭牌仪式。通过加强诚信宣传、强化市场监管、开展示范门店评选等措施，区工商局在示范街范围内大力倡导诚信兴商，营造浓厚诚信经商氛围，增强企业以德兴商、以信兴商、以诚为本的经营理念。

【消费者权益保护工作】　以宣传、普及新《中华人民共和国消费者权益保护法》为契机，一方面积极发挥12315消费维权服务作用，2015年，城区工商局共接待群众来电、来访咨询360多宗，受理消费者申诉案件18宗，调解成功15宗，为消费者挽回经济损失14.37万元；另一方面充分利用“3·15”国际消费者权益日联合市、区多个部门围绕“携手共治 畅享消费”的年度主题组织开展消费维权系列活动。涉及老百姓切身利益的焦点、疑点问题解惑，现场宣传消费者权益保护知识，组织开展便民服务活动，受理并调解消费纠纷，开展假冒伪劣商品辨别知识讲解、发放宣传资料以及组织执法部门开展市场专项整治等活动。活动期间共派发维权宣传资料、海报1万多份，悬挂宣传横幅20多条，接受群众咨询600人次，出动宣传车辆6辆。

【加强队伍建设，提升工商队伍形象和执行力】　提升队伍履职能力，深入开展廉政风险防范管理、基层行政执法人员向监管服务对象代表述职述廉等工作，进一步做好全面深化政务整治、正风肃纪集中行动工作，改进机关作风，提高行动效能，优化政务环境，突出抓好节约增效考核工作，严格“三公”经费支出，规范预算管理，加大教育培训力度，着力提升队伍整体素质。

严肃队伍工作纪律作风 通过强化各节日期间的纪律监督，严明纪律，切实加强节日期间违纪行为的防控，采取现场督查和电话督查相结合的方式，不定期组织开展纪律作风专项督查工作，对全系统落实党风廉政责任制和加强队伍管理等工作进行检查，严肃工作纪律，及时纠正队伍管理中出现的苗头性问题。

深入开展全面政务整治、正风肃纪集中行动 城区工商局领导班子高度重视，及时召开动员会议，成立领导小组，制订工作方案，结合工作实际，从严从实查摆问题，细化整治措施，扎实推进作风建设，确保整治行动取得成效。一方面围绕整治重点问题，坚持敞开大门，采取开门查摆、个人自查、单位自查、督查审核等方式，广泛收集意见建议；另一方面，全面自查问题，根据实际，结合开门查摆征求到的意见建议，通过自己找、同事提、上级点、互相帮、集体议等方式，深入查摆政务环境和作风问题。累计向相关政府部门发出征求意见函93份，向监管对象发出征求意见表150余份。

加强党风廉政建设 根据上级部门2015年党风廉政建设和反腐败工作部署分工意见，结合实际进行部署，深入贯彻落实党风廉政责任制，2015年，城区工商系统共签订党风廉政建设责任书18份，将责任目标延伸到股、所，落实到人。确保党风廉政建设和反腐败工作抓实抓好，抓出成效，进一步转变工作作风，打造清廉工商队伍，树立工商部门良好形象。

（林　程）

附：汕尾市城区工商行政管理局局长、副局长名单

局　长：陈建文

副局长：叶志光

　　　　卢小咏

　　　　林锡良

审　计

【概况】 2015年，城区审计局内设人秘股、审计一股、二股、三股、四股、经济责任审计办公室及整改监督股7个股室。有干部、职工12人，借用人员1人，临时工4人，离退休人员5人。

2015年，共完成审计项目16个，查出管理不规范资金17655万元、违规资金87.48万元，提出审计意见和建议71条，被采用65条；提交专题、综合性报告和信息简报等16篇，被采用2篇次。项目完成率84%，达到预期目标。发挥了审计机关在维护财经制度，监督保障和改善民生，促进廉政建设，推进经济发展等方面的职能作用，为全区经济社会健康稳定发展作出积极贡献。

【预算执行审计】 根据2015年度审计工作方案的统一部署和要求，在区委、区政府和上级审计机关领导下，完成了2014年同级审工作任务。2014年，区级一般公共预算总收入160127万元，总支出110240万元。根据财政预算执行审计一体化要求，对区香洲街道办事处、区水利局、区农业局、区新港中心小学、区香洲中心小学、区凤山中心小学、区红草卫生院、区凤山祖庙管理处9个单位进行了审计。查出违规金额共87.48万元，管理不规范1295.91万元，应上缴财政2.69万元，应调账处理金额83.4万元。对促进全面深化改革、规范财政预算管理等方面发挥积极作用。

【民生工程审计和专项资金审计】 在2014年度的预算执行审计中，重点审计了城镇保障性安居工程专项资金、区直单位三公经费、全区住房公积金管理和使用情况：区共筹集保障性安居工程资金429.20万元，支出234.20万元，存在闲置一年以上上级补助资金432万元、未完成2014年度保障性安居工程任务等问题。2014年，全区归集住房公积金2950万元，提取1158万元，存在住房公积金落实覆盖面低、欠缴未缴数额大、资金使用效益低等问题。审计调查了32个一级预算单位2013至2014年度“三公”［因公出国（境）、公务用车购置及运行维护和公务接待］经费，共列支公务用车购置及运行费用542.84万元，列支公务接待费538.03万元，相比都有所下降，但存在管理制度不健全执行不到位问题。生态公益林补偿专项资金205.49万元存在未及时拨付问题。经审计，进一步促进加强了专项资金管理和使用，使其发挥应有的效益。

【经济责任审计】 2014年9月至2015年8月，区审计局对城区3名行政事业单位主要领导进行了任期经济责任审计，共查出管理不规范金额594.10万元。查出了被审单位超标准列支接待费、“白条抵库”、超范围超限额使用现金、国有资产管理薄弱、未代扣代缴个人所得税等问题，区审计局对查出问题责令其整改并作出了处理，为区委、区政府考察使用干部提供了参考依据。

【接受上级审计机关和区委、区政府审计工作】 一是加大对政府投资项目的监督，促进加快完成全区保障性安居工程等，对存在问题督促被审单位整改，责令其应严格遵守《汕尾市政府投资建设项目审计监督实施办法》有关规定，促进资金落实到位，让民生工程更得人心，维护了社会稳定。二是按照市审计局统一部署，区审计局抽调2名业务骨干参加全市土地出让和耕地保护情况审计，审计期间，参审人员全力以赴，各项工作得到省厅、市的肯定。三是按照省审计厅统一部署，区审计局抽调1名业务骨干参加异地党政主要领导经济责任审计，圆满完成审计任务。四是根据区委、区政府《关于汕尾市城区村（居）民小组长管理制度（试行）的通知》的文件要求，区审计局制订了《汕尾市城区村（居）民小组长经济责任审计工作实施方案》，积极配合区纪委、检察院、组织等部门建立常态化督查机制，促使村民小组财务收支走上正轨，切实发挥基层审计监督作用。五是做好扶贫双到、计生、创文、法治村社、配合区委区政府推进城区重点项目建设等方面服务工作，各项工作得到区委、区政府的充分肯定。

【作风建设和审计队伍建设】 按照上级党委和上级审计机关的部署，区审计局全面深入开展政务整治、正风肃纪活动，认真组织全体干部职工集中学习中央政治纪律和政治规矩、组织纪律等规定及“三严三实”专题教育活动要求，坚持贯彻落实中央“八项规定”，改进工作作风，强化党员干部的宗旨意识，使精神风貌得到进一步提升。为加强队伍建设，审计局坚持理论与业务学习并重，着力提升审计人员政治理论和业务工作能力。

（钟华城）

附：城区审计局领导名单

局　长：叶凯旋

副局长：巫传永

　　　　魏小娟

统　计

【概况】 2015年，区统计局深入开展全面深化政务整治、正风肃纪集中行动。通过召开座谈会，广泛征求意见，采取切实有效措施，对全体干部职工的问题清单进行抽查督查、切实推进各项目标任务的落实，进一步提升整治行动的实效性。

区统计局向各镇（街道）统计站及区各联网直报单位转发关于印发《汕尾市统计基层基础和规范化建设督查工作实施方案》的通知，分四阶段对各镇（街道）统计基层基础建设以及联网直报单位统计工作规范化建设进行动员、摸底、验收，形成常态化督查机制，以提高区统计工作整体水平。

【城区2015年全国1%人口抽样调查】 区、镇（街道）分别成立了以分管统计工作领导为组长的2015年全国1%人口抽样调查工作协调小组，下设办公室，所抽中的村（社区）调查点相应设立调查工作组。各级1%人口抽样调查办公室（以下简称人调办）全面落实办公场所和人员配备，区和各镇（街道）均落实人口抽样调查工作经费。全区共选聘“两员”（指导员、调查员）150名，其中调查员80名。全区配备移动采集终端（PDA）设备共70部，共发放公告及《致住户的一封信》约6600张。全区通过派发调查宣传折页408张、张贴调查公告460张、海报136张，大力宣传1%人口调查工作。

2015年11月1日，1%人口抽样调查如期开展，区统计局主要业务骨干积极参与，并从其他成员单位抽调业务骨干，奔赴抽中村（社区）调查点指导PDA操作及调查表审核上报，并与调查员实地参与调查工作。

【城区全国第三次农业普查前期准备工作】 2015年10月，区政府成立以区政府副区长何秀滔为组长，由区统计、宣传、发改、财政、农业、民政等10多个部门组成的汕尾市城区全国第三次农业普查领导小组，下设办公室。区统计局为做好后勤保障，基本落实办公场所和人员配备。

【统计“四大工程”建设】 统计“四大工程”是指统计机构推进现代化统计工作，变革统计数据生产方式的四项重要的工作：第一项工作是建立真实完整、及时更新的调查单位名录库；第二项工作是建立统一规范、方便填报的企业一套表制度；第三项工作是建立功能完善、统一兼容的数据采集管理软件平台；第四项工作就是建设安全畅通、便捷高效的联网直报系统。2015年，区统计局配合市统计部门继续向企业和相关部门广泛宣传“四大工程”意义和工作要求，力保统计人员熟练掌握联网直报业务，全面巩固实施统计“四大工程”。

【统计业务和队伍建设】 2015年，区统计局及时、准确提供月（季）度和年度统计资料，定时编辑印发《城区统计资料汇编》，及时向区领导及有关部门提供全区经济发展的有关统计数据，通报经济运行情况等。

严格执行国家统计报表制度，认真贯彻落实各项年报、月（季）度报表工作。2015年，区统计局向各镇（街道）统计站及区各联网直报单位转发关于印发《广东省一套表联网直报单位统计工作规范》的通知，督促联网直报单位建立统计电子台账。建立统计数据质量责任制，健全统计数据质量分级负责制度，积极实行与相关部门和上级统计部门沟通、衔接，掌握最新资料，完善统计数据来源渠道，切实保障统计数据质量。

加强统计法制宣传。年间，城区统计局利用“12·4”法制宣传日和“12·8”统计法宣传日，配合市统计局，采取联合执法和专项执法等形式围绕全区“四上”（指规模以上工业企业、限额以上批发零售住宿餐饮企业、资质等级的建筑业企业和房地产开发企业、规模以上服务业）企业清理清查工作进行执法，明确网报单位统计职责、统计权利及义务，增强企业统计人员依法依时上报数据责任感。

区统计局在2015年全面开展固定资产投资统计制度方法改革，以联网直报方式对全区82家“四上”企业进行试报试填数据采集，利用国家统计局已有的抽样调查制度，对纳入小微企业调查范围的调查对象，在现有的抽样框内以抽样调查方式采集试点数据；同时推进核算统计改革，完善季度GDP数据联审，贯彻落实市统计部门推行的GDP核算下管和下算一级改革，严格执行新的工业统计标准。

【国民经济和社会发展主要指标】 2015年，全区完成生产总值（GDP）111.63亿元，比2014年增长6.9%。财政一般预算收入2.71亿元，下降30.6%。全区完成固定资产投资32.41亿元，比增12.0%。完成工业总增加值47.18亿元，比增5.3%，其中规模以上工业增加值40.72亿元，比增5.6%，占工业总增加值86.3%；实际利用外资241万美元，增长62.8%。农村经济平稳发展，完成农业总产值27.66亿元，比增4.3%。2015年，全区社会消费品零售总额83.69亿元，比增10.8%，从消费形态来看，住宿餐饮业保持快速增长，大众消费持续火爆。人民生活水平进一步提高，城镇常住居民人均可支配收入22809元，城镇居民生活质量持续改善。

2015 年城区国民经济指标完成情况表

表 3

指标名称	计算单位	2015 年完成数	同比增长（%）
国内生产总值（GDP）	亿元	111.63	6.9
规模以上工业增加值	亿元	40.72	5.6
农业总产值	亿元	27.66	4.3
社会消费品零售总额	亿元	83.69	10.8
固定资产投资	亿元	32.41	12.0
公共财政预算收入	亿元	2.71	–30.6
外经贸出口	万美元	16211	–7.6
实际利用外资	万美元	241	62.8
城镇常住人均可支配收入	元	22809	7.8

说明：2015 年数据为统计快报数据

【城区社会经济统计示意图】

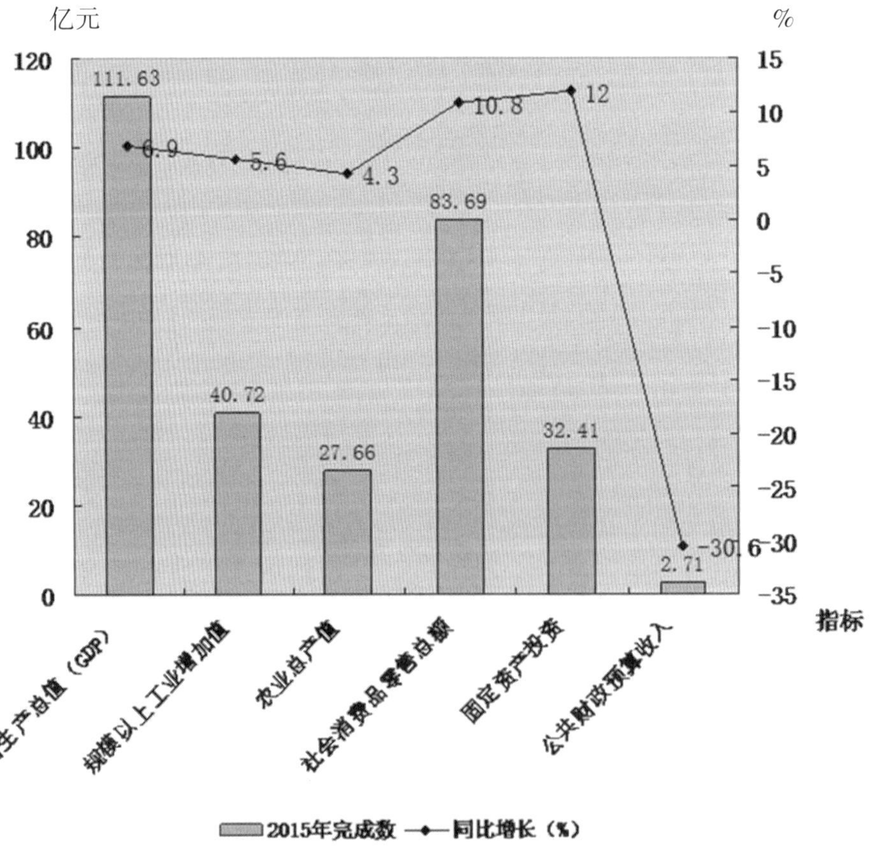

2015 年城区国民经济指标完成情况示意图

【城镇常住居民收入与消费】 2015年，汕尾市城区全体居民收支稳步增长，消费结构优化升级，生活水平明显提升。据2015年城区城乡一体化住户调查资料显示，2015年全区城镇常住居民人均可支配收入为22809元，比上年增长7.8%。

消费支出。2015年，汕尾市城区城镇常住居民人均消费性支出16914元，比2014年增长7.7%。

【农村常住居民收入与消费】 据全区14户城乡一体化住户的抽样调查表明，2015年，城区农村常住居民人均可支配收入为12021元，比2014年增长8.3%。

2015年，农村常住居民全年人均消费支出9092元，比2014年增长5.0%。支出增加的主要原因一是物价上涨，农产品价格波动大，二是农民的消费能力和生活质量进一步提高。

2015年城区全体居民人均收入和支出情况表

表4

项目	全体居民人均（元）	同比增长（%）	城镇居民人均（元）	同比增长（%）	农村居民人均（元）	同比增长（%）
可支配收入	20402	7.8	22809	7.8	12021	8.3
消费支出	15023	7.3	16914	7.7	9092.00	5.0

说明：2015年数据为统计快报数据

（林伊露）

附：城区统计局领导成员名单

局　长：陈永潮

副局长：王灯彩

安全生产监督管理

【概况】 2015年，城区全面履行安全生产“党政同责，一岗双责，失职追责”工作制度，坚持“安全第一、预防为主、综合治理”的方针，按照“管行业必须管安全、管业务必须管安全、管生产经营必须管安全”和“全覆盖、零容忍、严执法、重实效”的要求，深入开展“安全生产执法年”活动，强化“打非治违”，不断深化隐患排查治理，切实推动企业落实安全生产主体责任，坚决防范和遏制生产安全事故特别是重特大生产安全事故的发生，确保全区安全生产形势的持续稳定。2015年，全区发生各类安全事故21起，死亡18人，受伤10人，均属道路交通事故，其中生产经营性道路交通事故5宗，死亡人数4人，受伤1人，危险化学品、工矿商贸、渔业船舶、消防等其他行业无发生生产安全死亡事故，无发生职业病例，各项控制指标均较好控制在市下达的范围内（市下达指标为死亡人数8人，其中生产经营性道路交通事故5人，工矿商贸2人，渔业船舶1人）。

【安全生产责任制落实】 认真学习贯彻习近平总书记关于安全生产工作的一系列重要讲话精神和中央、国务院、省、市、区各级党委政府对安全生产工作的批示、指示精神，不断强化安全生产红线意识，着力推进“党政同责、一岗双责、失职追责”安全生产责任体系建设，建议出台了《中共汕尾市城区委办公室 汕尾市城区人民政府办公室关于完善安全生产责任体系的通知》，重申了全区各级党委、政府及有关部门的安全生产责任；提请区委、区政府听取安全生产重要情况汇报，及时解决安全生产工作重点问题；积极向区党委部门汇报有关安全生产工作情况，争取党委部门对安全生产工作的重视和支持；强化安全生产工作目标责任书的约束作用，督促区安委会各成员单位和各镇（街道）切实履行安全生产职责；不断推进企业主体责任的落实，加强对企业主的宣传、教育，采取约谈、检查、发出执法文书等措施，有效地督促企业落实安全生产“五落实五到位”（必须落实“党政同责”要求，董事长、党组织书记、总经理对本企业安全生产工作共同承担领导责任；必须落实安全生产“一岗双责”，所有领导班子成员对分管范围内安全生产工作承担相应职责；必须落实安全生产组织领导机构，成立安全生产委员会，由董事长或总经理担任主任；必须落实安全管理力量，依法设置安全生产管理机构，配齐配强注册安全工程师等专业安全管理人员；必须落实安全生产报告制度，定期向董事会、业绩考核部门报告安全生产情况，并向社会公示。必须做到安全责任到位、安全投入到位、安全培训到位、安全管理到位、应急救援到位）。牵头组织2015年度区委、区政府对各镇（街道）、区安委会成员单位领导班子及成员安全生产“一岗双责”考核，发挥考核作用，保障和促进安全生产责任落实到位，组织协调迎接并顺利通过2015年度市对城区党政班子及成员履行安全生产责任制情况考核，考核结果均为优良等次。

【安全生产监管工作】 加强危险化学品整治工作，按照安监总局55号令的要求，严把许可准入关，采取严格措施，进行严格监管，特别是吸取天津“8·12”事故教训，专门制订对全区危险化学品清理整治工作方案，重点对4家重大危险源（国泰食品有限公司、五丰水产有限公司、深汕油库、中央冷库）、17家涉氨制冷企业（其中马宫3家、新港6家、红草2家、香洲4家、凤山2家）、7家加油站经常性的开展隐患排查治理行动。同时，配合党委、政府中心工作，开展易制毒化学品的清理；加强烟花爆竹销售的执法监察，严格烟花爆竹销售行政许可，对全区烟花爆竹零售点经营、储存等环节进行全面检查。加强对在市区禁止销售烟花爆竹的工作力度，特别是在春节、元宵、清明、中秋等节日组织相关部门执法人员对市区违规储存、经营的违法行为进行全面的清理和打击，查扣并集中销毁违法违规销售、超量储存的烟花爆竹；开展工作场所职业病危害防治工作，认真贯彻落实《中华人民共和国职业病防治法》以及国家安监总局“一规定四办法”（工作场所职业卫生监督管理规定；职业病危害项目申报办法，用人单位职业健康监护监督管理办法，职业卫生技术服务机构监督管理暂行办法，建设项目职业卫生“三同时”监督管理暂行办法），组织对全区职业病危害因素较重的危险化学品经营、宝石加工、五金电镀、金银首饰、电子制造、印刷箱包、纺织、制鞋、水泥制品等行业企业进行全面调查，摸清涉及职业病危害情况，依据《职业病危害项目申报办法》（国家安监总局令第48号）的要求，着力推进职业卫生“三同时”工作，进行职业病危害申报备案，加强对职业场所的检测、评价，从业人员职业健康检查，职业卫生档案建立的督促，突出对职业病防治设施、设备、防护措施的重点检查，排查和整治了一批隐患，全区没有发生职病例。全区作业场所职业卫生建档企业91家，职业病危害申报备案91家，职业病危害现状评价6家，职业病危害因素检测12家，城区的职业卫生监管工作走在全市前列，受到上级的肯定。

城区的非煤矿山因受炸药限制和开采证到期等原因现已停产，但仍时常密切关注非煤矿山的安全动态。同时还开展了粉尘、有限空间作业的整治防治工作，取得了较好的成效。

【安全生产执法监察和专项整治】 除了在各节假日及重大活动开展安全生产大检查，还在不同时期开展一系列安全生产大检查，坚持落实各行业领域安全监管部门职责，不断完善和提升齐抓共管的工作局面，按照“全覆盖、零容忍、严执法、重实效”的总要求，在道路交通、人员聚集场所、渔业船舶、建筑施工、危险化学品、非煤矿山、烟花爆竹、旅游、水上交通、农业机械、民爆器材、学校（幼儿园）等重点行业和领域开展专项整治。

2015年，城区开展各类专项整治和重点时段安全生产大检查，共出动执法人员2.5万多人次，共检查生产经营单位5000多家次，治理各类安全隐患4100多处（其中现场处理2800多处），发出整改通知书830份，责令停业整顿13家，区政府挂牌整治重大隐患1家，罚款36.85万元，有效消除了事故隐患，确保了全区安全生产形势的稳定。

【应急救援管理】 为保障安全生产应急救援的实效性，提请区政府重新修订了《汕尾市城区生产安全事故应急救援预案》，调整指挥机构，充实应急物资；督促各镇（街道）、区直有关部门也针对所属地区本系统和各生产经营单位制订相应的应急预案。同时组织开展危化品泄漏、消防安全、海上应急救援等演练，提升了政府和生产经营单位应对突发生产安全事故的整体应急处置能力，增强了从业人员、学生、群众的安全防范意识。

【安全生产宣传教育】 开展"安全生产月"活动。大规模在全区范围内开展宣传、教育、培训、咨询、演练等活动，活动中，发放消防安全、交通安全、危险化学品安全、职业卫生、校园安全、海洋安全、电力安全、渔业安全、地质灾害安全等宣传资料。开展安全生产宣传教育"五进"（进社区、进企业、进学校、进农村、进家庭）活动。开展了多次进企业、进学校、进社区专题宣讲活动，率先在全市举办安全生产道德讲堂活动，弘扬安全发展文化。印发《中华人民共和国安全生产法》《中华人民共和国职业病防治法》《广东省安全生产条例》和《安全生产法律法规规章汇编》等近10万份（册），发放到有关监管部门生产经营单位和从业人员；利用宣传媒体、设立固定宣传栏、张挂宣传标语、发放宣传画页、网络、短信等形式大力宣传国家安全生产法律法规，弘扬安全生产发展文化，营造安全生产浓烈氛围。举办多个行业领域安全生产培训班。2015年，共举办了安全生产管理人员、职业卫生、执法监察、危险化学品管理等培训班20多场次，组织安全监管部门工作人员、企业安全负责人学习新修订的《中华人民共和国安全生产法》《广东省安全生产条例》等法律法规，授讲安全生产管理知识等，通过培训使安全监管部门工作人员和企业从业人员对自身在安全生产工作中法定责任、义务和权利有更全面准确的认识和理解，提升全区企业安全生产水平，确保安全生产形势持续稳定。

【事故调查处理】 2015年，分别对汕尾碧桂园4个建设工程公司涉嫌未落实安全生产主体责任及东涌耿诚烟花爆竹零销点超量储存依法立案查处，共处罚款6.9万元。

【安监队伍建设】 在保障和巩固区直机关安全生产监管队伍的同时，着重加强镇（街道）、村（社区）安全监管力量的建设，进一步充实安全生产监管人员，全区7个镇（街道）安监站人员已全部按要求配足，设立村（社区）安全巡查员队伍，全区94个村（社区）配备94名巡查员，加强村级安全生产巡查工作，形成区、镇（街道）、村（社区）三级安全监管网络。

（朱家博）

附：城区安全生产监督管理局领导名单

局　长：罗覃呈

副局长：黄泽霖

城区食品药品监督管理

【概况】 2015年，汕尾市城区食品药品监督管理局坚持以科学发展观为指导和以习总书记提出的"最严谨的标准、最严格的监管、最严厉的处罚、最严肃的问责"作为指导思想和行动指南，坚持食品安全"预防为主、风险管理、全程控制、社会共治"的理念，不断加强食品"从农田到餐桌"的全程监管，实施食品安全战略，形成严密高效、社会共治的食品安全治理体系，紧紧围绕人民群众"饮食用药安全"的工作重点，让人民群众吃得安全、吃得放心。是年，全区没有发生食品安全事故。

【推进监管体制改革】 汕尾市城区食品药品监督管理局在区委、区政府的重视下，按照工作管理职责，认真组织、周密部署，各项工作有效推进。

一、精心组建人员队伍　经区委组织部和区人社局严格遴选，选择具有专业知识、基层工作经验丰富、责任心强、工作能力强、年轻化的人员调入区食药监局。

二. 注重人员培训　区食药监局积极组织人员参加省、市局组织的业务培训班，共派出14批36人次参加省、市局业务培训。通过积极参加省、市级专题讲座和业务培训，大大提高了干部队伍整体素质和业务水平，为依法行政、强化服务积累一定的工作经验。

三. 开展支部联建活动　是年省食药监局餐饮处党支部与区食药监局党支部开展联建活动，活动时间一年。自活动开展以来，省食药监局餐饮处党支部多次到区食药监局开展工作指导，并提出了宝贵的意见，特别是在学校、幼儿园食堂建设、示范街建设、新的《中华人民共和国食品安全法》培训等方面，进行专门深入指导，还赠送了一批价值8万元的快筛快检设备。

四. 推进家禽“集中屠宰、冷链配送、生鲜上市”工作　根据《广东省家禽经营管理办法》，按照市政府《关于汕尾市家禽“集中屠宰、冷链配送、生鲜上市”工作方案》要求，区政府成立领导小组和执法大队，区食药监局牵头做好该工作。

五. 推进食品安全示范街的建设工作　汕尾市城区显达广场餐饮服务单位被市定为食品安全示范街创建单位，2015年示范街内餐饮服务单位已完成了餐饮许可证的申请，并对其进行了量化分级和完成“明厨亮灶”改造，加强食品安全日常监管力度，并进行了宣传活动，在示范街内建立了宣传栏，并多次对示范街内的餐饮服务单位进行业务指导。

【建立监管机制，提高依法行政水平】　一. 落实层级管理　区政府与各镇（街道）签订了食品安全责任书，完善食品安全协管员队伍建设，进一步推动了食品安全属地管理责任的落实。

二. 完善隐患排查工作　区食药监局按照《汕尾市城区重大食品安全事故应急预案》，加强应急能力建设，完善应对突发重大食品安全事故的救助体系和运行机制，规范和指导应急处理工作，做好食品重点领域的隐患排查，有效预防、积极应对，是年，全区没有发生食品安全事故。在药械方面，强化不良反应监测工作，完成药品不良反应、医疗器械不良事件工作任务。区食药监局同区卫计局进行了多次会谈探讨，并联合发文督促基层医疗机构上报药品不良反应、医疗器械不良事件报表，全力做好食品药品安全监管工作。

三. 建立完善制度建设　制定了《汕尾市城区食品药品监督管理局若干制度》和《财务管理制度》，落实了会议制度、上下班制度、值班制度、请销假制度、后勤管理、财务开支等制度，规范行政执法和内部管理。

四. 建立行政执法和刑事司法衔接机制，联合公安、检察院、法院等部门有力打击违法犯罪行为　多次与区公安、检察院、法院等职能部门衔接，并与区公安部门联合成立行政执法和刑事司法衔接领导小组。建立信息通报制度、联合办案、提前介入和联合督办等机制。

五. 建立“四位一体、四方联动”工作机制　“四位一体”即监管、稽查、处罚、问责为一体，“四方联动”即政府、社会组织、生产经营者、消费者联动，初步形成“四位一体、四方联动”监管机制。

【规范审批过程，严把准入关口】　区食药监局根据《中华人民共和国食品安全法》《中华人民共和国药品管理法》《中华人民共和国行政许可法》规范许可流程，做好核发工作。2015年，共办理“餐饮服务许可证”77家，“食品流通许可证”107家，“药品经营许可证”55家，“保健食品卫生许可证”16家。同时，做好迎接新年度启用新版“食品经营许可证”的过渡准备工作。是年城区内实施“明厨亮灶”的单位有30家。持证学校、幼儿园17家，已100%达到B级以上，全面实现学校食堂“灭C”[灭C：餐饮服务单位量化分级评定，是依据可审查结论和日常检查结论综合判定的，分为A（优秀）、B（良好）、C（一般）三类。学校（幼儿园）食堂灭C，就是提升学校（幼儿园）食堂量化分级水平，使之达到B或A级水平］工作。餐饮服务单位有343家，已量化达到330家，量化率为96%，其中A级有69家，B级有104家，C级有157家。

【强化日常监管，维护食品药品市场秩序正常化】一是做好大型活动餐饮安全保障工作。广东省（汕尾）“马思聪”小提琴邀请赛、市妇代会、妈祖文化活动、区“两会”等大型活动和会议举行期间，做到保障前有检查、全程有监管，保障后有总结的重大活动餐饮安全保障工作机制，确保了活动的餐饮服务食品安全。二是加强食品药品日常监管。严查伪劣食品以及药店不按GSP规范经营的行为。是年，参加检查工作的执法人员达200人次，检查药品经营企业141家，医疗机构45家,责令整改150家，收缴问题药品近千瓶（盒），品种达30余种。三是强化学校、幼儿园等集体食堂的监管力度。是年，区食药监局联合区教育部门对全区中小学校、幼儿园集体食堂开展食品安全专项整治，通过检查食堂的整体布局、功能区的设置、证照、环境卫生、仓库、洗涤、消毒、生、熟食隔离等情况，督促学校集体食堂进行整改，共出动车辆81台次，人员193人次，监督检查学校（幼儿园）食堂114次，落实整改6家。四是加强指导督促力度。监管人员经常深入企业现场进行指导检查，指出薄弱环节，指导督促建立食品药品安全管理制度，提高食品药品安全管理水平，制订《2015年汕尾市城区打击保健食品“四非”专项行动工作方案》，严厉打击保健食品违法行为。针对此专项行动共出动人员132人次，检查企业98家，进一步保障保健食品市场安全。

【加强综合整治，力促食品药品安全】 围绕省、市食品药品安全重点工作和专项整治行动，城区以创建文明城市和卫生城市为契机，把握关键，加大专项整治和稽查力度，使全区食品安全工作上台阶，区食药监局开展各类专项行动。一是针对打击肉产品及肉制品违法犯罪。开展“秋风行动”，检查了餐饮单位的食品原料采购台账和索证索票落实情况，重点检查注水肉、假冒牛羊肉、走私入境的冷冻肉品、病死畜禽等各类有毒有害肉制品。检查人员针对不规范的发出了《责令整改通知书》，“秋风行动”专项整治共出动执法人员100余次，检查餐饮40多家，没有发现相关违法情况。二是开展查处香港制造药品的专项行动。执法人员对辖区内的药品经营（零售）企业、港货店等可能销售涉案产品的企业进行清查，没收了多批涉嫌药品，行动效果明显。在清查的同时督促各相关经营单位规范经营，同时加强对药品经营条件存续行为的监管。三是开展食用油专项执法行动，根据相关部署，区食药监局出动执法人员，共检查40家企业单位，没有发现掺杂掺假等违法行为。并于年底与区森林公安在通港路进行联合执法，共抽检样品油32个批次，两部门紧密沟通，保证了执法行动的有效进行。四是开展打击食品非法添加剂“清源行动”。针对当前广东省食品生产经营中非法添加违禁药物、违禁化学物质和使用非食用物质等突出问题，省局要求在全省开展联合打击食品非法添加剂专项行动，区食药监局制定行动方案和抽检计划。联合市公安局开展执法行动，共出动人员80人次，车辆21台次，抽检19批次，尚无发现违法情况。五是实行“两法”衔接，开展综合执法。区食药监局多次与城区公安分局、生猪管理执法大队等部门进行联合执法，是年，在一士多店内查获一批第二类精神药品（可待因口服液）10个品种，383瓶（袋），有力地打击了这类违法行为的发生，并移交城区公安分局处理。区食药监局紧紧围绕各级的食品药品安全重点工作和专项整治行动，发挥社会共治力量，加大专项整治和稽查力度，进一步整顿全区食品药品安全市场秩序。

【加强宣传教育，促使食品药品安全认识深入人心】 一是开展“全国食品安全宣传周”活动。是年，在市区罗马广场与市食药监局联合举办了“全国食品安全周”宣传活动，发放各类宣传资料2500多份。二是举办了“安全用药，关注健康”宣传咨询服务活动以及讲座，在市区通港路富临酒店对面举办了“安全用药，关注健康”咨询服务活动。共接受群众安全用药及健康生活咨询活动120多人次，发放各类宣传资料1600多份，进一步提升了公众用药意识和社会影响力。三是开通微信公众平台。区食药监局创新宣传方式，开通了“汕尾市城区食药监局”微信公众平台，发布食品药品安全信息40多条。

（张桂嘉）

附：城区食品药品监督管理局领导名单

局负责人：程书航（副区长兼，2015年1月28日离任）

胡春莲（副区长兼，2015年1月28日~2015年5月28日）

何秀滔（副区长兼，2015年5月28日任）

副局长：吴沛峰

食安办副主任：曾招肯

国有资产监督管理

【国有资产监督管理】 2015年，按照中央、省、市关于资产申报的部署要求，对全区行政事业单位开展资产申报和审核工作。根据《关于在全区开展行政事业单位国有资产清查的工作方案》，年初召开全区行政单位资产申报动员暨培训会议，并将制定的相关表格下发各单位进行填写申报。收集相关资料后，按照行政事业单位、水利系统、农林系统、卫生系统、商业系统、教育系统、企业系统进行分类统计，将全区221个单位的固定资产情况汇总整理出自用土地（房屋）、闲置土地（房屋）、出租土地（房屋），并录入国有资产台账系统，不断促进国有资产管理规范化和制度化。

【国有企业改革】 2015年，城区国企改革任务艰巨，但城区克服困难，准确把握改革的原则和方向，紧密结合工作实际，准确界定不同国有企业功能，因企制宜，制订出切实可行的实施方案。根据《汕尾市城区人民政府办公室关于调整汕尾市城区水产供销公司企业改制工作领导小组的通知》和企业改制相关规定，指导城区水产供销公司进行企业改制的资产评估、清产核资的各项工作，推进了城区国企改革的坚实步伐。同时，结合全面开展的深化政务整治、正风肃纪集中行动，切实转变工作作风，提高服务型企业的能力和水平，为推动城区国有企业完善现代企业制度，加快城区经济建设增添强大动力。

【加强行政事业单位资产管理】 2015年，城区将行政事业性国有资产纳入了全区国有资产的监督管理工作范围。区国资办加强资产处置管理工作，对清产核资方面工作进行布置、协调推进。按照财政部《行政单位国有资产管理暂行办法》和《事业单位国有资产管理暂行办法》及上级部门的有关规定，组织全区各行政事业单位参加由财政部召开的资产清查系统培训视频会议，同时对各单位的资产录入、资产清查工作进行审核监督，细化行政事业单位资产各个环节的管理，全面规范城区行政事业单位的国有资产管理工作。

【加强行政事业单位的基础性管理工作】 一是加强“三公”［因公出国（境）、公务用车购置及运行维护和公务接待］经费管理。城区坚决按照党中央、国务院《关于党政机关厉行节约若干问题的通知》等有关规定执行，从源头上规范“三公”经费的预算编制和支出监督管理，整治“三公”经费开支过大，严禁超预算或无预算安排支出。按年初预算，严格“三公”经费管理，严格控制“三公”经费支出，2015年全区“三公”经费支出765万元，比上年1303万元减支538万元，下降了41%。二是进一步开展办公用房清理整改工作。根据汕尾市财政局《关于进一步落实办公用房清查整改工作的通知》，进一步加强对城区办公用房的清理和整改落实，并督促各单位开展办公用房清理台账录入工作，清理腾退出办公用房面积统计共57.8平方米，办公用房清理整改工作取得积极成效。

（陈贵层、周佳茵）

【矿产资源管理】 城区矿产资源主要分为金属矿种和非金属矿种，其中，金属矿种主要包括锡矿、钨矿和钼矿，此外还有稀有金属钛铁矿、锆英石、金红石、独居石等；非金属矿种主要包括高岭土、建筑石材和建筑用砂。

1998年以后，城区采矿业以开采建筑类的砂、石和取土为主。全区原共有4家采石场，分别为汕尾市城区东升石矿有限公司、汕尾市城区双发采石场有限公司、汕尾市城区生华石矿有限公司和汕尾市交通石矿开采有限公司，因其“采矿许可证”均于2012年12月30日到期，故2013年起4家石场均已停止开采。2015年,城区根据上级要求，认真采取措施，切实加强区域内砂石资源管理。主要是整治非法开采，有针对性地对非法取土、取砂行为进行集中整治。是年，出动矿产资源巡查15次，出动人员96人次，并结合国家矿产资源卫片执法检查。

此外城区积极做好地质灾害防治工作。一是在防汛期间，对全区8个地质灾害隐患点进行一次拉网式排查，制订重点地质灾害隐患点山体滑坡避险搬迁和防治方案。二是加强监测预警和强化值班轮值制度，健全地矿局防洪抢险队伍，落实各项防范措施，确保人民群众生命财产安全。

（陈若谷、陈晓婷）

国土资源

【土地资源】 2015年年末，全区土地利用如下：

农用地 2015年年末，城区农用地面积共19101.03公顷，占全区土地总面积26244.08公顷的72.79%。农用地包括耕地、园地、林地、其他农用地四类。

耕地 共3360.98公顷，占是年全区农用地面积的17.6%，占全区土地总面积的12.81%。随着经济社会的发展，人口的逐年增加和耕地被建设占用，人均耕地占有量逐年减少。2015年年底，全区人均占有耕地0.01公顷，低于联合国粮农组织确定的人均耕地警戒线0.053公顷的水平。

园地 共2025.84公顷，全部是果园，占是年全区农用地面积的10.61%，占全区土地总面积的7.72%。由于粮油市场价格持续处于较低的水平，农民改种其他经济作物增加收入而占用耕地。

林地 共10719.55公顷，林地是农用地的主体，也是全区土地利用的主体，占是年全区农用地总面积的56.12%，占全区土地总面积的40.85%。

其他农用地 其他农用地面积2994.66公顷，占是年全区农用地面积的15.67%，占全区土地总面积的11.41%。

建设用地 全区建设用地共4695.06公顷，占全区土地总面积的17.89%，建设用地包括城镇村及工矿用地、交通用地、水域及水利设施用地等。

城镇村及工矿用地 包括城市用地、建制镇设施用地、村庄、采矿、风景及特殊用地，共有面积3602.89公顷，占全区土地总面积的13.73%。

交通用地 包括公路用地、铁路用地和港口码头用地类，面积为494.95公顷，占全区土地总面积的1.88%。

水域及水利设施用地 包括水库水面和水工建筑两类，面积为597.22公顷，占全区土地总面积的2.28%。

未利用地 未利用土地面积共2447.99公顷，占全区土地总面积的9.32%。

资源管理

【做好土地储备组件报批及征地工作】 2015年度，汕尾市国土资源局市区分局组件报批新增建设用地共3个批次，即为：汕尾市城区2015年度第一批次城市建设用地、汕尾市城区2015年度第二批次城市建设用地和汕尾市城区2015年度第三批次城市建设用地，总征用土地面积83.1326公顷，征地用途为高新区红草园区建设储备用地，征地位置在红草镇三和村。是年度，共落实土地补偿费及安置补偿费4377万元，落实被征地农民社保对象2028人，上缴社保专户的被征地农民社会保障费1825.2万元，并按是年度征用土地面积15%的比例拟安排在红草高新首期征地范围内划出12.4699公顷的土地作为被征地农民的留用地。

【落实耕地保护责任】 认真落实土地管理共同责任，明确政府、有关部门耕地保护目标责任和分工。市下达给城区的耕地保护量任务为2652公顷，全区实有耕地保护面积为3577公顷，高于市下达的考核任务，顺利通过上级耕地保护责任目标考核检查。同时，汕尾市国土资源局市区分局对于是年度辖区征用土地占用1247亩耕地进行了补充，坚持“占一补一”原则，确保辖区耕地保护量不变少，实现辖区耕地占补平衡。

【做好永久基本农田划定准备工作】 永久基本农田划定工作是国家落实最严格的耕地保护制定的节约用地制度、提高土地管理和利用水平的一项重大举措。2015年，城区对上级下达城区列入划定永久基本农田区域的耕地，进行了适合或不适合划定为永久基本农田的核实举证工作，为下一步辖区开展划定永久基本农田做好基础工作。

【加大国土资源执法监察力度，遏制违法违规用地行为发生】 按照“预防为主，早发现、早报告、早制止、早查处”的工作要求，全面落实土地动态巡查，做到定期巡查和重复巡查相结合，动态巡查与查处案件相结合，2015年度土地动态巡查中发现违规用地49宗，发出《责令停止国土资源违法行为通知书》49份，将大部分违法行为制止于萌芽状态。是年度共查处违法案件9件，均责令各违法单位停止违法行为，并给予违法单位处以相应的罚款。营造了同国土资源违法违规行为作斗争的良好风气，增强了辖区干部群众严格依法用地的意识，为建立依法有序的土地管理秩序创造了良好的外部环境。

【夯实管理基础】 根据《广东省国土资源厅转发国土资源部办公厅关于开展全国耕地后备资源调查评价工作的通知》的规定，汕尾市国土资源局市区分局委托内蒙古和泰科技发展有限责任公司承担汕尾市城区耕地后备资源调查评价工作，并征求了汕尾市城区农业局、城区水利局、城区林业局对城区这次耕地后备资源调查的意见；同时，抽调有关部门人员组成汕尾市城区耕地后备资源调查评价成果自检组，对内蒙古和泰科技发展有限责任公司承担的汕尾市城区耕地后备资源调查评价成果进行了自检，完成了汕尾市城区耕地后备资源调查评价成果自查工作。

(林文省)

附：汕尾市国土资源局市区分局领导名单

局　长：庄梓会

区地产公司

【概况】 2016年，区地产公司响应区委、区政府的号召，积极参加东涌火车站片区、东涌新地“大棚山”项目和成业路等七条市区道路的征地及地上附着物的拆迁工作。完成火车站片区第二期征地、拆迁1024亩，完成“大棚山”项目的拆迁173亩，完成成业路等七条市区道路的征地拆迁6.8公里。

(张伟江)

附：区地产公司领导名单

经　理：郑汉为

城区物资总公司

【概况】 2015年，城区物资总公司全体干部职工123人，其中，已退休人员33人，在职5人（其中定编1人），其余自谋职业。内设机构：业务股、人秘股、财会股。

【管理工作】 2015年，公司党组领导张庆川先后作了“全面深化政务整治、正风肃纪集中行动的重大意义”“如何落实全面深化政务整治、正风肃纪集中行动实践要求”等专题党课报告，结合身边的具体例子，对到会人员进行了一次深刻的党课教育，进一步提高全体党员及入党积极分子的政治理论水平，提高贯彻执行党的各项政策的自觉性。是年，公司党组织把2名2014年入党积极分子吸收为中共预备党员。

严格执行资产经营管理制度，管理经营好国有资产，维持企业正常运作和保障社会稳定工作，完善并归类保管好职工档案。

深化社会企业改革，坚持以人为本的思想政治工作，争取职工理解支持企业深化改革，进一步减少人员压力，2015年，由2014年的在职6人压缩为在职5人。

(郑昌城)

附：汕尾市城区物资总公司

总经理：张庆川

农业和农村经济

NONG YE HE NONG CUN JING JI

农 业

【概况】 2015年,是全面完成“十二五”规划的关键之年。区农业工作在区委、区政府的正确领导下，认真贯彻落实2015年中央1号文件精神和全省农业农村工作会议的重大决策部署，把实现好、维护好、发展好农民群众根本利益作为重中之重，认真把握“稳中求进、改革创新”的总基调，朝着“稳粮、增收、强基础、保供给、保安全”的目标，加快转变发展方式，全力促进城区农村农业经济生产稳定协调发展。是年，全区农作物总播种面积10.05万亩。其中粮食作物播种面积6.18万亩，粮食总产量2.32万吨，超额完成年度生产计划和市下达的粮食工作考评指标。

【种植业】 粮食作物主要是水稻、番薯 城区农业部门认真落实粮食工作责任制，努力做好种粮大户直补、种粮综合直补等扶持粮食生产政策的贯彻落实工作。2015年，据逐级统计、公布、核查、汇总，最后核定全年种粮综合补贴面积5.165万亩，补贴资金440.88万元。

水稻 2015年，全区水稻插植面积5.165万亩，亩产377公斤，总产1.947万吨。

番薯 2015年，全区番薯种植面积1.04万亩，亩产367公斤（折谷），总产0.382万吨。

花生 2015年，全区花生种植面积0.74万亩，总产0.087万吨。

蔬菜 2015年，全区蔬菜种植面积3.32万亩，总产量4.65万吨。

水果 2015年，全区水果种植面积2.22万亩，总产1.12万吨。

【病虫害防治】 测报和防治 是年，全区主要农作物病虫害发生面积14.6万亩次，防治面积13.78万亩次，挽回经济损失折谷4577.15吨。全年印发病虫情报7期200多份，对防治工作起到了一定的指导作用。

普查和防控 以“红火蚁”疫情为例，2015年，全区发生总面积2.6632万亩次，防治面积2.0019万亩次，工作得到稳步的落实。

宣传和防控培训 全年，共组织全区农业技术工作人员培训班2期共55人次，发布防控信息3期，发放资料550份。同时，有计划组织人员参加普查、扑杀行动，确保了居民的生产、生活秩序。

【农业技术推广】 农业基层农技推广体系改革与建设 2012年度至2015年度，城区实施基层农技推广体系改革与建设项目以来，共计投入资金228.8万元。通过项目实施，农技体系管理进一步规范。建立健全了人员聘用、职称评聘、农技推广责任制、绩效考评制、目标考核制、知识更新培训等一系列规章管理制度，建立了“专家—指导员—示范户—带动户”科技联户制、“专家—农技员—村—户”包村联户制等多元化的推广服务机制。示范推广项目的实施完善了城区示范推广基地的建设，有效完成了省主推新品种、新技术推广工作。

农机推广体系建设 通过实施该项目，农业机械和主推农机技术入户率和到位率达到95%以上，培育的23个农机科技示范户，农户平均带动周边农户20户以上，合作社平均带动农户约120户，效益增长明显，示范效果显著。农机推广 水稻机械化育插秧示范中心项目,实施时间为2015年1月1日至12月31日，项目面积500亩，主要推广示范大棚育秧和机械化插秧技术，并通过示范区的引导、辐射作用，带动周边的红草镇以及全区新增机插面积3000亩以上，逐步将水稻育插秧机械化技术在全区推广普及。

【强农惠农政策措施】 区政府及区农业部门始终坚持强农惠农政策落实放在首位，加强监督环节，严格执行制度，确保政策落实、项目到位、资金安全，切实做到维护好、发展好、实现好农民群众的切身利益。

认真落实农业“四大补贴”（种粮直补、良种补贴、农资综合补贴、农机购置补贴）。2015年，累计兑现粮食综合补贴（种粮直补、良种补贴、农资综合补贴）农户数12252户，补贴面积41403亩，补贴356.40万元。落实兑现农机购置补贴资金147万元，农民已经购买农业机械1153台，农机购置补贴资金72.048万元，补贴户数14户，全部按期完成了补贴任务。认真做好2016年城区政策性水稻种植保险财政补助早期工作。

【加快社会主义新农村建设】 2015年，城区以“宜居宜业、生态文明、和谐平安”为目标，结合“名镇名村示范村”、农村公益事业“一事一议”的建设，积极推进幸福村居示范片建设工作。全区工作开展共投入资金1680万元，其中投入名村综合服务中心80万元，饮水安全258万元，道路硬底化601万元，村庄亮化、绿化、美化454万元，文化体育建设269万元，卫生环境整治18万元。工作的开展按照社会主义幸福村居建设要求，以完善示范村基础设施为基础，以实施示范村文化室和景观综合整治为突破口，以发掘和拓展名村资源整合提升特色优势为基本路径，大力开展幸福村居示范片创建活动，显著提升了村民幸福感和农村宜居水平。

【城区农村集体“三资”管理服务平台建设】 农村集体资金、资产、资源（简称农村集体“三资”）关乎农民群众的根本利益。2015年，全区全面开展了农村集体“三资”管理服务平台建设工作。全区共投入资金115万元，分别用于各平台中心的场所装修、办公设备采购、软件开发和网络专线线路安装租用等。是年年底，全区7个镇级及区级平台已建设完成，同时完成了全区75个经济联合社和163个经济合作社的“三资”清理工作。共计清理农村集体经济资产金额4.86亿元,其中包括：货币资金为0.94亿元，固定资产为3.53亿元,其他资产为0.39亿元。负债为0.58亿元，所有者权益为4.28亿元，农用地为31.9万亩，经济合同853宗。所有清理内容已全部纳入平台管理，实现了区、镇（街道）互联互通，进一步完善了农村“三资”管理的实时化、全面化和全程化。

【农业政策法规宣传】 2015年，农业政策法规宣传培训工作取得一定成效。通过放心农资下乡、咨询活动和科技下乡等方式，共张贴标语38条，印发各类宣传资料10100多份，举行现场咨询和宣传活动2场次，接待咨询群众100多人次。农业政策法规的宣传工作取得了一定的成效。

【农产品质量安全检验检测】 2014年年底，城区农产品质量安全检验检测站顺利完工，2015年正式投入使用。并在2015年城区检验监测站申报通过《省级农产品质量安全快速检测项目》。2015年9月城区农产品质量安全监督检测站对全区的农贸市场、商场进行例行监测，抽取检测的样品204个，合格204个，合格率100%。主要检测的品种有：、菜心、甘蓝、韭菜、芥菜、包菜、空心菜、小白菜、菠菜、生菜、青瓜、豇豆等。是年，共检测辖区内农产品样品共2420个，合格率高达98%，真真正正还人民群众“舌尖上的安全”。

【农资市场监管】 2015年，全区共有农资经营门店29家，全年累计出动执法人员190人次，检查农资经营门店100多个次，使城区农资市场得到了有效的监督管理，维持良好的运转秩序。农产品质量安全监管工作继续得到加强。城区农业局采取联合市局检测中心的方式，或由省厅委托兄弟市检测部门到城区检查等，对城区农产品生产和经营进行检测抽查。一年来共开展抽检活动3次，抽检农产品样品50多个。

【农田水利建设】 2015年，农田水利建设地点位于红草镇新村，建设规模650亩，项目总投资65万元；马宫街道浪清村改造中低产田项目，建设面积400亩，总投资40万元，已通过竣工验收，并完成了绩效自评。

【完成土壤重金属污染防治普查农产品样品采集】 农产品产地土壤重金属污染防治是国务院部署，农业部、财政部具体安排的一项重要工作，是保护有限农业资源和保障农产品质量安全的重要措施，也是实现农业可持续发展的必然选择。2015年，在开展农产品产地土壤重金属污染防治普查的基础上，重点采集农产品样品18个，其中：水稻样品6个，番薯样品4个，花生样品2个，蔬菜样品4个，荔枝样品2个。

【农机服务】 农机销售 汕尾市城区的农机销售完全以市场化的方式进行，农户购买农机具方式多样化，主要是通过经销商、经销点或厂家直接购买。由于城区水产养殖面积大，销售机具主要以水产品养殖机械为主，区内有4家增氧机经销商（经销点），经营浙江富地牌及上海喃嵘牌等多个品牌型号。

农机购置补贴 2015年，省下达城区中央农机购置补贴资金147万元，三批次共支出农机购置补贴资金97.896万元，中央补贴比例66.60%，剩余补贴资金49.104万元。受理指标确认书数75份，审核申请户数19户，申请机具1675台。通过落实补贴政策，让农民群众享受国家强农惠农政策，减轻农民负担，同时也提高了城区农业机械化水平。

农机使用 2015年，农机拥有量逐步增加，农户普遍使用的农机种类有手扶拖拉机、中型拖拉机、旋耕机、起垄机、联合收割机、碾米机、烘干机、植保机、增氧机等。年底，农业机械原值约7960万元，农业机械总动力10.7万千瓦。其中:耕作机械动力9847千瓦,排灌机械动力8623千瓦,渔业机械动力52880千瓦,农田基本建设机械动力7469千瓦,收获机械动力2030千瓦，其他机械动力26151千瓦。拥有小型拖拉机988台，大中型拖拉机21台，水稻联合收割机38台，水稻插秧机5台，机动脱粒机286台，植保机械1180台，烘干机6台，以及灌溉机械、畜牧养殖机械等。充分发挥农业机械作用，促进机械化作业水平提高，其中，农作物机械化综合水平54.1%；水稻综合机械化水平66%。

农机扶持 高度重视农机专业合作社建设，大力支持、指导汕尾市城区新祁丰农机专业合作社实施水稻机械化育插秧示范建设项目建设，投入专项资金50万元。项目实施紧紧围绕“兴机富民”,以农机化科技创新为主线，以促水稻种植业规模化开发，降低生产成本，提高水稻的经济价值，增加农民收入为核心，对推广水稻育插秧机械化技术、大棚育秧技术具有积极意义，着力推进城区水稻生产全程机械化，提高城区水稻综合生产能力、保障粮食安全、促进农业增效和农民增收。该社是年服务农业生产作业面积5200亩，年经营收入130万元。

农机技术培训 结合农时，组织推广现场会和培训班。坚持因地制宜、分类指导、重点突破、全面推进的方针，积极落实工作措施，以水稻机插秧技术、农机深松整地作业技术为推广重点，推进农机推广工作发展。是年，在马宫街道和捷胜镇举办了插秧机和农机深松整地作业技术现场演示会共3场次，现场参观人数达350人次。加强对技术指导员和农机示范户、农机户的培训，以提高基层农机人员的业务知识水平和推广服务技能，共培训了2期，参加培训农机技术员15人，示范户60户，农机手230人次，农户人数350人次。

农机化投入 充分发挥农机项目投入和农机购置补贴政策，积极鼓励农民购机，推广农机具和农机化设备设施。2015年，农机化投入约900万元，其中财政投入250万元，农民投入650万元。

农机管理 高度重视农机安全生产工作，坚持“一岗双责”，结合“三严三实”活动，有效防范一般事故，坚决遏制较大事故，杜绝重大事故的发生。以开展“农机安全生产月”活动为契机，使农机法律法规、安全生产知识、安全守法意识深入农村、深入生活、深入群众。是年6月24日，开展了以“加强安全法治、保障安全生产”为主题的“农机安全生产咨询日”活动。活动现场通过悬挂横幅、展示农机安全生产挂图、发放“平安农机”倡议信和农机安全知识小册子、讲解有关安全生产法律法规、接受群众咨询等方式，向农机户、农机手大势宣传农机安全生产知识，营造了“关爱生命、关注安全”的浓厚氛围。当日，发放农机相关宣传资料500多份，接受农户咨询42人次，挂横匾6幅，粘贴宣传挂图20幅，免费给拖拉机粘贴反光贴150多条。

（郑梦霞、余德财）

附：区农业局领导名单

局　长：刘克涛

副局长：李孝群

　　　　冯生杰

林　业

【概况】 2015年，城区林业局以“生态林业、民生林业、文化林业、创新林业、和谐林业”为目标，积极创建林业生态区，大力实施生态景观林带、森林碳汇、沿海防护林等林业重点生态工程，开拓进取、扎实工作，推动全区林业持续、稳定、健康发展。至2015年年底，全区林业用地面积21.92万亩，森林覆盖率49.4%，林木绿化率54.39%，森林蓄积量543520立方米，森林资源保护和发展目标考核为全市前列。

【生态林工程建设】 2015年，城区有省级生态公益林面积19.02万亩（其中国家级生态公益林5209.5公顷），约占林业用地面积的86.9%，其中水土保持林面积9409.8公顷，水源涵养林面积2337.8公顷，风景林面积81.6公顷，自然保护小区林面积79.1公顷，沿海防护林面积818.6公顷。是年，全区省级生态公益林中Ⅰ类林面积为1654.5公顷，Ⅱ类林面积为6618公顷，Ⅲ类林面积为3296.4公顷，Ⅳ类林面积为1158公顷。Ⅰ、Ⅱ类林面积所占比例为65%。城区生态公益林的建设管理和保护，进一步提高了生态功能等级，充分发挥其在水土保持、水源涵养、生物多样性保护、美化环境等方面的重要作用，构筑城区绿色生态屏障。继续推进城乡美化绿化体系建设。是年，完成重点林业生态工程建设，共投入资金1000多万元，其中完成防护林人工造林1.2万亩、封山育林21400亩；森林抚育30249亩;生态景观林带建设840亩。各镇（街道）村（居）委积极筹措资金建设村头公园6个，建设乡村绿化美化示范点6个，投入资金60多万元。主干道高速公路、省道、厦深铁路等基本实现多品种、多形式的绿化，街道、小区绿化布局合理，村庄绿化实现了“林在村中，村在绿中”的良好景观，营造了一个人与自然和谐融洽的城乡环境。

【林业生态林管护】 2015年，全区配备生态公益林护林员210人，其中区专职20人、镇（街道）半专业护林员140人，村（社区）专职护林员50人。为全区生态公益林的管护工作提供了前提条件。生态公益林管护面积落实率和管护人员签订率均达100%。执行新修订的《广东省生态公益林效益补偿资金管理办法》，全区进一步明确生态公益林效益的补偿对象，规范发放程序，保证了生态林损失性补偿资金的足额到位，让林农真正得到实惠。

【林木林地资源管理】 实行森林采伐限额的规定和木材生产“一本账”计划，坚持凭证采伐林木与凭证运输、经营加工木材的制度，致力从源头上遏制乱砍滥伐现象的发生。注重林业执法队伍和林业工作站建设，实现了公路无“三乱”（乱设站卡、乱罚款、乱收费）目标。城区高度重视森林资源保护工作，誓保造林绿化成果。一是加大对各种破坏森林资源违法行为的打击力度，防止各种破坏森林资源案件的发生，是年，全区未出现重大盗伐、滥伐林木案件。二是加强林地林权管理。严格审批征占用林地项目，坚决制止乱占滥用林地行为，全区征占用林地审核率达到100%。对稳定林区的生产秩序，促进林区经济发展起到重要作用。三是加强森林防火工作。落实森林防火责任制，加强森林防火巡查排查，完善森林防火信息指挥系统和预警系统。是年，全区森林火灾受害率都控制在0.5‰以下。四是加强森林病虫害的防治检疫工作。2015年，全区森林病虫害成灾率为零，测报准确率达90%，无公害防治率达95%以上，监测覆盖率和种苗产地检疫率均达到100%，有效保护了森林资源。

【森林防火】 2015年，区政府把森林防火工作年度考核纳入全区年度工作考核范畴，实行奖惩并举，制定森林防火工作实施方案，签订责任书，促进层层落实岗位责任。全区各级认真落实森林防火行政领导责任制，召开森林防火会议10场次，家长会、学生会4场次，印发森林防火通告1.2万张，张贴宣传标语1万多条，制作和刷新永久性防火宣传牌200块，夹报发送告全区人民一封信1.5万张和宣传标语2万多条，通过电信、移动、联通等短信温馨提示100多万条，营造了浓厚的森林防火氛围。积极开展“无森林火灾乡镇”及“无重特大森林火灾县区”创建活动。在重要节假日期间，严格管理野外火源，对重点火险地段、森林旅游区等加大监控巡查力度，在主要入山路口设卡把守，以防止火种上山。区森林公安派出所与区防火办联合建立防火督查组，不定期开展巡逻督查，实行“见烟就查、见违章用火就罚”，野外违章用火得到遏制。森林消防护林队加强森林防火巡查，并坚持每月1次以上的业务知识培训和日常化的体能训练，队伍整体素质得到提升，成为全区森林防火、扑火工作的主力军。是年，全区没有发生大的森林火灾。

【林业执法】 2015年，区森林派出所发挥职能作用，联合林政股打击破坏森林资源的违法犯罪行为，加强依法治林和林权纠纷协调工作。在各级党政和上级林业部门的支持下，林业派出所在开展利剑专项行动和依法治林中勇当“排头兵”，充分发挥森林公安执法主力军作用。是年，查处各类林业案件6宗，办结6宗。行政处罚案件4宗，为国家挽回经济损失约150多万元，对制止乱砍乱挖滥伐和林区治安稳定起到了重要作用。派出所和林政股联合深入基层，协助镇（街道）、村居委会和林农调解各种林权纠纷，稳定林区的发展。

【林政管理】 2015年，加大林地保护管理力度。主动服务全区经济社会发展大局，积极配合做好重点项目建设征占用林地上报工作，积极配合区殡改执法队处理非法占用、滥用林地修造坟墓的违法行为，保护林地资源安全。切实加强森林采伐管理。禁止砍伐生态公益林，对商品林采伐实行限额管理，没有发生违规审批和超标审批的现象。认真做好林权纠纷调处工作，参与调解林权纠纷，避免了群众越级上访和集体械斗事件发生，促进林改工作的顺利开展。加强木材行业管理，进一步规范了木材流通领域和经营市场的秩序。

【野生动植物资源保护】 2015年，区林业部门积极开展野生动植物保护“宣传周”“宣传月”活动，依法检查市场、宾馆、酒楼及大排档共20多间，保护国家保护的“三有”（有益的、有重要经济价值、有科学研究价值的）陆生野生动物。

【森林病虫害防治】 按照省、市林业主管部门部署，城区认真开展森林有害生物普查工作。全区共设调查线路10条，调查点83个，调查面积70630亩;调查苗圃2个,调查面积130亩；调查城区绿化带一条。普查结果表明城区林业有害生物发生种类为薇甘菊、无根藤，马占相思、大叶相思铜绿金龟子、棉古毒蛾、白粉病，桉树枝瘿姬小蜂、桉树叶斑病、紫斑病，马尾松松突圆蚧，湿地松粉蚧，火焰木斑螟，荔枝叶瘿蚊、龙眼鸡、椿象，以及苗圃地的樟树樟巢螟、桃花心木斑螟、桃花心木袋蛾、铁树紫花蝶、秋枫叶蝉、小叶榕榕管蓟马、肉桂双瓣小卷蛾、绿化带的盆架子绿翅绢野螟、小叶榕榕透翅毒蛾、大王椰椰心叶甲虫等，发生面积9113亩（其中薇甘菊1995亩,无根藤4120亩，桉树病害1514亩，桉树虫害30亩，湿地松粉蚧137亩，松突圆蚧467，大叶相思病害450亩，大叶相思虫害400亩，其它虫害种类匀为零星发生）。共发现林业有害生物种类24种,采集各类标本10套，拍摄照片600张。进一步有效加强林业有害生物防治工作。2015年，城区主要公路两侧和市区周边林区内发生“薇甘菊”危害严重，大面积灾情的有几十亩，小面积有一亩、半亩。薇甘菊繁殖快，对森林资源危害大，区林业局根据实际情况积极申请上级资金和药物支持，采用人工和药物进行有效防治，防治面积近828亩。

（施智严）

附：区林业局局长、副局长名单

局　长：林楚城

副局长：朱钦文

水　利

【概况】 2015年，城区水利局在区委区政府的领导下，在上级水利部门的支持指导下，以水利工程建设、水资源管理和“三防”工作为重点，认真履行职责，较好地完成了各项工作任务。全区投入建设的水利资金5898万元，已到位尚未投入建设的水利资金6722万元。

【中央财政小型农田水利重点县建设项目】 城区中央财政小型农田水利重点县建设项目总投资7771.62万元，其中中央财政补助3600万元，省级财政补助2400万元，要求市级财政配套300万元，县级财政配套300万元，群众自筹1171.62万元。项目主要位于红草镇、捷胜镇、马宫街道和东涌镇等4个镇街道，灌溉面积3.45万亩，受益人口8.42万人。项目分3个年度实施，各年度的基本情况为：2014年度总投资2588.92万元，2015年度总投资2585.39万元，2016年度总投资2597.31万元。2014年度项目于2015年5月26日完成施工招投标，2015年6月3日开工建设；2015年度项目于2015年9月11日完成施工招投标，9月20日开工建设。2015年年底前共投入2014、2015年两个年度项目建设资金约3200万元，完成两个年度工程上级补助资金的80%。

【15宗新增小型病险水库除险加固工程】 东涌镇土央地、上油田、老虎烈水库；捷胜镇前进、锡坑、东坑（下）水库、关刀石水库；红草镇南雅、弯道坑、白水蔗、新村水库；香洲街道琉璃径、赤岭水库；马宫街道矿山、东山坑水库等15宗小型水库列入水利部2015年度新增小型病险水库除险加固计划，上级下达补助资金共2744万元，其中中央补助资金1428万元，省级财政补助资金1316万元。15宗水库工程于2015年10月陆续开工建设，2015年年底前投入资金约 1980万元，完成中央及省级补助资金的80%。

【千里海堤建设项目】 红草马宫联围达标加固工程及捷胜海堤达标加固工程列入了省千里海堤建设规划，经批准的概算总投资红草马宫联围为5107.17万元，捷胜海堤为6113.18万元，省财政厅粤财农〔2015〕176号文下达红草马宫联围达标加固工程省级补助资金为2043万元，捷胜海堤达标加固工程省级补助资金为2445万元。捷胜海堤于2015年10月13日完成了招标工作，10月28日开工建设，红草马宫联围于10月20日完成了招标工作，11月7日开工建设。2015年年底前分别完成2015年度建设任务的30%和35%。

【村村通自来水工程】 城区村村通自来水工程纳入了《广东省农村饮水安全工程总体规划》。工程估算总投资4037万元，省财政厅粤财农〔2015〕30号文下达省级补助资金1244万元。初步设计经市水务局、市发改局批准，概算总投资1665.65万元。工程于2015年12月18日完成招投标，12月25日项目开工建设。

【城区农村饮水安全工程水质监测能力建设】 2014年，区水利局会同区发展和改革局、城区卫生计生局编制了《汕尾市城区农村饮水安全工程水质检测中心建设方案》，经区政府审批后上报省发改委、省水利厅审查，估算总投资143.3万元。2015年，已下达的中央资金为72万元。项目于2015年10月14日完成了设备政府采购招标工作，10月27日签订了项目采购合同，开始设备采购工作，12月20日完成调试并投入使用。

【水资源管理】 一是加强宣传，提高全民水患意识。在“世界水日”和“中国水周”活动中，围绕宣传主题，开展多种形式的舆论宣传，采用张贴标语、挂横幅、发放宣传资料等方式，营造良好的宣传氛围，使宣传活动灵活多样，富有实效。通过广泛开展水法律法规的宣传教育，提高全民水患意识，进一步加深对水安全、水生态和水环境的认识，使全社会都来关心水、爱护水和节约用水。二是规范水资源论证和取水许可审批工作，严格用水定额和计划用水管理，强化用水过程监督措施。认真做好取水许可管理台账建设、取水户年度用水总结与计划、地下水取水管理等工作，逐步完善水资源论证、计划用水、水环境质量监测等相关制度，促进水资源管理规范有序开展。2015年年底完成了宝楼水库供水装表计量工作。三是着力做好水资源保护工作。认真开展水利执法工作，严厉打击危害水资源、水安全的违法行为，对非法采砂采取高压态势进行有力打击。是年，区水利、公安、经信、林业等部门多次组织联合行动，查处了东涌镇石奎水库库区违建及违规生产案件和红草镇南雅水库违法采砂行为。积极配合区政府对赤沙水库集雨区城区地段内的16户畜禽养殖场进行拆除，改善了赤沙水库集雨区城区地段的水环境。完成了南雅水库保留区（一级区）等11个水功能区的确界立碑工作。同时，做好禁止在供水水库游泳的有关工作，水库大坝竖立警示牌，管理人员定期巡查，劝阻人员进入水库游泳，防止对饮用水的污染。

【安全生产和工程质量保证】 落实“一岗双责”责任制，组织开展水利行业安全生产管理工作，严格执行水利工程建设强制性标准，制订安全生产应急预案和水库工程项目安全度汛方案。认真落实工程行政及技术负责人,建立健全工程质量监督体系,完善工程开工、质量监督、竣工验收制度。施工过程中督促监理单位履行职责，加强旁站监督检查，强化质量控制、进度控制和安全管理。2015年没有出现水利工程安全质量事故和安全生产事故。

【“三防”工作】 2015年，全区平均降雨量1176毫米，比2014年减少569毫米，偏少32.6%。汛期降雨主要集中在5月份，月降雨量达到444毫米。由于2014年降雨量偏少，汛期初各水库蓄水量均低于多年同期，是年汛期全区各蓄水工程基本都在汛限水位以下运行。汛期中后段降雨量偏少，汛期末蓄水总量较多年同期偏少约48%。

一是落实三防责任制 区水利局认真落实以行政首长负责制为核心的各项防汛责任制，更新采集了全区各级三防责任人基本信息，落实各类水利工程防汛责任人和巡查责任制，对各项预案进行细化，对抢险物资、工具进行及时补充。3月17日组织举办了全区“三防”知识培训班，对“三防”抢险救灾知识、“三防”责任人职责及如何做好城区“三防”工作等进行了讲解，加深“三防”工作领导和防汛责任人对相关知识的理解。

二是加强防洪工程建设、运行、管理 2015年3月，汛前检查发现一些工程存在老化、失修失管等隐患，区水利局对一些隐患突出的工程设施制订了抢修方案，按照“先急后缓,先重后轻”的原则，把修复任务分解到项目，按分级管理原则落实工程的抢修除险工作。区“三防”工作做到落实责任，加强管理，确保工程安全度汛。

三是加快基层“三防”能力建设 落实省防总提出的“五个一”（建设一套监测预警平台、建立一个三防办事机构、建成一套视频会商系统、每自然村配置一个铜锣、制定一个操作预案）基本建设要求。2015年，区水利局建立了一套监测预警平台，各镇、街道建立“三防”办事机构，建成了视频会商系统，每个村配置了一面铜锣，制定了一个操作预案。同时，编印《汕尾市城区三防知识培训材料》给各地各单位，发动镇、村干部广泛宣传防汛防风抢险救灾知识，形成防灾避险群测群防的防御机制。

（王业链）

附：城区水利局领导名单

局　长：刘留芳

副局长：黎文录

　　　　林维忠

畜牧兽医

【概况】 2015年，城区畜牧兽医局依法实施免疫、检疫、疫情监管和畜产品质量安全监管，以农民增收为重点，以提高效益为中心，加强重大动物疫病防控；加大对规模养殖场（区）建设帮扶力度等工作，提高了畜产品质量安全和畜牧生产效益，继续保持了持续、健康、协调发展的势头，全区畜牧业生产平稳发展。2015年，全区畜禽肉类总产量达到1.82万吨；肉猪饲养量22.7万头，累计出栏16.8万头，存栏5.9万头；肉牛饲养量1.12万头，累计出栏0.96万头，存栏0.16万头；家禽饲养量174.4万羽，累计出栏157.6万羽，存栏16.8万羽。全区生猪定点屠宰量9.9246万头，日均屠宰量272头，上缴税费359.115万元。在生猪总销售量中，外省猪占65%（主要来源江西、福建等省），本地生猪占35%，全区定点屠宰率达到80%以上。

【动物防疫】 是年，全区春、秋两季强制免疫工作在区委、区政府和各有关部门及各镇（街道）领导重视、上级业务主管部门的大力支持下，经过全区畜牧兽医工作者的共同努力，按照早安排、早行动、早落实的总体要求，周密部署、扎实推进，圆满完成了春、秋两季强制免疫工作任务。2015年，全区累计注射禽流感疫苗9.8万针次；注射猪、牛口蹄疫苗4.9万针次；注射猪瘟疫苗4.7万头次；注射猪高致病性蓝耳病疫苗4.7万针次，免疫密度均达到100%。重大动物疫病防控工作取得重大成效。

【疫情监测和消毒灭源】 2015年，动物防疫人员利用开展免疫和诊疗畜禽疫病等时机，密切注意口蹄疫、禽流感的疫情动态，定期不定期地开展疫情普查。是年，全区共抽取禽血清1010份，猪血清260份，畜禽棉拭子393份，淋巴结50份，进行免疫和疫情的监测，经省、市监测，全区送检的动物禽血清全部合格。同时，坚持每月对屠宰场的屠宰环节、养殖场的养殖环节进行瘦肉精、莱克多巴胺、沙丁胺醇的抽检监测，全区共检测样品480份，畜禽免疫效果较好，检测结果全部阴性。此外，区畜牧兽医局认真组织春夏消毒灭源工作，重点加强畜禽饲养场所、交易场所、屠宰加工场所等周边地区的消毒工作。据统计，是年，区镇两级消毒面积达140多万平方米。

【兽药和饲料质量安全监督】 2015年，全区的兽药管理工作，由于没有生产厂家，重点放在经营和使用环节上。根据上级的部署，全区切实加强了对兽药市场的管理，区畜牧兽医局加强对全区现有14间兽（鱼）药经营门店，进行每月一次例行检查，同时不定期对兽（鱼）药经营门店开展抽查。开展饲料质量安全监督宣传行动，为确保饲料使用安全，维护消费者合法权益，区畜牧兽医局精心组织，全方位、多层次地开展宣传活动。通过印发宣传资料、上门指导等形式，大力宣传饲料安全知识，发放《中华人民共和国动物防疫法》《兽药管理条例》和《饲料和饲料添加剂管理条例》等宣传手册，增强饲养户对兽药和饲料的安全使用常识。

【H7N9禽流感防控工作】 1月，城区确诊1例人感染H7N9禽流感病例，区畜牧兽医局接到区委、区政府领导及上级业务部门批示后，立即成立防控H7N9禽流感领导小组，对市区禽类市场活禽档口及禽类养殖场执行“1110”制度（即一日一清洗消毒、一周一大扫除、一月一休市、家禽零过夜）；疫情排查，掌握病情动态；落实报告制度，确保早发现、早控制、严处置；全面开展消毒灭源和防控工作；加强免疫，在秋防基础上查漏补缺；加强检疫监督，防止疫情传播；加强应急储备，做好应急准备，加强应急值守；加强宣传引导，营造群防群控氛围。

【培训提高业务人员素质】 2015年，城区畜牧兽医局工作人员参加省、市技术业务、理论及畜牧业法律、法规等培训10场次，参加培训44人次。城区畜牧兽医局组织各类技能培训班7场次，培训业务人员及饲养场技术员共420多人次，经过培训，区畜牧兽医系统业务人员能力得到了进一步提高，为全区防控重大动物疫病工作提供了有力技术保障。2015年11月，市动物卫生监督所发出《关于举办动物检疫职业技能全市选拔赛的通知》，区畜牧兽医局于11月12日召开动员会议，按市规定城区局选派4名技术人员参加11月18日~20全市选拔赛。城区畜牧兽医局获得全市团体二等奖，个人获二等奖1名，获三等奖1名。

【加强生猪定点屠宰管理】 1. 是年，畜牧兽医局采取印发宣传资料，深入市场、生猪屠宰场（厂）宣传等多种方式。在全区27个市场都张贴了广东省农业厅、广东省公安厅、广东省食品药品监督管理局联合的通知，大力宣传实行生猪定点屠宰的重要意义和生猪屠宰管理的有关法律法规，使生猪屠宰和猪肉经营者做到依法屠宰、守法经营，为开展生猪屠宰执法工作创造良好氛围。

2. 2015年，生猪屠宰管理主管部门牵头组织区职能部门严厉打击私屠滥宰，强化肉品卫生安全专项整治行动，严格实行生猪定点屠宰方针政策，确保肉品质量安全。针对城乡结合部以及一些偏远农村私屠滥宰行为，严重扰乱市区肉食市场供应秩序的状况，从市区各大市场开展整治入手，重点对小作坊、黑窝点等生猪私屠滥宰违法行为，组织开展地毯式检查和严厉打击专项行动。2015年，全区共出动执法检查3510人次，查获私宰案件26宗，涉案人员23人，其中2人追究刑事责任；取缔非法屠宰场（点）6个，没收私宰肉6500公斤，罚款8.104万元。没收私宰肉按规程进行无害化处理。

3. 2015年，为切实提高执法人员的业务素质和水平，区畜牧兽医局始终把相关法律法规的学习和培训作为一项重要工作来抓，按照城区局工作安排，执法人员先后集中组织学习了《中华人民共和国行政处罚法》《中华人民共和国行政许可法》《中华人民共和国行政复议法》《国务院生猪屠宰管理条例》等法律法规，明确对定点屠宰执法工作从立案、调查、取证、做出处理决定、执行等各个环节，做到有章可循、有案可查。通过学习，加强了对执法人员的管理，执法人员一律持证上岗，依法行政。

(吴伯荣、林如海)

附：城区畜牧兽医局领导名单

局　长：黄思达

副局长：洪学奋

海洋与渔业

【概况】 2015年，城区以促进渔业增效、渔民增收和维护渔区社会稳定为中心，认真履行部门职责,强化监管工作，提升行政服务水平，有效促进城区海洋与渔业经济的持续健康发展。是年，全区渔业总产量20.16万吨，总产值16.6亿元，产量与2014年同比增长2.73%，产值同比增长11.29%。其中：海洋捕捞总产量9.15万吨、产值7.8亿元，产值同比增长11.15%；淡水养殖0.21万吨、产值0.21亿元；海水养殖产量10.80万吨、产值8.59亿元，产值同比增长11.56%。

【渔业科技推广】 2015年，水产养殖业结合城区实际，引导优化水产养殖产业结构，引进推广先进养殖技术和管理经验，实现水产养殖业持续健康生产。

加大力度推广主导品种和主推技术 海洋与渔业局结合城区沿海浅海滩涂、养殖环境适宜的实际，确定该区推广主导品种为南美白对虾、近江牡蛎、金鲳鱼等，主推技术为虾与鱼、牡蛎与虾混养的生态养殖技术。

推广无公害水产养殖技术 在全区建立100户科技示范户推广无公害养殖技术，通过示范带动，推广普及应用，使有关规范真正在无公害养殖上发挥作用。是年3月，汕尾市城区水产技术推广站被农业部全国水产技术推广总站评为全国水产技术推广示范站。是年7月5日~6日举办全区水产养殖技术员培训班，有108名水产技术员参加培训。培训内容主要是近江牡蛎养殖技术、南美白对虾养殖技术、斑节对虾养殖推广与病害防治。培训期间，发送养殖推广丛书：海水养殖实用技术问答、鱼病防治常用药物技术要点、对虾健康养成综合技术、水产养殖生产技术宣传资料。9月20日，组织城区、马宫街道、红草镇、捷胜镇6名技术人员参加广东省水产技术推广总站举办的培训班。

创建名牌水产品，实施名牌带动效应 创立水产名牌产品，带动产业和产品结构调整，提高名优水产品质量和知名度，增强市场竞争优势。11月26日，城区推荐晨洲“蚝”参加汕尾市农产品名牌展览会。

【海洋与渔业生态资源管理】 制定《城区2015年海域、海岛执法巡查工作计划》，加强辖区海域、海岛资源保护的政策宣传，营造依法用海的良好社会氛围。继续落实海域、海岛“三巡”（“三巡”制度是指根据国家海洋环境保护法律法规，实施对辖区内的海域、海岛、岸线实施海上巡查、岸线巡查、空中巡查）制度，完成了14个海岛信息建档和海域巡查，对捷胜龟龄岛3处违法搭建，发出了责令停止违法行为通知书。

强化品清湖资源环境的后续管理和维护工作。是年，开展日常巡查执法共计出艇234次、清理竹竿8814多支、定置网和长城网857个、各类浮标319个、劝返违规船只215次。是年组织5次下乡宣传、贴宣传标语共60张、共发放宣传单800份。雇请清理湖岸垃圾工人共190人次、船只98艘次。

是年11月18日，总投资1276万元的省级人大议案汕尾市城区捷胜龟龄岛东南生态公益型人工鱼礁工程通过验收，被评为合格工程。该项目该项工程需制作鱼礁1285个、建造礁体灯标4座、在礁区附近建设礁区警示牌1座。

是年，渔业资源增殖放流资金30万元，购买黑鲷、黄鳍鲷鱼苗20万尾，班节对虾苗1100万尾，在马宫渔港进行放流。

【执行惠渔政策】 2015年，上级财政部门下拨全区

2014年度全年应补贴渔业油价补贴清算资金为20025万元。经市、省渔业主管部门和农业部审核，全区纳入农业部数据库的海洋捕捞渔船608艘，总功率123658.8千瓦，总用油量58238.9吨，每吨用油量应补贴金额为3438.42元。

【水产品质量安全监管】 强化水产品质量安全动态监管工作，制定《市城区2015年度城区水产品质量安全监控计划》。该年度共抽检样品246个。其中：监督抽查30个、合格率100%；例行监测、风险监测216个、合格率91.2%；在例行监测中，有2家苗种场（4个样品）药物残留检测结果出现违禁药物呈阳性，区渔政大队向业主发出责令整改通知书，要求整改后方可继续生产。贝壳类风险监测中，发现有17个样品出现氯霉素超标，省局委托专业机构对本地区产地、运输船、市场流通等环节对贝类产品进行再次抽查，共抽查32个样品，经检测合格。

是年组织养殖股、技术站、渔政执法人员150人（次）、检查养殖户108场次。对水产品质量安全管理规定、标识管理等进行宣传，发放资料2600多份。

【渔业安全生产监管】 按照安全生产“一岗双责”的要求，成立了以局长为组长、抓线副局长和渔政大队长为副组长的渔业安全生产工作领导小组，明确责任分工，把具体责任分解落实到班子各成员、落实到村、落实到每一艘船，层层抓好落实。

加强宣传教育工作，利用手机信息平台发送渔船安全生产、防台风、防火灾隐患警示短信，发送安全生产资料及利用汕尾日报社、电视台等媒体报道。是年共张贴宣传标语625张、悬挂横标35条，放发《渔业安全手册》、“平安卡”等宣传资料3650份，手机信息43266条。

健全渔船安全生产管理制度和应急预案，制订实施《2015年度防风应急预案》和《2015年渔业安全生产应急预案》。

【伏季休渔管理工作】 是年4月下旬制订《2015年伏季休渔实施方案》，休渔时间为5月16日12时至8月1日12时。全区应休渔船358艘全部参休。

5月8日组织召开全区休渔工作会议，对相关单位按照各自职能进行了部署和具体分工，切实做好休渔期间渔船“防火、防台、防盗”三防工作。

休渔期间，加强执法管理，落实渔政队伍实施渔船停泊区常态化巡查监管。向参休渔船发出《休渔须知》《关于做好伏季休渔期间渔业船舶安全管理的通知》，严格执行“九个不准”，即不准在船上明炉生火、不准在船上烧香拜神、不准在船上燃放烟花炮竹、不准在渔船停泊区从事电焊作业、不准供油船进入停泊区加油、不准在船上聚众打牌、不准留船值班人员擅离岗位、每艘休渔船每天至少必须全面淋水一次，特别是甲板以上的设施，不准敷衍了事、休参渔船不准船靠船、背靠背等形式长时间停泊在一起，应留足回旋余地。

6月10日，在马宫街道召开全区安全生产知识培训班，船东、船长、船员代表150名参加培训，培训内容是生产操作技能、消防安全和应急救援等知识。同日，联合区安监部门举办了渔港渔船消防安全应急演练活动。

【海洋渔业执法】 加强港口检查和海上执法，打击违法、违规作业，是年共出动执法艇76航次、执法人员422人次、检查渔船286艘、签发整改通知书30份、禁止离港通知书27份、查处违反休渔规定捕捞13宗，对部分没有船名标识等的渔船船主、船长进行教育，当场责令整改。

【机关内部管理】 2015年，该局以开展机关政务整治活动为契机，大力推进政务公开，积极创建“便民、高效”的示范窗口单位，提高窗口办事效率和服务水平。同时，抓好局机关的学习经常化和制度化，提高全体干部职工的政治理论和业务水平。

（郑达生、彭永强）

附：区海洋与渔业局领导名单

局　长：庄厚樛

副局长：骆科银

　　　　彭少勇

渔试办

【概况】 汕尾市城区渔业经济体制综合改革试验区于1989年5月16日经国务院批复正式成立。试验区领导小组下设办公室（简称渔试办）于1989年10月1日正式挂牌成立。1993年2月10日区编委会定格渔试办为正局级机构，编制5人，至2015年不变。

【推进全区渔业经济持续稳定发展】 2015年，继续承担城区渔业经济体制综合改革任务。一年来，渔试办组织人员深入城区各地，对全区的渔业捕捞、养殖及海产品加工情况进行全面深入调研。根据全区捕捞渔船总体偏小，分散经营的情况，鼓励红卫居委渔民组成联合合作社，发展大马力捕捞船只，向深远海要资源，抱团发展、集中捕捞，有效增加捕捞经济效益；根据近中海渔业资源日益枯竭的实际，鼓励养殖户大力发展滩涂水产养殖，如捷胜镇大力发展高位池养殖、马宫金鲳鱼与对虾混合养殖，并鼓励渔民与养殖户创立自主品牌，形成品牌效应，有效增加海产品的知名度和附加值。

2015年，红卫居委近百艘渔船建立信息互通、资源共享，形成联动机制，有效提高了捕捞效益及出海安全系数。高位池对虾、金鲳鱼养殖产量和质量逐年提高，价格不断攀升，产品供不应求，有效提高了渔民的收益。

【其他工作】 根据区中心工作，渔试办继续派员组成协助征地工作组，深入东涌镇和红草镇，为火车站周边征地及红草产业园区征地做了大量而细致的群众思想工作，完成所承担的协助征地任务。

（谢国辉）

附：城区渔业经济体制综合改革试验区办公室领导名单

主　任：朱昌明

副主任：唐永驰

水产养殖公司

【概况】 2015年，城区水产养殖公司在区委，区政府的领导下，认真贯彻落实各级文件精神，处理好公司日常行政事务和突发事务，管理好公司资产，加强水产养殖地环境监督，维持好水产养殖地安全生产。是年，该公司在职干部职工5人；已退休人员52人，自谋职业55人。

【党组织建设】 2015年，城区水产养殖公司党支部党员14人，其中退休党员8人，在职及自谋职业党员6人（11月份吸收预备党员2名）。是年，为贯彻全面深化政务整治，正风肃纪集中行动精神，该支部组织了党员、干部和党对象学习党章、中央“八项规定”、中共十八大报告等有关专题材料，进一步加强和提升党员的政治意识、宗旨意识、纪律意识。

（蔡玉贞）

附：城区水产养殖公司领导名单

支部书记：朱贵东（2015年4月退休）

水产供销公司

2015年，城区水产供销公司，在册职工221人，其中在岗5人，216人分流出去自谋职业。离退休人员170人，其中2人返聘留用。实际在岗上班人员7人。公司是国有企业单位，一直处于停产歇业状况，多年来酝酿着实行企业改制。2013年11月，经区政府常务会议，同意水产供销公司启动实施企业改制工作，2015年6月9日，经区委组织部同意，任命陈义带负责公司全面领导工作，加强了公司领导力量，继续开展企业改制的前提工作。聘请汕尾市城信会计师事务所，对公司进行清产核资专项审计，邀请公司职工代表多场次进行审议，无异议后上报区国资办确认。定稿后将专项审计报告张榜公示，完成了公司清产核资工作。紧接着拟定聘请有资质的评估机构，对公司现有资产进行评估。

（陈永基）

附：区水产供销公司领导名单

经　理：陈义带（2015年6月9日任）

副经理：黄伍弟

工业·通信

GONG YE · TONG XIN

工　业

【红草工业园区建设】 汕尾市城区红草工业园区位于汕尾市城区红草镇三和村周边地带，东至南洋村和石牌村，南临埔边村，西邻亚洲村，北至拾和村，距市中心和汕尾港约10公里，与厦深铁路汕尾站相距12公里，毗邻沈海高速公路、省道S242线和规划建设的深圳至汕尾轻轨支线，区位优势和交通条件优越。园区规划面积17.4平方公里，启动区建设面积为4.4平方公里，远期规划工业用地13平方公里。园区以承接深圳、珠三角地区的转移高端产业为主，重点发展电子信息、海洋生物、食品加工、生物制药以及装备制造作为园区的主导产业，配套发展商贸、物流等现代服务业。

红草工业园区已获得省认定作为省市共建循环经济产业基地和高新区。同时也被省认定为城区产业聚集区进行规划建设。园区征地工作也加紧推进，截至2015年，园区完成征地面积超过2000亩，已有广物汽车城、广昆南储冷链物流园、海珍大厨房、信利工业园、比亚迪新能源汽车生产基地、肯迪文品牌服装项目、国信通手机配件项目等一批项目先后落户建设。

【企业技术改造】 *加快推进传统产业技术改造和增资扩产，促进企业转型升级* 主要是帮助指导一批企业申报国家、省技改专项资金扶持，引导企业实施自主创新和名牌带动战略，努力打造特色品牌，促进企业转型升级。通过开展产业转型升级，全区许多民营企业依靠技术改造，增加产品品种，提高产品档次，扩充产业链，提高竞争力。2015年,全区推荐雅泰隆食品、岭峰包装印刷等一批企业，申报技术改造投资项目。通过推进技术改造和增资扩产，提高了企业生产技术和生产规模，加快企业转型升级。

积极开展节能监察，促进全区节能目标全面完成 一是严格落实节能目标责任。将全区节能目标合理分解到街道镇、各部门、各行业，落实各部门的监管督导责任。与街道镇、重点监控企业分别签订节能目标责任书，进一步细化节能目标责任内容，对街道镇、重点用能企业实施“双控制”责任目标管理机制。二是强化企业节能管理。依法加强年耗能1000吨标准煤以上用能单位节能管理，强化重点用能企业节能管理，开展城区万盛织造厂、永盛针织厂、润通水泥制品厂有限公司、恒威手袋有限公司、德昌电子有限公司、柏嘉玩具日用品有限公司、润通混凝土搅拌站、雅都食品厂、仁裕轻质机砖厂有限公司和炜达行塑胶科技发展有限公司10家企业节能低碳行动。同时落实目标责任，建立健全企业能源管理体系，实行能源利用状况报告制度，严格执行能源管理岗位和能源管理负责人备案制度。三是开展节能监察。加大对全区高耗能企业、重点公共机构和商贸酒店等领域的日常节能监察。严格根据单位产品能耗限额标准、落后生产工艺、设备淘汰制度、能源利用状况报告制度等执行情况，开展节能执法监察，严肃查处违法违规行为。2015年，全区万元GDP能耗下降6.28%。四是开展电机效能提升工作，推进循环经济建设。同时加强指导年耗能500吨以上的电机使用企业开展淘汰落后电机。

【民营中小企业经济发展】 2015年，城区继续紧紧围绕建设现代产业体系提高自主创新的目标，大力发展海洋经济，进一步扶持民营企业发展，积极鼓励企业增资扩产和技术改造，加快海洋产业和临港工业转型升级。

企业类型 城区的民营工业主要有电子信息、机械制造、海产品深加工、纺织服装、船舶修造及制冰、工艺品加工、塑料制品、建筑材料以及其他依托海洋资源延伸的加工业等产业。初步形成了以五丰水产食品有限公司、国泰食品有限公司、海饶水产冷冻有限公司、林记水产食品有限公司等为龙头的海产品深加工产业；以龙达电子、铭基节能、汕港船电、快捷电子、展辉实业等为龙头的电子信息产业；以银鹏机电、信昌机电、建成机电等为代表性企业的机电机械行业；以万聪、红海、建业、鸿业等为龙头的船舶修造行业；以兴盛、万盛、永盛等为龙头的纺织服装业。这些加工制造业成为了城区民营经济重要的支柱产业。工业产品主要有海产食品、电子机电、纺织服装、塑料制品、珠宝首

饰、工艺品、化工、制鞋、建材、船舶修造等，近年来增长较快的是电子机电、海产食品、纺织服装、塑料制品、建材等，其中海产品深加工业、电子信息、机电、服装纺织业、建材加工和塑料制品业的工业产值占城区工业总产值70%以上，成为了城区的工业经济主导产业，带动了其他产业的发展。

截至2015年年底，城区共有各类经济组织1900多家，其中，民营工业企业260多家，完成工业产值66.74亿元，占城区工业总产值比重30.2%。其中，规模以上民营企业23家，完成工业产值38.15亿元，同比增长12.6%。

另，城区二轻集体企业联社原有23个厂社，企业职工人数共1340人，包括渔钩厂、渔农具厂、胶花厂、金属制品厂、供销公司、制缆厂、五金厂、竹器厂、被服厂、造船厂、镜艺厂、新成皮革厂、木器厂、编制社、油印社、日用品厂、剪铁车间、工业公司、羽绒制品厂、同真制衣厂、塑料渔具厂、航海仪器厂、包装编制厂。在汕尾建市前后，由于受到市场经济体制的冲击影响，23个联社企业陆续停产关闭，自然解散。2008年下半年，城区政府按照有关政策给予联社企业职工办理养老保险。至2015年年底，已办理退休养老1340人。联社在职员工4人，主任1人，联社主任由城区经济和信息化局副局长陈伟生兼任。

企业创新升级　2015年，城区民营工业企业努力创新升级，总体运行情况良好，主要表现在以下几个方面：

一是工业项目建设加快推进。城区主要在建的民营工业项目包括高瞻实业、真牌珠宝城、信利TFT5代线项目、比亚迪新能源汽车生产项目、肯迪文品牌服装项目等。

二是自主创新能力明显提高。城区有一部分民营企业获得相关专利及注册自主品牌，自主创新能力得到不断提高。现有省级民营科技企业8家。全区累计申请专利152件，其中发明专利13件、实用新型41件、外观设计98件，主要涉及电子、玩具、食品、医药和服装等行业。快捷通导科技有限公司开发了三合一彩色海图定位仪等一批高新电子产业，铭基节能科技有限公司成功开发LED节能灯具，展辉实业和汕港船电公司等都拥有十多种国家产品专利，奥米格服装有限公司开发了防辐射新型环保服装，仁裕轻质砖厂开发了轻质环保墙体新型建筑材料产业，产品都已完成研制并投向市场。

三是企业转型升级明显加快。近几年来，城区积极鼓励船舶修造、海产食品加工、船用产品研发企业等临港工业开展升级改造，加大技术改造和增资扩产，进一步加速产业转型升级。转型升级成效显著的民营企业有五丰食品、国泰食品、快捷通导、仁裕砖厂、新雅地毯等重点工业企业。其中五丰公司利用原料鱼残废料开发鱼胶原多汰原料，并利用其研制出了高级鱼胶原汰化妆品、口服液等高端产品，该开发项目也被列入省500强目录，并成为城区唯一一家受国家委托制订该行业国家标准的民营企业。

企业转型发展　2015年，城区外向型经济不断增强，涌现出五丰、国泰、银鹏、林记、万聪、快捷、美顿、新雅等外向型企业，外向型经济规模和发展后劲不断增强。全区外经贸出口总值完成12208万美元。

【上规模工业企业简介】　2015年，汕尾市城区规模以上工业企业40家，其中新增1家；企业销售收入176.82亿元。

汕尾市国泰食品有限公司　位于汕尾市市区埔上墩村西南侧，创办于2002年11月，注册资金5000万元，是一家集水产养殖、捕捞、加工、冷藏、储存、国内外贸易等于一体的水产品深加工民营工贸企业。2015年，拥有淡水鱼深加工车间、海水鱼加工车间、虾类产品加工车间、干货（鱿鱼干、墨鱼干、虾干、鱼干）制品加工车间、新鲜咸鱼加工车间、急冻库区、冷藏库区和配套办公生活区等，总占地面积约7万多平方米，其中水产品加工建设工程建筑面积近3万平方米。是年从业人员600多人，其中技术人员100多人。公司属下备案淡水养殖场共14个，养殖水面面积1万多亩，每年可养殖优质出口罗非鱼原料2万吨以上，同时带动养殖面积近1万亩。属下备案远洋渔船30多条，带动多家捕捞渔队前来汕尾销售海捕产品。现有设备日急冻能力达300多吨、冷藏库6间容量近1万吨，年加工水产品能力达到2万吨以上。还有多条深加工生产线，配套养殖基地和多艘深海捕捞作业渔船。公司主要产品有冻罗非鱼、冻罗非鱼片、冻海水鱼类、咸鱼制品及其他水产品食品，产品远销美国、法国、英国、加拿大、韩国、泰国、新加坡、阿联酋、瑞典等国外市场和中国港澳地区，在国内也有较高知名度。2015年，公司进出口额为1475万美元，其中出口额1510万美元。2015年，公司实现销售收入49343万元，同比增长3.27%。

汕尾市新雅地毯制造有限公司　位于汕尾市城区捷胜镇长埔工业区,成立于2004年，占地面积13050平方米,是汕尾市唯一一家上规模的集研发、生产及国内外销售于一体的地毯经营民营企业。公司拥有6000平方米的生产车间和多条地毯生产线，所生产的艺术地毯、挂毯、壁画毯、工程毯等手工地毯、机制地毯、汽车地毯等，应用于国内五星级酒店、高级会所、机场、KTV场所和家居装修等各个领域，并且远销美国、中东、新加坡等国家和中国香港、澳门等地区，产品因“绿色环保、绚丽多姿、艺术高雅”深含中西方文化底蕴的特点而深受国内外顾客的喜爱和追奉。现拥有18项自主知识产权的专利技术和“新雅地毯”自主品牌，在内蒙古、北京、上海、西藏、广西、海南、广州、深圳等全国大中城市均设有办事处。2015年，公司产值为8114万元，基本保持上年水平。

汕尾市五丰水产食品有限公司　位于市城区埔边工业区，成立于2003年11月，是汕尾市最大的民营水产品加工企业之一和广东省农业龙头企业。其总占地面积8万多平方米，建筑面积1.5万平方米，拥有员工306人，其中技术人员68人，中、高级技术职称以上技术人员32人。主要经营罗非鱼、南美白对虾、带鱼、鱿鱼、马头鱼、马鲛鱼、红鼓鱼、红甘鱼、叉尾鮰、黄金鲳等产品和其他海产品，产品出口美国、加拿大、欧盟、日本、韩国、俄罗斯等国家。公司集专业的水产品繁殖、养殖、加工和销售为一体，有开发面积1万多亩的绿色无公害养殖基地，同时拥有500多艘合作的捕鱼船；拥有4座库容量为3000吨的冷藏库、五座日急冻能力50吨的急冻库和4条现代化的罗非鱼生产线，罗非鱼片年加工能力达7500吨，条冻罗非鱼年加工能力达14600吨。该公司是中国目前最大的水产品胶原蛋白肽生产工厂。2015年公司实现销售收入86699万元，同比增长5.1%。

汕尾市快捷通导设备有限公司　位于汕尾市城区红草镇埔边工业区，成立于1997年3月，占地2万平方米，其中厂房1万平方米。固定资产1600多万元，是汕尾市一家重点科工贸民营企业，主要从事民用渔船航海仪器的研发、生产及销售业务。该公司拥有专业从事通导设备研发、设计和生产的各类技术人员近40人，生产和管理人员40多人。公司生产销售产品包括航海仪器、通讯仪器（移动通信终端设备除外）、五金制品以及模具等，产品畅销中国10多个沿海沿江地区，并批量出口到东南亚的马来西亚、越南、泰国、缅甸和欧盟的意大利、挪威以及巴西、埃及等国家，部分零部件出口到日本的大企业，年产值超过1000万元。公司拥有雄厚的研发能力，2014年至2015年拥有11项自主知识产权，其中发明专利2项，注册商标1项，实用新型专利2项，外观设计专利5项。所开发的GPS海图渔探仪突破传统，实用功能强大，把GPS、海图、探鱼仪的功能有机地合为一体，解决了一台设备性能单一的缺点，使用户既节约成本又节省使用空间且使用方便。此外公司大力发展创新开发，已成功开发包括船用雷达、自动操舵仪、甚高频对讲机等9个系列30个产品，其中“ONWA?”品牌的航海设备在市场上极具竞争力。2015年公司出口额257.8万美元。

汕尾市林记水产股份有限公司　位于汕尾市区下洋海埔林，成立于1995年8月，毗领汕尾渔港，是一家专业加工水产品、鱼糜及鱼糜制品的技术型企业，集食品研发、生产、销售于一体。占地面积1.1万平方米，有鱼糜生产车间3500平方米，年产量5000吨；鱼糜制品车间2400平方米，年产量4000吨；仓库2000平方米，平板机、急冻库日急冻量可达30吨，冷藏库容量1000吨。同时公司引进国外先进的生产及检测设备鱼糜生产线、鱼糜制品生产线、SD-700D弹性仪、白度仪、水分仪等。有固定员工85人，其中行政管理人员10人，产地收购人员5人，技术人员11人，销售人员8人，固定生产人员51人。平时生产忙时，请临时工数人。

为进一步扩大生产，公司实施鱼糜制品生产线升级改造项目，在对现有厂房加工场地进行改造的基础上，购置先进的鱼糜制品生产设备；另从银行贷款，在产品技术上研制特色水产品热加工及优势鱼类的鱼糜及副产物深加工综合利用研究等产学研项目。2015年公司产值2809万元，同比增长11.11%。

汕尾市营通水泥制品厂有限公司　该公司成立于1998年，位于赤岭工业区北环南侧，是预应力高强混凝土管桩（PHC管桩）、商品混凝土、磨细砂和水泥沙砖的专业生产企业。厂区面积3万多平方米，拥有PHC管桩、磨细砂及水泥沙砖三大生产车间，一支运输车队和一支静压桩队，实行生产、运输、打桩一条龙。2015年，有生产工人100多人。公司原生产单一产品排水管，2004年立项投建PHC管桩车间，生产预应力高强混凝土管桩，年产量达一百万米以上，被广泛运用于高层建筑，深水桥梁码头，铁路基础作业等领域，填补了汕尾工区的空白。2015年，工业总产值63708万元，同比增长5.74%。

汕尾市城区汕港船电设备有限公司　创建于1979年8月，位于马宫街道东片开发区32~39号。公司建筑面积2000多平方米，主要从事海洋渔船及民用机电研制，是汕尾市科工贸非公有制企业和国内船电产品较齐全的厂家之一。至今已开发13个系列近100多种船用民用产品，获国家发明、实用新型及外观设计等专利28项，拥有自主知识产权“爱船者”和“汕港”注册商标。公司以创新技术产品为突破口，自成立以来获科技进步奖12项，自主开发研制专利产品QC型“爱船者”自动潜水电泵和电泵自动控制器等20多个项目，环保专利产品手机手握充电器获香港国际专利技术博览会金奖，“爱船者”品牌被广东省企业联合会、广东省企业家协会选为广东省优秀自主品牌。2015年，公司完成产值9733万元，同比增长8.99%。

汕尾市万聪实业发展有限公司　位于汕尾市城区马宫街道牛尾山脚，创建于1986年。当时马宫渔港船舶后勤补给、维护能力极为薄弱，公司刚一开始兴建了一座小型冰厂，填补了马宫渔港渔船无法在本地购冰使用的空白。经过20多年来的艰苦拼搏，公司已初具规模。2015年，公司总占地面积1万多平方米，拥有千吨级船坞2座，二船位船排2座，机械修造车间1座，制冰厂1座，供油站1座，从业人员100多人，年制造船舶能力2艘，年维修、保养船舶400艘次。公司已发展成为粤东地区较大规模的民营船舶修造企业，业务遍及中国港澳地区和福建、浙江两省，成为广大渔船的重要后勤保障基地。2015年，销售收入3436万元，同比增长4.48%。

广东银鹏动力设备有限公司　位于广东省汕尾市城区埔边工业区，是银鹏集团（美国康明斯的授权代理商）。到2015年为止，是三大先进的生产销售基地之一。已全面通过ISO9001∶2008质量认证，主要致力于“银鹏”系列的发动机、发电机组的配套、加工、维修、租赁、销售和零配件供给，以及噪音环保工程的设计和施工。公司占地2万平方米，拥有标准化装配车间和PT泵、喷油器、涡轮增压动态平衡发电机组电功率、发动机水功率等先进检测设备，具备日产10台机组的生产能力。产品有各类50~1600千瓦的陆用或船用发电机组或动力机组、智能发电机组、移动电站、静音电站等，被广泛应用于工厂、矿山、楼宇、电信、船舶、油田、公路建设、铁路等行业。同时公司拥有一支维修经验丰富、技术精良的售后服务队伍，设立24小时服务热线，服务网点透过集团遍布全国各地。2015年，公司实现销售收入59646万元，同比增长2.16%。

汕尾市兴业混凝土搅拌有限公司　成立于2004年10月，注册资金2030万元人民币，主要生产和经营商品混凝土、散装水泥、轻质砖。公司生产基地征用土地面积达3万多平方米，设有商品混凝土试验室，配备先进的试验设备和检测仪器。首期工程建成两条300立方/小时商品混凝土生产线，并引进意大利（SICMA）现代化的设备和技术，实行电脑全自动化控制，商品混凝土年生产能力达120万立方米。拥有混凝土专用运输车、泵车、输送泵等专用设备60多部。现有员工100多人，具有专业职称技术人员20多人，其中高级工程师1人，高级顾问2人，中级工程师2人，优秀技术人员一批。

公司生产的各种强度等级的混凝土和特种混凝

土先后被供应至省大型重点项目汕尾发电厂、深汕高速公路、汕尾海关办公大楼、信利工业城、汕尾巴黎半岛酒店、汕尾龙富广场、汕尾黄金海岸、厦深铁路（汕尾段）、华师附中汕尾学校、汕尾名门御庭、海丰新地王、海丰华富花园、海丰富汇华庭、海丰地王广场、海丰名门商住楼、海丰云岭山庄、鹅埠工业园等工程建设，质量合格率达100%。2015年，公司总产值24604万元，同比下降11.01%。

汕尾市艺强装饰工程有限公司　于2004年正式注册成立，位于汕尾市城区汕尾汽车总站附近，交通便利。公司拥有自主的生产基地，总占地面积1万多平方米，厂房面积6000多平方米。2015年，有职工300多人，技术人员30多人。是一家以建筑装饰材料、室内装修、不锈钢制品加工工程、建筑门窗工程、智能化工程、机电设备及安装工程等为主要经营范围的中小民营施工企业；又是一家集设计、开发、制造、安装为一体的非标自动化设备机械生产企业，拥有一批机械、电气、自动化控制等专业人员，设备齐全、加工制作精良完善。公司工程或产品广泛适用于半导体电子、医药、食品、科研等行业。2015年，公司产值14575万元，同比增长15.18%。

（陈若谷、陈晓婷）

电力供销

【概况】　2015年，汕尾城区供电局累计供电量为11.6323亿千瓦时，同比增长11.19%；售电量为10.4826亿千瓦时，同比增长11.08%；累计综合线损率为9.88%，距8.98%的目标值差0.9个百分点。

电费回收：累计应收电费7.4210亿元，实收电费7.4136亿元，当年电费回收率99.90%,完成99.90%的考核指标。陈欠1年期回收率68.13%，完成60%的考核指标；陈欠2~3年期回收率23.11%，距40%的考核指标差16.89个百分点；陈欠3年期以上回收率1.59%，距10%指标差8.41个百分点。

营配信息集成实用化：低压户表变更电子化移交及时率100%，完成省公司下达考核指标，分线、分台区两个异常率各取得满分值5分。

可靠性指标：城区C类电压合格率为100%，D类城市电压合格率99.977%，D类农村电压合格率98.78%；城市用户平均停电时间2.17小时/户，平均预安排停电时间2.66小时/户，平均故障停电时间0.86小时/户，均达到考核满分值。

保供电工作：圆满完成“两会”、高考、中考、抗战胜利70周年纪念活动、国庆等重大保供电工作。

配网投资完成率：2015年配网项目工程年度计划投资3431万元，全年共完成实际投资3558万元，年度电网建设投资计划完成率为103.69%；配网可转供率由年初的76.32%升到86.05%。

电力设施保护：2015年累计电力设施遭受破坏发案19起，与2014年同期43起，同比下降了55.81%；经济损失6.31万元，2014年同期12.02万元，同比下降了47.5%。

（陈若谷、陈晓婷）

电信与通信

【概况】　2015年中国电信全年信息化建设情况：中国电信在汕尾城区共建成FTTH（100M光纤）端口3.4万线，在用FTTH容量共6.3万线，在用FTTB+LAN容量1.3万线，在用FTTB+DSLAM容量1.8万线，在用传统DSLAM容量4.1万线，网络普及率69.54%。城区在用固话用户6万户。在城区田墘、东涌、遮浪、捷胜、马宫、红草等镇街道机楼均建设有接入交换机，承载各镇街数据业务的上联接入。

接入网络方面：目前城区的接入网络以铜缆、光缆组网，承载不同类型的业务接入，至2014年年底已建成的接入网络，宽带业务已全部覆盖，市区的商业区域、新建住宅小区等重点区域，已基本覆盖了FTTX接入网络，提供光纤到户、光纤到办公室的全光接入网络。

（市年报资料摘录）

【电子政务】　2015年，城区紧紧围绕省、市网上办事大厅建设的工作部署，大力推进网上办事分厅建设工作，截至2015年年底，完成了党政办公自动化系统、汕尾市网上办事大厅城区分厅等电子政务项目建设。一是城区网上办事分厅共入驻区直单位及镇街33个，共进驻事项313项，其中行政审批事项总数257项、社会事务服务事项56项。完成了区级行政审批事项及社会事务服务网上办事深度率的任务。二是配合市厅前置系统，按规范要求统一的业务咨询、结果查询、星级评价、服务投诉等功能，实现了分厅办事过程和结果数据与市厅、省厅同步。实施市统一优化完善的分厅系统，加强与市厅和省厅的互联互通。三是按照《广东省行政审批事项通用目录》标准规范要求完成了进驻事项信息、办事指南和业务手册，按要求落实了本级行政审批的标准化、规范化。

（市年报资料摘录）

交通·城乡建设

JIAO TONG·CHENG XIANG JIAN SHE

城区交通

【概况】 2015年，城区交通部门突出做好全区交通基础设施建设，重点做好农村道路规划、农村道路硬底化建设工作。协助做好市区至火车站一级公路和东城路的征地拆迁工作；继续做好深汕高速长沙湾东向出入口征地拆迁收尾工作和厦深铁路城区段征地拆迁收尾工作；做好县道X141线（品清至新安）路面大修工程前期工作；抓好渡口渡船安全管理工作。

【农村公路建设】 抓好辖区内新农村公路规划建设。按照省、市、区的要求，从实际出发，合理规划安排农村道路建设。对条件具备、基础好，集资积极性高的乡镇开展道路硬底化建设。2015年，完成计划内新农村公路15公里，计划外新农村公路建设10公里，共完成25公里。投入建设资金共450多万元，除上级部分补助资金外，其他资金由当地镇（街道）、村等自筹解决。

【东城路征地拆迁工作】 东城路是市政道路重点工程，由城区政府牵头，委托城区交通局，会同市国土、财政、公路等部门和振兴公司、沿线镇村按规划红线开展征地拆迁工作。2015年完成了约1公里的拆迁任务。拆迁房、棚等147间，付各种拆迁补偿款近700万元，部分路段已交给施工单位施工。

【渡口渡船管理】 城区有中山渡口和小岛渡口（屿仔渡口）2个，渡船9艘。中山渡口：是由葵通轮渡分公司承包的渡口，有木质渡船7艘，主要航线从汕尾港区内至炮台、沙舌等。小岛渡口：由凤山街道小岛村委会管理，有钢质渡船2艘，属非营业性渡口。主要为小岛村民和广东渔船二厂人员出入市区所用。平时，区有关部门加强对渡口渡船的检查和督查，特别是重大节假日，渡口人流增加，区交通局和安监部门组织人员进行专项检查，加强值班、严格管理、查漏补缺、落实安全生产和防范措施，并建立渡口渡船安全管理台账。做到安全生产警钟长鸣、常抓不懈，通过一系列管理，确保了渡口渡船安全生产进行，自城区交通局接管以来，未发生过安全事故。

（张国平）

附：城区交通局领导干部名单

局　长：曾向平

副局长：陈国亮（正科级）

城市交通

【概况】 汕尾市区汽车客运站有二级站：汕尾汽车总站，三级站：汕尾霞洋汽车客运站。省际班车客运车辆2辆，市际班车客运车辆416辆，市区公交站点120座。

【市区率先打造“绿色”公交】 市政府大力推进城市公交优先发展。认真贯彻落实国务院、省政府关于优先发展城市公共交通的实施意见，制订实施《汕尾市人民政府关于城市优先发展公共交通的实施意见》，编制完成《汕尾市城市公共交通专项规划》，加大力度推进优先发展“绿色”公共交通。2015年，市区公交线路44条，其中，新规划开通公交路线17条，建成两个新能源纯电动公交车停保场，占地面积约3.3万平方米，完成建设并投入使用的公交站点120座（包括候车亭75座、站点45座），2015年12月30日已投入使用100辆。截至2015年，市区公共汽车427辆，其中纯电动公交车100辆。

【出租汽车行业】 截至2015年，汕尾市共有出租客运企业11家，出租汽车746辆。2015年，制订《汕尾市区交通运输市场秩序整治工作方案》，在坚持日常执法工作的同时，路面监管与源头监管并重，巡查执法与驻点执法相结合，增强“八小时外”执法力度，重点针对“蓝牌”车、出租车深入开展整治工作，维护正当经营业户合法权益，规范市区交通运输市场秩序。一是严厉打击“蓝牌”车非法经营行为。采用巡查执法与驻点执法相结合的方式，适当调整执法时段，在重点路段进行重点布控，有效地了遏制“蓝牌”车的非法经营行为。二是规范出租车经营行为。根据《广东省出租汽车管理办法》，加强出租汽车行业管理，打击不打表、拒载、乱抬价的经营行为，保护乘客、出租汽车经营者的合法权益，规范出租车经营行为。2015年共查处“蓝牌”车50辆次。

（市年报资料摘录）

市区交警工作

【概况】 2015年,市区交警大队在市公安局党委和交警支队的正确领导和统一部署下，深入贯彻落实中共十八大精神，以习近平总书记一系列重要讲话和“三严三实”专题教育为工作统领，切实改进工作作风，始终坚持“抓班子、带队伍、促工作、保平安”的工作总体思路，克服客观困难，迎难而上、认真谋划、认真抓好各项工作的落实，取得了一定的成效，有效地维护了辖区的道路交通安全、畅通。

【交通管理】 2015年，市区交警大队共出动警力18940人次，警车5984辆次，组织各类交通秩序专项整治行动120场次，其间共现场查扣各类交通违法车辆4634辆，查获酒后驾驶严重交通违法行为26起26人，纠正轻微交通违法行为3080起，行政拘留无证驾驶9人，警告教育群众8400人次。道路交通事故处理方面，2015年1月1日至12月31日止，大队共接交通事故警情1040起，其中简易程序处理780起，现场调解233起，一般程序处理道路交通事故案件27起；死亡18人，伤10人；经济损失2.1万元。其中涉及安全生产事故共计5起死亡4人。其间辖区没有发生死亡3人以上的重特大道路交通事故，没有发生车匪路霸案件，辖区交通管理工作态势总体平稳。同时，大队在做好常态管理的同时，还圆满完成2015年春运交通管理工作、春节、元宵节、清明节、端午节、高考、中考、驻汕海训部队、上级领导到汕尾考察及各项重要会议和大型活动等各项交通安全保障工作共计92场次。

（黄国维）

附：市区交警大队领导班子名单

大队长：叶小武
教导员：李泽鹏
副大队长：洪海锦
　　　　　李小岸

住房和城乡建设

【概况】 2015年，区住房和城乡建设局（简称区住建局）内设4个职能股，即人事秘书股、建筑施工管理股、城乡建设管理股、住房保障和房地产市场管理股，机构编制10人，行政编制6人，其中局长1人、副局长2人，事业编制3名，共19人。辖属下区建筑工程质量安全监督站、区建筑工程质量检测站、区建筑设计室、区房地产交易管理所、区住房资金管理中心、区燃气管理所、区住房和城乡建设局东涌房地产房管理站、马宫房地产房管理站、捷胜房地产房管理站、红草房地产房管理站10个事业单位。

【城乡建设规划和管理】 2015年，城区部署红海西路拆迁安置建设有关工作，市区红海西路综合改造建设工程是多年来群众关注的热点工程。该路全长1660米，路面宽50米、总面积8.3万平方米，途经香洲街道后径、城西、新城3个社区，涉及群众征地拆迁及作物补偿732户，拆迁面积约4.5万平方米。

城乡建设管理方面。2015年，按照省工作部署和要求，统筹推进全区农村危房改造工作进展顺利，完成农村低收入住房困难户住房改造任务493户；投资总额100万元，规划建设红草、东涌、捷胜、马宫、凤山、新港、香洲等镇街道7个生活垃圾转运站。

【建筑安装】 2015年，全区报建工程1宗，建筑面积77343平方米，报建造价13088万元，与2014年同期报建1宗相比，建筑面积减少122656.6平方米，减少61%；造价减少42912万元，比减76%。

【房地产市场】 2015年，全年全区房地产办证

1347宗，与2014年相比减少813宗，比减38%，登记面积186329平方米，与2014年同期386145平方米比减少199816平方米，比减52%；成交金额90908万元，与2014年同期126069万元比，减少35161万元，比减28%；其中，房地产存量交易办证631宗，与2014年同期526宗比增加105宗，比增20%，面积69765平方米，与2014年同期64597平方米比增加5168平方米，比增8%；成交金额23866万元，比增18%；商品房交易办证184宗，与2014年同期比减少38435平方米，比减53%，成交金额12676万元，比减50%；抵押办证532宗，比减55%，登记面积83413平方米，比减66%；权利价值54366.32万元。全年收入办证费211.7万元，比减26.6%。全年乡镇公产房租金收入19.3万元，同比持平。

【质量安全监督】 2015年，建筑工程竣工验收3个。竣工面积167782平方米，同比减36316平方米，减少18%；完成施工总产值36787万元，比2014年同期增加8584万元，比增30%，验收合格率100%。

【建筑材料检测】 2015年，完成检测项目5127组，比去年同期5143组略为减少。其中，建筑工程检测点为4697组，建筑结构混凝土回弹检测量为430测区。收入检测费共41.5万元，与2014年同期比减1.5万元，减少3%。

【住房保障和住房市场管理】 2015年，办理商品房预售许可3宗，预售建筑面积277337平方米，与2014年同期比预售面积增加193925平方米，比增232%。廉租住房租赁补贴100户，每户6314元，已分配落实。办理开发企业资质申报3宗，物业管理资质1宗。

是年，城区教师公共租赁住房任务由区教育局负责落实，其作为主体单位与新地村合作计划建设306套，建筑面积17906平方米，投入资金6000万元，2015年，已完成主体工程。

【完成市区一批交通支（道）路维修改造工程】 2015年，对市区文明路、三马路进行市政工程综合改造，铺设污水、雨水管道，改造自来水管道，并将三马路及相连的联兴街改造为商业步行街。

【市区燃气市场管理】 2015年，区燃气管理所努力履行工作职能，加大市区燃气市场的管理力度，重点打击无证经营、违规销售燃气的行为；根据《关于开展汕尾市区燃气市场专项整治活动的通知》文件精神，在积极开展联合执法行动中，共发出行政执法通知书40多份，发出整改通知书10多份，没收不合格大小钢瓶200多个，严厉打击违章违法行为。开展经常性检查和巡查，及时消除安全隐患，确保安全。

【队伍建设】 2015年，区住建局按照区委、区政府关于加强党风廉政建设的工作部署和要求，认真落实中央“八项规定”和中纪委监察部关于改进工作作风、加强廉洁自律的要求，开展“学习党章、守纪律、当先锋”主题教育和“三严三实”专项教育，根据党风廉政建设责任制的总体要求，按照责权对等原则，细化了住建局党风廉政建设主体责任，制订了《党风廉政建设主体责任清单》，加强责任追究。同时，区住建局进行自查自纠，认真查找存在问题，进一步清理领导干部办公用房和规范公务用车等，纠正存在问题，增强拒腐防变和抵御风险的能力。认真履行建设管理职能，努力提升依法行政和新时期群众工作的能力，促进党廉工作的开展。

（赵文辉）

附：区住建局领导成员名单

局　长：卓红钻

副局长：余德荣

　　　　陈宏开

市区环境卫生管理

【概况】 城区环境卫生管理局（简称环卫局）于1990年6月成立，是区政府主管环境卫生的职能部门，下设五站二队一场一中心（凤山站、香洲站、新港站、新林站、城南站、市容卫生监察队、车队、大伯坑垃圾填埋场、医疗废物处置中心）。2015年，有正式干部职工约200人，环卫作业承包公司管理人员约30人，一线工人400多人，承担着汕尾市区约350多万平方米道路及公共场所的清扫保洁；近37万平方米绿化带的保洁管理；15座公厕和4座转运站的管理维护；市区7万多户居民的垃圾收集和每天约260吨生活垃圾的压缩运输处理等日常环卫作业任务。2015年，环卫局在市、区两级党政的正确领导下，以学习贯彻习近平总书记系列重要讲话精神和中共十八大、十八届三中、四中全会精神为指导，紧紧围绕区委、区政府提出的“为加快城区扩容提质，实现把城区建成高端产业创新区、宜居城市后起之秀”的工作部署，以创建“卫生城市”“文明城市”为契机，扎扎实实做好市区环境卫生管理工作，取得了一定成效。

【加强监管，建立长效机制】 2015年1月开始，区环卫局全体督查人员及属下五个基层管理站的所有人员全面出动，星期六、日不休假，分驻到市区各个重点路段，每天上午7时30分至12时、中午12时至下午2时、下午3时至5时、晚上8时至10时30分，重点督查每条路段及小区的清扫、保洁和收集岗位落实到位情况。同时做好全程记录登记、形成台账，对存在问题和堆积垃圾状况进行现场拍照，当场反馈给开物公司管理人员并汇报给城区领导，督促开物公司及时进行整改，做到随时发现垃圾、随时清理，确保不存在堆积垃圾的现象。在此基础上，建立起地面卫生网格化管理模式，进一步明确各主次干道、生活小区、作业工人、作业班组、环卫基层站、街道巡查人员的责任。在环卫局督查组的严格督查和网格化管理等多措并举下，开物公司加强了内部管理，完善各岗位责任制，逐步推进各项专项整治工作，市区卫生状况有了较大改善。

【设立投诉平台，全方位服务】 2015年11月，在区委、区政府直接领导下，环卫局遵循“热情受理、如实登记、迅速处理、及时反馈”的原则。抽调人员、落实专职领导、成立专项机构，在区环卫局二楼设立市区环境卫生投诉平台办公室，公布投诉电话：0660-3216211。同时制订了投诉平台流程图、投诉平台受理范围、投诉平台值班人员工作职责、投诉平台工作程序等一系列配套管理制度。该投诉平台自11月11日开通至12月31日近20天的时间，共收到投诉30宗，处理率100%，受到市民的好评。

【加大环卫设施设备投入】 一是由市政府投入建设资金约430万元，其中：1. 380万元用于加快垃圾转运站的建设步伐，首先启动对市区原三座垃圾转运站的升级改造。至2015年12月底，凤翔转运站和罗马广场转运站已升级改造完毕；奎山桥头转运站改建工作在加紧推进中。其次是西区新建转运站已开始动工，其他各项工作也在陆续跟进中。2.投入50万元用于新购买600个果皮箱和引进一批太阳能垃圾箱，逐步设置于市区主次干道。二是区政府投入390万元用于购置扫路车、高压冲洗车、勾臂转运车、机动三轮垃圾收集车、电瓶保洁车等80部车辆，以提高市区垃圾清运、保洁效率。三是在市区一些经常存在垃圾堆积的地点，主要在通港路、城南路、文明路、通航路、汕尾大道等60处重点路段及时增设近200个垃圾桶，每个垃圾桶点设立一块温馨提示牌，并派人员巡查，劝导市民按规定时间投放垃圾，避免垃圾乱丢乱放出路面。四是每天新增出动扫路车2部、压缩车1部、平板车2部、垃圾收集车22部、电瓶保洁车4部，对市区的堆积垃圾和建筑垃圾进行全面清理。

【大力宣传】 2015年，积极配合市、区相关部门和宣传媒体做好环卫公益宣传，主要在汕尾电视台《有话直说》栏目、汕尾城区政府门户网站、汕尾市民网等媒体进行大力宣传：一是印发关于调整市区垃圾投放时间的通知、摇铃和上门收集时间、沿街单位、商铺、流动摊档垃圾收集时间的告知书和致市民一封信等宣传单约7万多份发至各家各户，做到家喻户晓。二是联系电信公司、联通公司、移动公司向用户发送卫公益宣传短信，全面发动市民积极配合参与创建文明城市。

【强化联合执法】 2015年，区环卫局在基层单位中抽调人员组成队伍，积极配合市城市综合管理与行政执法局对各区直单位、各街道、各企业、各商户、个人落实做好“门前三包”情况进行定期、实时、不间断、流动性、循环式督查。每周三夜实行蹲点监管。至是年12月底，上门劝导教育近2000户、处罚86宗，分别处以50元至500元罚款，并在汕尾市民网、政务微信、政务微博等公众媒体曝光。

【深化队伍建设】 2015年，区环卫局根据《《汕尾市城区全面深化政务整治、正风肃纪集中行动工作方案》的内容，以改进机关作风、提高行政效能、优化政务环境为目标，坚持问题导向、查纠并重的原则，紧紧围绕政务软硬环境存在的突出问题，认真开展深化政务整治、正风肃纪集中整治行动。经过三个阶段：一是动员部署阶段（5月中下旬开始）；二是查摆问题阶段（6月至7月）；三是整改巩固阶段（8月至12月），在近半年的集中整治行动中，有力地推动环卫局政务环境制度化、常态化和长效化，努力实现全局精神面貌明显提升、机关作风明显转变、服务效能明显增强。真真正正做到政务整治、正风肃纪和推动工作两不误、两促进，全面提高环卫干部职工的战斗力、执行力、担当力，为加快推进环卫事业深入发展提供了坚强有力的思想基础保障。

（蔡和家）

附：城区环卫局局长、副局长名单

局　长：蔡位群

副局长：卓永红

建安公司

【概况】 城区建安公司前身为城区第二建筑工程公司。公司以雄厚的技术力量和精湛的传统工艺，结合现代化科学管理、先进的施工机械配备，以质量求生存，以信誉求发展，公司不断发展壮大。2015年，企业的实力大大增强，企业的总资产达2000万元，职工95人，其中有各类专业技术职称人员93人，各种大中型机械设备齐全。公司设立党支部、工会、总工室、办公室、施工管理技术股、施工质量安全股、财会股，下设5个分公司。

【积极参与建筑市场竞争】 2015年公司在区委、区政府的领导下，积极参与建筑市场的竞争。在占有汕尾建筑市场的同时，积极开拓外地建筑市场，谋求发展空间。公司在“质量求生存、信誉求发展、管理要效益”的经营宗旨的指导下，发扬“求实创新、团结拼搏”的企业精神。2015年，公司完成工程造价近3000万元，建筑面积4.0万平方米，合格率95%以上。在上级主管部门的领导下，公司组织了雄厚的技术力量，在加强工程质量安全管理方面，取得了社会信誉，提高了企业的经济效益。

（黄界洲）

附：区建安公司领导名单

经　理：张家生

城区第一建筑工程公司

2015年，城区第一建筑工程公司有干部职工70人，其中工程师6人，二级建造师8人，助理工程师36人，技术员15人，技术力量雄厚。公司一贯坚持以信誉第一、质量第一、安全第一的经营服务宗旨，以重合同、守信用为原则，立足本地，积极投身建筑市场竞争，谋求发展空间，发扬“求实创新，团结拼搏”的企业精神，强化班子建设，完善制度，加强质量安全管理，不断扩展业务，取得了社会信誉，提高公司经济效益。2015年，公司招标投标的工程有：汕尾市城区三马路改造工程，三马路面铺设花岗岩石板，对骑楼进行整体修饰，掇鸟街、关爷宫、文明路口的道路进行维修改造，市房管局危旧公房改造为公租房工程，凤山中学新建教学楼，林伟华中学教师公租房3幢，汕尾市第二人民医院、凤山街道、林伟华小学新建教学楼，田家炳中学香洲学校运动场所改造工程建设项目，公司业绩稳步提升，更上新的台阶，对建设项目保质保量并开展经营性检查和巡查，及时消除安全隐患，确保工程施工安全。公司还加大力度吸收和培养人才，为更好发展创造有利条件，提供有利保障。

（林荣加）

附：城区第一建筑工程公司领导名单

经　理：余鸿儒

商贸流通服务业

SHANG MAO LIU TONG FU WU YE

外经贸

【概况】 2015年,城区外经贸合同吸收外资2347万美元，实际吸收外资245万美元，外贸进出口15871.8万美元。

【开展“暖企行动”，服务外贸企业】 2015年，面对错综复杂的国际国内环境，区外经贸局坚持稳中求进工作总基调，加强和创新宏观调控，积极应对各种风险和挑战，深入重点企业开展慰问和调研，掌握企业在外贸出口上遇到的困难和问题制定相应的对策和措施，解决企业难题，增强出口能力。对已引进的项目，落实重点项目工作责任制，加大对重点项目服务力度，帮助解决在建项目中存在的问题和困难，推动项目早日开工，早投产，早见成效。

【推动企业转型升级，增强企业活力】 紧紧抓住国家和省、市出台鼓励企业转型升级优惠政策的有利时机，针对外资企业产业结构不合理、技术含量低的状况，一是积极引导和鼓励企业从贴牌生产向自主创新品牌转变。二是支持企业设立研究中心或内部研发机构。三是协助企业通过专项资金引进先进设备，提升生产自动化程度。四是建立银企融资合作平台，为企业转型升级改造创造良好的资金支持。是年，城区实施5个重点外资企业技改项目，总投资近1亿元，重点突出电子信息、纺织服装、食品加工等产业技术改造，重点对城区德昌电子、万盛针织时装、高峰科特纸业、雅泰隆食品、炜达行塑胶科技发展有限公司等企业进行技术改造，通过对外资企业技术改造，有效提升企业创新能力，推进外贸发展提质增效。

（刘志平、朱宗贤）

附：区外经贸局领导名单

局　长：黎炳林

副局长：曾昭敏

　　　　林创龙

商贸流通

【概况】 汕尾建市以来，城区市场经历了从少到多，从小到大，从低层次到高层次，功能较齐全，多元化发展的市场网络建设。市场类型既有消费品市场、生产资料市场，又有生产要素市场；既有零售市场、又有专业化批发市场；既有简易市场、又有超大型市场。为创建文明市场，搞好市区市场环境卫生，2015年在市、区二级党政的高度重视下，对市区市容市貌进行了彻底的整治，特别是对市区文明路中段及三马路进行了改造提升，恢复了汕尾“百载商埠”的历史风貌，提升了汕尾人的人文经商气质。

【市场分布】 大型市场：在汕尾信利城市广场（市区五十米大道中段）、汕尾显达购物广场（市区海滨大道）、汕尾景福居装饰材料城（市区湖滨大道）、汕尾协兴广场（市区四马路）。

批发市场：有汕尾市区东辉综合批发市场（综合性工业品）和活禽批发。

大中型超市商场：有汕尾市信利广场贸易有限公司的信利超市、汕尾市信诚商业连锁有限公司的信诚商场、广东真情商业连锁有限公司的真情商场、汕尾市万盛广场，不断地得到了发展，并带动了 城区商贸流通业的发展，改善了市区的购物环境，方便了群众、促进了消费、拉动了内需、美化了市场市貌，推动了城市的文明建设。

农贸市场：全城区有农贸市场24个，其中市区有17个（含城区水产批发市场、市区蔬菜批发市场）、红草、东涌、捷胜、马宫4个镇有7个，合计营业面积27045平方米。

【连锁经营促流通】 近几年来，城区把加快发展连锁经营作为促进流通现代化的工作重点来抓，重点培育连锁流通龙头企业，通过培育引导，连锁经营加快向各行业渗透。2015年，一些大中型企业如信利超市有6间店，信诚商场有6间店、真情商场有3间店、万盛广场有2间店、苏宁电器有限公司在全市有4间店。2015年，不断深化连锁布局，特别是东莞的“美宜佳”连锁店着力在汕尾布局，覆盖了汕尾市区，在汕尾地区是最成功、覆盖面最广的连锁企业。这些商贸企业已将品牌战略提升到重要日程，逐步完成了从产品经营向品牌经营的转变，成为具有较强市场竞争力和占有率，较高知名度和顾客忠诚度、在市内具有示范标杆作用的连锁品牌。连锁经营等现代流通方式已成为汕尾市经济新的增长点。2015年，全区社会消费品零售总额83.69亿元，同比增长10.8%。市区电子商务快速发展，2015年10月汕尾市苏宁云商销售有限公司加大与互联网媒体“汕尾市民网”“汕尾城区在线”等的合作，开通了“苏宁易购”电商平台运营。

（陈若谷、陈晓婷）

附：城区经济和信息化局领导名单

局　长：游建雄

副局长：陈伟生（兼任城区二轻集体企业联社主任）

林永钟

马启凤

城区食品公司

【概况】 1988年5月区食品公司成立，内设有人事保卫股、财会基建股、业务企统股。食品全系统设有下属6个独立核算单位，分别为：区食品公司经营处、区食品公司捷胜分公司、区食品公司东涌经营处、区食品公司红草分公司、区食品公司马宫分公司、劳发房地产公司。2015年，有职工总人数312人，其中离退休135人，在职人数177人。

【加强食品市场管理，确保肉食市场供应】 2015年，区食品公司认真贯彻落实国务院《生猪屠宰管理条例》和“定点屠宰、集中检疫”方针，认真把生猪管理、规范纳税、卫生检疫和生猪屠宰管理工作抓落实并抓出成效。管理由政府成立生猪屠宰管理小组，由区政府办、经信、公安、畜牧、税务、食品等有关部门为成员，成立市场管理执法队，实行全天候管理。为确保市区乡镇肉食市场管理，城区实行生猪“定点屠宰、集中检疫”八字方针。严格屠宰操作规程规范屠宰生猪，对生猪实行宰前检疫、宰后肉产品检验。全区设有城区肉联厂、红草定点屠宰场、捷胜定点屠宰场、马宫定点屠宰场、东涌古沟定点屠宰场等5个屠宰场。为搞好“菜篮子”工程，区食品公司认真配合上级政府有关部门以及各镇政府和食品分公司严厉打击私宰生猪歪风，加强肉食市场管理和监督，确保肉食市场的肉品安全、卫生和放心肉品的流通。同时还增加国家及地方的税费收入。

【加强经营管理，严格控制财务开支】 2015年，公司把加强经营管理当作一项中心任务抓紧、抓好。经营管理工作分为：干部职工的思想政治工作和工作作风、财务管理工作和财务内审工作。抓好干部职工的思想政治工作，维护好公司的利益与社会的稳定，通过多方面提高他们的政治思想素质。抓好干部职工的工作作风，树立“为民、务实”的良好优化服务。在财务管理工作中严格控制公司财务开支，杜绝不必要支出，切实做到增收节支、开源节流。严格批审财务的内审工作，对公司的财务收支情况、国有资产保值、增值情况以及债权、债务变动情况，进行了全面的审计。财务控制是财务决策方案得以实现的保证，而内部控制制度包括组织机构的设计和企业内部采取的所有相互协调的方法和措施。这些方法和措施用于保护企业的财产，检查企业会计管理的准确性和可靠性，提高经营效率。

（蔡惠旋）

附：城区食品公司领导名单

经　理：黄少占（2015年12月任）

粮食工作

【概况】 区粮食局是政府直属事业单位，赋予粮食行政管理职能。内设人秘股、监督检查股、调控储运股，下辖区直属粮食储备库、区国有粮油收储有限责任公司及区军粮供应站3个独立法人代表资格的企事业单位。2015年，区粮食局围绕“粮食安全”这一主题，切实落实粮食安全责任制，加强粮食宏观调控，强化粮食流通监督检查和依法行政，进一步完善粮食应急预案，做好粮食应急机制建设，巩固和发展与粮食主产区的长期合作关系，加大仓储建设力度，保障全区粮食供需平衡和市场粮价稳定。

【粮食安全责任制考核】 2015年，新增地方储备粮落实情况及粮食仓储建设项目列入粮食安全考核。根据省政府《关于进一步加强全省地方粮食储备工作的通知》和市政府《关于进一步加强全市地方粮食储备工作的通知》的文件精神，市下达区地方储备粮任务1.7万吨（原粮），其中新增任务1.21万吨（原粮），储备食用植物油规模90吨，粮食风险基金160万元。区100%完成市下达各项指标，包括2015年新增40%地方储备粮任务。为解决全区粮食仓容紧缺，确保粮食安全，区政府高度重视新建粮食仓库，计划在捷胜征地6万平方米，建6座标准化仓库，总容量5.34万吨，计划总投资6000万元。该建设项目列入2015年中央预算内投资支持粮食仓储建设项目，属国家重点建设项目。中央补助资金1470万元已到位，截至2015年年底，建库前期工作有序进行中。同时不断推进粮食流通体制改革，巩固和发展与粮食主产区长期合作关系，抓好粮食应急工作和流通设施建设，全面承担起辖区内粮食安全的责任。

【粮油储备管理】 2015年，全区地方储备粮油任务100%落实到位，量足质好，粮情处于安全状态，粮食安全生产零事故发生。一是严格执行储备粮油的各项规章制度，真正做到“一符三专四落实”(一符：符合操作规程；三专：专仓、专人、专管；四落实：落实岗位责任制度；落实粮食出入制度；落实粮情检查制度；落实账卡管理制度)，定期开展春秋两季粮油普查，进一步提高科学保粮水平，延缓粮食陈化，降低粮温，长期采取自然通风和机械通风的形式，有效保障粮食质量安全。二是适时做好储备粮油轮换工作，确保在库粮油推陈储新，严格执行储备粮油轮换制度，按照《汕尾市城区区级储备粮管理办法》的规定，2015年轮换了地方储备粮1506吨，做到依法依规，顺利完成储备粮油轮换任务。三是完善储备粮油管理办法，不断创新管理机制，加强储粮安全生产和化学药品制度管理，做到集中存放、专人、专管、专账，明确责任、领用规范、严格管理。

【粮食市场宏观调控】 区粮食局抓好粮油宏观调控工作，一是加强对粮油市场监测和分析，认真做好粮油市场价格月报工作，定期向市报送有关信息，及时分析粮食市场动态和价格变化情况。二是做好粮食收购工作，认真执行省有关部门制定的2015年度早籼稻、晚籼稻最低收购价政策，并根据市场粮食价格变化，合理定价、按质论价，创新收购方式，积极抓好粮源。三是做好农户稻谷收获，质量调查和品种监测工作，同时建立城镇居民农户粮情调查点。2015年，全区农户固定调查户数10户，城镇居民固定调查户7户，为全区粮油供需平衡提供重要依据。四是继续推进省际间粮食产销合作关系，调剂全区粮食缺口，确保粮食总量平衡。五是积极开展宣传和贯彻国务院《粮食流通条例》《广东省粮食安全条例》和《广东省粮食收购资格暂行办法》，加强对储备粮轮换销售处理的全程监管，依法实施粮食流通行政许可，严格执行粮食行政法规，加强粮食执法队伍建设，完善粮食市场管理机制，确保全区粮食市场平稳和发展。

【城区国有粮油收储有限责任公司】 （以下简称粮油公司）2015年，粮油公司在区粮食局的领导下，团结一致、扎实工作，发扬艰苦创业精神，顺利完成上级下达各项任务。全区粮食总仓容量为5500吨，除现有库存地方储备粮外，可利用仓容600吨。为确保新增40%任务落实，公司想方设法，制订省内异地代储方案，选择拥有符合条件存放的仓库，确定租仓地点为揭阳市信博进出口贸易有限公司仓库，确保新增地方储备粮4840吨全部入库。同时把好粮食入库质量关，入库粮食达到：“干、饱、净、无虫”的标准。切实加强仓储管理工作，严抓安全生产，杜绝隐患，严格药物管理，降低粮食熏蒸成本，推广科学保粮的技术，同时做好储备粮油轮换工作，掌握市场行情信息，千方百计完成储备粮轮换任务，确保粮食安全，为政府宏观调控提供有力保障。

（何璋）

附：区粮食局领导名单

局　长：何宏源

副局长：蔡昌流

　　　　黄迪斯

供销合作联社

【概况】 城区供销合作社联合社（以下简称区联社）1988年成立，定为事业单位，设秘书股、人事股、财务审计股、业务管理股和保卫监察股5个内设机构。2003年，区联社经区推进国家公务员制度领导小组批准，列入依照公务员制度管理单位。2007年，经省委组织部和省人事厅批准，列入参照公务员法管理事业单位。2015年，全区供销社系统秉承办社原则，紧扣城区经济工作精神和农村政策，致力服务“三农”（农业、农村、农民），拓展经营业务，强化企业内部管理，全面发展壮大企业经济实力，逐步形成初具规模的经营格局，发挥出合作和联合方面优势，在推进农业产业化系列经营服务，统筹城乡商品流通，发展连锁经营服务、再生资源回收和参与新农村建设等方面工作作出应有贡献。

区联社辖有城区农业生产资料公司、土产公司、日用杂品公司、果菜副食品公司、供销工贸公司、供销综合公司、红草供销社、马宫供销社、东涌供销社、捷胜供销社等10个单位。2015年，全区供销社系统在职职工179人，拥有经营网点90多个，经营面积约0.7万平方米，资产经营主要采取租赁经营方式。

【经营管理】 2015年，全区10家社有企业实现总购进4079万元，总销售4591万元，分别完成年度计划经济指标和任务的104%和106%，剔除历史政策性亏损挂账利息后，全系统汇总利润基本持平，扼制了经济效益再度滑坡，推进全区供销社企业的稳定持续发展。

【完善支农系列化经营服务】 一是充分利用供销合作社点多面广、自下而上联合合作的优势，大力推进农资经营服务站点的整合和优化，完善农资经营服务网络体系建设。二是联合上级供销社和支农单位，举办科学用肥用药、科学种植和“放心农资进农户”等推广活动，指导农民科学用肥用药、科学种植，促进当地农业生产；提高农民对农资商品的识辨伪能力，营造便民利民服务环境。三是严格农资经营许可和市场准入制度，清查假冒伪劣农资商品，杜绝坑民害民现象的发生。2015年，全区供销社系统支农单位实现农资经营569万元，销售化肥1804吨，其中氮肥913吨、钾肥311吨、磷肥252吨、复合肥328吨。销售各类型的化学药约19吨。

【提升为农服务的能力】 为解决全区广大农民由于农忙季节集中购肥难，农用物资价格高、质量不稳定等问题，确保一到农忙季节货源充裕、价格平稳、质量保证，维护广大农民的利益，树立政府形象。汕尾市城区人民政府办公室于2015年9月23日批准区供销联社成立“汕尾市城区农业生产资料配送服务中心”。城区农资配送中心的成立投产，将填补城区域没有农资配送服务中心的空白，且效益显著。一是可纳入省农业生产资料公司二级配送范围，享受有利条件，增强市场竞争力；二是进一步健全完善城区农资经营服务网络体系建设，丰富为农服务内容，增强为农服务功能，提升为农服务整体水平；三是可减少流通环节，降低成本、减轻农民负担，确保农业生产安全，杜绝发生坑农害农现象；四是可充分发挥供销合作社社会职能，树立良好形象，增创效益。

【推动与农民多种形式的合作】 鼓励具备条件的基层社以业务板块为基础，通过共同出资、共创品牌、共用渠道、共享利益等方式，吸纳农民、新型农业经营主体和基层社干部职工组建农民合作社或股份合作制企业，发展多种形式适度规模经营，更好发挥在现代农业建设中的引领作用。加强基层社与农村集体经济组织、基层农技推广机构、龙头企业等合作，形成服务农民生产生活的合力。

（许建民）

附：城区供销合作联社领导名单

副主任：洪向金

　　　　洪志隆

国有商业（企业）集团公司

【概况】 城区国有商业（企业）集团公司属下各公司实行独立核算。2015 年，全系统在册干部职工 1364 人，完成人事制度改革后，在岗 107 人，待岗 552 人，办理离退休手续人员 705 人。城信拍卖行已改制分流。

【各公司简介】 城区商业企业集团公司：2015 年，公司在册干部职工 22 人，其中在岗 9 人，离退休 13 人。

城区百货公司：2015 年，公司在册干部职工 138 人，其中在岗 3 人，待岗 51 人，离退休 84 人。

城区纺织品公司：2015 年，公司在册干部职工 151 人，其中在岗 4 人，待岗 56 人，离退休 91 人。

城区华侨公司：2015 年，公司在册干部职工 72 人，其中在岗 3 人，待岗 28 人，离退休 41 人。

城区糖烟酒公司：2015 年，公司在册干部职工 183 人，其中在岗 3 人，待岗 67 人，离退休 113 人。

城区五交化公司：2015 年，公司在册干部职工 96 人，其中在岗 3 人，待岗 42 人，离退休 51 人。

城区饮食服务公司：2015 年，公司在册干部职工 213 人，其中在岗 4 人，待岗 84 人，离退休 125 人。

城区商业发展总公司：2015 年，公司在册干部职工 9 人，其中待岗 7 人，退休 2 人。

城区友谊公司：2015 年，公司在册干部职工 16 人，其中待岗 10 人，退休 6 人。

城区商业信托公司：2015 年，公司在册干部职工 24 人，其中待岗 19 人，退休 5 人。

城区物资废品回收公司：2015 年，公司在册干部职工 12 人，其中待岗 10 人，退休 2 人。

城区商业综合公司：2015 年，公司停止运转。在册干部职工 94 人，其中待岗 54 人，离退休 40 人。

城区食品公司：2015 年，食品总公司下属有公司经营处、东涌经营处、捷胜分公司、红草分公司以及马宫分公司共 5 个经济独立核算单位。共有干部职工 319 人，其中在岗 66 人，待岗 124 人，离退休 129 人。

酒类专卖管理局：2015 年，在册干部职工 15 人，其中在岗 12 人，退休 3 人。

2015 年，区酒类专卖管理局根据汕市区府办函〔2015〕201 号文件《关于对区酒类专卖管理局改制的批复》，结合本局的实际，经全体干部职工一致同意，全员已解除了劳动合同关系，社保费、补偿金、档案托管手续等已全部办妥。

（蔡剑锋）

附：区商业（企业）集团公司领导名单

总经理：蔡潭少

副总经理：陈冬云

财税·金融

CAI SHUI·JIN RONG

财 政

【概况】 2015年，是全面完成“十二五”规划的收官之年。面对财政收入增长乏力，刚性支出压力加大，消化空转虚增数而压实收入等因素，在收支矛盾十分突出的情况下，汕尾市城区财政部门在区委、区政府的正确领导和上级财政部门支持下，积极应对经济发展新常态，实事求是，全力组织收入，提高财政质量，合理调度资金，优化支出结构，规范资金管理，重点保障正常运转和民生支出，有序推进财税改革，圆满完成全年工作目标任务，有效促进全区经济持续健康发展和社会和谐稳定。是年，城区公共财政预算总收入完成20.80亿元，其中：城区本级公共财政预算收入完成2.71亿元，完成预算任务的100.43%，同比下降29.69%；公共财政预算总支出19.22亿元,其中：完成一般公共财政预算支出18.85亿元，同比增长76.22%。

【财政收入】 2015年，面对经济下行，收入减少的压力以及结构性减税、税源结构不合理等多种不利因素的影响，区财税部门继续发扬“实干”传统，积极组织财政收入。一是加强税收征管。挖掘新增税源，密切关注重点行业、重点企业的生产经营情况，狠抓骨干税源、重点税源等税收征管。二是加强非税收入征管。严格按照非税收入管理范围，加强“收支两条线”检查管理力度，确保非税收入纳入财政管理，同时完善非税收入收缴管理信息系统，实现非税收入管理的规范化、科学化，加强非税收入的管理手段。三是积极加强与省、市财政部门的联系。在区委、区政府支持下，区财政局积极加强与省、市联系、沟通，争取最大的财力帮助。

2015年，区本级一般公共预算收入2.71亿元，完成预算任务的100.43%，其中：税收收入完成1.98亿元，占全年收入的73%；非税收入完成0.73亿元，占全年收入的27%。返还性收入0.3亿元，一般性转移支付收入8.79亿元，专项转移支付收入2.91亿元，上年结余及结转收入4.87亿元，调入资金0.95亿元，地方政府债券收入结转0.27亿元，国债转贷资金上年结余3万元。全区政府性基金预算总收入完成7122万元，其中：完成政府性基金预算收入183万元,上级追加政府性基金补助专款1485万元，政府性基金预算上年结转收入5454万元。

【财政支出】 2015年，全区一般公共预算总支出完成19.22亿元。其中：完成一般公共预算支出18.85亿元（含区本级支出5.96亿元），债务还本支出424万元，转移性支出（上解省市支出）0.33亿元。收支相抵结余1.58亿元，区级财政实现收支平衡。结余资金情况包括：安排预算稳定调节基金0.11亿元，结转2016年使用支出1.47亿元，全部结转2016年使用。全区政府性基金预算总支出完成7063万元，其中完成政府性基金预算支出2997万元、调出一般公共预算资金3954万元、调出安排预算稳定调节基金112万元，结余项目资金59万元结转至2016年使用支出。

按照“厉行节约，依法理财，保障重点，关注民生”的原则，积极调整和优化支出结构，在财力困难的情况下，坚持及时、足额兑现干部职工待遇，落实各项民生政策及保证政权运转经费支出。一是加大教育事业投入。2015年，城区投入教育事业的支出4.27亿元，占一般公共预算支出22.65%，同比增长65.43%（不含离退休教师支出）。二是加大社会保障和就业投入。2015年，全区社会保障和就业支出2.15亿元，占一般公共预算支出的11.41%，比上年增长25.45%，全力确保“底线民生”各项资金的落实。三是加大医疗卫生与计划生育工作投入。2015年全区医疗卫生与计划生育支出2.02亿元，占一般公共预算支出的10.72%，比上年增长45.97%。四是加大农村经济社会发展投入。2015年，全区农林水支出7.48亿元（其中石油价格改革渔业补贴资金4.81亿元），占一般公共预算支出的39.68%，比上年增长173.44%。五是加大公共安全体系建设投入。全面加强公共安全管理，推进公共安全保障体系建设，全年投入公共安全支出3285万元，同比增长39.61%。六是做好渔业油价补贴管理工作。做好2015年渔业油价补贴发放工作，发放石油价格改革渔业补贴资金4.81亿元，保障了渔区的稳定和经济发展。七是做好全区各项事业协调发展。一方面按照上级文件规定，完成全年工资调整和审核工作，保障全区公职人员工资和补贴正常发放；另一方面完成了科学、文化、广播、宣传等资金审批工作，各项资金及时拨付。积极争取上级专项资金；同时支持创文工作，为加强市容市貌建设，营造宜居城区，加大环境综合整治资金投入力度等。

【深化改革，加强监督】 一是完善地方财政公共支出体系，推进预算编制改革工作。按照新预算法的要求，依托财政一体化综合管理信息平台，进一步细化预算编制，规范财政预算管理工作，提高工作效率；同时及时公开政府总预算、决算信息和“三公”经费信息，协调、指导各预算单位公开部门预算信息和“三公”经费数据，增加预算的透明度和公开性。二是做好财政综合管理信息系统建设实施工作。2015 年，在全区各单位的积极配合下，做好财政综合管理信息系统的基础信息录入、指标调剂、指标支出审核等工作，使全区预算单位每一笔财政资金都在财政综合管理系统中支付，实现了预算编制、指标管理、工资统发、国库支付、综合查询、银行账户管理、财务监管等在同一个平台运行。三是全面实行国库集中支付制度。从 2015 年 6 月起谋划，8 月 1 日起实施，按照“总体规划、分步实施，先试点、后推广”的原则，在前两批 28 个预算单位的基础上，将剩余的 93 个预算单位纳入第三批改革范围，至是年 12 月底实现区级预算单位全面实行财政国库集中支付制度改革工作，从而增强财政资金调度能力，强化了预算的约束力，有利于实施财政监督，有利于从源头上、制度上防治腐败。四是全面深化村账管理制度改革。城区已健全完善了村账管理工作机制，使村（社区）财务管理更加制度化、程式化、规范化。现七个镇（街道）村账代管中心的人员已全部到位、定岗，94 个村（社区）的账务也全部进入各镇（街道）“村账代管会计中心”进行代管记账，村账代管工作全面走上正轨。五是推进基层公共服务综合平台建设。根据上级文件要求和部署，制订了汕尾市城区推进基层公共服务综合平台建设工作方案，并迅速成立了工作领导小组，组织人员到区、镇（街道）、村（社区）进行调查摸底，努力打造“高效、便捷、便民、惠民”的基层公共服务平台。从 2016 年起，全区将全面铺开基层公共服务综合平台建设，形成三级公共服务平台全面整合建立，将基层公共服务全面延伸至行政村（社区）。

（陈贵层、周佳茵）

附：区财政局领导成员名单

局　长：吴秋业

副局长：刘贵文

　　　　蔡奋雄

国　税

【概况】 汕尾市城区国家税务局成立于 1994 年，是主要负责汕尾市直、城区国税征收管理和纳税服务工作的职能部门。在职正式干部职工 91 人，劳务派遣工 25 人，离退休人员 32 人，中共党员共 87 人，内设 10 个行政股室和 1 个事业机构。

2015 年，城区国税局以中共十八大和十八届三中、四中、五中全会精神为指导，认真贯彻习近平总书记系列重要讲话精神，落实上级国税机关和当地党政的重大决策部署，积极主动适应税收新常态，以组织收入为中心，深化以法治税，夯实征管基础，优化纳税服务，加强干部队伍建设和党风廉政建设，深化征管改革工作，推进“金税三期”平稳运行，实现依法治税、能力素质、业务规范三个新提升，实现城区国税事业新发展。

【围绕中心，全力以赴完成收入任务】 尽早把全年税收任务分解到征收部门和个人，做到主动谋划、及早准备、全面部署、及时行动、深化税源调查，及时掌握税源变化情况，加强税收分析及收入预测，做好重点税源监控，完成企业所得税汇算清缴工作，积极开展纳税评估，全面开展地毯式漏征漏管户清理，合理调整定额，深入开展行业整顿，加强免抵调库管理，挖掘潜在税源，为抓好组织收入工作打好基础，2015 年，区国税局共实现税收收入 161864 万元，其中组织国内税收收入 81042 万元，海关代征 80822 万元。

【坚持法治，形成综合治税良好环境】 2015年11月，经省国税局评审，区国税局被命名为“广东省国税系统省级法治税务示范基地”，有力推动区局依法治税工作的全面深入开展。一是认真学习宣传法律。抓好“六五”普法工作，组织干部职工认真学习法律知识，真正做到学法、懂法、依法、用法、守法，不断增强干部职工的依法行政意识。二是严格依法行政依规办事。严格执行税务总局制定的第一批税收执法权力清单，努力做到公平公正执法、依法依规办事。三是充分运用法律武器。提高干部职工运用法律的综合能力，正确运用法律法规开展工作。四是增强执法风险防控能力。认真研究执法过程中的风险点，提前引导，避免重复出现同类型执法过错。

【真抓实干，核心业务结出累累硕果】 一是积极做好金税三期工程优化版应用系统平稳运行和优化完善工作。主动查找系统不足，及时收集整理系统优化和完善需求，确保系统顺利平稳运行。二是推进“营改增”扩围工作。抓住关键环节和时间节点，有效解决纳税申报、发票领用和系统运行等问题，并及时办理纳税人涉税事项。三是贯彻落实试行《税收征管规范（1.0版）》。制定推行工作方案，纳税人办理每项涉税事宜，可以缩短时间40%左右，大大提高了办税效率。四是进一步推进税收风险管理工作。依期完成市局推送风险任务4批次共计57户。五是加强发票管理。通过分析异常申报原因，通过利用征管系统发票管理平台加强监控。六是加大信息化建设力度。强化机房基础设施、电子设备管理。加强信息系统运行保障，加强数据和网络安全管理。七是推动落实“三证合一”登记制度改革工作。主动联系开展业务衔接，商讨确定具体业务运作流程，推动调整窗口设置，进行资料传递。

【纳税服务水平持续优化】 区局办税服务厅不断拓宽渠道，提升服务水平，是年3月被汕尾市委宣传部、汕尾市精神文明建设委员会评为“学雷锋活动示范点”，并被广东省总工会授予工会女职工工作“先进集体”称号。一是构建标准化服务体系。加大对岗位人员再教育、再培训，不断提升纳税服务水平，完善办税服务厅工作规范。二是打造“四心”服务平台，为纳税服务提速。优化办事流程，做好“四心”服务，即热心面对纳税人，诚心服务纳税人，尽心方便纳税人，全心善待纳税人，促进纳税服务工作再上新台阶。三是践行便民办税春风行动。采取上门辅导、约谈辅导、电话辅导、网络辅导等多种方式，扩大完善微信平台服务功能，提升服务质量。四是妥善处理纳税争议，帮助纳税人降低税收风险。完善纳税人意见和投诉的快速响应处理机制，及时受理和解决纳税人反映的问题。

【干部综合素质不断提升】 一是提升领导班子执政能力。认真贯彻民主集中制，进一步完善领导干部学业务、听党课制度，不断提高领导干部的政治理论素养和决策执政能力。二是着力抓好党建工作。建成党建工作室，并开展“佩党徽、亮承诺、强服务、作表率”主题活动，让全体党员精神得到升华。三是集中力量做好干部档案专项审核。共审核在职干部职工档案89份，圆满完成档案专项审核工作。四是完善文化展厅建设。形成“税之魂”“税之源”“税之变”“税之荣”“税之廉”和“税之梦”六大板块，全年共接待参观人数达到270多人次。

【干部作风呈现崭新气象】 区局坚持标本兼治，惩防并举的原则，从根本上筑牢防线。一是严格贯彻落实中央“八项规定”和中共十八届三中、四中全会提出的新要求，确保党风廉政建设取得新成效。二是加强作风建设，树立良好国税形象，巩固政风行风建设成果。三是强化反腐倡廉教育，深化廉政文化建设。开展“三纪”教育活动，举办“三纪”教育活动专题讲座，邀请市纪委领导为全体干部职工讲授法律。四是加强风险防控管理，确保干部队伍平安。严格落实党风廉政建设责任制和“一岗两责”“一书一卡”等制度，加大省局税收执法风险防御（RED）系统的使用力度，确保队伍平安。五是加强纪检监察队伍建设，提升整体防控能力。不断加强纪检监察队伍业务学习，提高能力水平，推动区局廉政建设工作迈上新台阶。六是开展政务整治、正风肃纪集中行动。2015年，制订实施方案，成立领导小组，共梳理了57条问题并结合区局实际，列出7大方面14项整改措施，形成促进党员干部坚持为民务实清廉的长效机制。七是实施职务与职级并行工作。区局认真学习领会中央、国家税务总局和省的决策部署，按时保质完成职务与职级并行制度实施工作。

【统筹兼顾，提升质效，营造规范高效政务环境】 一是加强制度建设。不断完善规章制度，并重新汇编成册，切实实现用制度管人、用制度管事。二是加强财务管理。科学编制预算，规范执行采购，推进公务卡改革，进一步做好办公用房、公务用车、基本建设的"三清"工作。三是加强后勤管理。投入资金更新多功能培训室，更换高清投影会议设施和办公设施，改建职工宿舍；举办安全讲座和消防演练，提高安全防患意识，推行公车改革，规范用车管理。四是加强依法行政。着力打造"五大"政务信息公开平台（多功能一体机、LED大屏幕、公告栏、网站、短信平台），提升政务公开水平。五是打造"新税风、新常态"税宣模式。区局通过与地税部门携手联合、与主流媒体深度合作、机关基层积极联动的方式，开展活动为纳税人送上丰盛的税宣盛宴。六是绩效管理工作。组织绩效方面，区局制定《城区国税局绩效管理实施细则》等制度体系和指标体系，充分利用指标台账加强对各项指标工作完成情况进行跟踪，有效促进相关工作的整改和改进；个人绩效方面，制定《汕尾市城区国税局个人绩效管理实施办法（试行）》，实施对个人绩效的考评。

（钟少钮、孙冬奇）

附：城区国税局领导名单

党组书记、局　长：叶庆雄（10月8日退休）

市局党组成员、总经济师：庄广文（10月9日~12月31日主持全面工作）

党组成员、副局长：蔡锦涛

陈海珊

吕小易

彭怡生

罗汉贵

党组成员、纪检组长：黄壮龙

2015年汕尾市城区国税年纳税总额50万元以上企业一览表

表5　　　　单位：万元

纳税企业	纳税总额
华润电力（海丰）有限公司	18989
信利半导体有限公司	16218
信利光电股份有限公司	13338
广东烟草汕尾市有限公司	7336
广东电网有限责任公司汕尾供电局	4819
信利电子有限公司	2398
汕尾市碧桂园房地产开发有限公司	2289
汕尾德昌电子有限公司	1356
安信证券股份有限公司汕尾香洲西路证券营业部	780
中国移动通信集团广东有限公司汕尾分公司	746
中国电信股份有限公司汕尾分公司	646

续表 5

纳税企业	纳税总额
中国石化销售有限公司广东汕尾石油分公司	643
汕尾万盛房地产有限公司	643
汕尾万盛针织时装有限公司	477
汕尾雅泰隆食品有限公司	433
汕尾农村商业银行股份有限公司	395
汕尾高峰科特纸业股份有限公司	375
信利仪器（汕尾）有限公司	319
汕尾中升恒通汽车有限公司	270
汕尾市粤运汽车运输有限公司	258
中国联合网络通信有限公司汕尾市分公司	194
汕尾市信利广场贸易有限公司	190
汕尾兴盛针织厂有限公司	180
汕尾市供水总公司	179
中油碧辟石油有限公司汕尾分公司	177
汕尾市信诚商业连锁有限公司	169
汕尾市艺强科技工程有限公司	163
广东岭峰包装印刷有限公司	162
汕尾市安宏民爆物品有限公司	155
汕尾市国泰食品有限公司	154
汕尾柏嘉玩具日用品有限公司	151
深圳捷信金融服务有限公司汕尾分公司	143
汕尾信联针织时装有限公司	143
汕尾广物汽车销售服务有限公司	139
汕尾市公信建设工程设计审查有限公司	137
广东邮电人才服务有限公司汕尾分公司	137
汕尾市红海船舶服务有限公司	137
汕尾中燃城市燃气发展有限公司	133
汕尾市二运汽车有限公司	133
汕尾肉联厂	120

续表 5

纳税企业	纳税总额
汕尾恒威手袋有限公司	111
汕尾市红海大酒店有限公司	99
汕尾市广业环保产业有限公司	96
汕尾市得壹食品有限公司	94
汕尾市和兴药业有限公司	89
汕尾市鼎程生物技术有限公司	86
广东省盐业集团汕尾有限公司	79
汕尾市博雅印务有限公司	75
汕尾信利齿科材料有限公司	74
广州屈臣氏个人用品商店有限公司汕尾信利广场店	70
汕尾市苏宁云商销售有限公司	69
汕尾大参林药店有限公司	68
汕尾市维明生物科技有限公司	67
联通新时空通信有限公司汕尾市分公司	65
汕尾市水利水电建筑工程勘测设计室	54
汕尾市兴业混凝土搅拌有限公司	52
广东鸿安送变电工程有限公司	50

地 税

【概况】 2015年，在区委、区政府和市地税局的正确领导下，城区地税局坚持税收法治原则，以作风建设为抓手，以制度约束为保障，齐心奋进、攻坚克难，全力抓好组织收入，圆满完成全年纳税任务。

【组织收入】 2015年，城区地税局共组织税费收入15.54亿元，同比增长18.03%，增收2.37亿元。其中，组织税收收入79324万元，同比增长33.2%，增收18877万元，完成年度预期目标的125.71%，增速及预期目标完成率均居全市第一。社保费收入67242万元，同比增长7.85%。其他收入8867万元。

【税收征管】 一是加强征管档案建设。2015年，完成了2012年至2015年合计22138个征管档案整理，完成率达到100%，完整率达到80%以上。二是加强税收户籍管理。出台户籍管理制度，强化基础管理，全年清理漏征漏管户补办税务登记442户，催报催缴逾期未报363户、逾期未缴420户；加强企业所得税管理，2015年企业汇缴面达到100%，补缴入库税额1036万元。三是加强重点税源监控。对年纳税额30万以上的重点单位及保利等重点房地产建安项目进行动态监控管理，随时掌握税源信息。

【纳税服务】 一是推进纳税服务规范。严格执行《全国纳税服务规范》（2.3版），梳理调整细节差异，实施流程再造，将咨询、受理、审核等事项前移，做到“一次性”告知、“一窗式”受理、“一站式”办结；公开服务规范和服务承诺，接受纳税人监督。二是优化纳税服务举措。开展春风“暖企”行动，深入了解纳税人服务需求，走访企业11户，邀请参加恳谈会纳税人31户；建立健全纳税人需求响应机制和投诉咨询转办机制，为重点企业纳税人设立“VIP”绿色通道，提供个性化、特色化服务；上线办税服务厅综合管理系统，为加强内部管理、提升纳税人满意度提供数据支撑。三是加大纳税服务宣传。组织开展“税收宣传月”等宣传活动，推进“诚信纳税示范街”等宣传阵地建设；加强与国税局配合协作，联手共建省级青少年税宣教育基地，增强税收宣传的社会效益；通过《汕尾日报》、汕尾电视台和汕尾市民网等进行多方位的税收宣传，取得了积极效果。

【税收优惠】 出台《落实税收优惠政策工作规范》，提高优惠政策落实的规范性、针对性和有效性。2015年为90户小微企业减免所得税80万元，受惠面100%，户均减免税额达0.89万元；为485户小微企业（含个体工商户及其他个人）减免营业税达465.73万元；为10户困难企业减免房土两税达369.51万元，占全市困难企业房土两税减免税额的62.1%。

【依法治税】 开展“规范管理百日行动”，制定了27项规章制度，构建起多方位、广范围、全覆盖的制度体系，规范了执法标准和规程，有效防范了执法风险；争创法治税务示范基地，将“依法治税、依法行政”理念贯彻落实到各项工作中，强化税收法治规范思维，建设税收法治队伍；深化与公安部门协作配合，成立联合执法办公室；发挥稽查作用，彰显税法刚性。2015年，破获全市首宗二手房交易假发票案，查补税款64180.53元。

【干部队伍建设】 一是坚持用人导向，让干部想干事。按照《中华人民共和国公务员法》《党政领导干部选拔任用工作条例》和《民主推荐党政领导干部实施办法》等有关规定，坚持党管干部和公开、平等、竞争、择优的原则，经过动员、报名、资格审核、民主测评、组织考察、诫勉谈话等选拔程序，客观公正提拔任用了5名正股级干部及7名副股级干部，岗位交流8名，使一批想干事的人走上了领导岗位。二是加大教育培训，让干部会干事。推进岗位练兵常态化，推行“手把手”传帮带模式，开展了风险管理、规费业务、金税三期、稽查能力、公文写作、绩效管理等为内容的知识更新培训，着力提高干部职工队伍综合素质。2015年，共组织培训11次，参与人数达1033人次。

【党风廉政建设】 一是坚决落实两个责任。制定《落实党风廉政建设党组主体责任和纪检组监督责任实施办法》，区局党组履行好第一责任，纪检监察部门履行好监督责任，全年党组书记与下属单位负责人谈话20人次，纪检监察和各分管领导对下属干部谈话38人次。强化纪检监察部门主业意识，发挥查办案件的综合效应，是年，立案1件，政纪处分2人。二是深入开展专项整治。开展全面深化政务整治、正风肃纪集中行动，以及违规收送“红包”和违规参与经商两项专项清理，挺立纪律规矩；及时将整改情况向社会公开，加强整改意见反馈，完善建立27项工作制度。从严从实抓好队伍管理，作风纪律明显好转。三是强化监督执纪问责。出台《汕尾市城区地方税务局暗访工作规则》《工作人员行为规范》等，从税风税纪入手，拿小事小节当镜子，开展明察暗访；通过参观市劳教所进行“高墙内的廉政教育”等创新模式，强化廉政纪律教育；推进稽查局“八小时以外”监督试点工作，积极培育八小时以外的健康生活情趣。

（谢　戈、黄炳鑫、曾天派、吴昱锟）

附：城区地税局局长、副局长名单

党组书记、局长：郑少奕（2015年7月任）
张家瑶（2015年7月离任）
党组成员、副局长：谢　戈
卢金泉
郭小平（2015年7月离任）
卓凌波（2015年6月离任）
党组成员、纪检组长：罗伟锋（2015年7月任）
李　河（2015年7月离任）

2015年汕尾市城区地税年纳税额50万元以上企业一览表

表6　　单位：万元

纳税企业	纳税总额
汕尾市碧桂园房地产开发有限公司	13068.56
信利光电股份有限公司	3959.77
信利半导体有限公司	3843.64
广东烟草汕尾市有限公司	3469.24
汕尾市建安建筑安装工程有限公司	2552.37
中国工商银行股份有限公司汕尾分行	2230.79
汕尾市金海明珠房地产开发有限公司	2097.59
汕尾市保利房地产开发有限公司	1974.11
华润电力（海丰）有限公司	1765.87
广东电网有限责任公司汕尾供电局	1555
中国银行股份有限公司汕尾分行	1549.75
中国建设银行股份有限公司汕尾市分行	1423.34
广东金粤建设有限公司	987.03
信利电子有限公司	796.8
汕尾市红草产业园投资开发有限公司	759.91
安信证券股份有限公司汕尾香洲西路证券营业部	722.58
中国移动通信集团广东有限公司汕尾分公司	720.07
汕尾市城区泰濠房地产开发有限公司	718.01
中国太平洋财产保险股份有限公司汕尾中心支公司	700.25
汕尾万盛房地产有限公司	607.49
中国邮政储蓄银行股份有限公司汕尾市分行	596.82
中国人民财产保险股份有限公司汕尾市分公司	582.59
汕尾黄金海岸实业有限公司	523
中国电信股份有限公司汕尾分公司	503.51
汕尾农村商业银行股份有限公司	453.96
汕尾市城区建筑安装总公司	449.53
中国平安财产保险股份有限公司汕尾中心支公司	400.43
中国农业银行股份有限公司汕尾分行	380.07

续表 6

纳税企业	纳税总额
汕尾德昌电子有限公司	376.57
中国平安人寿保险股份有限公司汕尾中心支公司	374.44
汕尾市公安局	351.2
汕尾市福利彩票发行中心	319.73
中华联合财产保险股份有限公司汕尾中心支公司	304.54
汕尾市城区第一建筑工程公司	287.96
广东华夏建安工程有限公司	276.4
汕尾市振兴投资有限公司	257.51
誉福实业（汕尾）有限公司	254.32
天安财产保险股份有限公司汕尾中心支公司	253.18
誉福实业 (汕尾) 有限公司巴黎半岛酒店	249.9
汕头市建安 (集团) 公司汕尾分公司	249.87
泰康人寿保险股份有限公司汕尾中心支公司	247.29
汕尾市鸿润电气安装有限公司	244.48
汕尾市城区致材装修经营部	230.69
汕尾市水利水电工程公司	218.02
中国人寿保险股份有限公司汕尾分公司	198.3
中国邮政集团公司汕尾市分公司	198.28
汕尾市振文实业有限公司	185.4
汕尾市城区四方土石方工程有限公司	175.62
鼎和财产保险股份有限公司汕尾中心支公司	164.82
广东省体育彩票管理中心汕尾分中心	164.09
中国石化销售有限公司广东汕尾石油分公司	160.34
汕尾万盛针织时装有限公司	141.2
汕尾市建城投资有限公司	135.94
信利工业（汕尾）有限公司	132.21
汕尾市人民医院	130.51
广东鸿安送变电工程有限公司	125.99
广州市开物物业管理有限公司汕尾分公司	123.68

续表6

纳税企业	纳税总额
汕尾市金保保安押运有限公司	119.99
中国农业发展银行汕尾市分行	119.68
汕尾市海珍实业有限公司海珍酒楼	118.62
汕尾市和信实业有限公司	112.18
汕尾兴盛针织厂有限公司	97.76
汕尾雅泰隆食品有限公司	95.73
中国联合网络通信有限公司汕尾市分公司	94.68
汕尾市汇能电力物业有限公司	91.33
汇丰银行（中国）有限公司汕尾支行	87.99
汕尾南储得壹海洋食品有限公司	87.42
汕尾市市政工程有限公司	82.22
汕尾市小亚节能科技有限公司	81.65
汕尾市信利广场贸易有限公司	81.48
汕尾市财政局	80.01
汕尾市粤源水利建设监理有限公司	77.27
信利仪器（汕尾）有限公司	76.78
广东碧桂园物业服务有限公司汕尾分公司	76.08
汕尾中升恒通汽车有限公司	75.57
汕尾市大中华实业有限公司	71.11
汕尾市劳务服务有限公司	69.43
汕尾市信美装饰工程有限公司	67.15
汕尾信联针织时装有限公司	66.91
汕尾柏嘉玩具日用品有限公司	65.86
汕尾市消防安全工程有限公司	62.38
汕尾市芊景建设工程有限公司	62.17
广东岭峰包装印刷有限公司	61.39
汕尾市广业建筑安装工程公司	60.84
汕尾市荣霖粮油食品有限公司	58.86
汕尾市汇能电力技术工程有限公司	58.64

续表6

纳税企业	纳税总额
汕尾市供水总公司	58.26
汕尾市统宇建设工程有限公司	58.05
汕尾市汇能电力设计有限公司	57.37
汕尾市金港濠驾驶员培训有限公司	57.1
汕尾市公路建设有限公司	56.98
广东公诚设备资产服务有限公司汕尾分公司	53.97
揭阳市揭西建筑集团公司汕尾分公司	52.68
汕尾市防雷设施检测所	52.12
汕尾逸挥基金医院	51.85
汕尾市翡翠湾房地产有限公司	51.68
中国石油天然气股份有限公司广东汕尾销售分公司	51.62
汕尾高峰科特纸业股份有限公司	50.18

汕尾农村商业银行

【概况】 汕尾农村商业银行股份有限公司（以下简称汕尾农商银行）是在原汕尾市城区和红海湾农村信用合作联社基础上，引进企业法人投资者以新设合并方式发起设立的股份制地方性金融机构，经中国银行业监督管理委员会批准，于2013年12月31日创立，2014年1月26日正式挂牌开业。作为地方性金融机构，汕尾农商银行网点分布广，城乡覆盖率高，在市区和乡镇影响广泛。截至2015年年末，汕尾农商银行辖下营业网点20个，其中：总行营业部1个、支行11个、分理处8个；辖区布放自助设备27部；在乡镇、行政村设立简易便民服务点22处；全行在岗员工323人。

2015年，汕尾农商银行以“转型升级、科学发展”为主线，坚持“发挥优势、特色经营、创新驱动、精细管理、防范风险、稳健发展”的工作思路，坚持“服务三农、服务社区、服务中小微企业和区域经济”的市场定位，不断加快转型升级步伐，加快产品创新力度，推出“精英e贷”“薪快贷”“按揭余额贷”“个人汽车消费贷款”和“渔家宝”等特色信贷产品。同时在精细管理上取得新成效，在队伍建设上取得新提高，综合竞争力、风险控制力和可持续发展力稳步提升，取得良好的发展态势。

【业务范围与实绩】 经中国银行业监督管理委员会批准，2015年，汕尾农村商业银行的业务范围：吸收人民币公众存款；发放人民币短期、中期、长期贷款；办理国内结算；代理发行、代理兑付政府债券；从事同业拆借；从事银行卡（借记卡）业务；代理收付款项及代理保险业务；办理票据承兑与贴现业务；经有关机构批准的其他业务。

截至2015年12月底，汕尾农村商业银行各项存款余额14.3亿元，各项贷款余额5.3亿元。

【记事】

2015年4月22日，根据汕尾农村商业银行股份有限公司第一届董事会第三次会议审议通过结果，经中国银行业监督管理委员会汕尾监管分局任职资格核准通过，余胜九任汕尾农村商业银行股份有限公司董事长，任期与第一届董事会任期一致。

2015年6月23日，汕尾农村商业银行股份有限公司在总行二楼会议厅召开第一届党员代表大会第一次会议，会议按法定程序审议通过了《中共汕尾农村商业银行股份有限公司第一届党员代表大会选举办法（草案）》，选举产生中共汕尾农村商业银行股份有限公司第一届纪律检查委员会委员。

2015年12月11日，中共广东省农村信用社联合社任命该行杜东龙为中共汕尾农村商业银行党委委员、党委副书记。

2015年12月15日，汕尾农村商业银行股份有限公司在总行7楼会议厅召开第一届董事会第五次会议，经与会董事审议《关于聘任汕尾农村商业银行股份有限公司行长的议案》等5项议案并形成董事会决议。

2015年12月31日，汕尾市分管金融副市长余红在市政府副秘书长郑伟忠、市金融办、人民银行汕尾中支、银监分局相关领导陪同下到汕尾农村商业银行进行年终决算慰问。

（苏舜凯）

附：汕尾农村商业银行领导名单

党委书记、董事长：余胜九

党委副书记：杜东龙

纪委副书记、监事长：彭崇桄

党委委员、副行长：徐祥英

黄少楼

行长助理：陈世武

工会主席：黎志平

处置地方金融风险

【概况】 城区处置地方金融风险办公室（以下简称区处置办）是挂靠区政府办公室的议事协调机构的办事机构，正科级。2015年，其内设机构有人秘股和办案股。人员编制为7名。其中主任1名，副主任1名，正副股长2名，办事员3名。主要工作职责是：负责全区地方金融风险化解工作和地方金融机构服务、监管工作；包括调处全区民间标会工作，督促、指导、协调全区各类基金会的清理、追债和资产处置工作，配合政法机关处置民间借贷、民间非法集资工作，解决城市信用合作社遗留问题，组织、协调、监管小额贷款公司日常运转等。

【处理民间借贷和非法集资】 20世纪90年代初，城区是民间标会的重灾区。近些年汕尾市区又陆续出现一些新的“标会”，并有个别会头携款外逃的现象，这是社会不稳定的隐患。全区原来有各类基金会20家，除已解决的7家农金会外，尚有其他类型的13家基金会，由于无法兑付股金，股民意见大，多次向区、市上访，情绪激动、埋怨政府。是年，对于“两会”遗留问题，区处置办根据上级关于认真做好信访突出问题及群体性事件处置工作的指示，积极参与区处理信访突出问题及群体性事件联席会议，继续深入基层了解情况，做好“会脚”、股民等上访群众的耐心说服教育工作。与有关街道一起调处解决了因“会脚”向“会头”讨“会款”引起的纠纷。通过印发《致广大市民的一封公开信》，告诫市民拒不参会、远离标会、杜绝起会，拒绝参与非法集资，不贪财、不放贷、防骗子，正确引导“标会”群众认清“民间标会”的欺骗性和危害性，从急功近利和贪小便宜的误区中走出来，通过遵纪守法、辛勤劳动而脱贫致富。

2015年，面对新出现的民间标会和民间非法集资活动，区处置办在市处非办的指导下，认真开展防范非法集资宣传月活动，制定和印发《处置非法集资案件流程》，分发防范、打击和处置非法集资工作宣传口号，教育群众提高防范意识，引导群众自觉远离非法集资，有效地防止了民间非法集资的蔓延和扩散，确保了全区的社会稳定。

【小额贷款公司】 根据省政府的统一部署，在市金融局的大力协助下，区处置办抽调专门人员组成工作组，对城区两家小额贷款有限公司进行有效监管，使之依法依规经营，发挥了小额贷款公司对城区“三农”和中、小、微型企业的支持作用。两家小贷公司注册资金1.3亿元，截至2015年11月底，贷款余额15000余万元。其中，投入农业贷款8000多万元，占54%，投入中小微型企业6000多万元，占45%。全年实现利税510多万元，其中为地方提供税收近180万元。为有效防止小额贷款公司经营不出现偏差，区处置办经常派驻管理人员定期或不定期进行现场和非现场监管，确保小额贷款公司不吸储，不违规经营，将有限的资金投向“三农”和中小微型企业，有效地缓解了“三农”工作和中小微型企业融资难、贷款难问题，促进了经济发展。

（林寒财）

附：城区处置地方金融风险办公室

主　任：刘　衡

副主任：林寒财

旅游·科技·文化·体育

LV YOU·KE JI·WEN HUA·TI YU

旅 游

【概况】 2015年，城区旅游局紧紧围绕城区委、区政府的工作部署，认真抓早、抓紧、抓好旅游景区品位提升、旅游宣传促销、旅游市场监管、推进旅游重点项目建设等工作，取得明显的成效，旅游业发展态势良好。景区（点）接待人数明显增加。投诉制度进一步完善，工作时间确保受理投诉电话，春节、国庆等旅游黄金周期间落实值班制度，及时受理游客投诉并处理问题。全年未发生有效的旅游投诉和旅游安全责任事故。是年，全区1~12月份接待外来游客145万人次，比增16%，创旅游收入7.98亿元，比增18%。区旅游业的快速发展，已成为新的经济增长点。

【宣传促销】 2015年，旅游局积极通过网络信息、报刊、电视、电台等媒体多渠道宣传城区的旅游宣传口号“山海湖城、休闲之都——汕尾城区欢迎您”；在汕尾大道两旁悬挂宣传口号，制作户外宣传箱，并积极与电信、移动联系，在华誉城和移动营业厅门口的显示屏上播放城区旅游歌曲。是年元旦，积极配合区直工委组织的志愿活动，组织局全体干部职工往火车站进行宣传。主要是向游客发放旅游宣传手册以及“山海湖城汕尾美”的DVD光碟。该活动一共发放了6000多份宣传资料。5月19日是国家旅游日，组织人员在市区慈云山公园进行文明安全旅游的咨询活动，向广大市民发放文明旅游安全旅游方面的相关资料以及《中华人民共和国旅游法》小册子5000多份。9月份组织人员前往琶洲参加中国（广东）国际旅游博览会，通过广泛宣传，全面提升城区旅游目的地形象。

【旅游管理】 旅游市场监管 2015年，为继续搞好区旅游市场良好环境，区旅游局在“三八”“五一”以及“中秋”“国庆”黄金周期间，联合区工商、安监、食药监以及省、市旅游部门开展旅游安全、旅游质量等方面大检查，指导、督促旅游企业文明经营，营造了一个文明守法、诚信安全的旅游市场氛围。

旅游质量监督及投诉 城区的旅游质量监督检查主要是由市旅游质量监督管理所统一部署，城区旅游局积极配合，设立受理旅游投诉咨询电话和专职工作人员，及时受理旅游消费者的各项投诉，对不能处理的问题及时向市旅游质量监督管理所反映。2015年全区实现旅游零投诉。

【景区景点选介】 龟龄岛旅游区 位于捷胜镇南面海岸对开海面。其周边有牛皮洲、赤腊、鹰屿、青屿和芦苑屿等五个小岛，它们与一些明礁相呼应成为岛群。岛群北面距陆地海岸1.8公里；而主岛岸线距陆地海岸3.17公里，面积0.27平方公里。因岛似海龟状，龟龄寿长，故名龟龄岛。是厦门、汕头至香港、广州航线的必经之地。该岛造型奇特，地貌丰富。岛上两峰分踞东西两侧，东侧主峰海拔53.6米，山体形若龟背，并向东南蜿蜒入海；西端为次高峰，海拔22.8米，状若龟头，其下侧有一高出海面3米~5米的小峰，面积约为3平方米的海蚀平台。次峰为花岗岩，风化形成巨石垒叠，其形象逼真的风景地貌有：南天门、羊回头、卧佛、蘑菇石等，岛上还建有一座妈祖庙和高约30米的妈祖石雕。岛上绿树婆娑，杂草乱花，覆盖率达60%。岛上有淡水井三口，泉水甘洌可口，源源不断。该岛三面岩岸，西北侧沙岸，可泊大小船只数十艘，避9级以下大风。岛周围岩礁，盛产鲍鱼，龙虾，海胆等珍贵海鲜及海藻类植物，龟龄岛是粤东地区闻名的旅游景区。

【宾馆、酒店选介】 蓝岛假日酒店 该酒店是一家绿色饭店，位于粤东地区的红海湾畔汕尾市区。地理位置优越、交通便捷，距广州270公里、距深圳180公里。酒店共有客房总数96间，各项配置设施齐全，客房、商务、超市、餐饮、康乐、光纤无线接入等一应俱全，环境优雅、花团锦簇、车场宽敞，成为广大商务人士和游客青睐的综合性酒店。

新洲宾馆 该宾馆是汕尾市利信投资有限公司投资的一座以家庭式为主格局配以中西餐饮娱乐的三星级饭店，宾馆位于汕尾市区汕尾大道中段地处繁华中心区，周边交通、购物、饮食十分便利。宾馆共有客房总数98间，住宿有多种房型供旅居者选住，各项配置设施齐全，为广大旅居者营造了一个现代的、舒适的、悠静的客居环境。

（陈晓婷）

附：城区旅游局局长、副局长名单

局　长：郑　晓

副局长：陈楚雄

凤山祖庙旅游区

【概况】 汕尾市城区凤山祖庙旅游区是国家AAAA级旅游景区，是广东省“中华文化传承基地”，是汕尾市文物保护单位。

【打造文化品牌、提高知名度】 凤山祖庙旅游区自1994年成立以来，始终贯彻高起点设计、高标准建设、高质量管理，打造“妈祖文化”“渔家文化”“海陆丰戏剧文化”三个特色文化品牌。以清乾隆（1742年）扩建的古建筑凤山祖庙为轴心，以妈祖文化为切入点，围绕妈祖信俗文化载体作文章，以妈祖对沿海地区及对海外华侨华人、港澳台同胞的影响，通过妈祖庙会、妈祖文化节激发海外赤子寻根谒祖、报效国家的炽热感情。

2015年，凤山祖庙旅游区利用民俗节庆，春节、元宵节、妈祖诞辰、祖庙重光庆典纪念日，举办考究、规范、严整而又隆重的纪念活动和祭祀活动。并融入具有时代元素的丰富多彩的妈祖文化旅游节。

是年，妈祖诞辰1055周年，管理处以“传承非遗文化、推进旅游发展”为主题，举办妈祖文化旅游节。市委常委、区委书记陈少荣以及市领导黄宏伟、李贤谋、杨扬、吕珠龙，市政协原副主席李远贞和区有关领导与来之全国各地的嘉宾，海外华侨、港澳台同胞、社会各界人士、妈祖信众1万多人欢聚一堂，祭拜妈祖、观赏地方戏曲表演、地方民间艺术巡游表演、广场歌舞表演、彩炮会等活动，让与会的各界嘉宾共同体验妈祖文化的博大精深。

（罗　镲）

附：区凤山祖庙旅游区管理处领导名单

主　任：张昌富

副主任：陈壮军

科技文体

【概况】 2015年，全面贯彻落实中共十八大和十八届三中、四中、五中全会精神，围绕中心城区扩容提质“三大抓手”，运用创新、协调、绿色、开放、共享“五大发展”理念，积极推进区科技、文化、体育和广播电视事业的发展。

科技工作突出科技创新和科学普及两翼驱动发展。增强科技供给能力，加强对中小企业技术创新支持力度。着眼引领城区企业创新发展，培育有条件的企业，发挥先发优势，努力发展一批创新型企业。创新科技宣传载体，拓宽宣传途径和运用信息技术，大力推进科技宣传全面覆盖。

文化工作重点是创造条件，大力推进公共文化设施建设，鼓励和支持文化产业发展，打造地方特色文化品牌；精心做好汕尾渔歌传承、保护和发展工作，鼓励精品创作，大力弘扬汕尾特色文化；加强文化遗产管理与保护，积极推进重点文物保护工作；构建文化市场网络化、规范化、常态化管理模式，确保文化市场稳定健康发展。

体育工作突出社会资源与政府投入共建工作思路，着力推进公共体育设施建设；通过举办各类体育活动或组织参加各级体育竞赛，大力推进全民健身活动的开展；加大社会指导员的培训力度，规范和加强公共体育安全管理。

·科技

【推进高新技术企业的培育】 2015年，组织汕尾德昌电子有限公司、汕尾市展辉实业有限公司参与汕尾市高新技术企业培育入库项目申报工作，将这2家企业列为重点培育对象，积极推进高新企业培育工作，争取更多企业成功申报国家高新技术企业。

【科技专利取得新突破】 区知识产权工作在省、市知识产权局的关心、指导下，知识产权工作取得新的成效。2015年全年城区申请专利152件，其中发明专利13件，实用新型41件，外观设计98件，同比增长103%；获得授权专利114件，其中发明专利1件，实用新型20件，外观设计93件，同比增长133%。

【做好科技项目申报工作】 为进一步提高城区科技管理和服务水平，区科技文体局向省科技厅申报《县区科技服务管理能力建设》项目，以达到为中小企业和广大群众实现科技资源共享，创新拓宽科技普及渠道。是年向省科技厅申报《汕尾市城区科技创新服务平台建设》项目，并通过了立项。

【营造科普新环境】 1. 2015年9月22日上午，在城区香洲街道东兴社区举办“汕尾市城区健康科普进社区”活动。活动围绕“拥抱智慧生活”这一主题，采取专家讲课、健康义诊、赠送科普图书等形式，向大家宣传健康安全生活方式，引导大家自觉运用科学知识处理日常生活中的问题。活动期间，发放以科学、文明、健康为内容的科普资料2000多份。

2. 2015年11月10日，市科协、城区科协和东兴社区居委会联合在市科技馆举办“城乡生活安全知识”科普展启动仪式。共四个主题展览区：生活科普、饮食安全、交通安全和防震减灾。挂图图文并茂，形象生动。展厅配置四台科技动漫视频，逼真地向市民展示了生活中可能遇到的安全问题以及应对的科学方法。活动期间，参观的群众络绎不绝。

3. 推进省级科普示范社区创建。2015年，香洲街道东兴社区创建一支30人的科普志愿者服务队伍，积极开展各类科普活动；设立科普宣传专栏、建立科普阅览室，举办系列科普展览展示活动。该社区被认定为第五批“广东省科普示范社区”。

· 文化

【完善公共文化设施建设】 至2015年年底，完成区级文化馆和图书馆建设，并通过省的验收；建成镇（街道）综合文化站7个，村（社区）文化室93个，全区建成各类文化广场15个，覆盖区、镇（街道）、村（社区）三级的公共文化服务网络初步形成。“农家书屋”工程扎实推进，“村村通”“户户通”、“渔船通”工程建设任务全面完成，农村电影放映“2131”工程积极实施，全区公共文化资源总量大幅度增加。

【文化艺术活动多姿多彩】 区文化艺术团体按照文化市场规律的要求，找准市场定位，健康有序发展。全区有各类文化艺术团体13家，主要有西秦戏剧团、白字戏剧团、正字戏剧团及文化传播公司。通过整合资源，在地方传统剧团的基础上，成立了汕尾市城区文化志愿者艺术团、汕尾市城区渔歌传承基地表演队，组建汕尾市城区文化志愿者服务队，大力推进文化下乡、文化惠民活动。2015年，开展各种形式文艺活动126场次，其中文艺表演75场次；组织白字戏、正字戏、西秦戏等传统戏剧下基层演出320多场次；送电影下乡972场次，观众达到11.67万人次。

突出地方特色文化，提升文化品牌。举办了以“汕尾情·渔歌美”为主题的汕尾渔歌节系列文艺活动。活动主要包括“2015·汕尾渔歌节启动仪式暨渔歌大汇演文艺晚会”“2015·汕尾渔歌节——汕尾渔歌进校园慰问教师演出”等渔歌专场文艺活动，参演业余艺术工作者和群众300多人，观众人数达3.7万多人次。

凤山赛梨春民乐团在参加2015年全省潮乐大赛中喜获银奖。

【文化遗产保护扎实有效】 *文物普查与项目申报* 2015年，累计收集了非遗线索资源561条，项目资源56条。挖掘整理正字戏剧目500多个，西秦戏、白字戏传统剧目各100多个。积极申报各级非遗项目，全区入选国家级1项，省级3项，市级2项，县（区）级3项。入选省级非遗项目代表性传承人4人，市级4人，省民间文化杰出传承人1人。

文物保护 文物保护按照“保护为主、抢救第一”和“有效保护、合理利用、加强管理”的工作方针，注重国家保护与社会保护相结合。是年指导香洲街道制订《墩下城文物保护规划》，落实墩下城城墙维修工作；加强对凤山妈祖、捷胜得道庵、长沙炮台等文物保护单位和名胜古迹的保护。

开展第一次全国可移动文物普查 是年，派员

参加省、市培训5人次，提高普查人员业务水平。向全区所有国有收藏单位发出《国有单位收藏情况登记表》95份，对全区国有单位收藏情况进行详实的核查。

【文化市场管理】 按省、市文化部门关于做好全国文化市场技术监管与服务平台上线应用工作要求，局认真对全区所有文化经营单位的数据进行采集、录入，并做好文化经营主体数据激活和核发换证。城区现有文化娱乐经营单位138家（支），（其中网吧24家、酒吧29家、电子游艺室13家、演出团体14家、印刷企业2家、音像店8家、书报摊7家、电影个体放映队41支）、多厅数字电影院3家。严格按照中央、省、市文化部门对文化市场管理的要求,认真部署和安排,在市场规范管理和“扫黄打非”、打击非法侵权盗版、保护知识产权中做了大量的工作。不定期联合区工商、区公安分局等有关部门对市区网吧、酒吧、电子游艺室、音像店、书报摊等经营场所进行清理清查。是年共出动执法人员375人次，出动执法车辆68辆次，检查了书报摊8家次，打字复印店2家、音像店9家次，娱乐场所66家次，网吧62家次。收缴非法出版物翻盗版光碟100多张和书籍一批，通过日常巡查加强文化市场管理，确保城区文化市场健康有序发展。

·体育

2015年，城区以上级补助资金支持为引擎，发动社会力量，充分利用社会资源和资金参与文体设施建设。筹集资金建成墩下城多功能体育场。推进公共游泳场和汕尾市铜鼎山森林郊野公园建设。完善全区村（社区）健身小广场健身器材配套；新建东涌镇洪流村、捷胜镇联星村、沙坑村、城区福利院、马宫盐町村共5个健身园。

“五一”假期间，由城区科技文体局、城区文联、东涌镇人民政府、城区象棋协会和东涌社区联合主办的汕尾首届“东涌怀”象棋大赛，于2015年5月1日至3日在东涌镇政府广场举行个人赛，采用积分编排制，共赛九轮，这是市城区首次举办市级象棋大赛。

大力推广普及健身气功，进一步推动健身气功事业的健康发展。2015年6月26日，城区派出2支队伍在汕尾市体育馆参加2015年广东省健身气功站点联赛选拔，取得优秀成绩。

2015年，广东省举办青少年跆拳道公开赛，城区代表队取得6金5银5铜良好成绩。

（李武汉）

附：城区科技文体局领导名单

党支部书记、局长：郭乃坎

科协主席、科技文体局副局长：陈焕荀

副局长、兼工会主席：邓丽娟

地震局局长、兼工会副主席：李武汉（2015年10月任）

教　育

JIAO YU

教 育

【概况】 2015年，全区有中小学校82所，中小学教职员工3915人，在校学生51139人。其中，小学64所，在校生26936人；初级中学11所，在校生13871人；完全中学5所，在校生9443人；中等职业技术学校2所，在校生889人。幼儿园106所（公办4所，民办102所），在园幼儿12111人。

【主要工作】 2015年，汕尾市城区教育系统深入贯彻中共十八届四中、五中全会精神，全面贯彻党的教育方针，以办人民满意的教育为宗旨，以创建教育强区为目标，继续加大教育投入，强力推进教育创强和创建“国家义务教育发展基本均衡县（区）”。政务整治、教育创强、师资强化、质量提升等工作取得了良好成效。

深化政务整治，提高行政效能　2015年，区教育局按照《汕尾市全面深化政务整治、正风肃纪集中行动工作方案》和《汕尾市推进阳光政务建设专项工作方案》的要求，广泛查摆政务环境中存在的突出问题，并且向社会公开政务整治、正风肃纪承诺书，自觉接受上级部门和广大群众的监督；为全力解决联系服务群众“最后一公里”的问题，城区教育局认真落实实施《城区教育局机关便民办事总值班制度》，每天安排2名干部在局办公大楼一楼大厅总值班，热情接待群众来访，清楚引导群众办事，受到了广大市民的称赞；建立汕尾市城区教育局政务公开栏，向民众公布教育局主要职能、公开事务和办事程序、收费项目和收费标准，增加工作透明度；深化行政审批制度改革，列出权责清单，落实限时办结制，保证在法定时限上缩短30%，并于7日内向社会公布。

加大教育投入，推进创强工作　2015年，按照区委、区政府提出的创建教育强区的目标和总体规划，制订了凤山街道、香洲街道、东涌镇、捷胜镇和红草镇教育创强工作推进方案，有效推进5个镇（街道）教育创强工作的落实；对5个镇（街道）的中小学校和中心幼儿园的改造建设项目、设施设备添置进行规划；对文昌中学和东涌中学2所薄弱普通高中进行了项目改造建设，取得了一定成效；为加快教育信息化进程，全区所有学校都接入互联网，完成全区中小学校“宽带网络校校通”工作；全区安装多媒体电教平台853套，完成多媒体电教平台进教室工程。教育创强工作，进一步提升了城区教育综合实力和整体水平。

加强师资建设，实施强师工程　2015年，继续实施“强师工程”，通过省2015年首次集中时间组织开展事业单位公开招聘考试，招聘高中（中职）教师46名，加强了高中（中职）教师队伍建设；提高教师待遇，2015年1月起，为1766名晋升了高一级专业技术职称的中小学教师套改职称工资，其中套改高级职称245人、套改中级职称1311人、套改初级职称210人；做好中小学教师继续教育培训工作。安排校长和教师参加国家、省、市级培训，组织全体教师进行选修科目（校本）培训。2015年,参加校本培训教师3970人次、参加区级培训教师6735人次、参加市级培训教师818人次，参加省级以上培训教师1261人次。

加强教学管理，提升教育质量　高度重视高考备考工作，坚持“向管理要质量、向研究要质量”的备考理念。2015年，全区参加高考考生共3038人，第一批上线58人，本科以上上线594人，三A以上上线1308人，超额完成奋斗任务；认真组织深圳光明新区公共事业局到城区结对帮扶各项培训项目；继续开展中小学片区教研活动，是年开展片区教研活动60多节次，参与活动2000多人次，组织全区性学科带头人教学示范活动7个；组织申报一批“十二五”教育科学规划课题，其中申报省级“十二五”课题22项，已立项8项，市级课题40项，已立项36项，通过结题鉴定9项；申报广东省国学课题（教育科学重点课题）4项。申报汕尾市第二届普通教育教学科研成果奖，获一等奖2个、二等奖1个、三等奖2个。教师参加各级各类竞赛活动获国家级奖项1项，省级奖项2项，市、区级奖项148项；学生获省级奖项1项，市、区级奖项230项。

【学龄前教育】 2015年，全区有幼儿园106所（公办4所，民办102所）。在园幼儿12111人，幼儿入学率为97.6%。2015年，以现有布局为基础，努力构建覆盖城乡、布局合理的学前教育公共服务体系。大力发展公办园，结合城区实际，利用中小学布局调整后的富余教育资源，新建、改建东涌、凤山、香洲三所中心幼儿园。2015年9月，区教育局与东涌镇建设中心幼儿园签订协议。是年，按照《汕尾市城区学前教育三年行动计划（2014~2016年）》制定的幼儿园建设布局，每个镇（街道）建设一所公立示范性幼儿园，工作正在逐步形成。

【义务教育】 全区有义务教育阶段学校75所，其中，小学64所，初中11所（含9年一贯制学校2所）；在校学生40807名，其中，小学生26936名，初中生13871名。2015年，全区适龄儿童小学入学率为100%，辍学率为零；初中入学率为100%，年辍学率为1.45%，初中三年巩固率为96.03%，九年义务教育巩固率为94.5%。2015年，城区教育局继续落实义务教育免试就近入学的规定，实施小升初入学电脑派位，免试就近入学，切实规范招生行为，促进教育公平。

【高中阶段教育】 2015年，全区有全日制高中阶段学校7所，在校生10332名。其中，普通高中5所，在校生9443名；中等职业技术学校2所，在校生889名。2015年，全区参加高考考生共3038人，第一批上线58人，本科以上上线594人，三A以上上线1308人，均超额完成城区下达的奋斗任务。

【民办教育】 2015年，城区有注册获办学许可证民办学校（幼儿园）共16所，社会培训机构共6所。其中小学4所、在校学生数1817人、专任教师数96人；幼儿园12所、在园幼儿数2229人、专任教师数181人。（另有同意筹办未取得办学许可证幼儿园共11所，无证办园须整改幼儿园共78所）。社会力量办学校（园）数占比：小学校数占比为6.29%、学生数占比为6.75%、专任教师数占比为5.01%；幼儿园数占比为95.28%、幼儿数占比86.73%、专任教师数占比为85.48%。民办教育的发展缓解了城区公办学位紧缺的局面，为城区教育事业的稳步发展发挥了较大的作用。

（罗玢琦、王利捍）

附：汕尾市城区教育局局长、副局长名单

局　长：林泽树

副局长：吴义军
　　　　罗方辉
　　　　徐子岳

新城中学

【概况】 城区新城中学是一所公办全日制完全中学，占地面积117727平方米，建筑面积42658平方米，为广东省一级学校、广东省普通高中教学水平优秀学校，已通过广东省国家级示范性普通高中初期督导验收。2015年，有67个教学班（初中25个，高中42个），有学生3765人（初中1301人，高中2464人），教职工314人。

【办学策略】 学校以“自强不息、明德砺志”为校训，树立“办具有高度科学精神和人文精神的现代化名校”的发展目标及“培养高素质现代文明人”的育人目标，办成“优化教育资源、优化教育质量，坚持教育改革和教育科学实验，坚持实验性、示范性、开放性、创造性”的特色学校。学校实施两级双线管理制度。实现管理的科学化、民主化、人文化、高效化。

【教学设施】 学校有现代化的教学设施设备，装配了物理、化学、生物实验室及计算机教学室各4间，语言教学室、劳动科技活动室各2间，多媒体专用教室、心理辅导室、历史室、地理室、美术室、音乐室、舞蹈室、生物标本馆各1间，多媒体课室75间（互动电子白板）。建立了校园网，教师办公电脑100余台，图书馆藏书15万册，报纸50种、杂志228种、电子读物15万多册。

【教师团队】 学校教师来自全国28个省区，有高中教师182人、初中教师115人。教师队伍中，有特级教师2名、国培对象8名、广东省基础教育系统“百千万人才”培养对象2名、省级骨干教师7名、“南粤优秀教师”6名、区以上学科带头人16

名。研究生学历6人，高级教师84人，一级教师132人，教师学历100%达标。

【教学活动】 学校推行“学做导合一”教学策略。2015年，参加高考人数909人，第一批入围27人，本科以上入围220人，雷伟宝同学662分居全市理科第7名，全区理科第一，600分以上13人，居全区第一。2015年中考，全校平均分557分，语文、数学、英语、物理、化学、政治单科平均分均位居市城区榜首，城区前10名该校占3人，蔡梦莎同学以总分738分的成绩列全区第一。学校至2015年为止有6名学生考入北京大学。

2015年4月，全国基础教育英语综合能力竞赛(2014)，新城中学学子11人获一等奖、13人获二等奖、2人获三等奖。

2015年4月，高二吴浩哲同学的书信作品参加广东省教育厅、广东省邮政公司举办的在粤疆学子“鸿雁传梦”主题书信文化活动中获二等奖。

2015年5月，高二（3）廖彦雯同学荣获第十届全国中小学生创新作文大赛广东赛区决赛二等奖。

2015年，汕尾市森林防火知识征文竞赛，该校方绮灵同学的参赛作品获初中组优秀奖。

2015年，汕尾市城区中华经典诵读比赛，该校选派的节目《春江花月夜》《岳阳楼记》分别获中学组二、三等奖，刘东生、高宇清、张利民老师获优秀指导奖。

2015年，汕尾市城区中小学生禁毒教育演讲比赛，该校余晓棠同学获初中组市一等奖、区一等奖，林佩因同学获区高中组三等奖，新城中学获区优秀组织奖。

2015年，“体彩杯”汕尾市第五届棋类锦标赛，新城中学参赛队伍夺得象棋少年组团体总分第一名，李开涛同学以七连胜优势赢得象棋少年组个人冠军，杨帝力同学夺得季军，新城中学荣获优秀单位。

2015年，在城区中小学田径运动会上，新城中学共59人次获奖，其中获得17枚金牌，金牌总数列城区第一名，共有5人打破校纪录。

参加广东省第二届中小学生行进管乐、行进打击乐暨首届行进课堂打击乐展演活动，新城中学选送的节目《NO.1》获行进打击乐三等奖。

【教研活动】 学校教研活动扎实开展，按照《新城中学校本教研实施方案》，各学科组每周定期进行一次校本教研活动，每月公开课2次以上。该校申报的《课堂育人功能探索》等三项省级课题成功举行开题报告会，该校申报的广东省中小学德育重点研究课题《学科教学与主体性德育渗透研究》顺利结题。

该校主办或承办了多次各类教学教研活动，加强了彼此交流积累了经验。文学荣校长、芮泉老师成功举办了全区范围内的个人学术报告会。

按照汕尾市、区教育局统一部署，新城中学成为深圳第二外国语学校的结对帮扶对象，双方按照帮扶协议，该校选派了4位中层干部赴深二外进行为期一周的跟岗学习，共同开展了同课异构教学活动。

2015年寒假，参加城区教育局组织的教育系统征文书画展，新城中学有23件教师作品获奖。

在2014年度汕尾市中小学教育教学优秀论文（案例）交流评选中，新城中学17篇教师论文获奖。

新城中学谢忠仁老师被确定选派到印尼日惹崇德三语学校担任美术教学工作，他是2015年汕尾市选派的首位赴海外任教的优秀教师。

继续开展“一对一”支教帮扶活动，学校选派了邱雪云、陈红、邱汉伟、祝汉群4位教师到城区兄弟学校开展支教活动。

【社会声誉】 学校被评为广东省文明单位、广东省绿色学校、广东省安全文明校园、广东省中小学心理健康教育示范学校、广东省语言文字规范化示范校、广东省群众体育达标先进单位、广东省朝阳读书活动先进集体、广东省中小学校本培训优秀示范学校、广东省中小学知识产权教育试点学校、广东省青少年科学教育特色学校、广东省第二届厂务公开民主管理示范单位、广东省依法治校示范校、全国特色语文示范校、全国普通高级中学特色项目学校，是华南师范大学和广东体育职业技术学院教学实践基地，华南农业大学、广东工业大学、广东中医药大学、电子科大中山学院、南方医科大学、北师大珠海学院优质生源基地，美国东洛杉矶学院姊妹学校。

（邱如君、刘东生）

附：城区新城中学领导成员名单

党支部书记、校长：文学荣

副校长：邱　斌

刘武明

叶丽萍

工会主席：刘武明

汕尾中学

【概况】 汕尾中学是汕尾市城区重点中学、汕尾市一级学校、市德育示范学校，首批省现代教育技术实验学校,市级安全文明校园。学校占地面积31782.72平方米，建筑面积16013平方米，校园布局合理，绿化覆盖率达76%。拥有教室59间，物理、化学实验室各2间、生物实验室1间，多媒体功能厅1间，教学平台60多个，语言实验室2间，电子阅览室1间；图书馆1座，图书阅览室1间，藏书量12.2万册，学校设有10兆主干校园网，电子阅览室储藏电子图书25万册。学生会活动室、音乐舞蹈室、美术室、卫生保健室、档案资料室、心理健康教育咨询室等场室一应俱全；体育场12752.72平方米，配套300米环形跑道附设100米直跑道，运动设施设备齐全。2015年，有学生3711人，其中，高中部2382人，初中1329人；教职工278人，其中，高级教师83人、中级教师95人。省级名师（骨干）教师培养对象10人，市、区学科带头人11人。

【办学理念】 学校积极倡导“合作共享最大资源，和谐共享最大快乐”的文化理念，提出了“科学决策，加强管理，改善条件，提高质量”和“练好内功，打牢基础，抓住机遇，谋划发展”的办学思路，以“培养心清气正、具有崇高精神境界和人格魅力的高素质青年”为育人目标，确立了“把汕尾中学办成一所有特色、有校魂的国家示范性高中”的办学目标和把汕尾中学打造成为与其历史地位相称的品牌学校的奋斗目标。学校校训：崇德、启智、强身、励志。

【办学成果】 2015年，是学校“教学质量提升年”。全校上下，全体师生紧紧抓住质量这一生命线，积极推进课堂教学改革，重点抓好提升教师教学质量；积极探索构建新型的研修培训模式，不断提高教师的综合素质，思想道德修养；积极开展各类教研活动，通过集体备课、赛课、评课、研讨交流，提高教师教学研究水平和课堂教学能力，进一步加强师资队伍建设。学校不断完善硬件设施，不断挖掘师生潜力，大胆创新，锐意进取，使得教育教学质量有了较大提升。2015年高考，一本上线28人，超指标10人；二本上线261人，超指标2人；三A上线440人，超指标19人。三条线上线率均居全区第一，都超额完成了上级下达的任务，其中苏文旋同学在城区文科考生中总分排名第一；参考学科平均分居全区第一；被汕尾市教育局授予“2015年高考进步奖”荣誉称号。中考总分成绩列居城区第二名。教学效果赢得了社会各界的广泛好评。

教学教研方面。学校教师申报开展了多个省级课题，包括《欠发达地区普通高中班级小组化管理模式实践研究》《体验式德育实践与研究》《创新教研与评价研究》《地理课堂教学导入案例研究》《高中语文自主学习模式研究与实践》。学校教师在各类竞赛中也屡获殊荣，其中，黄小雄、于飞老师在汕尾市城区中小学多媒体教学课件评比中获得一等奖；李晓华、杜宇老师的案例获汕尾市中小学学科教学研究会一等奖；黄晓仪的主题班会获广东省中小学德育研究会一等奖。在各类竞赛活动中，学校学生也都有出色的表现，在初三物理竞赛，高中数学、物理、生物竞赛，初中、高中全国英语能力竞赛中收获不少的荣誉。《碧潮》文学社组织学生参加全国“新人杯”第十六届校园文学大赛，取得了9个一等奖。

德育工作方面。2015年，学校多次组织学生开展义卖活动，用以关爱病残学生和贫困家庭；成立家长委员会，通过举办家庭教育辅导报告会、家庭教育讲座等形式，加强了与学生家长的联系和沟通，形成家校教育合力，并通过了“全国优秀家长学校实验基地”的省、市级考评，2015年3月被中共汕尾市委宣传部授以“汕尾市学雷锋活动示范点”；落实奖学奖教，颁发了黄瑶奖（助）学金、黎智常奖教金。学生社团参加市、区各项比赛和表演活动，为学校赢得不少荣誉。2015年11月，学生社团弘武社社员在汕尾市第四届传统武术比赛中获得1枚金牌 、5枚银牌、1枚铜牌和集体拳术二等奖、集体器械二等奖。

（王正国）

附：汕尾中学领导成员名单

党支部书记、校长：张竞能

副校长：许伟东

蔡小然

庄子校

工会主席：郭佩琴

田家炳中学

【概况】 汕尾市城区田家炳中学坐落于市区秀丽的品清湖畔，是一所公立的完全中学。学校始建于1995年，学校最初名为凤山二中，后来易名为新湖中学，1998年6月，正式更名为汕尾市城区田家炳中学。学校以“尚德、笃学、无私、奉献”的校风和“团结、进取、务实、创新”的校训勉励师生。学校现为“汕尾市一级学校”“广东省法治文化建设示范点”和“全国文明单位”。2015年全校有78个教学班，在校学生4253人，在职教师371人，其中高、中级职称242人。学校占地82662平方米，建筑面积3.4万平方米，设备设施齐全：有容纳1000多个宿位的学生宿舍公寓1幢、教学楼2幢、综合办公楼1幢、教工宿舍楼2幢和师生食堂1座，400米标准塑胶跑道田径综合运动场1个。是年，总投资2960万元、建筑面积11745平方米的3幢新教学楼扩建工程已经完成报建，预计2017年秋季交付使用。

【高考和中考成绩】 2015年，高考取得较好成绩，前三批入围人数813人，总入围率为83.1%。其中三A以上入围人数为391人，超出上级下达的指标40人，超额人数全区最多，本科以上入围人数为105人，超出上级下达的指标6人。其中一批3人。中考成绩名列全区前茅。有效实现了“低进高出”和“高进优出”的人才培养目标。

【荣誉奖项】 2015年2月，中央精神文明建设指导委员会授予汕尾市城区田家炳中学“全国文明单位”称号。5月，汕尾市委宣传部在该校举行“全国文明单位”授牌仪式，市委常委、宣传部部长林涛和市委常委、城区委书记陈少荣参会并作重要讲话。

是年9月，张春迎老师被省总工会等单位评为“南粤优秀教师”。李俊儒和钱小辉老师分别被市教育局评为“优秀班主任”和优秀教师。

是年12月28日，城区元旦青少年田径运动会在该校运动场隆重开幕，该校代表队荣获高中组团体总分第一名。

【教研活动】 2015年9月14日，“共创成长路”首席研究者香港理工大学协理副校长石丹理教授一行到该校（项目学校）开展“同行者计划”学校探访活动，同行嘉宾有香港田家炳基金会戴大为总干事等。

（何循燮）

附：区田家炳中学校长、副校长名单

校　长：吴可业

副校长：蔡海棠

蔡笃雄

工会主席：简汉波

文昌中学

文昌中学坐落于汕尾市城区捷胜镇西郊，是城区一所副科级建制的乡镇全日制公立普通完全中学，区一级学校。2015年，学校占地3.5万平方米，校舍建筑面积约1.5万平方米，建有教学楼2幢，综合实验楼1幢，学生宿舍楼1幢，教师宿舍5幢38套；设有物理、化学、生物实验室、计算机室、多媒体电教室、图书室、阅览室、语音室、美术室等20多间功能室。2015年，全校有初中教学班12个、高中教学班12个，在校生1110人（初中生

421人，高中生689人），在职教师127人（初中教师59人，高中教师68人），其中高级职称5人，中级职称63人（初中教师31人，高中教师32人）。学校以“和谐、温馨、正直、文明”的校风，“崇德、敬业、团结、有序”的教风、“尊师守纪、拼搏进取”的学风和“笃行、善学、求实、创新”的校训，勉励着莘莘学子。2015年6月，高考三批A以上23人，超额完成区委区政府下达的各项奋斗指标，获区高考备考优秀奖；中考成绩列全区面上中学前列。2015年6月，王剑主持的省级课题《学生严重不良行为成因探究及心理干预途径探索》立项；7月，林位彬主持的省级课题《高中物理实验教学研究与实践》立项；8月，维护初中教学楼教室、初中楼监控系统，进一步改善了办学环境。

（林位彬）

附：文昌中学校长、副校长名单

校　长：李让举

副校长：王　剑

　　　　何秀坤

东涌中学

东涌中学教学楼

东涌中学创办于1958年，是城区一所乡镇全日制公立完全中学、区一级学校。学校坐落在汕尾市城区东郊的东涌镇，前面是风光秀美的母亲湖——品清湖，毗邻五星级豪华商住区——碧桂园，后面是新建的厦深铁路中转站——火车站。校园占地面积5.2万平方米，校舍建筑面积14657平方米。2015年，有教职工181人（高中103人，初中78人），其中专任教师169人（高中101人，初中68人）。专任教师中本科学历159人，专科学历10人，学历达标率为100%；高级职称16人，中级职称89人，初级职称5人，未评聘59人。全校共38个教学班，学生1929人。其中，高中20个教学班，学生1079人；初中18个教学班，学生850人。

学校认真贯彻执行党的教育方针，坚持科学发展观，大力推进素质教育，认真落实区委、区政府的教育文件精神和区教育局的工作部署。坚持“以人为本，和谐发展”的办学理念，秉承“尊师、守纪、团结、进取”的校风，恪守“怀德、尚学、砺志、感恩”的校训，注重培养具有创新精神和实践能力的新人，塑造学生健全人格，促进学生全面、主动、和谐发展。

学校硬件配套设施较为完善，2015年，认真做好教育“创均”“创强”工作，在原有办公楼、教学楼、实验楼、教师宿舍楼的基础上，投入资金900万元建设运动场及看台，维修校门及围墙，配备计算机室1间、图书阅览室2间，进行教室维修，更换学生课桌椅，整改校园安防、消防及应急照明设施，整改学生厕所6间，进行功能室维修及配套，铺设教室“班班通”网线，并加强校园文化建设。学校教学设施不断充实,校园环境不断优化，为努力打造标准化学校创造条件。

学校实行人文备考、自主备考、科学备考，2015年高考再创佳绩，高考成绩获得了大面积的丰收，上大专线人数83人，三A以上入围12人，其中本科5人。超额完成上级下达的各项高考任务。学校办学成绩稳步上升，社会声誉日盛。

2015年，该校将继续大力发展高中体育、美术班特色教学，形成一整套具有学校特色的教育教学资源体系，充分发挥信息化手段在教育教学中的作用。提升校园网络信息化水平，全面实现教师教学及学生学习信息化。

（张永聪）

附：东涌中学校长、副校长名单

校　长：林建好

副校长：刘东晓

　　　　梁金旦

城区职业技术学校

【概况】 汕尾市城区职业技术学校创建于1984年，是由翁域等10位老人自发筹资创办的一所“私立汕尾公学”，2010年8月转制为公办学校，是一所汕尾地区创办最早、知名度较高、集中专学历和成人培训为一体的中等职业学校。学校坐落在城区香洲街道后径村西北侧，占地面积约50亩，建筑面积近2万平方米，2015年在校生1780人。学校有教职工126人，其中专任教师112人（中职部56人），学历达标率100%，其中具有学士学位的专任教师51人，“双师型”教师比高达70%。教师队伍中高级职称9人，中级职称41人，初级职称62人。2015年，5名教师获得区级以上优秀荣誉称号。

【校园文化理念】 学校坚持“以人为本，和谐共进”的办学理念，致力营造“感恩、诚信、文明、和谐、绿色”的校园文化。学校校训为“崇德感恩，笃学精技”。校歌为“汕尾市城区职业技术学校校歌”，翁域作词、黄琛作曲。校徽以传统的徽章、印章的图形为主轮廓，以SLZ三个字母为主要元素，SL为“十老”拼音首字母，寓意汕尾市城区职业技术学校是由十位老人创办的，Z为学校的重要元素，寓意是职业教育类型，置于SL之下，并以流畅的线条表现，犹如海浪，象征汕尾市城区职业技术学校在汕尾这座城市创办并卓越发展。校庆纪念日为每年的3月14日。

【教学科研活动稳步推进】 截至2015年年底，学校在汕尾市教育教学优秀论文（案例）交流评比中有75篇论文获奖。2014年开始，学校先后成功申报了英语、语文、政治、数学省级课题，其中英语课题《初中英语词汇教学有效性策略的研究》成功结题并获得省级二等奖。学校青年教师在汕尾市首届教师能力大赛、汕尾市中学英语说课大赛、广东省童话阅读教学观摩评比、广东省青年教师数学核心片段教学展示评比等重要赛事中皆获佳绩。2015年秋，学校5位学生参加全国英语竞赛，获得3个二等奖和2个三等奖。

为了让学生有更多继续深造的机会，学校开设了高职类普通高考班，并与汕尾职业技术学院实行三二分段专业对接。对接专业有：计算机应用、电子技术应用、会计电算化、农村经济综合管理、农村电气技术。在近几年严峻就业形势下，学校毕业生的一次性上岗就业率依然高达98%以上。

【配套设施】 至2015年，学校实现了网络全覆盖，班班配有多媒体电教平台并与网络直通；设有6间电子电工实训室，3间计算机机房，2间珠宝玉石实训室、1间会计电算化实训室和音乐室、美术室。学校配有一座现代化图书馆和一间500多席位的多媒体大厅。另外，学校拥有独立运动场，包括200米塑胶跑道、田径运动场、篮球场、排球场、羽毛球场等。

【教育成果与荣誉奖项】 建校以来，学校为社会培养了1万多名毕业生，大多数人已成为企业单位的骨干，相当一部分人拥有自己的企业。学校先后荣获“广东省绿色学校”“广东省职业教育先进单位”“广东省成人教育先进单位”等荣誉称号，是广东省首批规划建设的“骨干示范中等职业学校”、第一批“国家星火计划农民科技培训星火学校”。

（陈历明）

附：城区职业技术学校校长、副校长名单

校　长：祝小惠

副校长：罗继炳

林长春

罗东升

医疗·卫生

YI LIAO · WEI SHENG

卫生和计划生育

【综述】 城区卫生和计划生育局是区人民政府的工作部门，担负着全区医疗卫生、预防保健、健康教育、贯彻落实国家计划生育政策等行政管理工作。2015年，是全面贯彻落实中共十八大精神和实施“十二五”规划的收官之年。一年来，在区委、区政府和上级卫计部门的正确领导下，区卫计局深入贯彻落实党的发展思想和各项重大决策部署，积极推进医药卫生体制改革，加快医疗卫生服务体系建设，切实加强机关作风建设和医德医风建设，各项卫生和计划生育工作均取得了显著成效，圆满地完成了全年的工作任务，为促进全区卫生计生全面、协调、可持续发展做出了积极贡献。

·卫生

【概况】 2015年，城区卫生和计划生育局在区委、区政府领导下和市卫计部门的指导下，按照省、市、区关于卫生工作的相关要求和部署，创新举措，狠抓工作落实，圆满完成各项工作目标任务。是年，汕尾市城区现有医疗卫生机构173家，其中：公立医院（三级乙等医院）1家、妇幼保健计生服务中心1家、慢性病防治站1所、社区卫生服务中心4所、社区卫生服务站11所，镇卫生院3所、乡村卫生站65所，民办医疗机构87家（其中民营医院2所、个体门诊85所）。卫生系统在岗人员共1389人，其中在编在岗人员905人，临时聘用人员484人。在编在岗人员中卫生专业技术人员702人，临时聘用卫生专业技术人员403人，其中高级职称81人，初中级职称1024人；全区病床数有967张。

【基层医疗卫生机构综合体制改革】 一是全面完成卫生计生机构改革工作，提升服务水平。按照上级工作部署，是年11月，城区全面完成区妇幼保健院和计划生育服务站、各镇卫生院（街道社区卫生服务中心）和计划生育服务所的机构合并工作。合并后，整合了原两个机构的各项资源，实现了资源共享、资源共用、效能相加的优势，提高了卫生和计生的服务能力。二是基层医疗机构全年使用基药均达到98%以上，实行零差率销售，执行基本药品集中采购，杜绝“以药养医”的现象，药品价格降低了15%，切实减轻群众就诊负担。三是强化人事管理，做好人才队伍建设。严格执行《党政领导干部选拔任用工作条例》的规定，经民主推荐、考察、讨论决定、任前公示的等流程，择优选拔了中层干部6名。按照上级文件，区卫计局、人社局联合制订《城区卫生系统事业单位公开招聘方案》，面向社会公开招考岗位，按照“公平、公开、竞争、择优”的原则，经过笔试、面试、体检等过程，共招聘了15名专业技术人员。加强人员学习考核培训，全区组织派送5名医疗骨干参加全科医生转岗培训，461人参加医师定期考核考试，开展为期3天的业务技能培训，参训320人次。四是全面完成首次岗位聘用工作，推行岗位绩效工资制度，合理拉开收入差距，向关键岗位、技术骨干和做出突出贡献的人员倾斜，做到多劳多得、优绩优酬。五是制订了《汕尾市城区预防接种考评与经费分配方案》，将预防接种针次和质量分别与经费补助挂钩起来，大大提高了防疫人员的积极性。六是推行家庭医生式服务模式。全区各基层医疗机构共与辖区群众签订“家庭医生服务协议”约4017户19680人次。

【医疗服务管理】 严格执行国家卫计委《加强医疗卫生行风建设“九不准”》规定，将执行情况列入医疗卫生机构以及人员年度考核、医德考评和医师定期考核的重要内容。2015年5月和7月，开展了以“解决行业内关系群众切身利益问题的行政和行业作风的不良现象”为目标，以整治收受医药回扣、红包、医疗服务乱收费为重点的正风提质活动。开展“平安医院”创建工作，积极开展“医疗质量万里行活动”，强化医疗机构内部管理，规范诊疗行为，降低医疗成本，保障医疗安全，持续改进和提高医疗质量。全年全区医疗卫生单位共收治诊疗人数786705人次，其中住院病人123924人次，门诊人数662781人次；基层医疗卫生机构门诊人均费用20元，同比下降8.5%，住院人均每天费用201元，同比增加1.8%。

【公共卫生服务】 积极实施基本公共卫生和重大公共卫生工作，推进基本公共卫生均等化服务。2015年，区卫计系统在全面实施12类45项基本公共卫生服务的前提下，突出重点，抓好预防接种、重点人群健康管理、传染病防控、居民健康档案的建设等均等化服务。一是推进居民健康档案建档工作，城区居民建立健康档案347740份，建档率85.5%，其中农村140913人，建档率85%；街道206827人，建档率86%。累计录入电子健康档案347734人份，电子管理率86%。二是加强特殊人群管理。为全区65岁老年人免费健康检查一次，累计37323人，建档管理35029人；将高血压、糖尿病、重性精神病人纳入规范管理，已管理的高血压患者23149人，随访58066人次；糖尿病患者6419人，随访16941人次；重性精神病管理1345人。三是加强儿童预防接种管理工作。将计划免疫工作作为基本公共卫生重中之重来抓，加强一类疫苗接种及查漏补种管理，城区适龄儿童一类疫苗应接种12.14万针次，实种12.06万针次，接种率达99.3%，一类疫苗各单苗接种率和加强免疫单苗接种率均在95%以上。四是开展教育健康讲座，提高居民健康素养。各基层医疗卫生机构与各社区、村联系为辖区群众举办各类健康教育讲座56场，参与讲座、活动人员4027人，发放宣传资料73种58472多份，群众满意率93%，卫生技术人员满意率95%。五是深入开展妇幼优质健康服务。开展预防艾滋病、梅毒、乙肝三病母婴传播阻断项目，全区全年“三病”免费筛查7748人次，其中艾滋病检测7748人，梅毒检测7748人，乙肝检测7821人，查出乙肝表面抗原阳性792人，全部进行阻断治疗；完成妇女免费“两癌”筛查8000人次，其中乳腺阳性病例397例，宫颈病变223例，确诊癌症10例；实施增补叶酸预防神经管缺陷项目工作，为适龄妇女免费发放叶酸4105人份。以落实“一法两纲”妇幼卫生服务，加强二个系统管理，积极推动住院分娩。全区产妇建册率以及产前检查率均在94%以上，早孕建册率93%，产后访视率95%；规范全区儿童健康管理，全区儿童健康管理48028人，幼儿健康管理22947人。

【医疗卫生服务体系建设】 有序推进医疗卫生基础设施建设，完善医疗卫生服务体系。一是加快推进逸挥基金医院肿瘤防治中心、逸挥基金医院全科医生临床培训基地、汕尾市城区妇幼保健院综合楼、东涌镇卫生院综合楼二期建设等重点项目建设。二是完成乡镇卫生院配置“五个一”（即一台全自动生化仪、一台DR机、一台心电图机、一台B超机、一台X光机）设备装备。2015年9月，全区三所镇卫生院共配备11部设备，经安装投入使用后共增加了33种医疗服务项目，检测病例1656例。三是创建汕尾市首家三级甲等医院。逸挥基金医院领导班子多次召开工作专题会议，成立创建办公室，全力投入三级甲等医院创建工作中，完成硬件建设整改及院内环境绿化、地面道路硬化、食堂整改、室内装修近30个项目，编制相关方案。是年年底，逸挥基金医院顺利通过了三级甲等医院初审。

·计划生育

【概况】 2015年，城区人口计划生育工作以中共十八大和十八届三中、四中全会精神为指导，按照区委、区政府的统一部署，牢固树立基本国策意识，强化优质服务、加强宣传引导、严抓综合治理、严格考核评估，全区计划生育水平稳中有进。2015年，全区户籍总人口418844人（含暂住人口），出生4648人，其中一孩3524人，二孩1052人，多孩72人，出生率11.18‰，人口自然增长率5.89‰，政策生育率为91.07%，出生人口性别比106.03，全区共完成节育手术3646例，其中结扎1015例，上环2572例，补救措施59例，综合节育率为79.34%，长效措施落实率为77.51%。各项指标均达到了年初目标任务要求，全面完成了上级下达的人口计划和各项工作任务，顺利通过省、市的人口计生目标责任制考核。

【加大综合治理力度落实重点任务】 把综合治理作为严把孕前管理和政策外生育的重要措施，充分发挥各个计生兼职单位的职能，建立起“党政负责、部门配合、群众参与、齐抓共管”的人口计生综合治理长效工作机制。先后出台了《汕尾市城区镇（街道）、区直有关部门2015年落实人口和计划生育工作目标管理责任区清单》《城区人口与计划生育兼职单位实行人口与计划生育综合治理工作目标怎任职考核的决定》《流动人口计划生育综合治理单位职责分工意见》《关于建立人口计生信息逐级资源共享工作机制的意见》等一系列文件，把人口计生工作列入部门的职能，形成齐抓共管。一是落实先“查验计生证明”的制度，在办事前严把计生关，并把人员信息积极与计生部门互通。二是加大清理清查力度，严格控制政策外生育，坚持经常性工作与集中服务活动相结合，深入开展春、夏、秋三季集中服务活动。同时落实综合节育措施，稳定低生育水平，出生率同比降低 0.89‰，人口自然增长率同比降低 0.84‰。三是落实综合治理出生人口性别比偏高问题。完善《集中整治“两非”专项行动实施方案》，明确区卫计局、公安分局、司法局、妇联等部门的具体分工职责，采取广泛宣传、有奖举报、联合整顿等方式，严禁实施非医学需要的胎儿性别鉴定和人工终止妊娠手术，对“两非”行为打击形成高压态势。联合妇联等部门深入开展“关爱女孩”行动，教育和引导群众正确对待出生性别问题，营造有利于女孩生存成长的社会舆论环境。

【提升服务质量促计生】 一是积极开展“法治计生”活动，结合是年城区创建法治村（社区）活动的契机，先后出台了《汕尾市城区关于开展法治计生活动实施方案》《关于进一步加强社会抚养费征收管理工作的通知》等有关文件，将依法治理作为开展计生工作的重要抓手，依法依规解决在工作过程中出现的问题和矛盾，对违反计划生育政策的，依法征收社会抚养费，对顽固户采取依法申请法院强制执行，形成威慑力。全区全年征收社会抚养费 374 宗，征收金额 547 万元。严格按法定程序办理服务审批事项，审批再婚夫妇再生育申请 138 件、病残儿家庭生育申请 4 件，“单独两孩”审批 68 件。二是深入落实计划生育利益导向机制。出台了《汕尾市城区开展“惠民计生进万家”活动方案》，强化财政投入保障机制，落实各项计划生育家庭奖励和扶助政策，加大对计划生育特殊困难家庭的救助，推进计生家庭以外和计划生育系列保险工作。全年全区共发放 122 多万元落实“四大”惠民奖励，享受奖励对象 1036 人，其中农村计划生育家庭的 416 人，发放奖励金 616320 元；城镇独生子女计划生育 346 人，发放奖励金 375200 元；计划生育家庭特别扶助金的 4 人，发放奖励金 38400 元；农村独生女户、农村纯二女户节育奖的 270 人，发放奖励金 163500 元。开展“幸福家庭”“生育关怀——女性生殖健康知识讲座”等系列活动，普及生殖健康保健知识，免费为不孕不育夫妇提供了检查、咨询服务，发放宣传资料 500 多份；是年 9 月中旬，区邀请省级教授讲课，举办了 2 场“科学育儿家庭教育”主题活动，全区 400 多名育龄妇女免费参加。为户籍人口建立健康档案 48805 份，其中0~3 岁儿童档案 245 份，4~64 周岁保健家庭档案 44360 份，老年人档案 4200 份。持续开展“免费孕前优生健康检查”“地贫监测”优生健康惠民工程。三是区计生协会积极争取省的项目资金帮扶计生困难户脱贫致富，投入实体经济运作，把计划生育利益导向与“扶贫双到”有机结合起来，对经济困难的计划生育家庭户，优先帮扶，并落实有关部门在资金投入、就业、就学等方面给予优先安排。全年免费为 1324 户共 3336 人的计生家庭购买意外伤害保险 4 万元，兑现三户参保人员理赔工作，充分保障计生家庭合法权益。四是出台《汕尾市城区开展“文化计生”活动实施方案》，以计生书画展览、优生优育、青春期教育入校园等为载体，开展一系列文化计生宣传活动，树立全区婚育新风尚。

【计生信息化建设】 进一步完善育龄妇女及家庭成员人口数据库，做好基层人口数据信息收集部门联动，定期与公安、统计、教育、扶贫、科技等部门交换、整合信息，开展流动人口清理清查和 PADIS 系统流动人口子系统信息录入。一是落实“齐抓共管、综合治理”的流动人口计划生育管理责任制，制订《汕尾市城区流动人口计划生育管理办法》，明确各共管部门的职责。二是加强对流动人口的持验证管理，各镇、街道对所管辖的流动人口进行清理清查、查验证活动，及时建卡造册。全年全区流动人口已婚育龄妇女持验证率达到 95%以上，入库率 95%，准确率 97%。三是建立流动人口区域协作机制，加强周边城市（县）流动人口计生信息互通，实行流入地与流出地齐抓共管的计生工作机制。

（何翠妮）

附：城区卫生和计划生育局领导名单

局　长：庄雄升

副局长：郑伟雄

林庆和

冯少添

汕尾市第二人民医院（汕尾逸挥基金医院）

【概况】 汕尾市第二人民医院（汕尾逸挥基金医院）是一所政府公立医院。1997年，由香港爱国同胞洪逸挥先生无偿捐资和汕尾市城区政府出资兴建的。医院占地总面积3万多平方米，总建筑面积4万多平方米，由门诊楼、医技楼、住院楼三座主体建筑和两座附属楼组成。2015年，开工建设肿瘤防治中心和科研教学大楼，建成后医院总建筑面积将达到6万平方米。经政府同意，拟征用隔邻乡村土地约2万平方米作为医院后续发展的用地。2009年，医院提出创建教学医院、三级医院、非直属附属医院三点一线的医院发展战略目标，同年成为广东省高等医学院校教学医院，2011年通过三级乙等医院评审，成为汕尾市首家三级乙等医院，是国家首批全科医生培训基地和住院医师规范化培训基地协同医院。

建院以来成功创建“无红包医院”，并获得汕尾市人民政府纠风办授予“无红包医院”称号，在百姓中享有良好口碑。医院连续八年四届获得了广东省“文明单位”，并先后获得了全国“百姓放心医院”、广东省委“先进基层党组织”、省职业道德建设“百优单位”、省“百家文明医院”、省“白求恩式先进集体”、省“文明窗口单位”、省“物价先进单位”、汕尾市“廉政建设先进单位”等一系列荣誉称号，2015年5月，医院被广东省委、省人民政府授予“广东省先进集体”称号，并以“现代化平民医院”进行公开报道。

2015年，汕尾市第二人民医院（汕尾逸挥基金医院）有职员工958人，其中，卫生技术人员787人。全院正副高职称100人，初中级职称695人。开放病床560张，病床使用率88.9%。2015年医院业务收入2.47亿元，同比增长10.3%，其中住院部业务收入达1.85亿元，同比增长11.1%；门诊部业务收入6155万元，同比增长7.8%；全院出院病人达到23253人；医保住院人数14615万人，同比增长3%；住院麻醉手术台数5334台，同比增长3.6%；门诊诊疗38.7万人次；介入手术275台，同比增长21.7%。

【医疗科目】 2015年，汕尾市第二人民医院内设有一级临床科室：内科、外科、妇产科、儿科、眼科、耳鼻喉头颈外科、口腔科、急诊科、重症医学科、肿瘤科、综合内科、麻醉科、皮肤科、康复理疗科等。设有二级专科：心血管内科、消化内科、呼吸内科、肾内科、内分泌科、神经内科、血液科、普外科、骨科、胸外科、泌尿外科、脑外科、儿内科、新生儿科、妇科、产科等。设有医技科室：放射科、药剂科、功能科（B超、心电图、脑电图、经颅多普勒等）、检验科、输血科、病理科、消毒供应室、手术室、内窥镜室、介入室、血液透析、红光治疗室等。其中，心血管内科、急救医学科和中医脾胃病科获得粤东地区首个省级临床医学重点专科。医院拥有大、中型设备近1000台，后勤大型设备100多台，能适应三级医院临床诊疗、教学、科研需要。

【党建工作】 2012年1月，汕尾市第二人民医院总支部升格为“中共汕尾二医院委员会”，同时成立“中共汕尾二医院纪律检查委员会”。截至2015年年底，汕尾市第二人民医院有党员157名，入党积极分子和预备党员有50名。其中，中高级职称党员85名，高级职称47名。研究生学历16名，本科生学历91名，大专学历45名，占党员总数96%。2015年，汕尾市第二人民医院党委下设7个党支部，全部建立在科室，充分发挥党员先锋模范作用和战斗堡垒作用。医院党建突出加强制度建设，注重健全党内民主，实行党政联席会议制度研究处理涉及医院重大事项。

3月9日，医院党委开展新党员入党宣誓仪式，区直工委书记罗智冰和医院党委书记余健儿分别作

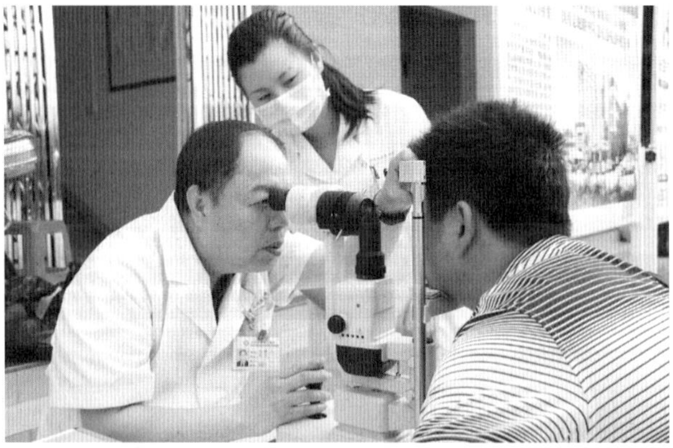

余健儿院长带领该院医疗志愿服务队为香洲街道西兴社区群众义诊检查。

了讲话，要求新党员严格要求自己，做一名优秀的共产党员。

4月9日，医院召开2015年会议。区直工委书记罗智冰应邀出席，全院职员工参加会议。会议由常务副院长洪浩波主持，医院党委书记、院长余健儿作工作报告，并对荣获2014年十佳科室、十佳员工、员工风采的获奖者进行了表彰。

7月4日，广东省医院协会医院伦理与文化管理专业委员会第三届第四次主任委员会议暨“三严三实”专题教育经验交流在医院召开。此次会议重点研究商讨2015年医院伦理与文化管理专业委员会工作，广东省各大医院还开展医院文化建设学习和践行“三严三实”专题教育活动实践经验交流。与会领导专家听取医院党委书记、院长余健儿关于医院党建工作的介绍，并观看了基层党组织建设工作汇报片《党旗飘飘》；佛山市第一人民医院党委书记刘永耀作《做事先做人，做人先修身》——“严以修身”的学习体会交流，广东省人民医院党委副书记崔建星作《弘扬焦裕禄精神　践行三严三实》交流。

【医疗科研】 2015年，汕尾市第二人民医院继续与中山大学孙逸仙医院、珠江医院、武汉总院等加强技术协作，不断提高临床技术水准和科研教学能力，提高医院教学、管理和科研水平，定期开展学术讲座、医疗查房、病例讨论等工作，在业务、技术上进行指导，取得较好效果。同时，按照三级医院规划，医院投入3000多万元购置各专科急需诊疗设备。

【肿瘤防治中心项目】 2015年，汕尾市第二人民医院肿瘤防治中心被汕尾市、市城区列为十大民生重点工程项目，获省财政支持启动资金500万元。项目计划占地面积1700平方米，总建筑面积17000平方米；集门诊、住院为一体的医疗建筑，定位为现代化癌症综合治疗中心、数字化肿瘤放疗中心、人文关怀优质服务防治中心，建成后可扩展至900张病床。

【医德医风建设】 2015年，汕尾市第二人民医院积极加强医德医风教育，完善医德医风考评制度，实行考评结果与医务人员工资、职称晋升和评先评优挂钩，加大对违规违纪行为查处力度。同时，建立医疗服务信息公示制度，在医院醒目位置公示常用药品价格、主要医疗服务项目及收费标准，主动接受患者及社会监督。此外，医院把“阳光用药”制度建设作为重点工作，以阳光用药监管领导小组为核心，逐步实现对药品供应链、使用链和监管链实施全过程监控；医院基本用药实行“阳光采购”，设立“阳光用药”宣传栏；以临床药师工作作为合理用药技术屏障，通过临床药师查房、处方点评、抽查病历、药师审核处方等实时监控手段，对严重不合理用药采取通报、诫勉谈话等措施。

【重大活动】 2015年3月28日下午，医院医学人文专题系列讲座正式开讲。特邀中国医学科学院、北京协和医学院医学博士、协和医科大学袁钟教授作以《做与文化相适应的医者——医务人员的职业幸福》为主题的演讲。全院干部职工聆听了专家讲座。袁教授阐述了医学的文化特征，通过列举生动的案例，揭示了中国当前医患之间存在的一系列冲突，进而阐释了导致这些冲突的诸多原因，并从当前医疗环境、医务工作者的困惑、医患关系等现实问题入手，通过梳理、对比中国传统文化与西方宗教哲学在人生观、认识观、社会观、死亡观、宗教观以及科学观等方面的异同，突出了传统美德、心理健康、人文修养以及科技与人文的融合在探索与凝练当代医疗卫生职业精神中的重要意义。

4月27日，医院医疗志愿服务队一行在医院党委书记、院长余健儿的带领下到汕尾市城区西兴社区为农村群众进行宣教义诊活动。本次健康宣教活动中，余健儿深入了解社区的医疗保健状况，结合社区实际，为农村群众讲解如何预防乙肝、糖尿病、高血压、心脏病、眼病等宣传展板的知识，农村群众认真聆听讲解；医院派出内、外、妇产、儿、肿瘤、骨、眼等各科专家免费为农村群众义诊，并结合“全国疟疾宣传日”进行以“消除疟疾、履行承诺”为主题的疟疾防治知识宣传。

5月23日，由广东胸部肿瘤防治研究会主办，汕尾市第二人民医院（汕尾逸挥基金医院）协办的广东省胸部肿瘤防治研究会第三届粤东大会暨胸部肿瘤多学科研讨会在汕尾市城区巴黎半岛酒店拉开帷幕。来自广州和潮汕地区的50多名肿瘤专家出席了会议，汕尾市肿瘤界150多人参加了会议。会议成立了广东省胸部肿瘤防治研究会汕尾市分会，医院肿瘤科主任何永越当选会长。会议特邀中山大学肿瘤防治中心教授王思愚、王树森、谢传淼、刘慧、程超作学术报告。这次会议以“胸部肿瘤多学科研讨”为主题，以全新的学术争论形式，给粤东地区在胸部肿瘤防治领域的专家学者、以及广大医务工作者提供一个交流、展示的平台，对促进基层医院胸部肿瘤防治的临床与研究学术水平，提高基层医院医务人员整体业务素质具有重要意义。

医院医疗急救中心与中山大学孙逸仙纪念医院急诊医学科在医院会议室举行技术合作签约仪式。中山大学孙逸仙纪念医院教授蒋龙元、副教授余涛和医院党委书记、院长余健儿、常务副院长洪浩波、院长助理叶晓东以及相关科室领导出席了签约仪式。此次医院医疗急救中心与中山大学孙逸仙纪念医院技术合作协议的签订，标志着两家医院的协作步入了更深层次的阶段。

5月29日，医院CCU（冠心病监护病房）正式启动，大力提升作为省级临床重点专科—心血管内科的技术力量，更好地保障危重心脏病患者得到全方位、高质量的诊疗。

7月16日，由广东省医师协会主办，广东省医师协会急诊医师分会、深圳市急救中心、广州市急救中心、中山大学孙逸仙纪念医院协办，汕尾市医学会、汕尾市第二人民医院（汕尾逸挥基金医院）承办的广东省急救技能竞赛师资培训班在汕尾市红海湾得胜宾馆拉开帷幕。广东省医师学会副会长吴少林，广东省医师协会急诊医师分会主任委员黄子通教授，广东省医师协会急诊医师分会副主委蒋龙元教授，汕尾市医学会会长胡立峰、秘书长唐珠兰，医院党委书记、院长余健儿，常务副院长洪浩波，院长助理叶晓东等领导专家应邀出席。全省各市、县区医院急诊医护人员近300人参加了培训。

9月16日，广东省副省长温国辉一行在汕尾市、区有关领导的陪同下到医院调研，实地查看医院重点项目建设与三级甲等医院创建情况。温国辉一行实地查看医院科研教学大楼、肿瘤防治中心、信息化建设等项目。医院党委书记、院长余健儿向温国辉汇报了医院整体运营以及重点项目创建三级甲等医院等工作情况。

2015年9月16日，副省长温国辉（左三）到医院调研

9月20日上午，三级甲等医院标准专家解读培训在医院十三楼学术报告厅成功举办，坚持“以评促建、以评促改、评建并举、重在建设”的原则，深入的自查整改和持续改进，努力创建高水平三甲医院。培训特邀广东省卫生计生委医政处处长张伟和中山大学附属第三医院医务科科长姚麟授课。培训由医院党委书记、院长余健儿主持。医院全体职工约400人参加了此次培训。

10月17日，肿瘤健康教育公益论坛在医院住院部十三楼学术报告厅举办。医院党委书记、院长余健儿，常务副院长洪浩波出席了活动，医院医护人员约300人参加。医院聘任MD安德森癌症中心教授李孟鸿为肿瘤防治中心名誉教授。医院党委书记、院长余健儿向李孟鸿教授颁发聘书，标志着李孟鸿教授正式“入户”医院，成为逸医重要的一员。李孟鸿教授为医院医务人员作学术讲座，结合自身的专业技能、临床经验和从业经历，运用通俗易懂的语言、丰富的事例以及大量的声像图片，深入浅出地为大家分析讲解代谢疾病如何影响癌症生长。

10月21日，深圳市东鹏饮料实业有限公司慈善捐赠大型救护车（移动手术室、ICU）交接仪式在医院门诊广场隆重举行。汕尾市、区党政、卫计局、民政局、教育局有关领导，东鹏特饮有限公司领导，医院领导、各部门、科室主任、护士长，急救中心医护人员参加了此次仪式。仪式由常务副院长洪浩波主持。在捐赠仪式上，区政府副区长何秀滔，东鹏特饮公司领导，医院党委书记、院长余健儿分别发表讲话。余健儿郑重向社会承诺：为了更好地服务老区人民，服务汕尾发展的经济社会，决定从当日起在汕尾市范围内救护车出车一律免收出车费。交接仪式后，医院救护车队及抢救队集结接受检阅，同时，医疗急救中心进行了应急演练，并举办了医疗急救高级论坛，特邀中山大学孙逸仙纪念医院急诊科主任蒋龙元教授主讲《医院应对突发事件的策略》。

2015年10月21日，深圳市东鹏饮料实业有限公司向该院慈善捐赠大型救护车

10月20日~21日，省三级医院评审专家组到该院进行现场督导。通过听取汇报、查看资料、现场查看和员工访谈等方式，专家组提出意见和建议，推进三级甲等医院创建工作。

12月9日，汕尾电视台报道该院省级临床重点专科——心血管内科的重症监护室（CCU）医务人员以精湛的医技成功抢救一名重症病毒性心肌炎患者，做到重病不出市，缓解百姓就医难问题。

12月19日下午，汕尾逸挥基金医院特邀汕尾市城区消防大队为全院职工近500人开展消防安全知识讲座和灭火演练。讲座中，汕尾市城区消防大队队长结合火灾案例、图片、视频及医院实际，着重从消防四个能力建设、对医院的应急预案、火灾防范、重点部位预防、初起火灾的扑救方法、如何正确报火警、医院疏散及火场逃生诀窍以及消防安全注意事项等方面进行了讲授。讲座结束后，汕尾市城区消防大队协助指导组织参加培训的人员在门诊广场进行实际操作灭火器，扑灭明火等实战演练。

（黄建军）

附：汕尾逸挥基金医院领导名单

党委书记、院长：余健儿
常务副院长：洪浩波
党委副书记、副院长：曾　斌
副院长：彭俊锋
　　　　卓雅淑
总会计师：伍大春
纪委书记、党委副书记：郭坤营
党委副书记：甘　强

妇幼保健

【概况】 城区妇幼保健计划生育服务中心于2015年11月18日，由原城区妇幼保健院和城区计划生育服务站合并而成，业务用房面积2360平方米。2015年，在职专业技术人员33名，其中副主任医师1名，中级技术职称人数15名，初级技术职称人数17名。设有办公室、妇幼保健科、围产期保健科、儿童保健科、医教科、后勤科等科室。主要负责全区重大卫生项目的实施、全区妇女儿童保健工作、计划生育技术服务工作，对辖区内妇幼卫生计划生育服务信息进行收集、统计、分析及汇总上报。承担全区预防艾滋病、梅毒、乙肝因素传播的技术指导、检查及检验人员培训，农村孕妇叶酸补服发放、农村妇女免费“两癌”筛查，基层开展公共卫生妇幼保健适宜技术指导和培训工作，计划生育服务技术、计划生育避孕药具免费发放、免费孕前优生健康等工作。

【免费项目全面实施】 一是加大艾滋病、梅毒、乙肝三病阻断力度，免费向各分娩机构发放检测艾滋病、梅毒、乙肝的检测试剂、耗材及乙肝免疫球蛋白，使表面抗原阳性母亲所生新生儿得到及时阻断。2015年，三病检测人数7748人，检测率100%，检出艾滋病1人，梅毒13人，乙肝表面抗原阳性792人，表面抗原阳性母亲所生新生儿乙肝免疫球蛋白注射率100%。二是免费“两癌”筛查项目有序开展，不但将“两癌”筛查项目作为日常工作，还组织技术骨干到各乡镇开展“送检上门活动”。共筛查农村妇女8000例。使宫颈癌变、乳腺癌变的妇女得到早发现、早确诊、早治疗。三是免费孕前优生健康检查项目达标，是年检查夫妇数2886对。为准备生育健康宝宝的夫妇提供了准确的检测结果，避免了重型地贫儿的出生。

【业务工作顺利开展】 一是加强系统管理，积极推动住院分娩。2015年，全区分娩产妇数7853人，建册率及产前检查率在94%以上，产后访视率94%。无发生孕产妇死亡案例。二是规范儿童保健管理，大力提升儿童健康水平，着力做好0~36个月儿童保健手册的建册和管理工作。由医生进行检测监测幼儿生长发育的健康状况，登记造册、发现问题及时处理和技术指导。三是落实做好计划生育技术服务，是年结扎1015人、上环2572人。为辖区内需要节育的育龄人群提供了有保障的技术服务。

【免费药具发放到位】 一是免费发放叶酸。2015年为农村孕前及早孕期妇女发放叶酸4500人份，提高了叶酸服用率，减少因叶酸缺乏导致的畸形儿产生，当年度没有发现神经管缺陷儿。二是避孕药具发放，是年免费发放避孕药具76264元，加大避孕药具宣传力度，充分利用乡镇卫生院，村居委等人工发放网点，避孕药具自助发放箱等工具将避孕药具发放到需要使用的育龄妇女和群众手上。

【项目建设稳步推进】 列入2012年城区重点建设项目的汕尾市城区妇幼保健计划生育服务中心综合楼，工程主体建设正在进行中，该项目总投资780万元，预计2017年上半年可以投入使用，建成后将进一步加快区妇幼保健卫生计生事业发展，为创建卫生强区起到重大的作用。

（林义彬）

附：城区妇幼保健计划生育服务中心领导名单

主　任：林伟强

副主任：卓海激

　　　　陈裕柱

慢性病防治

【概况】 2015年城区慢性病站有医务人员16名，其中副主任医师1名、临床主治医师4名、临床执业医师3名、临床执业助理医师1名、检验师2名、护理师3名、医士2名。配备彩色B超、心电图仪、DR–X光机、全自动血球仪、全自动尿液分析仪、全自动生化仪等设备。

【业务工作】 2015年，城区慢病站重点做好麻风病防治、肺结核防治、性病监测、性病艾滋病高危人群综合干预、全区重性精神疾病网络管理工作和学生预防性健康体检。

麻风病防治　城区属麻风病老疫区、高发区。2000年，经省考核验收，宣布全区基本消除麻风病。2015年，全区仅存现症患者2例，患病率为人口数0.405人/10万。为进一步加强城区麻风病防治工作，切实巩固“基本消除麻风病”成果，麻防工作仍按“宣、防、管、治”的综合措施，科学方法，主动发现病人，做到早诊断，早治疗，早康复。为提高麻防专业技术水平，多次安排专业人员参加省级麻防知识培训班。

肺部结核病防治　城区在1994年开始实施肺结核病控制项目。对活动性肺结核患者实行全程病性监管，实施免费治疗，直至把患者治愈。2015年，全年全区共发现活动肺结核患者318例，已治愈的305例，治愈率95.8%。

性病监测　2015年，全区共报告性病392例，其中梅毒337例、尖锐湿疣36例、生殖器疱疹1例、淋病8例、生殖道沙眼衣原体10例。

性病、艾滋病高危人群综合干预工作　为控制性病、艾滋病的流行，城区从2009年起开展性病、艾滋病高危人群干预工作。为做好这项工作，区卫生局研究制订了《汕尾市城区开展性病、艾滋病高危人群干预工作实施方案》，开展宣传和培训，印制了有关表格，制作幻灯片，开展外展工作，在目标场所采取目标人员集中上课形式，现场讲解性病、艾滋病的预防和生殖健康等知识，2015年全年免费发放安全套1770个，宣传资料和健康教育手册578份，举行讲座5次，干预人数176人次，性病检测人数176人次，发现梅毒阳性8例，发现HIV阳性者1例。

全区重性精神疾病网络管理工作　城区各镇卫生院、社区卫生服务中心重性精神病人报告情况：2015年全区共报告录入重性精神病人1345例，是

年新增40例。其中马宫93例，红草180例，东涌268例，捷胜259例，凤山205例，新港191例，香洲149例。

学生预防性健康体检　2015年，全年总受检学校间数为78所，受检总人数4.1万多人。体检中发现，相当部分学生视力下降、肥胖症患者有所增加。对这些患者，给予提出防治近视和纠正偏食的意见，建议增加体质锻炼。

（林培歆）

附：城区慢性病防治站领导名单

站　长：林培歆

副站长：杨瑞璘

城区爱卫会

【概况】　汕尾市城区爱国卫生运动委员会办公室成立于1990年7月21日，原人员编制1名。2012年6月21日经上级有关部门同意增加编制至3名，至今不变。属公益一类正股级事业单位，负责全区爱国卫生和创建卫生城市等工作。

【爱国卫生工作】　2015年，根据省、市爱卫办有关文件精神，印发了《汕尾市城区关于全面深化爱国卫生运动的工作方案》《汕尾市城区“三个一”环境卫生制度实施方案》《汕尾市城区春季爱国卫生运动工作方案》等文件，并对各镇（街道）爱卫办，提出了具体工作要求，落实工作任务。并实施“一把手”工程，区属各部门、各单位主要领导担任本单位爱卫会主任，形成强有力的爱国卫生组织领导机构，完善区、街道、社区三级管理体系，使爱国卫生工作层层有人抓、事事有人管，人人有责任，从而保证了各项目标任务的落实。

【创建卫生城市】　2015年，区委、区政府高度重视创卫工作。一是推进脏、乱、差的治理。抓好环境卫生整治，落实沿街商铺“门前三包”制度。二是开展了农贸市场环境卫生整治活动，联合区公安分局、工商局、环卫局、食品药品监督局等对辖区内农贸市场内乱吐、乱扔、乱倒、乱摆、乱放、乱贴等行为和市场内脏、乱、差，清扫保洁不到位，占道经营等问题进行了整顿治理。三是认真落实“三个一”环境卫生整治制度（每年的4月份全区统一部署开展“爱国卫生月”活动；每月的20日部署开展1次以镇街道为单位的清除卫生死角和“四害”孳生地为主的环境卫生统一行动；各街道、镇组织社区、村庄和督促辖区内的机关、企事业单位每周星期五进行1次环境卫生大扫除），强化城乡环境卫生综合治理。四是加强禽流感、登革热等重大传染病的防控工作。

【除“四害”工作】　结合每年四月爱国卫生月活动，落实“三个一”环境卫生整治制度。城区组织协调各地、各部门开展以“清死角、除四害、保健康”为主题的卫生大扫除活动。出动人员4200多人次，车辆200多次，清除蚊幼虫孳生地95处，使用灭蚊药物1.8吨，使用灭蚊器械132台次。派发讲卫生、灭蚊蝇宣传海报、手册、宣传折页等3万多份。

（陈文待）

附：区爱卫会领导成员名单

主　任：何秀滔（兼）

副主任：庄雄升

附：区爱卫办领导成员名单

主　任：陈文待

区医药总公司

【概况】　城区医药总公司是由汕尾市城区人民政府批准，编制委员会核定的区直副科级事业单位，人员定编10名，管辖属下3家国有企业。2015年城区医药系统全体干部职工176人，其中离退休人员99人，在岗人员10人，其他人员到外面自谋生活。是年，区医药总公司有中共党员21人，其中男13人，女8人。

【零售企业经营】　2014年6月，城区医药总公司属下3家企业（区医药有限公司、区药材公司、区中成药公司）的零售药店即汕尾市城区健民药店、汕尾市城区惠民药店证照到期。2015年，城区医药总公司属下3家企业再也没有零售药店。

【完善GSP认证资料库】　区医药有限公司于2014年通过认证，领取了广东省食品药品监督管理局

GSP认证证书。按省药监局规定，通过GSP认证的单位，每年都要进行一次飞行检查，就必须继续投入资金，对场地、仓库、硬件、软件、空调，灭火设施等追踪更新，接受广东省食品药品监督管理局的飞行检查。区医药总公司为区医药有限公司认真制定计划，完善GSP认证资料库工作，给区医药有限公司GSP认证工作予以大力支持。

(李啟斌、张佳丽)

附：城区医药总公司领导名单

总经理：李小鸿

社会生活

SHANWEISHICHENGQU YEARBOOK

汕尾市城区年鉴 · 2016

SHE HUI SHENG HUO

人力资源·社会保障

【概况】 2015年，城区人力资源和社会保障局（以下简称人社局）以“民生为本、人才优先”为工作主线，面对新局势真抓实干、攻坚克难，认真应对新任务、处理新情况、解决新问题，顺利完成人力资源社会保障各项指标，取得显著工作成效。2015年，城区人力资源和社会保障局机关内设机构有办公室、公务员管理股、专业技术人员管理股、就业促进股、工资福利股、社会保险股、劳动关系股、培训教育股、事业单位人事管理股、人才服务办公室、劳动监察股。2个下属单位：劳动就业服务管理中心、城乡居民医疗保险管理中心。

【社保工作取得新突破】 区人社局紧紧围绕“全覆盖、保基本、多层次、可持续”的方针，在做好各项社会保险扩面征缴的基础上，继续推进社保经办管理服务水平的提升、社会保障卡的应用推广等工作，社保管理水平不断提高。一是做好社保扩面和基金征缴工作。2015年，市下达城区各项社会保险基金征收任务16010万元，比2014年增加了1835万元，区人社局克服征缴任务重，难度增大等问题，采取多种积极有效措施，超额完成1390.71万元。2015年，全区参加养老保险129638人，完成任务的96.67%；城乡医疗保险311174人，完成任务的97.61%；失业保险13508人，完成任务的87.15%；工伤保险17502人，完成任务的97.23%；生育保险6002人，完成任务的68.99%；参加城乡居保人数88001人，完成任务的100.01%。全区征收各项社保基金17400.71万元，完成任务的108.69%。其中养老保险10473.20万元，完成任务的103.18%；城乡医疗保险6021.82万元，完成任务的112.87%；失业保险358.14万元，完成任务的125.66%；工伤保险228.76万元，完成任务的120.40%；生育保险108.65万元，完成任务的217.30%;市区社保分局收取城乡居保费210.14万元。二是加快推进社会保障卡应用和服务工作。完善社会保障卡应用和服务的工作体系是推进惠民、便民的重大民生工程，区人社局不断扩大社会保障卡使用覆盖范围，发放社会保障卡364055张，完成任务的96.82%。三是加强基金监督管理，确保基金使用依法依规。四是按时发放离退休金，确保离退休人员的离退休金按时足额发放。五是做好下岗失业人员档案管理工作。认真做好全区各企业下岗失业人员的档案管理以及社保续保补保、退休、调动等服务工作。

【民生就业工作新推进】 区人社局以“充分就业、培训就业、稳定就业”为工作目标，认真按照市人社局下达的目标任务，全力抓好就业服务工作。一是坚持就业为本，提供就业岗位，鼓励下岗失业人员实现再就业。2015年，全区城镇新增就业6056人，完成年度任务的110.11%；城镇失业人员实现再就业2312人，完成年度任务的110.10%；就业困难人员实现就业332人，完成年度任务的110.67%；新增转移农村劳动力6257人，完成年度任务104.28%；职业技能培训8400人，完成年度任务的100%。其中农村劳动力转移技能培训2205人，完成年度任务的110.25%。区人社局积极拓宽就业门路，不断提高就业服务质量，将城镇登记失业率控制在2.36%。二是认真举办企业用工招聘会。2015年，共举行大小型企业用工招聘会20场次，共提供岗位38651个。求职人数25786人，其中高校毕业生求职人数2243人；达成用工意向9213人，其中高校毕业生达成用工意向798人。三是举行农村劳动力技能晋升免费培训。通过各镇、街道积极宣传发动，是年5月，组织城区劳动力在汕尾市千汇职业培训学校开展2015年城区劳动力技能晋升免费培训班，参加培训人数267人，鉴定人数159人，取得证书159人，为农村劳动力就业取得一定成效，促进了农村劳动力就业。四是大力开展就业充分社区创建工作。截至2015年12月，共创建就业充分社区33个，进一步完成了就业公共服务平台建设，缓解了城区部分劳动力的就业压力。五是大力开展就业援助服务工作。是年共为城区提供就业困难人员认定310人。

【人才队伍建设新实绩】 区人社局紧紧围绕区委、区政府的中心任务以及上级人社部门的工作部署，认真抓好城区人事人才各项工作。一是积极配合市局做好2015年公开招考录用公务员的各项工作。二是认真做好全区机关事业单位工作人员年度考核和政府行政任免的相关工作。参加2014年度考核的机关及参公单位工作人员916人，评为优秀等次143人，占考核人数的15.6%。参加2014年度事业单位考核人数5661人，评为优秀等次819人，占考核人数的14.5%。考核工作已全部完成，并做好公务员和事业单位工作人员日常管理工作。三是做好高校毕业生报到服务工作。是年共接收到城区报到的应届毕业生1451人，其中博士1人，硕士7人，本科462人，专科981人。接收应届毕业生人事档案1357份，接收往届毕业生人事档案443份，并做好归档录入信息系统工作。四是加强专业技术人员培训和职称评审初审工作。组织培训专业技术人员和企事业单位管理人才4890人。审核通过高级专业技术人员申报材料24份。五是认真做好工资福利业务工作。是年以来建立了城区公务员职务与职级并行制度，调整机关事业单位工作人员工资，规范津贴补贴和绩效工资，按时报送机关事业单位工作人员的工资统发数据，做好退休费、抚恤金和遗属生活困难补助费等核实、审批工作，做好职务晋升、人员调动和新参加工作人员工资核定等工作。六是积极稳妥推进人事制度改革。全面推行事业单位岗位设置和人员聘用、公开招聘等工作。是年9月份公开招聘事业单位工作人员，共招录61人，其中教师45人、医务人员15人、广播站1人。

【维权维稳工作新成效】 区人社局以“签合同、上保险、保工资、创示范新区”为重点，以“抓好、抓早、抓实、抓细”为原则，着力构建“以调为主、超前预防、源头息访”的维稳调控机制，有效维护了城区农民工合法权益。一是充分发挥劳动监察大队职能作用，强化部门协调，加大执法检查力度，积极做好预防化解处置劳资纠纷工作，及时化解劳资纠纷。2015年，区人社局共受理信访案件54宗，通过调解处理解决劳资纠纷53宗，移送公安1宗，为农民工追回被拖欠工资1084.9万元，涉及人数524人。多次开展大规模检查活动，检查用人单位229家，涉及劳动者近1.57万人，督促补签劳动合同1986份，下达责令整改通知书6份，并责令用人单位为劳动者购买社会保险，通过加强劳动监察力度，把矛盾化解在萌芽状态。二是按照示范区“十个全面”（1.全面落实劳动合同制度。2.全面建立集体协商制度。3.全面落实职工收入分配制度。4.全面执行劳动标准。5.全面完善企业规章制度。6.全面改善用工环境。7.全面执行社会保险制度。8.全面完善安全生产制度。9.全面组建工会。10.全面建立企业内部协调机制）的标准，加强了对示范点创建工作的指导。到2015年为止，已建立了红草镇、马宫街道、凤山街道、东涌镇、捷胜镇以及针织行业示范点6个，涉及企业总数188家，职工总数23243人。参加创建工程的企业达到了企业总量的70%，符合和谐劳动关系示范区创建标准的示范点达到了60%，实现了全区和谐劳动关系示范区的目标任务。三是加强劳动争议调处工作。坚持以防为主，调防结合的方针，把工作着力点放在“调”的环节上，使劳动争议在未立案之前都得到了及时的解决。是年共办理案件13宗，其中不予立案受理1宗，案外调解12宗，涉及劳动者15人，争议涉及金额87.6万元。四是做好劳动能力鉴定报审和工伤认定工作。按照中华人民共和国国务院制定的《工伤保险条例》的规定，受理工伤认定申请8宗，通过调查取证作出《工伤认定决定》7宗，引导双方协商解决1宗。

（余尚樾）

附：城区人力资源和社会保障局领导名单

局　长：余鸿群

副局长：陈春风

　　　　吴瑞能

　　　　林小青

主任科员：余立宗(2015年4月任)

社会保险

【概况】 2015年，城区社会保险工作以“高效社会保障”为契机，全体干部职员认真履行工作职责，发扬严谨、务实、团结、奉献的精神，开拓进取、真抓实干、锐意创新，提升全区社保经办工作的水平，为参保对象提供优质、高效、便捷、安全的管理服务，使城区社保工作常态化。是年，社保市区分局在编10人，临时聘用13人，共23人。

【参保人数和基金收支】 养老保险：参保人数24482人，其中企业养老10372人。2015年，征收企业养老金约11647万元，支付约11560万元，累计结余约8047.4万元；征收机关养老金约1126万元，支付约129万元，累计结余约6284万元。

失业保险：参保人数14169人。2015年，征收约361万元，支付约85.5万元，累计结余约1986万元。

职工医保：参保人数约26741人。2015年，征收统筹基金约7281万元，支付约8229万元,累计结余约负5601万元。

工伤保险：参保人数17962人。2015年，征收基金约229万元，支付约20万元，累计结余约1080万元。

生育保险：参保人数14720人。2015年，征收基金约109万元，支付约31万元，累计结余约287万元。

城乡居民基本养老保险：参保人数约84791人。2015年，征收新农保基金约2876万元，累计发放待遇人数约378297人次，支付待遇约4005万元，累计结余约3737万元。

【推进社会保险扩面征缴】 抓好扩面征缴，保障扩面征缴任务全面完成。一是领导重视。班子成员亲手抓社会保险扩面征缴专项行动，积极配合区人社局、地税局等部门提高非公有制企业职工参保率，引导个体工商户、灵活就业人员和城乡居民等重点群体积极参保，加大扩面工作力度，提高参保率。二是强化政策宣传。使社会保险惠民政策深入人心、家喻户晓，营造良好的参保氛围。

【加强对定点医院和定点药店的管理】 按照市社保局的安排，市区分局负责所属医疗机构管理和城镇职工医疗保险费用的结算工作。一是加强对全区12家定点医院住院空床、挂床违规现象的检查，经检查发现个别医院空床现象严重，根据《汕尾市职工基本医疗保险定点医疗机构服务协议书》规定及市社保局赋予市区分局的责任和权利，责令其自我整改；同时对全区37家定点药店刷卡功能的检查，发现了个别非定点的药店也有刷卡功能，市区分局对涉疑药店进行实地调查，对此类违反《汕尾市基本医疗保险定点零售药店服务协议书》的行为，考虑其影响较大，建议市社保局对涉嫌药店暂停服务协议，责令其严肃整顿，待整顿验收合格后，再由市区分局提出是否恢复的意见。多措并举加大对基金的监督，将危险处理在萌芽状态。二是加大对医疗股日常工作管理，确保医保基金支付、门诊特定病种、补充医疗保险、异地就医结算等各项工作有序的开展。

【做好城乡居民养老保险】 一是做好红草镇三和村被征地农民纳入城乡居民养老保险。2015年，对红草镇人民政府确定的三和村被征地保障人员名单认真审核，给予办理参加城乡居民养老保险手续，并对符合领取待遇人员，重新核定标准，从9月份起按新标准发放。二是从2015年7月1日起，全区城乡居保基础养老金最低标准提高到每人每月100元，严格按照国家和省的要求将提高后的养老金及时足额发放到位。三是组织街道各劳保所开展生存认证工作。

【组织开展广东省机关事业单位养老保险并轨信息登记】 首先发放单位参保登记信息表等表格到所属辖区各单位，要求各单位高度重视，严格按照填报要求全力做好登记工作，做到数据准确、完整、按时上报。根据各单位上报系统检测通过后的电子档和书面材料，再将收集齐的电子档打包发送给省局。省社保局检测出来的问题，将与相关单位核查，及时处理省社保局反馈的问题数据、修改数据，确保数据的准确完整。待省社保局完全检测通过后，再将每单位最后提供的书面材料扫描，形成档案材料。

【贯彻落实新的职工生育保险规定】 严格按照《汕尾市人民政府办公室关于印发汕尾市贯彻落实〈广东省职工生育保险规定〉实施意见的通知》的文件要求，承办生育保险登记、生育保险费核定、个人权益记录、生育保险待遇支付等生育保险事务，负责提供生育保险业务咨询、查询等服务。对申请享受生育保险待遇的有关材料依法审核，确保参保人享受生育保险待遇。

【做好政府、主管部门安排的各项日常工作】 一是全面深化政务整治、政风肃纪集中行动工作，改作风，提效能。二是成立了中共汕尾社会保险基金管理局市区分局支部委员会，并按程序发展新党员。三是做好公务用车制度改革拟取消车辆封存保管工作。四是理顺11位临时工的用工关系。五是进一步落实办公用房清理整改工作，规范办公用房标准。六是积极配合城区开展爱国卫生运动统一行动日工作，让汕尾更美丽。七是通过将各项待遇发放到保障卡，全面启动社会保障卡使用功能。八是要求除行政机关公务员外所有参保单位都应当依法为全部职工参加工伤保险，为事业单位、企业、职工的劳动安全保驾护航。

（翁穗妮）

附：汕尾市社会保险基金管理局市区分局领导名单

局　长：蔡金为

副局长：方文瑜

民　政

【基层政权与社区建设工作】 2015年，全区94个村（社区），村、（社区）两委成员630人。开展广东省村、（社区）务公开民主管理示范村（社区）创建活动。2015年，城区共有6个村（社区）申报并被评为广东省村（社区）务公开民主管理示范村（社区）。具体名单是：香洲街道西兴社区、新港街道东风村委会、凤山街道文亭社区、马宫街道金町村委会、东涌镇东涌社区、捷胜镇东坑村委会。

推进社区建设工作。根据省民政厅关于加强广东省城乡社区基础设施推进公共服务站建设工作，通过争取上级民政部门的支持，2015年，全区共完成7个公共服务站建设工作。

实施《中华人民共和国村民委员会组织法》《中华人民共和国城市居民委员会组织法》。继续深入开展村务公开和民主管理工作，依法保障广大村民对村务的知情权、参与权、决策权和监督权，促进全区村务公开工作规范有序开展。

【“双拥”工作】 2015年，是“双拥”工作创建出成效的关键年。围绕实现城区“双拥模范区”八连冠的创建目标，达到“组织领导坚强有力、国防教育广泛深入、双拥活动坚持正常、政策法规落实到实处、军政军民关系融洽”的总体要求，逐项落实完成城区创建活动新标准，实现以下三个目标：一是通过加强宣传教育，迅速在全区乃至全区范围内掀起拥军优属，拥政爱民的活动高潮。二是继续丰富“双拥”共建形式与内容，推进“双拥”工作社会化、经济化、制度化，进一步巩固和发展军民共建关系。三是查漏补缺，取长补短。做到方法高效、措施得力，确保“双拥”工作有章可循，走出一条适合区民政局形势发展的新路子。

2015年春节、“八一”等重大节日期间，组织对部分重点优抚对象、驻市、区部队进行走访慰问，送去了慰问资金及生活物资，全年“双拥”资金及物资共计783万元；通过各种方式，大力宣传国防知识、征兵政策和有关优抚安置政策，深化“双拥”宣传教育，营造军民共建的浓厚氛围。

落实各项优抚政策。2015年，全区享受定期抚恤补助的对象1437人，全年发放抚恤金为989万元。积极推行以货币补贴为主要内容的安置改革，通过宣传和鼓励，使城镇退役士兵自愿接受货币补贴自谋职业，组织118名退役士兵免费参加职业技能培训，提高就业择业竞争能力，消除退役士兵后顾之忧。帮助解决优抚对象“三难”问题（生活困难、住房困难、医疗困难），解决医疗困难优抚对象412人（次），共45万元，发给两孤人员和六级以上伤残人员医疗补助金98万元，发给382名生活困难优抚对象一次性补助金67万元。按有关政策规定，完成50名60岁以上农村退役军人军龄生活补助的审核、上报及资金发放工作；落实定期抚恤补助对象医疗保障服务工作，全区1123名优抚对象全部纳入城镇医疗保障，享受基本医疗保障待遇及住院治疗费“一站式”结算服务。

继续加强烈士纪念工作。2015年，清明节期间，组织隆重的扫墓仪式。为做好烈士纪念碑、亭的维修，充分发挥烈士纪念设施作为爱国主义教育和国防教育基地的作用，多方筹措资金，投入资金100多万元，对区级管理的烈士纪念碑1座、镇级管理的烈士纪念碑、亭各1座进行了修复；为做好零散烈士纪念设施的维护管理，在市区陵园中划出5000平方米作为烈士墓园，让全区660位零散烈士骨灰入园安葬。

开展涉军维稳工作。为化解社会矛盾，减少上访事件，区民政局通过约访、下访等一系列措施，为涉军人员讲解相关政策法规；对部分部队退役人员是否参战（涉核）身份暂未能确认的问题，依照有关政策规定，参照其他县（区）的做法，深入调查，研究处理办法，较好解决了参战（涉核）退役人员遗留问题，消除了上访隐患，切实维护了群众的合法权益，重大政治活动及节日间，没有发生涉及民政对象的越级上访、集体上访及群体性事件。

【社会福利和社会事务】 一是落实特殊人群保障工作。完成孤儿基本生活费发放工作，2015年全区孤儿数为208人，按社会散居孤儿每人月760元、集中供养孤儿每人月1240元的养育标准发放补贴资金，是年发放孤儿基本生活费192万元。二是不断完善社会福利机构环境建设，进一步推进农村养老事业发展。区福利院坚持以人为本，不断提高服务质量和办院水平，为让收养人员拥有良好的生活环境，特别是为部分行动不便的收养人员生活提供便利，区民政局积极筹措资金为福利院收养楼加装了电梯，进一步优化收养环境。三是加强社会流浪乞讨人员等的救助工作。四是继续开展居家养老试点工作，探索社会福利社会化新路子。为了进一步做好居家养老服务工作，使养老工作更加贴近广大老人的需要，以应对老龄化社会的各项需求，区民政局成立居家养老服务中心工程建设领导小组，积极组织开展中心建设选址、资金筹集等前期工作。五是努力实现婚姻登记规范化建设，不断完善各种人性化服务机制，使婚姻登记处成为展现民政工作的一个文明窗口。2015年，全区办理结婚登记3975对，受理离婚登记1049对,受理补办登记479对。

【殡葬管理】 2015年，区委、区政府按照市委办、市府办《关于全面推进殡葬改革加强殡葬管理工作的实施意见》和《关于开展占地毁林建坟专项整治工作方案》的工作要求，认真部署殡改工作，调整和充实殡葬管理工作的领导力量，制订工作计划，出台了《汕尾市城区殡葬改革工作实施方案》和《关于开展占地毁林建坟专项整治工作方案》；坚决贯切落实遗体火化“一刀切”政策不动摇，加强管理，强化督查，采取有效措施，狠抓重点，突破难点，全面提高火化率。至2015年12月，全区共火化遗体1553具，平均火化率97.3%，火化任务完成较好。城区在落实火化“一刀切”的同时，积极开展“三道两区”占地毁林造坟专项整治工作。根据省民政厅《广东省民政厅关于加强骨灰安置管理治理乱埋乱葬的通知》和汕府办明电〔2013〕1号文件的要求，区政府印发《汕尾市城区“三道两区”坟墓植树绿化屏蔽工作方案》，在全区组织开展植树绿化屏蔽统一行动，集中植树绿化屏蔽“三道两区”可视范围内的坟墓，取得了一定成效。

为调动各级做好殡改工作的积极性，制订激励机制，对镇（街道）清理1穴坟墓奖励1000元，建设镇级公益性墓园给予20万元补助，对殡改中涌现出来的先进典型予以表彰。积极开展殡葬服务行业政风行风评议，把行评活动作为优化管理、提高服务、减轻群众负担的良好契机，进一步优化殡葬服务环境，树立殡葬系统“以民为本、文明执法、干净干事、规范管理、优质服务”的良好形象。

【救灾救助工作】 2015年，城区着眼保障困难群众的基本生活权益，不断加强社会救助体系建设，确保民生保障相关政策落实到位，使社会救助水平得到逐步提高。

实现低保、“五保”提标。2015年，全区列入低保救助4460户1.06万人，占全区总人口的2.6%，其中，城镇低保1474户3625人，农村低保2986户6975人。从2015年7月起，实现低保提标，城镇低保标准由每人月380元，提高到410元，农村低保标准由每人月240元提高到260元，城镇每人月补差由335元提高到375元，农村每人月补差由150元提高到175元，全年共发放低保金3096

万元。全区现有“五保”供养对象430户430人，其中集中供养50人，分散供养380人。是年7月起，提高“五保”供养标准：集中供养每人月从580元提高到616元；分散供养标准每人月从520元提高到556元。截至12月，共发放“五保”供养金253.6万元。按照低保相关政策落实配套措施，全区得到城乡医疗救助的困难群众有15737人次，支出医疗救助资金409.4万多元，有效缓解了低保对象、困难群众看病难的问题。

城乡医疗救助。为有效缓解城乡困难居民因病致贫、因病返贫和看病难的问题，根据《汕尾市城区困难居民医疗救助实施办法》精神，结合城区实际，制订了区级困难居民医疗救助实施细则，明确申请医疗救助条件、救助标准、救助项目、申请和审批程序以及资金审核结算、来源等内容。是年，安装了“广东省城乡医疗救助一站式管理网络系统”的配套软件。医疗救助实施办法出台后，城区在年底前实现医疗救助“一站式”即时结算服务。全额资助城乡低保“五保”对象参加医保，同时对困难对象也给予适当医疗救助。

【社会组织管理工作】 2015年，全区有各类民间组织139个，其中社会团体40个，民办非企业单位99个。按照大力培育和加强监督管理并重的方针，主要抓好几项工作：一是严格把好年检质量关。按照《广东省民间组织年检暂行办法》有关规定，进一步落实以制度建设为重点的社会组织年检工作，同时，以做好社会组织年检工作为突破口，对全区社会组织进行全面清理，对两年以上未参加年检的13家民办非企业单位进行撤销登记处罚，对在年检中发现问题的，及时通知其进行清理整顿，限期整改，使城区社会组织活动正常开展。二是加强社会组织党建工作。全区139家社会组织有中共党员93人，有党员单位37家，全区社会组织建立党支部8个，建立联合党支部1个，占应建立支部个数的100%，进一步提高党组织的覆盖率。

【老年人工作】 为弘扬敬老、助老、养老精神，进一步完善城区老年人社会保障体系，切实维护老年人合法权益，让老年人共享城区经济社会发展成果，按照区政府有关批示精神及《汕尾市城区百岁老人长寿津贴发放暂行办法》，2015年全年发放100周岁以上老年人高龄津贴5.5万元。

表7

2015年汕尾市城区百岁（含百岁）以上老人名表

姓　名	出生时间（年、月、日）	性别	籍贯	居住地
黄　氏	1913.11.07	女	东涌镇	东涌镇东涌东美村
林　乙	1913.11.18	女	东涌镇	东涌镇长富村学校路一巷5号
张浮菊	1909.09.15	女	东涌镇	东涌镇品清村
叶　氏	1916.01.02	女	东涌镇	东涌镇东涌东东村
黄　在	1916.04.11	男	东涌镇	东涌镇东涌东东村
马细妹	1910.09.09	女	凤山街道	滨湖小区五街一栋A6号
刘　月	1916.01.15	女	捷胜镇	捷胜镇石岗村委石厝村
江　萍	1909.07.07	女	捷胜镇	捷胜镇南门外村
彭　省	1908.10.12	女	红草镇	红草镇南汾三村
陈　梅	1914.07.14	女	红草镇	红草镇西河桥吴村
洪　桃	1916.08.23	女	红草镇	红草镇西河桥余村十三巷4号
洪　海	1916.09.27	女	红草镇	红草镇拾和竹围村
邱　妹	1915.10.11	女	红草镇	红草镇南汾6村张厝巷1号
徐　秀	1916.11.12	女	红草镇	红草镇南汾3村七厝巷8号
李　彬	1913.12.16	男	香洲街道	汕尾市城区城内路西21厝14号
李二妹	1914.09.09	女	马宫街道	马宫镇长沙东村207号

（刘泽良、邹春怀、陈建波、郭建群、陈文清、周文开、庄镇声）

附：区民政局领导班子成员名单

局　长：黄　超

副局长：颜杰凤

　　　　邱保国

　　　　陈建坤

扶贫工作

【概况】 2001年，根据《汕尾市城区区级党政机构改革方案实施意见》，设置区扶贫开发领导小组办公室（简称区扶贫办），与区革命老根据地建设委员会办公室（简称区老建办）合署办公，副科级，挂靠区农业局，编制3名。2004年3月增加编制1名，共4名，至2015年不变。

【扶贫工作】 2013~2015年，全区新一轮被省核定的相对贫困村9个，相对贫困户397户，相对贫困人口1780人，其中相对贫困村有劳动能力的贫困户351户，相对贫困人口1675人。深圳市对口帮扶4个相对贫困村、178户811人。其中深圳市委办公厅帮扶东涌镇龙溪村，深圳市人大办公厅帮扶捷胜镇石岗村，深圳市政府办公厅帮扶捷胜镇联星村，深圳市政协办公厅帮扶捷胜镇沙角尾村；市直帮扶2个村，其中市人社局帮扶红草镇埔边村，市海洋与渔业局帮扶捷胜镇五爱村；城区对口帮扶3个村，其中区地税局帮扶东涌镇新民村，区国税局帮扶捷胜镇联安村，区检察院帮扶捷胜镇东坑村。2015年，扶贫开发“双到”（规划到户、责任到人）工作全面圆满完成。

“四个硬指标”100%完成　一是全区9个相对贫困村、396户贫困户、贫困人口1779人，据进村入户调查的数据，到2015年10月底，贫困户人均年纯收入达到8300元，贫困村农民年人均纯收入达到12500元。二是有劳动能力的贫困户100%实现脱贫。三是村集体经济明显增强，9个贫困村村年均集体经济收入2015年10月底达到了7.5万元，比帮扶前的2万元增加了5.5万元，9个贫困村集体经济收入均超5万元以上。四是三年来完成贫困村低收入住房改造困难户339户，其中任务内改造户数228户，任务外（单位自筹改造）111户。

贫困村基础设施建设明显改善　完成贫困村村道硬底化率100%，累计里程数22.4公里；100%解决贫困村饮水安全问题，解决贫困村饮水安全户数725户3625人；修建农田水利设施13.44公里；新建无害化公厕、文化室、文体活动场所、垃圾处置设施、安装路灯等公共设施项目累计50个，村容村貌发生了根本性改变。公共服务设施拥有率100%，大大提高了贫困人口的生活质量。

贫困人口民生得到保障　9个贫困村贫困户参加新农合的人数1779人，参保率近100%；贫困村贫困户60岁以上贫困老人纳入新农保260人，纳入率100%；贫困村贫困户低保人口纳保率100%；农村贫困户适龄儿童入学率100%；三年来全区共培训贫困村有劳动能力农民参加专业技能培训的2995人次，帮助贫困家庭转移劳动力就业435人。

贫困村发展能力明显增强　为了改善贫困村生产生活环境和增加村集体经济收入，各帮扶单位根据各个贫困村的实际情况，采取“一村一策”的扶贫措施，明确帮扶目标，找准发展方向，确定帮扶项目，想方设法积极筹集帮扶资金，采取帮扶单位自筹、各级财政资金投入、行业和社会捐资扶持等形式。截至2015年10月，共筹集帮扶资金5182.91万元，其中到村资金4846.98万元，到户资金335.93万元。9个村平均每村投入资金575.87万元。帮扶资金总额中，深圳市委、市人大、市政府、市政协四大办公厅累计投入资金2470.34万元，其中，平均每村投入帮扶资金617.58万元。

基层组织建设进一步加强　贫困村基层组织建设得到加强。各帮扶单位坚持把扶贫与扶志，扶贫与基层组织建设有机结合，坚持把抓好农村党组织为核心的村组织建设作为驻村工作的重要任务。制订抓好班子建设计划措施并如期实现目标达到两个100%：党务、政务、村务和扶贫项目公开达到100%；村组织和活动场地实现“五有”（有“牌子、有活动场所、有电教设备、有宣传栏、有工作制度”）达到100%。

（黎友群）

附：区扶贫开发领导小组办公室领导名单

主　任：黎友群

民族宗教

【民族工作】 2015年4月27日，区召开民族工作会议，学习贯彻中央、全省、全市民族工作会议和习近平总书记、省委书记胡春华重要讲话精神，总结近年来全区民族工作，研究部署当前和今后一段时期全区民族工作，各镇（街道）党（工）委副书记和分管民族工作领导、区直有关单位领导等40多人参加会议，区委常委、宣传部部长刘元海，区政府副区长胡春莲和区政协副主席、区委统战部部长黄义丞出席并讲话；7月，以创建民族团结进步社区活动为契机，对凤山街道新林社区散居少数民族情况展开全面摸底。

【宗教事务管理】 一是加大民族宗教政策宣传力度。2015年6月19日，组织30名宗教人士参加市宗教政策法规学习培训活动，进一步加深了宗教人士对宗教政策法规的理解，提升对依法治理宗教事务重要性的认识，增强了做好宗教活动场所消防安全工作的责任感。以开展宗教政策法规学习月活动为契机，在区党政信息网开辟民族宗教专栏，公示依法批准行政许可事项，依法登记的宗教活动场所概况，普及民族宗教政策和法律法规常识，推动党的民族宗教政策全面落实。二是积极化解涉宗教信访积案。2012年，城区“修善观”续建综合楼项目受当地少数群众阻止，双方分别向区、市上访，形成信访积案。区主要领导高度重视并部署化解工作，由凤山街道办事处为主牵头，区民宗局等协助化解。2015年1月，经多次召开调解会，修善观住持林信专与后寮理事会签订《协议书》，综合楼重新开工建设，该信访积案得到妥善解决，9月综合楼主体竣工。三是推动三大体系建设加强宗教场所管理。推动建立场所管理组织体系，指导宗教场所以民主协商办法妥善解决管理组织历史遗留问题，推动一批爱国爱教、作风正派、有组织和工作能力的宗教人士充实到场所管理班子中，全区宗教活动场所管理组织初步形成了接班梯次。8月，批复成立捷胜云山观观务委员会；9月，开展宗教活动场所主要教职任职备案专项工作，依法对全区24处场所主要教职人员进行备案；对得道庵、普照寺、甘露寺、基督教汕尾堂等场所管理组织成员调整的申请依法予以审批；推动建立宗教活动场所消防安全体系是关键。1月20日，为推动全区宗教活动场所建立执行“七项”管理制度和加强安全工作，市、区民宗、公安、消防等组成联合检查组深入得道庵等重点场所，对场所建立、执行人员、财务、消防、应急等八项管理制度情况，重点对消防安全情况进行检查，对存在问题提出整改方案并限期整改。局高度重视消防安全工作，8月20日，牵头区公安消防大队、镇（街道）宗教分管领导组成区宗教活动场所消防安全检查组，对捷胜得道庵、汕尾天主堂等10处重点寺观教进行消防安全检查，对其存在问题逐一列表限期整改；9月底，局负责人与全区24处宗教场所负责人签订《安全管理责任书》，向12处农村天主、基督教堂免费发放了一批消防器材。全年全区宗教场所落实清理构筑“防火隔离带”8.6公里，添置、更新灭火器材156支/套，应急灯40支，安装监控摄像头20个，设置安全警示标志200块，悬挂建筑工地安全横幅3条，制作安全规章制度宣传栏3个，是年无发生安全事故；推动建立宗教活动场所财务安全体系，得道庵等区10处重点场所制定了《财务管理》制度并在银行开设了单位基本账户，落实财务管理规范化，消除“个人账”“小金库”和“坐收坐支”等现象，促进宗教活动场所财务管理制度化规范化。四是开展宗教专项工作。按照中央、省、市的部署要求，区民族宗教协调领导小组在5月、10月先后召开会议部署开展和整治违法违规设立功德箱等借教敛财问题专项工作，各地按照要求组织开展全方位的违法违规设立功德箱等借教敛财问题专项大排查，从全区排查上报情况来看，尚未发现宗教活动场所、文物保护单位、风景名胜区及旅游景区内有违法违规设立功德箱、假冒宗教教职人员等借教敛财问题。五是依法查处擅自设立宗教活动场所和非法宗教活动。7月，会同红草镇、相关部门及时处置平息一宗因乱建寺庙引起径口、海梧两村土地权属争议的群体性事件。在公安等部门的协作下，及时制止4宗非法集体宗教活动，其中8月3日制止洪某在海汕路径口段搭建佛堂举行中元节普渡法事事件，11月27日制止黄某组织的在汕可路品清段旁举行渡亡法会事件等。六是组织系列宗教慈善公益和服务社会活动，积极引导宗教与社会主义社会相适应。在2015年春节前和南海伏季休渔期间，宗教界发扬“乐善好施”的优良传统，继续开展“感恩·回报”慈善活动，以各种方式向该地生活困难群众伸出援助之手。佛教界为特困渔、农家庭发放大米、食用油、慰问金等；天主、基督教开展探访扶助困难群众活动。据不完全统计，是年区宗教界在这一活动中累计投入资金25.6万元，受惠贫困群众达2000多户。

（郑和悦、林鸿靖）

附：城区民族宗教事务局领导名单

局　长：郑和悦

建制镇(街道)概况

JIAN ZHI ZHEN (JIE DAO) GAI KUAN

凤山街道

【地理位置】 凤山街道位于北纬 22°37′40″ 至 23°38′35″，东经 115°13′24″ 至 115°14′54″，地处广东省汕尾市区东南部，东面濒临品清湖，西面与汕尾大道连接，南面与新港街道毗邻，北面为市汽车总站和芦列坑村。街道总面积为 21.09 平方公里，街道办事处驻设于市区四马路口。

【建制沿革】 凤山街道成立于 1989 年 2 月，辖原汕尾镇的第一至第五居委（社区）及盐町头、奎山、香洲、新林、卫东、革新等 6 个管理区（行政村）。1993 年 7 月增设凤苑社区居委会。1995 年 2 月芦列坑管理区从香洲街道析出划归凤山街道管辖。1997 年 4 月增设滨海社区居委会。1999 年 3 月 30 日，盐町头、奎山、香洲、新林管理区改为社区居委会；同年卫东和革新管理区合并设为卫东渔业村，2002 年 11 月改为小岛渔业村。同时，第一至第五社区居委会依次更名为联兴、文亭、凤照、安美和凤翔社区居委会。至 2015 年，街道辖 11 个社区（含 85 个居民小组），2 个行政村（含 18 个自然村）。

【人文特点】 2015 年，全街道户籍人口 76642 人，其中男 39314 人，女 37328 人；在总人口中，农业人口 4579 人，渔业人口 2191 人，非农业人口 69872 人；外来人口 10391 人，外出人员 8516 人。居民中汉族人口占 99.9%，有少数民族 76 人。是年人口出生率 11.49‰，自然增长率 6.48‰，政策生育率 91.47%。由于地缘靠近珠江三角洲和港澳地区，当地居民，特别是年轻一辈，文化方面既保持着海陆丰传统习俗又受港澳大都市文化影响。

【自然资源】 凤山街道辖区主要以平地为主，气候温暖，年平均气温为 21℃~33℃，水稻安全生长期 260 天左右，境内雨量充沛，年平均降雨量为 1800~2400 毫米，气候温和宜人。辖区内集“三山一湖”（凤山、鼎盖山、屿仔山、品清湖）为一体，人文景观和自然景观甚多，吸引众多海内外旅游者。主要旅游景点有刻载着汕尾港埠发展史的“关帝庙前街碑记”、革命烈士纪念碑、凤山祖庙、关帝庙，其中市级文物 1 个，区级文物 2 个。明末清初兴建的凤山祖庙、安美妈祖庙和关帝君庙，其建筑技艺集中体现了清代粤闽文化在这里的传承。凤山妈祖庙布局错落有致，前后宫殿建造风格，古香古色，具有传统建筑艺术特色，一座 16.83 米高，重 1000 吨，由 468 块福建惠安优质花岗岩石构成的妈祖艺术石雕像，屹立于凤山之巅，凤山祖庙旅游区已成为粤东旅游黄金海岸的重点景区。区内海域水产资源丰富，盛产海虾、海蟹和多种鱼类。

【基础设施建设】 辖区内商贸活跃，建立了较为完善的市场体系和市场网络，二马路、三马路、四马路、联兴街、掇鸟街、工联街等商场（店铺）接连无间，形成了以服装、金银首饰为主的特色街；有奎山鱼肉菜综合市场、经贸市场、香洲市场、新林市场、荣泰市场、凤苑市场、友谊市场、东辉批发市场，文明路的建材、维修、小五金配套的专业性市场，形成批发与零售，专业市场和综合市场协调配套的市场网络。

按照《汕尾市区建设总体规划》的要求，街道重点改造老市区、扩建新市区，使道路、公共设施、商业场所、民居等区域环境均出现大变化。2015 年，根据市、区关于加快市政建设的工作部署，为调整优化老城区商业功能结构，推动老城区商业发展，美化城市景观，打造文明、洁净、有特色、有内涵的汕尾城市名片。计划总投资近 1000 万元，对市区文明路、三马路进行升级改造。文明路改造主要从二马路口至三马路口，全长 300 米，对道路进行升级，道路两旁铺设地砖及绿化，在文明路辟出小广场，安放“百载商埠”巨石，安装中国结，划分停车黄线等。三马路全长约 680 米，改造主要包括骑楼走道地面铺砖、骑楼统一广告牌、骑楼柱头柱身装饰，危楼加固、光亮效果灯、旧骑楼翻新、墙面喷漆等，是年 12 月正式启动，项目正在推进当中。

【基层党建工作】 做好党员发展工作。2015 年，全街道共发展党员 19 名，进一步优化党员结构，增强党组织的活力。加强班子建设，街道重视支部建设，吸收年轻干部，使基层组织建设不断加强。“两新”组织党建工作深入开展。是年街道 46 家非公企业中，独立建立党支部的有 10 家，有 12 家建立1个联合党支部。推进基层党支部的规范化建设，健全民主集中会议制度及党支部的三会一课制度，不断增强基层党支部的战斗力和凝聚力。开展街（镇）领导干部普遍直接联系群众工作。街道成立13个驻点团队，由各驻点领导任组长，分别进驻13个社区（村），实行领导干部直联制，重点围绕开展宣传政策情况，掌握社区民意、听取意见建议、解决实际问题、推进基层治理等工作。及时为基层解决实际问题，疏民意，抒民忧、解民困，切实为群众办好事实事。2015年，全街道办理解决事项3260件，民事代理事项131件，使群众反映的合理诉求在家门口得到有效解决。开展创建法治村社活动。街道紧紧围绕区委提出开展“十个一”[出台一个村（居）民小组长管理制度；开展一次法治村社培训；开展一次法治村社普法教育；开展一次“三资”清理；创建一个法治村社示范点；推行一村一法律顾问制度；每周开展一次直联工作；每周排查一次社会治安隐患；评选一批法治村社先进典型；建立一套法治村社机制]的工作要求，明确项目清单，逐个落实推进，促进法治村社建设创建工作全面落实。2015年，全街道13个社区（村）的财务已到街道记账中心入数记账，6个经联社和11个合作社完成了各项数据的填写和电脑录入，并导入省“三资”管理平台,进一步推进基层治理。

【综合经济指标】 2015年，全街道实现规模以上工业产值28.51亿元，负增长11.3%；农业总产值0.99亿元，增长2.25%。完成全社会固定资产投资1.16亿元。

【工业和贸易业】 民营经济是街道的支柱产业，对经济增长起着十分重要的作用，街道十分重视民营经济的发展。针对企业用工难、融资难的实际，想方设法为企业排忧解难，为企业发展提供服务保障，帮助企业做强做大，从而拉动了街道经济的稳步发展。2015年3月，街道配合市、区人社局在辖区慈云山公园举办南粤春暖用工招聘会，为企业解决用工难的瓶颈问题。

【重点项目建设】 2015年，街道实行领导班子挂靠项目责任制，加强跟踪管理，扎实推进项目建设。一是万盛银湖湾房地产项目。占地13万平方米，建筑面积40.4万平方米，计划总投资15亿元，2014年已投入资金4亿元，是年，项目进入收尾阶段并完善各项配套设施建设。二是金海明珠房地产项目。该项目占地2.67万平方米，建筑面积17万平方米，四幢裙楼高二十九层的建筑，计划总投资3亿元，项目正在建设当中。三是龙湖湾地产项目，计划总投资2亿元，是年已全面封顶。四是金泰阳太阳能电站示范基地，计划总投资8.3亿元，其中土建投资3000万元，设备投资8亿元，占地面积3000亩，是年，项目正在建设当中。

【农业】 2015年，街道拥有耕地497亩，旱地167亩，山坡地8500亩，其中粮食作物播种面积655亩，总产量195吨；蔬菜播种面积815亩，产量1143吨；水果种植面积1100亩，产量2058吨。渔用机动船306艘，渔业养殖面积80公顷，海水产品总产量11530吨，其中海水养殖10174吨，海洋捕捞1356吨。街道继续巩固农业发展基础地位，充分发挥芦列坑近万亩宜林、宜牧、宜果山坡地的地缘优势，积极引导有经济能力的专业户兴办果场、养殖基地等，拓展特色经济。

【科技】 2015年，凤山街道坚持科学发展观，以扩大科技应用为出发点，以提高农民科技素质为突破口，以产业结构调整为途径，以发展经济有利于农民增产增收为目的，应用和推广科学技术。在水产养殖方面加大投入，更新了从养、收、产、销“一条龙”所有设备达到了产品出口的加工标准。依靠科技使水产品加工结构进一步加快调整，促进了整个行业快速发展。并多次邀请国家、省、市各级有关专家，深入生产场地进行科技授课，深化了水产品养殖文化。同时组织引导一批骨干企业进行体制创新，鼓励有实力的养殖企业实行跨地域、跨企业联合，实行企业上规模，提高企业资源的整体效益。

【教育】 2015年，街道党工委、办事处以科学发展观统揽全局，坚持把教育优先发展摆在重要位置，借“创强”东风，不断加大教育投入力度，强化学校管理，深化教育改革，全面推进素质教育，为街道“创强”工作打下良好基础。大力推进义务教育学校布局调整，积极促进区域内义务教育阶段学校的均衡可持续发展。在区教育局的帮助和指导下，2015年全街道学校管理逐步规范，办学条件不断改善，安全德育工作得到加强，素质教育得到提升，义务教育进一步巩固，适龄儿童入学率达100%。

辖区内有汕尾市技工学校、广播电视大学、体育学校、田家炳完全中学，初级中学2所（凤山中学、凤翔逸挥基金中学）、九年一贯制学校1所（田家炳中学香洲学校），小学7所（凤山中心小学、第四小学、继彭小学、盐町头小学、奎山小学、林伟华小学、园林小学），非完全小学1所（继彭小学），中心幼儿园1所。其中，区一级中学2所（凤山中学、凤翔逸挥基金中学），市一级小学1所（凤山中心小学），区一级小学3所（第四小学、奎山小学、林伟华小学），全街道学校实现楼房化、教学电教化。现有在职中小学教职工851人，在校学生11821人（其中初中学生4107人，小学生7714人）。

【文化体育】 2015年，街道以满足人民群众基本文体需求为目标，加快推进公益性、多层次、多元化、广覆盖的公共文化服务体系建设。一是大力推进公共文化设施建设。2015年，街道全面完成社区文化室建设，现13个社区（村）共有13个文化室，6个（社区）村设立了文化活动场所和休闲小公园，小岛村、文亭社区、盐町头社区、香洲社区、奎山社区、新林社区6个社区（村）开设“农家书屋”，收藏图书2.5万余册，丰富了群众文化生活。投资近100万元，分别建设了占地面积500平方米的新林社区居家养老服务站，购置了一批健身器材，为群众提供舒适休闲的活动场；建设小岛村200平方米的文化室，为党员活动提供方便；建设占地300平方米，总建筑面积600平方米的街道综合文化站，配套电脑16台，购买图书5000多册、并设置了青少年服务中心（内设体育运动器材），报刊阅览室、图书阅览室、电子信息阅览室、教育培训室、文化活动室以及宣传栏等功能区，定期开放图书阅览室、电子信息阅览室，坚持每周开放不少于40小时，为广大群众提供精神食粮。充分利用现有资源举办各种培训，以普及农技知识和科普知识为主，切实提高群众的各项技能、增强群众再就业机会。二是积极开展群众性文体活动。街道有4个全民性健身广场、7个简易篮球场、3个足球场，有广场舞、太极队、狮队、腰鼓舞等6支健身队伍。街道多次在慈云山公园和妈祖广场举行全民健身活动大型表演，演出人员达上千人，有广场健身舞、太极表演、民乐、气功表演等多个集体演出节目。每逢节假日，街道组织开展象棋、猜谜、乒乓球、篮球等形式多样的文体活动，丰富了群众的精神文化生活。三是开展文明户和文明家庭创建活动。2015年，全街道评上文明户6935户，文明家庭4821户，使之形成崇尚文明、向往美好的新风尚。

【卫生】 街道辖区内有汕尾市人民医院、汕尾市中心血站、汕尾市妇幼保健院、汕尾市疾病预防控制中心、凤山卫生院等5家大中型医疗机构，医护人员约1300多人。其中凤山卫生院为街道下属医院。街道还拥有3家社区服务站和3家卫生站，基本上满足了街道的卫生防疫、诊病、治疗的需求。

凤山卫生院位于汕尾市区文明中路左14号，是一所集医疗，预防，保键，康复，健康教育，计划生育为一体的社区综合性医院，全院干部职工84人，病床22张。医院内设：内科、外科、妇科、五官科、中医科、理疗科、功能康复科等临床科室和B超，心电图、放射、化验等医技科室。妇科更是医院的特色科室。医院经过多年的发展，医疗技术不断提高，对地方病、常见病、多发病的诊疗积累了丰富的经验。医院有彩色及黑白B超机、三通道全自动电图机、400毫安X光机、生化仪、尿液分析仪、全自动血细胞分析仪等医疗设备，开展各项临床检查，能满足群众的各种医疗需求，为辖区医疗公共卫生事业做出了很大贡献。

【综治维稳】 为防止大规模群体和暴力上访等突发事件，街道综治信访维稳中心工作人员，对上访群众认真接待，安抚群众情绪，详细了解矛盾缘由，对上访群众进行劝解和法律法规、政策解说，引导群众以合理方式反映合理诉求。一是加大矛盾排查调处。2015年，街道推进维稳工作源头治理，前端防范，加强排查调处各类矛盾工作力度，有效把矛盾化解在基层，问题解决在萌芽状况，实现了街道辖区和谐稳定，经济社会协调健康发展。二是加强信访工作。坚持街道班子成员和党工委书记、主任接访日制度，落实信访领导责任包案销案制度，切实为群众排忧解难。是年接待群众来信15件、来访7批8人次。三是加大打击违法犯罪力度。2015年，街道共查获各类刑事案件146宗，抓获犯罪嫌疑人62人，查处治安案件231起，查处黄赌毒案件41起，增强群众安全感，以良好的社会秩序为街道的经济建设保驾护航。

【民心工程和社会保障】 街道坚持以人为本，认真抓好民心工程和社会保障工作，让群众得到实惠。一是民生工作落到实处。是年为复员军人烈属、残疾人员等181人，发放优抚款120万元；为低保五保对象1654人，发放低保款711.8万元；落实38万元为农村低收入困难户，改造危房35间；为生活困难的群众发放12.8万元的临时救济。2015年城乡居民医保参保46532人，参加城乡养老保险10247人。二是做好环境卫生综合整治活动。2015年，与临街商铺住户签订“门前三包”责任书1161份，使环境卫生规范管理进入常态化。三是社会各项事业协调推进。在广东志愿者网开通凤山街道办事处服务平台，并注册了志愿者671名。街道多次组织志愿者参与创建文明城市建设活动，开展以“垃圾捡起来，汕尾白又白”为主题活动，深入辖区内重点路段开展整治行动，助推了文明城市的创建工作。四是计生工作扎实推进。街道落实计生层级管理工作责任制。2015年，辖区人口出生率11.49‰，政策生育率91.47‰，完成四术820例，其中结扎211例，其他“三术”609例。五是殡改工作取得新的成效。是年，按照市区二级规定实施火化“一刀切”，2015年度遗体火化数达303具，完成上级下达的任务90.1%。六是推进教育强街工作。街道坚定不移地实施“科教兴街”战略，坚持把教育摆在优先发展的首要位置，借“创强”的东风，不断加大教育投入，强化学校管理，深化教育改革，全面推进素质教育、扎实推进创强工作的落实。2015年，投资350万元，建设凤山中学教学综合楼，占地300平方米，建筑面积1800平方米，设置教室、功能室、活动室等；投入70.8万元打造校园文化和美化、绿化建设，进一步优化教育环境。投入300多万，筹建街道中心幼儿园；投资431.3万元，完成全街道多媒体教学平台进课堂项目，促使该街道学校成为布局合理、环境优美的育人好场所，为教育强镇打下坚实的基础。

【其他】 街道武装部下辖13个社区（村）民兵营，2015年，街道征集兵员21人，圆满完成上级下达的征兵任务。是年，凤山街道凤翔社区民兵营营长陈远涛被汕尾市军分区评为“优秀民兵营长”，凤山街道盐町头社区被城区武装部授予“先进民兵营”称号。

（吴怡明）

附：凤山街道办事处领导成员名单

街道党工委书记：刘宗棍（2015年11月10日任）

副书记：林悦钊

欧阳少伟（2015年12月29日任、挂职）

委　员：凌巧雅

韩如初

连清荣

何文学

陈响友

陈德伦

吴锦新

黄进英

办事处主任：刘宗棍

副主任：韩如初

邱小健

林莉莉

工会主席：吕碧娱

香洲街道

【概况】 香洲街道位于汕尾市区西南部，是市、区二级党政办公所在地。辖地依山临海，东连东涌镇和凤山街道，南邻新港街道，西接马宫街道，北与红草镇交界。辖区总面积约20.8平方公里。户籍总人口79913人，外来人口41200多人。

香洲街道原属海丰县汕尾镇，1989年2月经汕尾市人民政府批准，撤销汕尾镇，划分为香洲街道、凤山街道、新港街道。香洲街道下辖东兴、中区、园林、后径、城西、新兴、西兴、新区、新瑶、城南、新城、兴祥12个社区和梧桐、西洋2个行政村。街道内设党政办公室、社会事务办公室、经济发展办公室（增挂农业办公室）、计划生育办公室4个办公室。综治信访维稳中心及站所按要求设置。

【基层组织建设】 2015年，香洲街道树立党建是第一保障理念，在发展经济的同时，采取一系列措施，全面增强基层组织建设。

增强基层组织履职能力 调整配强社区支部书记2名，选配街道直属单位党支部书记6名，选调2名基层工作经验丰富人员分别到城南、园林社区党支部任第一书记，培养了14名基层党组织后备干部，不断提高基层组织履职能力。严格落实理论学习中心组制度和“三会一课”制度。是年，组织集中学习8次、“三严三实”专题教育3场次、书记讲党课2场次，举办“道德讲堂”3场次、“法治讲座”2场次，组织经验交流座谈会5场次，进一步提高党员干部整体素质。健全完善街道党政联席会议、党建工作例会、民主评议和党员联系群众等制度，促进党组织生活和工作规范化、制度化；在社区（村）实行了“四民主”（即民主提事、民主议事、民主理事、民主监事）、“四议两公开”(党支部提议、“两委”会商议、党员大会审议、村民代表会决议，决议公开、实施结果公开）工作法，特别是经济开支实行“两笔”会签制度；居（村）民小组全面落实《汕尾市城区村（居）民小组长管理制度（试行)》，逐步改进完善了村级组织制度和各项工作机制。把好党员质量关，重点在有文化、“双带”能力强的青年中发展党员，2015年吸收预备党员18名，转正党员25名，到年底街道党员1247名，并组织分期分批轮训，提高了党员思想政治、文化知识水平和带领群众致富的能力；健全管理监督制度，党员干部的法律素质和依法行政能力明显提高，廉洁勤政意识明显增强。

整顿“软弱涣散”党支部 2015年，经排查，城南、园林2个社区都不同程度存在着“三公开”工作不规范、服务意识不够强等问题，拟采取“三个一”（一名领导挂驻指导、一个工作组帮助整改、一套方案落实整改）和“一社一策”措施着力整顿。成立由区领导任组长的整顿工作组，街道主要领导挂点，选派精干人员任社区第一书记，按规定动作列出问题清单、建立台账，制订整顿方案；以完善制度为切入点，加强指导监督，按时定期落实“三公开”[党务公开、村（居）务公开、财务公开]制度，并结合实际形成制度汇编，加以落实执行；加快社区公共服务平台建设，创新施行办事一次性告知和首问负责制，打造“一站式”服务。城南社区已完成了服务平台建设，并美化了办公环境，配套了办公设施、设备等；园林社区服务平台建设项目也在申报之中。2个社区已按要求完成整顿转化工作，同时建立长期联系制度、督查指导制度和预警工作制度，防止整顿工作出现“反弹”，努力形成整顿工作新常态，并以点带面，全面推动整个基层组织建设。

加强基层组织法治建设 是年，把法治村社创建活动作为“书记项目”来抓，成立工作领导小组，抽调精干人员成立督导组和办公室，制订活动实施方案及项目清单、工作台账，做到机构、人员、措施“三到位”。结合实际将活动“十个一”主要内容细化分解为28个项目，多措并举、因势利导，全力做好创建指导、学习培训、经验交流等服务工作。贯彻落实《汕尾市城区村（居）民小组长管理制度（试行)》，严格规范基层干部管理；加强“三资”清理和管理，落实“村账镇代理”、村干部离任审计、“三公开”等工作，全面提高法治村社创建质量。

深入推进驻点联系工作 创新工作方法，打造驻点联系工作“三日法”（周一下驻点收集情况；周二汇总分类安排；每月底民主评议、小结)，促使驻点联系工作取得实效。通过点对点结对帮扶群众，面对面直接联系群众，做好民事代理工作，做到解民忧、抒民困。2015年，接待群众1600多人次，走访群众12656户，走访率达80%；受理民事代理968件；群众诉求620件，办结601件；化解各类矛盾纠纷32宗，调解成功率达100%。在驻点联系工作中融入中心工作，利用进村入户的机会，加大禁毒缉枪和环境卫生整治工作宣传教育、红海西路征收拆迁建设宣传动员，督促沿街商住户落实“门前三包”责任等。促使党员干部增强为民服务宗旨意识、密切党群干群关系，进一步强化基层组织服务发展的能力。

提高基层服务能力和保障 加大经费保障投入，落实现职村级干部待遇和每个社区（村）支部投入不少于5000元，保障日常工作和党建活动正常开展。加大基础建设投入，统筹和规范村级公共服务项目，落实村级活动场所建设，并着力解决村级办公场所。是年筹资30多万元帮助新城社区解决购置办公楼的问题；筹集资金15万元新建中区、城西、新区、城南社区公共服务站并配套办公设施，改善了基层为民服务能力和办公条件。

完善反腐倡廉体系建设　政务整治、正风肃纪集中行动取得成效，进一步统一干部职工思想，增强推动各项工作自觉性；进一步严明工作纪律，落实执行各项规章制度，消除了干部职工“庸政懒政怠政”等现象；促使干部职工知责明责、履责尽责，做到为民务实、勤政廉政，树立起人民公仆的良好形象。落实党风廉政建设责任制，强化细化主体责任和监督责任，加强纪律教育和廉政文化建设，积极开展农村基层党员干部违纪违法线索排查。2015年排查线索15条，按党内“两个条例”转立案2宗、处分违纪党员2名。遵循党内“两个条例”和“八项规定”，严格执行领导干部述职述廉、民主评议、民主生活会、经济责任审计等党内监督制度，加强对基层干部执政行为的监督和约束，全面深入推进反腐倡廉建设。

【综合经济指标】　2015年，全街道实现工农业总产值403189万元，其中工业总产值394839万元，同比增长4.9%；农业总产值8350万元，同比增长3.6%。固定资产投资总额9.2亿元，比增13.6%；社会商品零售额21.9亿元，比增6.8%。各项经济指标按年初计划完成或超额完成，街道整体经济保持平稳持续增长的良好态势。

【重点经济项目建设】　坚持“项目强街”工作方针，落实责任制，聚集精力，强力推进各个重点项目工程建设。2015年12月初启动市区红海西路建设，成立3个由区、街道、社区干部组成的征收拆迁工作组，细化为20个工作小组，进村入户做好被征收拆迁户的思想工作和政策宣传，全面铺开房屋征收拆迁工作。12月中旬联合有关部门对西门市场段违章建筑实施依法拆除。顺利推进文德路、康平路地上物登记补偿工作，到12月底进入2条道路的征收补偿收尾工作，并有序组织推进路面清表、管道铺设。国泰增产投资已完成硬件建设，生产线投入了生产经营，增加了经济效益。是年，投入近35万元完成了盐仕村东道路建设，改善了周边群众居住和出行环境。陆续投入近50万元完成西洋村、盐仕村等西片区灌溉排洪渠道清理疏通和堤肩加固等工程，增强了农业水利设施建设，促使农业增产、农民增收，改善西片区的生产生活条件。墩下城城墙修缮已修改完善方案，修缮工作提上议事日程。中小学校教育“创强”有序有效推进，香洲中学、逸夫学校综合楼等已动工建设，小学校“创强”项目有序组织实施，教育水平得以进一步提升，推进了街道教育事业全面发展。

【农业】　街道以农民增产增收为立足点，充分利用区域自然资源优势，着力打造有地方特色的农业产业，逐步推进农业产业化发展。在后径、新兴、西兴、梧桐和西洋等社区（村），重点引导农民种植果木、蔬菜、花卉，发展“三鸟”和海淡水养殖。2015年，全街道经济作物种植面积5700多亩，其中粮食种植面积930亩，总产量372吨，产值230万元；水果种植面积1690亩，总产量1203吨，年产值1455万元；蔬菜种植面积3050亩，总产量3532吨，年产值1865万元；花卉苗圃种植面积110亩，年产值450万元；海淡水养殖面积500多亩，年产值1020万元。加大资金投入，加快农田灌溉排洪渠等基本建设，改造升级电网水网，逐步向发展生态农业、景观农业和林下种植延伸；以国泰食品集团等海产品加工企业为龙头，以养殖基地为依托，采用“企业+基地”的经营模式，初步形成农民增收、生态改善、村级经济可持续发展的一大亮点产业。

【工业】　街道优化发展环境，加大招商引资力度，引进了一批科技含量高、有实力、重环保的企业进辖区发展，夯实辖区经济基础。2015年，全街道规模以上工业企业有大中华、万盛针织厂、国泰食品集团、维明生物科技有限公司、海饶冷冻厂、林记食品厂、西兴饲料厂等，其中国泰食品有限公司是国家农业产业化重点龙头企业。2015年全街道规模以下工业企业129家，其中，新增3家；个体工商户561户，其中新增4家。

【商业】　香洲街道地处市区商贸圈中心，是各类商业企业的聚集地，商贸往来频繁。辖区内有巴黎半岛酒店、豪都酒楼、海珍酒楼、泰林酒楼、友谊宾馆、富临酒楼等餐饮住宿企业；有信利、协兴、信诚、华赢等大型综合商场；有新楼、奎山、永昌、新兴、百汇、西门等农贸市场；有苏宁、根德、美侨等大型电器商场，是手机、电子产品、家电的集散地。商贸的快速发展，为香洲街道经济社会发展注入新的活力，也带动货运、物流等其他产业的蓬勃发展。城乡接合部的东兴、梧桐、西洋等社区（村）逐步形成“农家乐”、乡村会所、水上活动基地、休闲运动场所等多种形式的乡村旅游经济实体。

【交通】 香洲街道位于汕尾市区中心，是全市、全区政治、经济、文化、商贸、教育、医疗的中心，常住人口密集，流动人口往来频繁。辖区内社区（村）的道路基本完成水泥硬底化建设，有汕尾大道和通航路纵横贯通，与文明路、通港路、城南路、城内路、香城路、红海路等道路形成交通网格，加上濒临汕尾港，海上交通便利快捷，水陆交通发达。2015年年底启动红海西路建设，预计到2016年年底建成通车，将形成西片区交通网络，极大地改善街道西片区交通和缓解市区交通压力，优化西片区发展环境。工业大道西和金鹏路等道路整治已提上议事日程。

【文化体育】 香洲街道历史文化悠久、底蕴浓厚，人类文明历史最早可追溯到新石器时期，现西兴社区埔上墩村尚存有新石器时期人类活动遗迹，具有较高的考古价值。城西社区的墩下城有400多年的历史，是全国两座保存最完整的明代海防城池之一，也是广东省至今保存最完整的一处明代建筑。墩下城城墙2008年被列为省级文物保护单位，为加强文物保护，街道聘请省考古专家多次到墩下城实地考研，编制出墩下城城墙保护总体规划，经反复修改、不断完善，2015年，修复工作提上议事日程。是年，加强古村落、文化祠堂和历史人文遗迹等普查登记工作已在开展。

街道坚持以人为本原则，加大对公共文化体育设施投入，大力发展文化体育事业。在辖区内创建了1个文化站和14个社区（村）文化室，并不断完善站（室）内网络、电脑、投映仪等设施建设，增添与群众生产生活相关的各类书箱，满足群众学习需要。并依托文化站（室）举办“道德讲堂”活动8场次，有干部职工群众约1100多人次参加，广泛深入宣传新时期时代精神和道德人物先进事迹，弘扬社会主义核心价值观，营造出先进文明理念内化于心、外化于行的社会氛围。每年在春节、元宵等重大节日组织演戏、舞狮、灯谜、杂耍等大型活动，陶冶人民群众情操和丰富娱乐内容。2015年，大力落实文体惠民政策，西洋村头公园、西兴村广场在原基础上安装了篮球架、单双杠、乒乓球台等体育设施和休闲娱乐设施，为人民群众生产之余的休闲娱乐健身提供活动平台，提升全民健康素质和群众生活质量。

【教育】 街道辖区内有义务教育阶段学校13所，共有教师475人，学生8262人。其中：公办初级中学2所，有学生1693人；公办小学7所，有学生4732人；民办小学4所，共有学生1837人。九年义务教育覆盖率达100%。是年，街道坚持办人民群众满意教育的宗旨，全面推进教育“创均创强”工作。香洲街道中心小学及新区、梧桐、新楼、西联等小学充分利用学校现有条件，加快改造升级，对教室外墙、操场进行重新粉刷和铺设，使学校整体面貌焕然一新，增设了多功能综合教室，并不断完善电教课室设施。香洲、逸夫2所中学积极争取上级教育扶持资金，新建综合教学楼，增加多媒体室、语言室、藏书阅览室等多功能教室，增强教育功能和提高办学水平。加大教学资源整合力度，合理科学调整了学校布局，西洋小学退出办学，拟设立香洲街道中心幼儿园，弥补街道一直没有中心幼儿园的空白。加大校园安全隐患排查力度，确保办学安全。

【城市治理】 加强城市环境卫生综合整治，街道成立综合巡查队，社区（村）设环境卫生监督员，全天候上街巡查监督，规范市民生活垃圾定时定点投放，并采取蹲点、巡查相结合措施，对屡教不改者实施依法处罚和媒体曝光，2015年处罚75宗、曝光6宗。建立“门前三包”管理制度，组织举办创建通港路“门前三包”示范街活动，推进辖区主要街道责任单位落实“门前三包”责任，并将全街道临街商铺、个体户和住户纳入环境卫生管理监督。结合“创文”工作，整治城内路、城南路、通港路等主要道路乱摆摊、乱占道等违规经营，使交通顺畅、城市运行井然有序；集中清理汕尾公路、金鹏路等建筑垃圾，重点整治了盐仕、后径、新楼等地饲养场所；加大投入改造部分排污设施，减少污水倒灌污染环境，消除“脏、乱、差”现象；加强辖区内垃圾中转站和临时垃圾堆放点的建设管理，在重大节假日组织开展大扫除、灭蚊灭鼠等公益活动，使环境卫生从根本上得到改善。加快城市景观林、村庄经济林、交通要道绿化和广场美化等建设步伐，推进城市大绿化建设使城市面貌有“绿、亮、美”的提升。

【综治维稳】 严格落实社会治安综合治理责任制，做到每周一排查一研判、十日一督查，重大节假日实行每日一查一报和即查即报制度，每月配合区委开展区委书记大接访活动，达到“强综治、创平安、促发展”的目标要求，维持辖区平安稳定的社会环境。抓好信访维稳，认真落实联席会议制度、大接访制度、信访值班制和人民调解制度，促使接访规范化、制度化，力争把矛盾解决在基层和萌芽状态，不发生越级和集体上访事件，巩固基层维稳的“第一道防线”。2015年累计调处群众矛盾96宗，成功调解矛盾纠纷94宗，成功率达98%。抓好集中整治，对多发治安案件重点区域和突出治安问题进行集中整治，多部门联合实施重点打击行动9次，使社会面治安稳定可控。打击涉毒涉枪犯罪活动，加大宣传教育攻势，在办公楼显眼处、群众活动集中场所设置宣传栏17处，累计悬挂横幅67条和发放宣传品2.5万张，组织干部职工和群众参加涉毒涉枪犯罪审判大会，开展宣读活动18场次，让干部职工群众充分认识到涉毒涉枪犯罪活动对社会危害性和加大打击的迫切性，形成全民参与打击涉毒涉枪犯罪的浓烈氛围。加强排查清理和重点打击，到是年12月底止，街道累计出动人员7286人次，排查清理场所4993处，对易藏匿涉毒涉枪犯罪行为的区域开展“地毯式”的排查清理和联合整治，做到“横向到边、纵向到底”，不留盲点和死角，不放过任何蛛丝马迹。全年破获毒品案件10宗，抓获犯罪嫌疑人9人，均实施刑事拘留；查处吸毒案件36宗，抓获吸毒人员38人；依法强制关闭KTV一间，打击涉毒涉枪犯罪活动取得一定成效，形成了威慑和高压打击态势。

【计划生育】 以稳定低生育水平、提高人口素质为目标，做好人口和计生工作。创新计生服务，坚持计生日常服务和集中服务相结合，全街道2015年育龄夫妇17252对，总出生929人，出生率11.48‰，政策生育率91.50%，自然增长率5.75‰，完成“四术”任务847例。加强计生管理，完善计生层级动态管理，组建三级责任链，层层签订计划生育责任书，形成管理网格；改进硬软件设施，加大信息采集力度，完善计生服务对象全员信息系统数据。加大服务力度，以婚育学校为服务站点，加强设施建设，做到流动人口与户籍人口同管理、同服务，定期举办生殖健康、优生优育等服务，加大对计生服务对象的帮扶力度。加大计生政策宣传，采取印发宣传册（单）、上街设点咨询等方式，多层次多形式宣传国家计生政策。经省、市、区计生工作考核，该街道计生工作均达标通过。

【社区服务】 街道坚持“以人为本”原则，切实做好社区建设和服务工作。加强安全生产和应急工作，坚持“安全第一、预防为主、综合治理”的基本方针，落实“一岗双责”（对分管业务工作负责，对分管业务范围内的安全生产工作负责），开展大排查大整治活动，大力整顿消防安全隐患，2015年累计共出动人员300多人次，检查企事业单位410多家，易燃易爆场所5家，“三小”场所（小档口、小作坊、小娱乐场所）68家，有效地遏制安全事故发生。成立4个防山火巡查小组定期对大鹏山等林区进行巡查，在清明节期间组织人员在进山主要路口设卡和上山巡查，发现火源全力组织扑救，保护林区安全和森林资源。在汛期期间街道领导带队值班，全员严阵以待，做好应急预案，确保安全度汛。全年辖区内没有发生重特大消防安全事故。加快建设人民防空防灾志愿者工作站，加大宣传教育培训，增强群众防灾救灾意识和应急自救知识。

认真细致做好民生服务工作，全街道低保对象594户1499人，每月发放低保金44.5万元；“五保户”42人每月发放2.2万元；孤儿39人每月发放2.96万元；优抚对象242人每月总发放11.86万元，其中三属抚恤14人每月2.1万元，复员军人定补6人每月0.5万元，带病退伍军人定补49人每月2.5万元，残疾人员抚恤18人每月发放2万元，60岁农村籍退伍兵46人每月发放0.38万元。全年临时救济和慰问款8.5万元，下发大米、食油、棉被、食物、日常用品等救灾物品一批，基本解决了困难群众和受灾群众生活急需问题；完成7户危房改造和廉租房补贴 12 户，改善低收入群众的基本生活条件，使其安居乐业。

做好劳动就业和社会保障工作，充分发挥各类社会团体职能作用，联合职业学校举办各类技能培训，提高劳动力就业能力。2015 年组织 1900 多人次参加技能培训，比 2014 年同期增长 5.6%；帮助解决富余劳力 1780 人就业问题，实现下岗失业人员 400 多人再就业，就业困难人员 100 多人再就业，转移农村劳动力 450 多人，促进 80 多人自主创业。以民生为本强保障，积极动员市民参加城乡养老保险，提高城乡养老保险覆盖率；增强服务意识，提高服务水平，抓好城乡医疗保险工作，严格按照有关规定和手续办理参保和医疗费用报销，做到便民利民。2015 年度城乡居民养老保险参保人数 18503 人，完成年度任务的 94.9%，参加医疗保险人数 47273 人，完成年度任务的 94.3%，让国家惠民政策落实到位。大力推行殡葬改革，打击丧事大操大办和偷埋偷葬的现象，全街道完成火化 288 具，全额完成年度任务，树立起文明办丧新风尚。

【旅游】 香洲街道历史悠久，文化丰厚，旅游资源独具地方特色且丰富。有明代海防城池墩下城遗址、山清水秀的琉璃径岭水库、历史韵味浓厚的埔上墩官道等旅游胜地；有夏天消暑的西洋水上基地、赤岭水上乐园，风光旖旎的霞洋海边沙滩，市民户外攀登的西洋、梧桐后山都是游乐观光的好去处；有奎山休闲公园、大鹏山森林公园、沙滩公园、城西多功能健身园等休闲娱乐场所；有觉源寺、福缘寺、关帝庙等宗教活动场所。

（吴　静）

附：香洲街道办事处党政领导班子成员名单

党工委书记：吴城池
副　书　记：詹胜聪
　　　　　　刘　槐
委　　　员：林木利
　　　　　　何世群
　　　　　　林悦彬
　　　　　　李小燕
　　　　　　曾昭极
　　　　　　孙振江
　　　　　　吴春莉
　　　　　　吴　静（2015 年 11 月任）
办事处主任：詹胜聪
副　主　任：曾昭极（2015 年 12 月任）
　　　　　　蔡慧敏
　　　　　　江海航
人大联络室主任：林木利
纪工委书记：孙振江
工会主席：刘楚瑜

新港街道

【概况】 新港街道于 1989 年 2 月成立，辖区范围以二马路、通航路、汕马公路为界，沿汕尾港南北两岸分布，总陆地面积 17.03 平方公里。下辖 5 个村委会（芳荣、新港、红卫、前进、东风）和 5 个社区（海滨、海港、立新、新园、金海），2015 年，设 27 个党支部，总人口约 5.7 万人，渔业人口约 2.3 万人。

【渔业经济平稳发展】 2015 年，街道通过抓早抓主动，引导渔民紧抓渔汛，确保渔业生产。是年 2 月 21 日，红卫就有 3 对渔船出海生产。至 2 月 24 日，街道就有 200 多艘渔船出海生产，砍获第一次渔汛的大丰收。街道全年渔业产量达 9.5 万吨，创值 8.6 亿元。是年 5 月 5 日成立新港海嘉渔业专业合作社，同时下设弘海渔业合作社、东风渔业合作社、前进渔业合作社三个分社，把渔业产品做成一个大的渔业品牌，包括渔业后勤配套产业、渔业产品深加工及有关的技术培训、技术交流和咨询服务等。

【农业产业结构得到进一步优化】 2015 年，街道进一步调整农业产业结构，优化渔农业产品。一是加强了对农业工作的考核，强化了指标，注重平时的抽查、检查、督促，推动农业的发展；二是强化新型农民技术培训，走科技发展之路，并且狠抓蔬菜新品种的试种引种和推广，努力引进新品种，引导业主推进农业产业化进程；三是加大农村饮水、道路等基础设施建设力度，改善农村发展环境。

【推动党建工作取得新成就】 一是通过结合街道自身实际，将直联工作与创建法治村社活动有机结合起来，实施每周一驻村直联团队上午到村、驻社区直联团队下午到社区的“三固定”形式开展“直联”工作，落实好直联工作“五大任务”(宣传政策法规、掌握群众信息、听取群众意见、解决实际问题、加强组织建设)，真正打通服务群众“最后一公里”问题。据统计，2015年全街道共开展了45轮“直联”工作，共接待群众5000多人次，为群众解决实际问题1106件，街道共投入资金41.85万元。二是在党员纳新工作方面，街道党工委严格按照中组部发展党员“十六字”方针(坚持标准、保证质量、改善结构、慎重发展)，严格把好发展党员的程序、资料、政审、计生四大关，注重从大学毕业生及退伍复员军人中培养和发展党员。是年，全街道共发展预备党员14名，培养入党积极分子12名，入党对象2名。三是“有的放矢”开展好政务整治、正风肃纪活动与党员干部违法违纪集中线索排查工作。

【信访维稳】 2015年，街道以维护社会稳定为首要任务，以增强人民群众安全感为目标，以创建平安街道、社区为主线，化解调处各类矛盾纠纷，全面做好综合治理工作。一是做好禁毒工作，街道在区委、区政府和区禁毒委开展雷霆扫毒专项行动统一部署工作中采取有力措施，全力开展和推进雷霆扫毒专项行动，2015年，街道共出动人员3085人次，清查、排查出租房屋、城乡结合部、果场、石场、养殖场等共8450处，为建设平安街道，构建和谐社会做出应有的贡献。二是做好信访维稳工作，重视群众来信来访，不断健全矛盾纠纷排查调处机制，把问题和矛盾化解在源头和萌芽状态，确保全街道社会大局稳定。有效预防和妥善处置群体性突发事件。认真抓好普法教育，努力提高全社会的法制意识。是年7月1日通过开展信访条例咨询宣传活动向群众宣传信访条例等，让基层干部懂法依法办事，让群众知法守法，从根本上推进基层依法治理。

【教育、卫生、文化事业】 一是以“法治村社”创建活动为载体，充分利用“一社区一法律顾问”制度，组织驻社区法律顾问为“两委”干部、居民小组长和居民代表开展普法教育，提高了法治意识和依法办事、依法治村的能力。二是以开展城市管理、环境卫生整治工作为契机，力促辖区市容市貌管理水平上新台阶。2015年，整治工作开展以来，街道巡查队开出罚单35张，共计罚款2200元；向商铺、住户派发门前三包和环卫管理宣传单和致群众的一封信3000多份。三是积极开展群众性文化活动。办事处各社区居委会组建了自己的渔歌队等，以社区文化大院为阵地，开展自娱自乐的文化活动，丰富了居民的业余文化生活。四是以“文明城市”创建为载体，积极开展创文工作。五是以社区红白理事会为依托，大力实施婚育新风进万家，倡导厚养薄葬、丧事简办的理念，创造健康文明新生活。

【全员参与，做好火灾隐患重点地区整治迎检工作】 为迎接市政府是年年底对街道火灾隐患重点地区整治工作的考核验收，并实现顺利摘牌，街道党工委、办事处高度重视，将火灾隐患重点地区整治工作作为一项中心工作抓紧抓实，大力开展宣传工作和对辖区内“三小”场所（小作坊、小档口、小娱乐场所）、重点单位等进行网格化排查整治，消除隐患，是年4月以来共出动684人次，共排查生产经营单位584家，其中“三小”场所532家，公共聚集场所23家，其他29家，发现隐患43起，隐患整治完成率100%；在建建筑29处，打通消防通道5处，投入18万元，整治、铺设城中村及老旧住宅区市政消防供水管网700米，开设逃生口40个，增加消防栓25个，同时将排查整治的资料、照片等进行整理归档，建立台账。隐患监控率、监察合格率、隐患整改率均达到100%，消除了隐患，杜绝了重大事故发生。2015年，无发生一起安全生产责任事故。

【做好医保、计生等方面工作】 一是2015年城乡居民基本医疗保险面进一步扩大。经过制定措施，各村和有关部门的共同努力，全街道参保人数达44121人。二是加强计划生育工作，有效控制人口增长，是年，全街道出生率控制在11.31‰，计划生育率达到91.42%，自然增长率达到6.07‰，人口与计生管理目标责任制全面达标。三是通过强化工作责任，严肃查处违法违规行为，基本上杜绝了偷埋乱葬行为的发生，确保区下达的火化任务完成。

【扎实推进城建工作】 2015年，共出动执法检查人员600多人次，配合市城管局发出停建通知书和拆除通知书共347份，查处停建工地8宗，占地面积共8985平方米，建筑面积共12150平方米；对大马路、二马路、海边街、广场路、文明路、通航路等路段，占道违建摊档进行清理清查，共拆除商铺90间，共450平方米。

（彭希流、吴　健）

附：新港街道办事处领导名单

书　记：李树荣（2015年11月离任）

副书记：彭少华

　　　　彭希流

委　员：许永斌

　　　　李　利

　　　　曾彦森

　　　　施辉胜

　　　　陈寿华（兼港口派出所所长）

办事处主任：彭少华

副主任：许永斌

　　　　卢友聪

工会主席：余敏玲

马宫街道

【概况】 马宫街道地处红海湾畔、汕尾市区西部，东与红草镇及汕尾市区接壤，西北隔长沙湾与海丰县石安半岛相望，西、南两面濒临红海湾，属亚热带海洋气候，一年四季气候温和、阳光充足、雨量充沛，2015年平均气温21.3℃，年平均降雨量1929.4毫米。面积22.63平方公里，海岸线15公里，常住人口33997人，其中户籍人口20331人，华侨、港澳台同胞6000多人。下辖7个行政村（社区），分别是马宫社区、深渔村、盐町村、浪清村、新北村、长沙村、金町村。

【历史沿革】 明万历三年（1575年）于马鬃山下建成天后庙（贯称“妈祖宫”）。“妈祖”显威名，慕名至者众多，清中叶该地成集镇，先以马鬃山得名“马鬃镇”，后因妈祖宫名盛易称“马宫镇”一直沿用。清代隶属惠州府海丰县金锡都，辛亥革命后几经归属。中华人民共和国成立初，马宫属海丰县第五区，曾与红草镇合称“青马镇”，1959年4月从红草公社析出，设马宫镇人民政府。1988年3月设汕尾市，马宫镇划属市城区，2002年12月，经省民政厅批准，马宫镇更改为马宫街道，区域不变，2005年正式挂牌。

【自然资源】 马宫街道自然条件优越，资源丰富、滩涂广阔、渔场临近，盛产鱼、蟹、虾、蚶、牡蛎等。2015年年底，全街道有海水养殖面积1242公顷，有渔船465艘。马宫三面环水、交通便利，水路由马宫港可通汕尾、汕头、广州、香港等地港口，陆路有深汕高速公路过境并在长沙村设有互通口，厦深铁路过境马宫，汕马公路、海马公路联通汕尾市区、海丰县。马宫拥有妈祖庙、普照寺、倚壁虎炮台、长沙炮台、浪清烟墩、浪清蚝石栏、碑刻等丰富的人文景观，也有白沙浮、南湖海、金町湾等吸引众多游客的旅游资源。

【基层党政建设】 *坚持深入开展驻点联系群众工作，切实解决民生实事* 2015年，街道坚持把“直联制”工作作为街道群众路线教育实践活动的有效延伸，扎实推进。一是紧扣核心要素，切实解决民生实事。直联制工作的“核心”就是联系群众，“三个要素”就是“驻点”“普遍”“直接”，街道驻点团队坚持紧扣“一个核心三个要素”开展直联制工作，切实做到主动上门走访群众，主动了解群众需求，主动协调解决问题，切实解决了一批民生实事，获得广大群众的肯定与好评。马宫社区团队联系外出乡贤筹集大米食用油发放给75户贫困低保户；盐町村团队联系城区教育局下拨慰问金上门慰问30户生活贫困户；新北村团队联系街道民政部门解决了一户独自抚养3名子女的女贫困户的经济救助问题；浪清村团队喷药清除丛生野草，整治了村容村貌；深渔村团队联系城区渔政中队对马宫至盐町一段航道进行清理，解决渔船无法航行至停泊点的问题；金町村团队自发自筹资金3万元，为金町村主村道安装上路灯，解决了村民夜行不便的问题。二是坚持团队合作，合力推进村居建设。通过直联各团队的通力合作，解决了一些农村“脏、乱、差”问题，治理了农村卫生环境，整治了村容村貌。马宫社区团队筹集资金123万元分别修复了海边街650米道路、妈祖旁边道路200米长的受损路面，消除了道路交通安全隐患；深渔村福安区电线残旧,深渔村团队联系街道安监站、城区消防局到该区域安装消防栓，消除了安全隐患；金町村团队投入资金4000元，开展环境大整治行动，运走垃圾30多车，改善了村容村貌；浪清村团队联系上级相关部门申报扶持项目投入35万元建设村内垃圾池，消除脏乱现象；盐町村团队筹资4万元对垃圾池进行修补，改善卫生环境。是年，马宫街道的直联制工作继续有序、有效深入开展。据统计，全街道共开展直联工作日46次，接待群众1287人次，上门走访群众1544户，受理群众反映问题共93件，解决50件，仍有43正在办理；民事代理共受理件450件并全部完成。

全面推进创建法治村社活动，严抓规范村级管理　严格按照区委、区政府的工作部署，紧紧以落实“十个一”活动为主抓手，全面推进创建活动，取得了一些成效，包括打造马宫社区和深渔村作为全街道创建法治村社示范点、建立了各村（社区）的村（居）民小组长的管理档案，组织全街道40名正副村（居）小组长参加区委组织部、区委党校组织的培训，逐步规范村（居）小组长的履职能力和业务水平，引导他们走上依法依规管理的轨道。并按照区委、区政府在马宫街道召开法治村社汇报现场会议的安排部署，全力配合做好一系列相关工作，促进汇报现场会顺利开展、圆满结束。

紧抓“书记项目”，加强基层组织建设　是年按照上级抓“书记项目”的相关要求，结合村（居）各种业务规范性有待提高的现状，按照强化党务、规范村务、公开账务、优化服务、协调事务“五务合一”的要求，创建“五务合一”的基层服务工程的“书记项目”，着力打造村级党组织服务党员群众的平台，切实为广大群众提供便捷、优质、高效的服务。随着“书记项目”的推进，各村（社区）的工作效率、工作面貌得到了质的改变，工作成绩得到群众的肯定。各村（社区）均已落实了党员“设岗定责”，每名村干部的办公台面都放了职责岗位牌，村委办公室统一挂“党员群众服务中心”牌子、办公室内张贴发展党员流程图、“两委”工作职责、村规民约等规章制度。居委和深渔、金町、长沙等村还制作了制度汇编。逐步实现从过去的程序不规范、手续混乱繁杂，到现在的程序规范、手续简单明了，缩短了时间、提高了效率。各村（社区）按时上墙公布账务，做到干部清白、村民明白。各村（社区）结合直联制工作公布了街道、村两级同时办公的时间、地点、工作组人员名单、联系电话、受理范围等，进一步规范服务行为。

调查摸底，有序开展进村整顿工作　根据区委组织部关于开展整顿软弱涣散基层党组织的有关文件精神，马宫街道结合正在开展的创建法治村社活动，经过深入调查摸底，结合整顿对象的要求，发现该街道盐町村存在党组织服务意识差、服务能力弱、群众意见大等问题，确定盐町村属于软弱涣散基层党组织。街道成立了工作组进驻盐町村开展整顿工作，对该党支部建立问题清单，结合实际情况剖析原因后制订了整顿方案。经过整顿，取得初步成效，主要有：一是该党组织的核心带动力有所提升，切实解决了村鱼池虾池再次发包产生的矛盾问题，维护了社会稳定和谐；二是规范了制度，根据相关规定结合盐町村实际情况制定了盐町村党支部制度汇编，并完成党支部制度上墙；三是解决了一批民生实事，对村里的孤寡老人、单身母亲、孤儿等生活困难户，主动联系上级单位争取资金慰问，同时积极筹集资金重新修复村内垃圾池，整顿村内环境卫生，群众较为满意。

进一步加强党风廉政建设　一是抓责任，全面深化党风廉政建设工作。街道党工委和纪工委认真履行党风廉政建设主体责任和监督责任，街道党工委把党风廉政建设和反腐败工作纳入街道党工委的总体部署，做到党风廉政建设与经济社会发展和党的建设一同研究、一同部署、一同检查、一同考核、一同落实。二是抓教育，增强基层党员干部守纪意识。街道坚持抓早抓小，通过正反两面的教育，有效提升党员干部的法纪意识和廉政意识；深入开展“政务整治、正风肃纪”、纪律教育学习月活动，积极营造“不敢腐、不能腐、不想腐”的社会氛围。三是抓整治，加大违法违纪线索排查审查力度。街道在反腐倡廉建设中，紧紧围绕落实好八项规定精神，聚焦“四风”、强化执纪、强化整治、强化监督，加大农村基层党员干部违纪违法线索排查、审查力度。2015年，街道纪委对6名党员干部进行了任前廉政谈话，对8人进行了信访约谈，组织专项监督检查9批次，同时对重大、复杂的案件线索，报请区纪委实行“区镇联查”，严肃查处基层党员干部违纪违法行为。是年，全街道共查办案件1宗、结案1宗，给予党内警告处分1人。通过办案,有力地推动了各项工作的顺利开展。源头治

腐、廉洁自律、执法纠风和贯彻党风廉政建设责任制等工作都有了新起色。

【综合经济指标】 2015年，马宫街道完成工农业总产值18.01亿元，同比增长11％，其中工业总产值约11.70亿元，同比增加10%；农业总产值约4.505亿元，完成年度任务103%；渔业产量44616吨，同比增加3%，产值1.805亿元，同比增长6.8%；社会固定资产投资额3.51亿元，同比增长6%。

【重点项目简介】 街道党政坚持把重点项目推进作为主引擎来抓。2015年主要以推进金町湾旅游度假区征地项目和长沙湾（往汕头方向）互通立交工程为重心，计划以这两个项目为转折点，推动马宫经济发展。

金町湾旅游度假区　金町湾旅游度假区保利项目是市、区“十二五”规划的重点项目，同时也是城区新区建设中“三个起步区”的其中一个项目。该项目计划开发建设成一个集旅游度假、休闲娱乐、商住酒店和大型房地产开发等项目为一体的大型综合性休闲度假娱乐场所。项目计划总投资60亿元，总占地面积200多万平方米，其中一期占地56万平方米，二期占地59万平方米，三期占地100万平方米。2015年，一期征地工作已全面完成，该项目已进入动工建设阶段；二期征地工作全面铺开，东、西两片已初步完成二期征地范围内的四至定点工作和留成地初步选址工作，并依法召开了12个村民小组代表会议，顺利签订了征地协议，进入地上附着物登记补偿阶段。

长沙湾（往汕头方向）互通立交工程　深汕高速公路西路段长沙湾（往汕头方向）互通立交工程，位于汕尾市城区马宫街道长沙村境内，长沙湾（往汕头方向）互通立交工程由省高速公路公司投资建设，总投资3800多万元，征地面积3.7多万平方米。建成后将完善长沙湾出入口服务功能，为往返深圳、汕头的交通提供极大便利，有利于市、区的进一步招商引资，带动周边地区的就业和市区西片区的开发与发展；同时，推动马宫港水产品交易市场、大型冷冻厂和水产品小食街的建设，对于推动市、区渔港建设和旅游发展具有重要意义。该项目已全面竣工，并于2015年12月8日顺利举行通车仪式，正式投入使用。

【工业】 马宫街道初步形成了船舶修造、渔业加工、玩具、皮革等为主的工业体系。2015年，工业总产值约11.70亿元，同比增加10%。

【农业】 马宫街道农产品主要有稻谷、番薯、蔬菜、荔枝、龙眼。2015年，农业总产值约4.505亿元，完成年度任务103%。粮食作物以水稻、番薯为主。2015年，生产粮食716吨，其中水稻584吨，番薯（折谷）132吨。主要经济作物有蔬菜、花生、荔枝、龙眼等。2015年，蔬菜种植面积927亩（复种），产量1275吨；花生种植面积107亩，产量18吨，荔枝种植面积2307亩，产量426吨。

畜牧业以生猪、家禽为主。2015年，生猪饲养量2952头，年末存栏1400头；家禽饲养量8645羽，年末存栏5000多羽。2015年，产肉类295.2吨；畜牧业总产值608.112万元，占农业总产值的1.37%。至2015年年末，生态林14896.5亩，其中造林2500亩，林木覆盖率39.72%。

渔业生产。2015年，水产品总产量44616吨；渔业总产值约1.805亿元，占农业总产值的40%。

【马宫渔港】 马宫渔港位于长沙湾出海口，渔港2700米护岸蜿蜒形成耳型半湾，口门朝西敞开，宽1.2公里，港池面积18.6平方公里，水深4至6米，是一个天然的优良渔港，属国家二级渔港，广东省重点渔港。2001年被省海洋与渔业局评为“文明渔港”。渔港有两个千吨级船坞、小型修造厂、制冰厂、冷冻库、供油站、网具等，后勤配套设施基本齐全。凭借其优良的自然条件，便利的水陆交通，以及齐全的渔业后勤服务配套，吸引了省内沿海地区以及浙江、福建、广西、香港等地的渔船经常到港装卸渔货和补给。尤其是每年渔汛期，更是渔船云集，渔货交易量与日俱增，港区热闹非凡。万聪、红海二座5000吨级的船舶修造厂，更为渔船的上排进坞、保养修理提供了便捷。马宫渔港已经获得2011年省十一届人大四次会议代表提案，省海洋与渔业局已将马宫渔港列入“广东省2011~2015年规划建设渔港建议名单”，并全力支持将马宫渔港列为全国渔港建设“十二五”规划。

【基础设施】 2015年，街道在浪清村投资建设一个垃圾中转站及集镇周边建设4个垃圾处理点，解决了整治村容村貌的问题，利于群众卫生健康。是年，保利金町湾也相应增加了硬件设施，给群众带来了便利。

【教育·文化·体育·卫生】 教育 2015年，全街道有幼儿园3所。其中，公办幼儿园1所，在校生270人；有执业证的幼儿园1所，在校生100人；没有执业证的幼儿园1所，在校生150人。专任幼儿教师共20人。小学4所，在校生700人，专任教师55人，小学适龄儿童入学率100%。初中1所，在校生156人，专任教师35人，小升初升学率100%，九年义务教育覆盖率达100%。

文化 马宫街道综合文化站位于马宫集镇内天后祖庙后面，占地面积560平方米，建筑面积350平方米，主楼二层，街道先后投入资金50多万元，建设主体办公楼以及内部配套设施，站内设置了书报刊借阅室、电子信息阅览室、文化娱乐室、广播影视室、科普培训室、宣传教育室、青少年校外活动室等功能活动室，配备有电脑、网络服务器、电视机、投影仪、音响等基本设备。同时不断完善文化站软件建设，制订站内管理制度，建立免费开放工作台账，组织开展具有地方特色的文体活动。2015年下半年起，文化站已全面对广大群众开放，极大丰富了当地群众的精神文化生活。

体育 组织舞蹈和体育爱好者参加区的舞蹈培训班。2015年马宫街道有老年人体育组织1个，健身操队3支共250人；为庆祝一年一度的中秋佳节，马宫街道联合街道民乐队、马宫天后祖庙文物保护单位管委会，在马宫文化广场举办“庆中秋”民乐演奏晚会，增添节日气氛，活跃广大人民群众的业余文化生活；国庆期间，马宫业余健身操队、街道老年体协在马宫南湖海度假村旁小广场举办了“庆国庆”健身操表演活动，为广大人民群众营造一个浓烈的节日氛围，丰富老年人生活；综合文化站每逢重大节日都组织开展文体活动，有乐器演奏、文娱演出、棋牌比赛、球类比赛等群众性文体活动。

卫生 马宫街道有卫生院1所、病床24张，专业卫生人员18人，其中执业医师2人、执业助理医师4人、注册护士3人。村级卫生站6个。2015年卫生院完成诊疗7465人次、出院病人495人次。2015年法定传染病报告为3例，农村安全饮用水和农村卫生厕所得到普及。

2015年，积极开展街道、农村清洁工程，不断健全保洁机制，加快街道垃圾中转站的建设和自然村垃圾收集点的改造升级。通过采取“户收集、村清运、街道中转”的动作模式，聘请固定的卫生保洁员负责村内公共区域的清扫与保洁，落实卫生保洁“门前三包”责任制，维护收集点周边环境卫生，引导村民自觉遵守环境卫生公约，保证农村生活垃圾管理和收运常态化。进一步严格落实环境卫生管理专人专职和环境卫生专责制度，确定了街道、村（社区）二级垃圾管理专门机构。在保证卫生经费优先到位的情况下，街道范围内进行了一场大扫除和卫生环境大整治，并重新择址建设垃圾中转站，购置卫生巡逻车4辆，落实配齐各村、社区卫生队伍，充实加强街道卫生工作管理队伍。重点整治马宫路口至马宫集镇内、长沙湾高速路口至长沙村明珠桥路段及22米路路口的垃圾、建筑垃圾、杂草，并成立一支巡逻队分上午、下午两个时间段进行巡查，防止反弹。

【综治维稳】 街道综治信访维稳中心大力开展创建“平安马宫”活动，以人民调解、行政调解、司法调解为手段，实行综治办、信访办、司法所集中办公一体化运作，相关职能办公室（站、所、队）为中心工作成员单位，不断增强社会治安防控能力，大大提高了化解社会矛盾纠纷的水平。2015年，街道全年共受理群众来访17批次、26人次，已办结16宗。办理上级批示件6件，排查各类矛盾纠纷68件，调解成功68件，调处成功率达100%；辖区共发生刑事案件19起，破获9宗；受理治安案件29起，查处29起，查处率100%；抓获各类违法犯罪嫌疑人45人，其中刑事拘留9人，行政拘留36人；强制戒毒16人，还有社区戒毒8人；共查获毒品海洛因3.54克、冰毒57.52克；查获赌博工具一批，办理违规船舶案件51宗。

是年，街道社会维稳工作：一是加强领导，落实综治责任。平安建设以及“平安细胞”创建工作是一项持续常抓不懈的系统工程，街道成立了领导小组机构，制定了“平安马宫”创建持续性的总体思路和工作要求，街道一级搭好平台，如何把“平安细胞”创建这台大戏唱好，由各村（居）结合各自的特点，遵循区和街道平安创建的工作方案，自由发挥，原则是平安、稳定、管理创新，社会经济持续发展。街道还与辖区村、社区以及各重点企业签订创建完成目标工作责任书；通过这一措施，街道已有100%的村（居）实现逐年推进“平安细胞”创建工作的总体目标要求。二是深化矛盾纠纷排查调处工作，全力维护社会稳定。是年，市、区重点建设工程涉及街道的拆迁项目，征地处理面积比较大，矛盾相对集中，维稳工作压力很大。对各种矛盾纠纷，街道专门研究、专抓矛盾纠纷排查调处工作，同时对各个建设项目分别成立专门工作组，由街道班子成员分兵把口，落实排查调处责任。在具体工作中，特别对金町湾征地项目、长沙湾高速口建设留成地，做到妥善处置，保障工作的顺利实施。街道注重对农村基层问题的协调，对浪清村、盐町村、长沙村虾池经营权移交，新北村土地权属问题等一批历史遗留问题均得到了妥善解决，街道还采取不定期大排查活动，对排查出来的大小矛盾纠纷隐患，进行严密防控，进一步巩固矛盾纠纷调处成果。是年4月，红海船舶服务有限公司工人发生意外身亡；7月，白沙浮海域发生两宗游泳溺水事故；8月，保利金町湾项目与施工队发生劳资纠纷；9月，贵州籍吴某在船上作业时发生意外身亡事故。事件发生以后，街道立即落实维护社会稳定处置机制，按照属地负责和挂驻村领导包片负责的原则落实事件跟进处置和社会稳控工作，及时化解矛盾纠纷，得到了妥善处理。三是加强消防和安全生产监督管理。是年突出抓好对港口码头、渔船、船厂、市场、仓库、石油气点、商铺、外来人员聚居地、居民旧式楼房的防火安全工作。实行分片管理，协管员不厌其烦经常上门巡查，建立方案措施，做好巡查登记记录，对每间出租屋进行一户一册的多类资料情况登记工作，做到底数清、情况明。由于集镇外来人员集中，人员复杂、人员素质良莠不齐，且流动性大，租用的房屋陈旧，是消防工作的重点部位。街道对辖区200多套间出租屋和32间棚寮进行整治，不及格的和存有隐患的，责成业主或承租人，按规定认真整改，并签定防火治安责任书和防火安全整改书。四是创建“无毒社区”“平安社区”，净化社会环境。创建“无毒社区”是“平安细胞”和“平安社区”的基础。街道一直对禁毒工作都十分重视，成立了马宫街道专项整治行动领导小组和督查组，制订了《马宫街道开展禁毒禁枪专项行动工作方案》，确保整治行动有序推进。街道与各村（社区）、各责任单位签订“双禁”责任书，各村（社区）支部书记和责任单位负责人为第一责任人。五是强化校园管理，注重维护教学秩序，保护师生人身安全。从严从重打击涉及校园的违法犯罪活动，辖区学校都配备了门口保安，学校还组织老师轮流上岗，加强学校门口的安全；派出所和治安队还在重点学校门口安排岗哨，在学校主要路段加强巡逻，保护孩子的安全。通过系列强有力的整治措施，有效地改善了校园治安环境，是年未发生针对学校和学生的治安案件。六是关注民生促平安创建，全面落实惠民措施。街道深入实施农民健康工程，不断提高卫生水平。是年，街道全部农民都已参加医疗保险。街道“三无”对象、农村“五保”户集中供养48户48人，供养率达100%，街道区纳入城镇低保家庭33户41人，农村低保345户742人。确定和落实“一户一策一干部”的帮扶举措，有力推进“低收入农户奔小康工程”的实施工作。以发展促平安、和谐稳定。

【社会保障】 2015年，街道各项民生工程都上了一个新台阶。一是民政工作有新成效。是年，街道发放临时救济款、救灾款10.21万元，解决因各种特殊原因造成基本生活困难群众300户823人，落实完成农村困难群众危房改造31户。二是劳动力转移、就业与再就业工作积极开展。2015年全街道开展工资支付，使用童工，劳动保护等劳动用工大检查3次，就地就近及转移就业450人（其中劳动力晋升技能培训40人），参加职业技能培训150人，参加社会养老保险233人，参加城乡养老保险7538人（其中60岁以上2288人），办理社保卡16698人。三是完善城乡居民医疗保险制度，不断加强管理，逐步提升服务水平，进一步方便报销手续，切实做好群众参保宣传动员工作，促使医保工作深入人心。2015年1~9月份参加医保人员18010人，其中政府资助的低保人数参保1004人，缴费人数17006人，上缴费119.04万元，完成任务比例100%，参保率排全区第一。四是继续巩固农村新型合作医疗和农村新型养老保险工作成果，进一步规范新农合、新农保运行管理，努力提高参合率。全年全街道新农合参合率达100%，新农合共办理患者零星住院266人，报销总额达到118.96万元。

（林振捐、张文珠、吴晓映）

附：马宫街道办事处党政领导名单

党工委书记：刘学深
副 书 记：陈昌利
　　　　　施培良
委　　员：芮耀枢
　　　　　陈海湖
　　　　　林鸿政
　　　　　刘立全
　　　　　林奋杰
　　　　　黄辉忠（2015年10月离任）
　　　　　谢宏斌（2015年10月任）
办事处主任：陈昌利
副 主 任：陈海湖
人大联络室主任：叶朝阳
工会主席：卢文霞

红草镇

【概况】 红草镇位于广东省汕尾市城区北部，距市区中心约11公里，东接城区东涌镇、香洲街道，西靠长沙湾，北与海丰县陶河镇接壤，南临城区马宫街道，是城区的政治、经济、交通、商贸、农业中心镇。全镇面积69.73平方公里，海岸线13.6公里。2015年，总户数8492户，总人口43052人，其中外来人口4423人，从业人数23187人，其中外来从业人员4255人。

红草原称青草，1927年，海陆丰苏维埃政权成立后一度改称红草，后民国地方政府又改称青草。1957年庆祝海丰苏维埃政权成立三十周年前夕，再改称红草。1969年，改名东风（公社），1979年复名红草。

1988年，汕尾建市设区，红草镇隶属市城区管辖。是乡镇（科局级）级人民政府机关单位，内设党政办公室，农业办公室，经济发展办公室，社会事务办公室，人口与计划生育办公室及综治维稳信访中心等机构。下辖14个行政村和1个社区，共57个自然村。

红草镇依山傍海，气候温和，是汕尾市城区的工农业大镇。东南部群山连绵起伏，东南、东北部多台地和山地，是红草镇水果种植基地。全镇水果种植面积0.64万亩，盛产佳果荔枝、龙眼、芒果、香蕉等名优水果，年产量5000多吨，产值1138万元；中、北部为平原区，有耕地面积1.4万亩，盛产粮食、蔬菜、花生等，粮食年播种面积2.1万亩，总产7300多吨，产值2044万元，蔬菜年播种面积0.45万亩，产量6100多吨，产值约2440万元，西北部濒临长沙湾，是汕尾海水养殖的重要基地。2015年，全镇共有养殖面积约2.34万亩，盛产牡蛎、对虾、青蟹、金枪鱼等名贵海产品，年产量0.56万吨，产值19800万元。其中，明蚝加工企业54家，总投入2.8亿元，建成水体54865万立方米，年产明蚝成品980多吨，产值10860多万元，占农业总产值40%，是汕尾市最大的明蚝加工养殖基地，也是该镇的特色产业。

至2015年，红草镇充分利用地理优势，将交通方便、丘陵台地面积比较充裕的埔边村周边区域规划为总面积为17.3平方公里的工业园区。同时，大力开展招商引资工作，取得了初步成效。至现全镇有企业792家，其中个体690家，主要生产、销售电子元件、电机、汽车、食品加工等高技术产品，年创税3000多万元。经过多年的发展，电子机械类及汽车销售已成为该镇主要产业支柱。埔边工业区年均从业人员达到6000多人，从业人员月平均工资达2800元。

【基层党政建设】 红草镇下辖39个党组织，其中，村（社区）党（总）支部15个，机关（企）事业单位党支部16个，“两新”组织党支部8个，共有中共党员1131人。其中预备党员9名，占党员总数的8%。女党员196名，占党员总数的17.32%。35岁及以下的党员316名，占党员总数的28%。大专以上学历的党员290名，占党员总数的25.6%。

2015年，红草镇坚持党建主业意识，务实、创新地推进党建工作，形成“抓党建、促发展、保稳定”的良好工作格局。一是整顿软弱涣散基层党组织。针对亚洲村村账管理混乱、三和村党支部推动园区建设不力、五雅村“两委”不团结的突出问题，采取“一村一策”的方式，有效的开展整顿工作。通过整顿，三个软弱涣散党组织已100%完成转化。二是加强村（居）民小组长管理。建立村（居）民小组长管理档案，制定《红草镇村（居）民小组长考评办法》，对村民小组干部工作完成情况进行考评打分。对优秀的村（居）民小组长给予合适的奖励，对考评不合格的村（居）民小组长给予通报批评，对违反财经纪律、私卖土地、带头越级上访等规定的，镇按照程序进行罢免，并按照相关法律法规追究责任。通过建立考评机制，充分调动了村民小组干部的工作积极性和主动性，促进了村民小组干部认真履行好职责，发挥好作用，推进了法治村社创建活动的开展。三是促进直联工作“常态化”。开展驻点联系工作以来，各驻点团队严格遵守“三个固定”的要求，即落实固定联系人员、固定联系时间、固定联系地点。紧紧围绕习总书记“三严三实”的精神内涵，通过“民事代办”制度，让群众的事情在家门口办理、群众的诉求在家门口反映、群众的问题在家门口解决，做到在上门服务中走访群众，在听取群众诉求中了解情况。2015年，全镇15个直联团队（63人）和各村（社区）辅助团队（62人），累计走访入户700多人次，帮助解决群众反映问题150件，完成民事代理426件，向群众发放民情联系卡1200多张。四是逐步完善“三资”平台建设。全面开展“三资”清理专项行动，对村（社区）的资产、资源和资金进行清理、登记造册、张榜公示、上报备案，从源头上遏制农村党员干部违纪违法问题的产生。是年，已经完成了“三资”管理服务中心的硬件设施建设、系统运行调试，62个农村集体经济组织中59个完成“三资”的清理核实和数据录入，清理承包合同335宗，农村集体经济资产约5846.3万元。五是积极开展创建法治村社活动。陆续建立和完善了各村（社区）的《村（居）民自治章程》《村规民约》、“三资”管理、财务管理、村务公开等制度，并实行村级管理“四上墙”（党支部工作制度上墙、村委会工作制度上墙、村干部工作职责上墙、村规民约上墙）。利用“一村一法律顾问”制度，邀请各村的法律顾问不定期的为村（社区）“两委”干部、村（居）小组长和村民代表开展法律法规培训和村民自治、土地、财务管理等内容的普法教育，为他们解答相关法律问题。

【综合经济指标】 2015年，全镇完成工农业总产值72.2亿元，同比增长23.4%；财税收入达1300万元，同比增长3.9%；全镇年人均收入达12000元，同比增长33.3%。

【工业·科技】 至2015年止，红草工业园区规划总面积17.3平方公里，启动区建设面积4.38平方公里。至2015年年底，首期征地面积3056亩，作物及附着物补偿已进入扫尾阶段，其中：三和片区征地2078亩，553户，涉及大寮、水陂、头寮3个村民小组，已完成补偿约1590亩，占76%，383户，占69%；拾和径口片区征地294亩，182户，涉及拾和、新厝、仁盛、径口、东坑、田中央、金凤池等7个村民小组，已完成补偿约160亩，占54%，78户占42%。拾和片（信利地块）征地684亩，443户，涉及夏村、东宫、竹围，已完成补偿约450亩，占65%，280户，占63%。亚洲、拾和、西河等村预征地全面铺开，其中西河村、亚洲村已召开村民代表会议并签订征地协议。

红草镇深入贯彻落实科学发展观，坚持以农业稳镇，工业强镇，第三产业兴镇的经济战略，加快转变经济发展方式，汕尾高新区建设逐步加快，工业主导地位得到强化。红草园区已取得四个省级品牌，分别是省市共建循环经济示范基地、省级产业集聚区、广东金融科技综合服务中心汕尾分中心、省级质量产品测检公共技术平台。着力引进一批效益型、基地型、税收型的大企业。埔边工业园区拥有规模以上工业企业12家，分别是：德昌电子有限公司、银鹏发展有限公司、岭峰教育印刷有限公司、营通水泥制品厂、泰盈利有限公司、柏嘉玩具日用品有限公司、吉发食品有限公司、万丰水产食品有限公司、高峰科特纸业有限公司、亚洲珠宝首饰有限公司、雅泰隆食品有限公司、五丰海洋生物科技有限公司均为生产规模大、经济效益好、品牌知名度高的龙头骨干企业。至2015年年底，红草镇规模以上企业年产值达到66.45亿元。

【招商引资】 2015年，红草镇招商引资取得突破。共引进项目20个，已完工开始营业的项目1个（广物汽车城项目），已开工建设项目6个（广晟南储海产品加工、冷链、物流园项目，红草园区市政道路建设项目首期工程，深圳宝民汽车电子项目，香港珠盈珠宝有限公司珍珠基地，汕尾市海珍中央大厨房食品生产基地，广东金泰丰食品有限公司航空食品生产基地）；已挂牌运作的项目2个；正在办理用地手续的项目3个；已签约拟入园的项目8个。电子机械类产业不断发展壮大，相关企业年产值达到33亿元，约占全镇工业产值53.2%。

【农业】 按照“发展特色种养业，稳步推进农村经济产业化”的思路，2015年，红草镇不断加大对农村产业发展的政策扶持力度，推进粗放型农业向精细型农业转变，大力扶持特色养殖业发展，不断提高牡蛎、对虾、青蟹、金枪鱼等名贵海产品养殖面积，海产品养殖总面积达到26901亩。推进普通农业向绿色、无公害农业转变，鼓励和引导工商资本发展现代农业，是年投入500万元完成丰祺合作良种法示范基地建设。

【旅游】 红草镇历史悠久、民风淳朴、旅游资源丰富，拥有多处著名自然景观，神社庙宇、优美海岸线。辖区内有南阳名胜亭（明代），彰善义学、狮山书院、万福庵、真武庙、古墓等旅游古迹，以及铜鼎山自然森林公园，长沙湾旅游度假村，民俗风俗文化中心等多处旅游好去处。

【基础设施】 红草镇农田水利设施完善，有山塘水库7个，总库容700万立方米，水源充足，排灌渠道畅通。深汕高速公路在红草镇埔边村设置出入口，海汕公路贯穿全镇，全镇15个行政村（社区），均已实现了公路水泥化，全面通电、通邮、通水、通有线电视、通电信等。

2015年，红草镇顺利推进多个基础设施建设工作。南西截洪小流域水土保持治理工程完工通过验收，周围生态质量明显改善；投入资金130多万元完成两宗小（2）型病险水库除险加固；投入资金20多万元对5000亩养殖基地排灌水沟进行清淤浚深。铜顶山公园配套设施投入3000万元加建了上山小径、停车场、足球场、儿童游乐场等，公园已成为群众游玩休闲的好去处。深圳市光明新区对口帮扶梧围、海梧、拾和三个村头公园项目通过验收向村民开放，埔边办公综合楼改扩建首期规划建设已竣工。

【教育】 红草镇辖区有中学3所，其中2所初级中学（红草第二中学，逸挥中学）、1所职业中学（红草中职学校），有教职工164人，在校学生729人。小学8所，教职工159人，在校学生人数1445人。

红草镇坚持优先发展基础教育，积极推进素质教育，大力做好防流控辍工作，坚决执行义务教育学杂费减免政策。2015年，全镇初中学校在校生年辍学率控制在3%以下，小学阶段适龄儿童入学率达到99.8%，小学毕业生升学率达到100%，初中毕业生升学率达到85%，适龄“三残”儿童少年入学率达到90%。

【文化体育】 红草镇文化生活丰富多彩，民间娱乐生活多姿多彩。西秦戏、白字戏，各种戏曲以及舞龙舞狮唱曲等传统戏艺皆有，这些节目逢年过节在各个村落上演。各村皆建有村级文化娱乐室，全镇文化娱乐室25家，建筑面积1000多平方米。

2015年，红草镇综合文化站已建成，位于文化底蕴深厚的青草社区，建筑面积约500平方米，内设5个功能室，包括办公室、图书阅览室、多功能活动室、老年人活动室、教育培训室等，配套配备了投影仪、电脑、乒乓球桌、书籍等。

【卫生】 医疗卫生方面。2015年，拥有红草中心卫生院1所，私人个体医疗站47家，专业卫生医疗人员70人，医用床位30个，农村医疗保险覆盖率100%。推行了农村新型社会养老保险。卫生院配备有较全的医疗器械及具有诊断和治疗经验的医护队伍，各村的个体医疗站作为辅助型医疗，形成社区型配套医疗服务的覆盖体制。是年医疗卫生状况良好。

【综治】 红草镇坚持创新社会管理，维护社会稳定。2015年，镇综治信访维稳中心受理信访13宗，已全部办结，帮教社区矫正对象17名；落实遗体火化政策，共完成年火化任务的94.8%；逐级签订安全生产责任书35份；全面开展“打非治违”和隐患排查治理专项行动，检查企业、学校、加油站等人员密集场所88家次，查处整改各类安全隐患36处；推进禁毒工作向纵深发展，出动工作人员4591人次，清理清查各类可疑场所2780个（间）次，捣毁吸毒窝点2个，缴获冰毒11克，查处吸毒人员23名，其中，强制戒毒9名；破获非法持枪案件1宗，缴获枪支1支。

【民心工程和社会保障】 2015年，城乡居民医疗保险参保人数33122人，参保率100%，征收医保基金约477万元；享受农村低保1000人，“五保”老人80人，发放各类定补及救济款共2.2万元；完成农村危房改造135户，群众居住条件得到改善；新型农村社会养老保险参保率达到75%，在全区名列前茅。

（黄保辉）

附：红草镇领导成员名单

党委书记、人大主席：王建忠

党委副书记、镇长：陈伦庭

党委副书记：韩如沛

党委委员、副镇长：张永宜

副镇长：洪向泊

党委委员、纪委书记：王伯待

党委委员、人大副主席：吴华勇

党委委员、人民武装部部长：许捷华

宣传委员：黄成斌（2015年11月任）

工会主席：黄雪玲（2015年11月任）

东涌镇

【地理位置】 东涌镇位于北纬22°47′，东经115°24′，地处汕尾市城区东部，东与海丰县赤坑镇接壤，南与红海湾毗邻，西与汕尾市中心相连，北与海丰县陶河镇相邻，怀抱品清湖，距汕尾市中心区仅6公里，陆地面积103.58平方公里。东涌镇地势北高南低，海拔自0米至41米，东部和西部为平原，南部为修建于潟湖滩涂的盐田，中部为台地，从平原过渡到台地，局部分布有阶地，北部为岗地缓丘，羊古岭山峰为东涌镇的最高点，海拔527.6米。东涌镇属亚热带海洋性气候区。其特点是水、热、光资源丰富，气候终年温暖。境内矿产资源以非金属矿为主，具有优质花岗岩体（安华村等），一定的沉积沙（沙海北沙滩）。

【历史沿革】 相传1000多年前，福建莆田县大井头等地农民移居到此，以种田晒盐为生计。最早的居民点在品清湖东边的河口处形成，而当地称海潮可达之河处为涌，涌处品清湖之东，故取名东涌。海丰方言“涌”与“冲”两字谐音，且“冲”易读易写，群众常将“涌”简写为“冲”，因此曾一度将“东涌”改为“东冲”。明清时代，东涌隶属海丰县，新中国成立后，东涌镇先后隶属红草区和汕尾区（五、七区）；1957年撤区建立高级社（并大乡镇），下设东涌、品清、流安3个乡；1958年将3乡合并成立东涌人民公社，1984年1月撤人民公社建立区公所；1987年4月改区为镇；1988年3月，汕尾建市设区，东涌镇隶属汕尾市城区。

2015年年末，辖新地、品清、新湖、东石、东涌、赤古、石洲、洪流、宝楼、新民、新安、龙溪、安华、民群、民进15个行政村和东涌社区，下设105个村民小组。

【人口人文】 2015年年末，辖区常住人口68693人。其中，男性34896人，占50.8%；女性33797人，占49.2%；均为汉族。2015年人口出生率为5.5‰，人口自然增长率为5.5‰。辖区山海风光兼备，历史文物众多，既有历史悠久的人文景观，又有风光旖旎的自然景观，蕴藏着丰富的文化遗产，特别是位于东涌镇西北侧的“胡田古刹”始建于明初，清嘉庆十七年（1812年）重修，原貌已改变，石匾额为重建时所竖。此外，还有清代建立的天主教堂（町前村、洪桥村、品清村等），品清乡的元朝古墓等。

【整顿软弱涣散组织】 2015年，坚持和完善镇领导干部驻点普遍直接联系群众制度，特别是东涌镇党委通过走访调研、座谈会、征求意见等形式进行摸底调查，并经自查，确定洪流村和新安村为软弱涣散基层党组织。为此，镇党委针对存在的问题和省、市及区的检查组对两个村督查的问题，开展一系列工作。制定整顿方案，并加强镇领导干部驻村责任制，第一书记约谈村“两委”干部制度，总结和推广好经验的方式，强化软弱涣散基层党组织干部的大局意识、责任意识和发展意识；实行部门结对帮扶，政策倾斜到村，多方筹措资金，推进村级组织活动场所建设。区财政局下达建设经费15万元，为洪流村建设5500平方米的村头公园，建成后的村头公园，不但便利了村民的休闲娱乐健身，同时还改善了村容村貌。

【重点建设项目简介】 东涌镇以市区东扩为契机，实行重点建设项目领导分工责任制，落实责任，攻坚克难，推进项目建设速度。下面是2015年落户该镇重点建设项目。

火车站片区。火车站片区一期征地面积共831亩。已经基本完成征地补偿工作。该征地地块作为站前广场和站前路等的建设用地，已交付使用。火车站片区二期征地面积共610亩。已经基本完成征地地上附着物补偿。2015年，已经加紧推进扫尾工作。其余征地补偿工作将视项目建设的需要继续加紧开展。

成业路征地拆迁。在基础设施建设方面，成业路路段长约1.6公里，宽30米，涉及要补偿拆迁的面积约6万多平方米，征地拆迁补偿工作已完成并交付投建。碧桂园房地产项目的征地拆迁情况。在房产项目方面，碧桂园二期征地640亩和政府储备用地（已征国营盐田）1300亩均已完成征地拆迁补偿工作，也已交付汕尾碧桂园房地产开发有限公司建设使用。

大棚山作物补偿。大棚山作物补偿工作是积极响应市委市政府的“暖企”行动，大力配合信利电子厂扩建的项目。该项目选址位于信利电子厂后方，征地补偿拆迁面积约160多亩，已经全面完成征地和地上附着物补偿工作。

汕尾真金店金银珠宝城。该企业选址于东涌新湖工业区，属于续建项目，主要经营领域为研发、生产、销售各式金银珠宝饰品，总投资5亿元，征地7万平方米。

【工业】 东涌镇的新湖工业区、番禺（汕尾）产业转移园是重要工业生产基地，初步形成了玩具、塑料加工、纺织、皮革、文具、珠宝为主的工业体系。2015年，社会总产值330943万元，工业总产值262382万元。规模以上工业企业7家，规模以下工业企业293家，其中企业个数47家，个体工业246家。

【农业】 东涌镇耕地面积14092亩，人均0.21亩（按总人口计算）；农产品主要有稻谷、番薯、蔬菜、荔枝、龙眼、青梅。2015年农业总产值34808万元。

粮食作物以水稻、番薯为主，2015年，粮食生产产量5021吨，其中水稻13046亩，产量3952吨，番薯面积3280亩，产量1069吨。主要经济作物有蔬菜、花生、荔枝、龙眼等。2015年，蔬菜种植面积12690亩，产量20215吨；花生种植面积2010亩，产量277吨，荔枝种植面积3741亩，产量3144吨；龙眼种植面积815亩，产量635吨。其中，名优特农产品有凤山红灯笼荔枝，洋葱、西兰花和姜，农民年均纯收入9800元。

畜牧业以生猪、家禽为主，2015年生猪饲养量96730头，年出栏92216头；家禽饲养量156770羽。年产肉类8375吨，其中猪肉429吨；畜牧业总产量9188万元，占农业总产值24.2%。2015年全年造林9796亩，其中生态林2.9万亩，林木覆盖率71%。

渔业以对虾养殖为主，2015年水产品总产量6070吨；渔业总产值12004万元，占农业总产值的35.2%。

【基础设施】 东涌镇是汕尾市总体规划（2003年~2020年）中规划的新城市中心。厦深铁路汕尾火车站位于辖区内，海汕公路、汕可公路、红海湾大道、品清湖环湖路等级公路穿境而过，市区公共汽车直达镇内各村，全镇100%行政村通水泥路，自然村绝大多数也实现道路水泥化。其中品清村、东石村、新民村、新安村对原村进行改建和扩建。2015年年末，东涌镇有电信支局、邮政支局各一所，村村通邮。拥有电话接机总容量8000门。电话、移动电话、互联网普及化。

【安全生产】 坚持“安全第一、预防为主、综合治理”的方针，强化安全生产意识，认真履行“党政同责，一岗双责，齐抓共管”。结合该镇实际，建立安全生产有效的管理机制，加强基础工作，强化依法监管，突出重点、深化安全专项整治，搞好综合治理，积极开展以“安全生产执法年”为主题的各项活动，经常性地对辖区烟花爆竹、地质滑坡等高危行业（地段）进行清查，排除安全隐患。2015年，全镇无一例重、特大安全事故发生。

【科技】 东涌镇各级党政领导重视科技工作，形成各地、各部门通力协助、上下联动推动科技进步的新局面。一是采取多项措施鼓励企业进行技术创新，尽早实现高新技术企业“0”突破，如信联毛织厂电脑织机的引进和使用。二是培育农业龙头企业，建设现代农业科技示范基地，如良种母猪的引进、优质高产高效农作物种植和推广。三是强化科普宣传，提高人民群众的科技素质，激发全社会的创新意识。

【教育】 认真贯彻落实德、智、体、美、劳全面发展的教育方针，努力培养社会主义建设新人。全镇小学共有19所，初中2所，普通高中1所。做到小学适龄儿童入学率100%，普及初中、高中。

【文化】 东涌镇文化生活较为活跃，有优良的历史传统。有西秦戏、白字戏业余剧团，每逢节日，农闲时间为群众演出喜闻乐见的剧目，春节期间，还有舞曲、唱曲等传统技艺。全镇建有村级文化室10个，建筑面积达860平方米。东涌村旅港企业家黄瑶先生个人投资近亿元建有面积1.3万平方米的汕尾市东涌文化馆。该馆的宗旨是继承源远流长之乡土文化艺术，展现乡民昔日之勤劳俭朴，和睦互动，尊老爱幼的传统美德，使其成为群众开展文化活动、启迪后辈追宗思远之场所。

【卫生】 2015年，有卫生院1所，病床11张，专业卫生人员48人，其中专业技术人员29人，拥有高级职称医生1名，中级职称医生4人。卫生院新门诊住院综合楼一期主体工程已完工，建筑面积540平方米。是年，续建工程计划建设面积3260平方米，现已完成调整立项及取得建设工程规划许可证。

【综治信访】 2015年，全镇共受理案件28宗（上级交办8宗，镇维稳中心受理20宗），共办结26宗，办结率93%。村（居）工作站受理矛盾纠纷53宗，调处办结53宗，调处成功率达到100%。是年，信访总量下降，新方式的网上信访个访较多，集访、来访减少。

【民心工程和社会保障】 按照中央提出的“生产发展、生活宽裕、乡风文明、村容整洁、管理民主”的方针，全镇切实加强了社会主义新农村建设，重点改善了洪流、新安两村的村容村貌。在民政、社会保障事业上，2015年，全镇救助低保城镇居民共计94户、309人，每月救助金115745元;扶持农村低保户830户、1654人，每月救助金289440元;帮助农村“五保”户94人，每人每月556元，发放救助金52264元;同时，全镇大力推进农村危房建设，依法依规办理农村危房申请手续，对全镇183户农村危房进行改造，投入资金274.5万元。是年，已竣工156户，开工率100%，竣工率85%。

【精准扶贫】 扶贫双到工作全镇的重点村是龙溪村和新民村，经三年的努力，圆满通过了省、市的验收。全镇将继续确保各项扶贫政策项目扶贫资金落实到扶贫的对象，打好扶贫攻坚战，真真正正帮助确需的群众，共同过上小康生活。

（李嘉琦、李雅诗）

附：东涌镇领导成员名单

党委书记：许昌林（2015.11离任）
党委书记、镇长：黄贤锐（2015.11任党委书记、人大主席）
党委副书记：罗绵龙
党委委员、副镇长：曾远通
党委委员、组织委员：马腾蛟
党委委员、武装部部长：刘焕庚
党委委员、宣传委员：叶庆添
党委委员：曾冠中
党委委员、人大副主席：曾昭钟
党委委员：吴秀红
纪委副书记：林东佳(2015.11任纪委书记)
副镇长：林汉扬
　　　　卢本召

捷胜镇

【地理位置】 捷胜镇地理坐标北纬22°43′至22°44′，东经115°23′至115°24′，位于汕尾市区东南侧的红海湾畔，距市区18公里。辖地东与红海湾经济开发区毗邻，西与新港街道大华半岛接壤，北与东涌镇连接，南濒临太平洋。海域中分布有菜屿岛、龟龄岛等，明石暗礁盘踞。境内西北有大伯山、虎洞山，西南有烟墩山，中有云山。自东向西错落有石狗湖、双石湖、沙坑湖、东坑湖等四湖朝海。陆上被九伯岭分隔为两部分，中部地势略高，旱地居多，耕地多为沙质土，有少量淤泥，适耕性较强。

【土地、人口】 全镇辖区陆地面积约49.48平方公里，海岸线长12公里。有耕地面积约11250亩，其中水田4439亩，旱地约6811亩，人均耕地面积0.18亩。2015年，全镇户籍人口55936人，其中男28793人，女27143人。有农业人口27571人，渔业人口8591人，非农业人口19774人。

【历史沿革】 明洪武二十八年（公元1395年），朝廷为保沿海安全，命“千户”侯良择地捷琅埔建筑城防。城刚建成，倭寇来犯，吏民倚城英勇抗击，大败来犯之敌，大功告捷。为纪念此役，取“捷琅埔”之“捷”字，后加战胜之“胜”字，故名“捷胜”，沿用至今。明清年代捷胜城设城所、镇武司。吏目厅等官方机构，故有“捷胜所城”之称。军事上属陆丰碣石卫管辖，行政上隶属海丰县金锡都。民国2年（1913年），捷胜属海丰县第七区署，民国34年（公元1945年），撤区设镇。1949年捷胜解放，属海丰县第七区。1953年改称捷胜区。1958年成立捷胜人民公社。1984年撤社设区。1987年改区为镇。1988年3月建市设区后，设立汕尾市城区捷胜镇人民政府，隶属市城区管辖。至2015年，辖东门、西门、南门、北门4个社区，有30个居民小组。辖联安、联星、大流、五爱、埔尾、前进、石岗、石头、南门外、东坑、沙坑、牛肚、沙角尾、军船头14个行政村，共有34个自然村。

【人文特点】 捷胜镇建城六百多年，人文历史、文化积淀、文化遗风、诗画艺术等源远流长、底蕴深厚，素有“文化古城”之称。

捷胜地处偏壤，海角天涯。恶劣的自然环境、清贫的物质生活，造就了捷胜人勤劳精明的求生本领，熏陶出捷胜人乐天知足的性格以及极为丰富充实的精神崇拜和宗教信仰。寺庙林立、神宫遍地，是捷胜镇自古以来的另一特色。

捷胜有悠久延续的人文积淀。首先，捷胜城建成以后，成为周边乡村政治、经济和文化的中心，改变了传统的单一的小农生产结构，百工诸业随之兴起。其次，建置之后，屯军戍守，有部分官兵留居捷胜，生息繁衍（现全镇姓氏达86个）。驻捷官兵多来自中原、东部各省，他们各自带来了当地的才识、技艺和习俗等文化。数百年来，内外文化相互交融，共同促进，并积淀成比较深厚的颇具包容性的文化底蕴。再次，重视兴学育才。城里的内文阁和城郊的外文祠，是古城作为集中培训应科举考试的学子处所。各大姓氏在自家的祠堂亦都办起了私塾。城里各社区利用公共场所，在东、西、南各城楼设塾，城外各村亦设有村塾。明清以来，该镇在文学艺术，教育科技等领域中，出现了许多取得重大成绩的人士。

白字、西秦、正字等地方戏剧有浓厚的群众基础。清末起，当地群众自办戏班，代代传承，还先后为海陆丰其他地区输送了不少演员，后来成为闻名的艺人。有西秦老生罗益才、“活曹操”林友平、正字名伶张细抱、西秦名丑何念砂、西秦名伶罗宗满、乌面名伶刘妈倩、正字戏名丑赖佛良、著名鼓师刘彩、白字戏何纯禧、赖一心等。民国时期有被鲁迅誉为“最有战斗力的版画家”何白涛，有擅长画竹（国画）的林大蔚，画梅（国画）的许兆寅，被当地群众称为“林厝竹”“许厝梅”。捷胜作为文化艺术之乡，有着悠久的文化艺术脉络。为继承发扬这种传统，建区以后，于1994年成立“捷胜诗词社”，现有会员70多人。至2015年，已出版《捷胜诗词》49期。是年，由诗报改换为期刊，并出版《捷胜》期刊1册。1996年，捷胜成立书画社，今有会员近50多人，出版期刊35期，其作品交流海内外。2003年，成立群众乐器组织“群乐社”，经常开展活动，其宗旨是挖掘、整理稀有剧种、传承地方戏曲文化。

清末以来，捷胜古建筑、贝雕、木雕、石雕、泥塑等以其独特的风格而享誉海陆丰。尤以捷胜泥塑等传统工艺颇具特色。捷胜泥塑，历史悠久，以简洁、夸张、传神为特点，具有海洋特色古韵的传统工艺。

捷胜是一个革命老区。为纪念在第一、二次国内革命战争时期、抗日战争时期、解放战争时期牺牲的革命志士。1956年经海丰县人民政府批准，建造了革命烈士纪念碑。位于捷胜镇北门外，占地面积1000平方米，建筑面积828平方米，分大小两个纪念碑，大碑为108位烈士英名，小碑为革命烈士李劳工之碑。

【自然资源】 捷胜自然资源丰富，风光秀丽。南面海岸对开海面3公里处有一岛屿，状似海龟，名龟龄岛，面积0.27平方公里，周边有牛皮洲、赤腊、鹰屿、青屿、芦蔸屿五个小岛。岛上建有一座妈祖庙和高约30米的妈祖石雕像。还有形象逼真的风景地貌：南天门、羊回头、卧佛、蘑菇石等。该岛三面岩岸，西北侧沙岸，可泊大小船只数十艘，避9级以下大风。

【水产资源】 捷胜水产资源丰富，盛产鱼类、贝壳类和藻类。其中鲍鱼、龙虾、石斑、海胆、角螺、蚌蚝、紫菜等水产品以其质优驰名中外。

【矿产资源】 12公里的海沙滩中贮藏有玻璃矿砂和钨矿（储量未探明）。岛屿山坵中花岗石储量较多。

【旅游资源】 捷胜名胜古迹名闻遐迩。它有距今6000多年至3000多年的新石器时代中晚期的沙坑北、沙坑南、东坑南、牛肚南、沙角尾等遗址；还有唐宋元时期的海底城寨、大石牯古村落及茅埔墟镇等遗址。城西东坑村有建于南宋末期的白石庵；城内有建于明代初年的观音堂、古城址和具有建城标志的城隍庙、五土四社稷；城西和城南有建于明崇祯年间的云山寺、云海寺；石厝村山岗有明末清初爱国志士廖天佐和刘锷隐居的天然石室“黎明洞”，其摩崖石刻文是汕尾市重要文物古迹之一；牛肚西南的海滩有建于明末为抵御敌寇而牺牲的“七老将”祠；南海岸东西两处还有建于清代的烟墩遗址；西门近郊有建于清光绪年间仿西式建筑造型的天主教堂，该教堂是当时海丰县中心教堂之一；北郊的狗地埔还有纪念第一、二次国内革命战争时期至解放战争时期牺牲的革命烈士纪念碑，这些文物古迹是汕尾市有名的旅游胜迹。

【重点基础设施建设】 2015年，捷胜镇党委、政府落实领导干部项目分工责任制，着力跟踪和推进重点项目建设，加大基础设施配套建设，实现新常态有新作为，新常态下加快发展。捷胜镇龟龄岛保护与利用示范项目，投资9800万元，预计2016年启动建设；捷胜海堤达标加固工程，投入资金4200万元，完成规划设计，预计2016年启动建设；捷胜镇自来水老管网改造工程，投入资金350万元，已做好规划；捷胜标准农田水利重点县建设项目，投入资金1200万元，预计2016年年初启动建设；捷胜东坑、前进、锡坑、关刀石四座水库除险加固工程，投入资金8700万元，预计2016年动工建设；是年，投入100万元的捷胜大路坑环境污染综合整治工程已竣工。

【基层党政建设】 2015年，镇党委坚持从严治党方针，积极推进基层组织建设，突出重点抓关键，激发基层组织的生机活力。

抓工作重点　坚持围绕中心，服务大局，以建设基层服务型党组织为载体，以服务群众，做群众工作为主要任务，强化服务功能，提升服务能力，引导基层组织和党员干部，把服务群众作为自觉追求和基本职责。是年，着力抓好驻点直接联系群众的工作，全镇组成18个工作团队，坚持每周一下乡驻点，全力做好驻点联系群众工作，进村入户，实现联系群众全覆盖。2015年，全镇驻点团队受理群众各类民生案件445宗，其中在基层办理120件，在镇办理222件，报上级办理103件（户口问题76件）。

抓班子建设　坚持严格标准、严格程序、严格条件，着力培养和选拔党性强、能力强、服务意识强、作风实的优秀党员担任党组织支部书记。北门社区副书记刘护被任命为该社区党组织支部书记，捷胜卫生院因人事变动，任命周贵罕为捷胜卫生院党支部书记，对有些党支部力量薄弱的，加强支委人选的选配，确保正常运转。同时，针对前进村、南门社区两个支部“软弱涣散”的状况，组织工作队，制定方案，开展班子、思想、纪律、作风等整顿，并各选派一人任第一书记，加强领导，确保各项工作顺利推进。

抓队伍建设　突出问题导向，把工作重心和着力点聚焦到基层组织党员队伍的思想整顿、作风建设和纪律建设方面来，着力解决部分党员先锋队伍意识淡化，组织纪律性不强等突出问题。坚持创新载体，多形式开展教育活动。2015年，镇按照上级的部署，深入开展政务整治、正风肃纪活动，开展党员干部违法违纪线索集中排查行动。组织党员干部积极参与禁毒和打击非法枪支专项行动和“创文”“创卫”活动。同时，认真贯彻上级关于深化“三严三实”专题教育，着力解决基层干部不作为、乱作为、贪腐谋私、执法不公等“四个排查”，开展专项整治活动。

抓严格党员的教育和管理，提高党员干部的整体素质　一是严肃党内组织生活。认真开展党代会年会制工作，完善党代表工作室活动和接访制度。全镇各村（社区）和镇机关、企事业单位基层支部都建立健全“三会一课”组织生活制度。二是抓好典型引导。在抓好“三严三实”等各类学习教育活动的基础上，认真开展“学先进做表率，争当践行‘三严三实’模范”主题活动，学习优秀共产党员唐海明、黄小平等先进事迹，发挥先进典型的引领作用。三是加强组织建设，坚持发展党员严把入口关。始终把政治标准放在首位，做到成熟一个，发展一个，不降低要求。2015年，全镇预备党员转正14名，转为预备党员20名，培养入党积极分子58名。四是落实党员党性定期分析、民主评议等制度。建立健全一年一度基层党组织书记年终工作述职制度和年终党员民主评议制度，对评为优秀的基层党支部和党员给予表彰。对一些党员干部作风漂浮，纪律松弛，为政不廉等问题，加强经常性的提醒，通过戒勉谈话、巡视，日常了解等，发现苗头，及时提醒帮助。

强化基层基础保障，确保工作顺利推进 一是调整充实组织部门人员，增强力量，确保党务各项工作正常运作。二是全面落实基层干部报酬待遇，镇每月支付财政缺编29人的干部待遇1.6万多元。三是帮助基层组织建设，解决实际问题。2015年，为加强组织建设，拨出党建经费近20万元，支持基层组织建设，实现全镇基层组织建设场所全覆盖。全镇党支部党员党费收费率达100%，上缴率达100%。

开展“政务整治、正风肃纪”活动 认真学习贯彻落实中央“八项规定”、“约法三章”相关精神，落实工作责任，明确目标要求，强化“三公”经费监督。全镇无新建政府性楼堂会所；无吸收集体职工和临时工；严格执行财政供养人员只减不增的要求；领导干部无公费旅游；接待费严格开支标准，同比下降近35%；公车运行支出基本符合要求；各类会议、文件有效控制。全镇实现办公用房不超标。继续推行政府信息公开、“三务”公开制度，加强信息平台建设。

开展法治村社创建活动，推进基层治理法治化 按照区委、区政府关于在全区开展创建法治村社活动的总体要求和工作部署，结合自身实际，以区委区政府决定实施“十个一”活动内容为主要载体，镇以“十个抓”为主要活动形式，坚持抓面促点，以点带面，全面扎实开展全镇法治村社创建活动，初见成效。

一抓组织领导。全镇成立以党委书记为组长，副书记、镇长为副组长，班子成员、各办主任、部门牵头单位负责人为成员的“捷胜镇开展创建法治村社活动工作领导小组”，并设立创建办公室，创建活动督导组，各村(社区)也相应成立以支部书记为组长的创建活动领导小组。落实党委书记、副书记各抓一个示范点责任，形成领导抓，抓领导，一级抓一级，一级带一级的工作局面。二抓好工作方案的制订。以区委区政府决定以“十个一”活动为主要载体，结合自身实际，自选动作。为确保本次活动不搞形式，不走过场，镇提出14个规定基本动作和12个材料要求，印发到各村（社区)，确保扎实有序推进。镇和18个村（社区）委都认真制定实施方案。三抓责任机制落实。在明确目标任务的基础上，镇坚持任务到人，责任到位，认真制定创建活动责任分工计划表，提出基本动作要求，列出项目清单，把重点工作任务和实施项目分解落实到党政班子成员，有关部门牵头负责，明确参与单位的责任和分工，形成部门协调，齐抓共管的局面。各村（社区）也按“两委”干部分工线条，把创建活动任务具体分解到人，明确职责，量化标准，限期实施，稳步推进。四抓宣传发动，营造氛围。全镇召开动员大会1次，推进会4次，18个村(社区)都分别召开支部党员大会、村民代表大会和村民小组长会议，进行层层动员，参与达1450人次。镇村二级布置创建活动宣传栏19个，张挂横匾24条，小标语2900多条，印发各类宣传资料2300张次，出版创建活动“简报”20期。联安、军船头两个示范点印发《争当文明守法公民倡议书》和《村规民约》各700多份，分发到各家各户，实现全民全知晓，提高群众学法守法用法的意识。五抓法律法规学习培训。组织村民小组长学习城区制定的“城区村民小组长管理制度”。组织“两委”干部学习《法治村社》《村社政语》等书籍。组织全镇两委干部、驻队工作组长等参加城区在镇举办的“法律讲堂进村（社区)”普法活动宣讲报告会，着力解决当前农村土地承包经营权涉及有关法律法规等问题。落实18个村（社区）“一村一法律顾问”制度。联安村邀请区司法局4位法律工作者在该村广场举办法律咨询活动，为群众维护自身权益提供法律咨询服务，丰富了法治村社创建活动内容，并就群众提出的涉及土地、房屋、路道、坟墓、龟龄岛旧居权属等16个问题，运用法律知识进行认真、详细的解释，直到群众满意为止。六抓“三资”平台建设和“三资”清理。投入资金10万元，完成“三资”平台建设，并按要求做好“三资”清理工作。全镇组织干部学习、培训、明确“三资”清理的重要性和必要性，统一印发表册，全面清理造册登记，并全面上墙公布。七抓驻点联系群众工作和社会治安隐患排查工作。全镇各驻村社工作团队坚持一周一次下基层联系群众制度，解决群众关注实际问题。抓社会治安隐患排查，维护社会和谐稳定，坚持一周一排查一上报制度。八抓好联安村、军船头村创建法治村社示范点工作，发挥示范辐射的作用。落实党委正副书记各抓一个示范点的工作责任，示范点坚持创新动作，规范实施，完善机制，成效显著。该镇在联安村召开现场推介会，提升创建层面，发挥示范辐射作用。九抓督查督导。镇创建办、督查组组织人员开展全面创建活动督查督导工作，全镇开展全面督查4次，个别督查指导18场次，有效促进基层法治村社创建工作扎实开展。十抓法治惠民，落实民生实事。实现法治惠民是这次法治村社创建活动的重要目标。全镇18个村（社区），坚持法治惠民，结合自身实际，以民生实事承诺工作制为抓手，认真谋划民生实事项目的落实。至是年11月底，全镇已完成民生实事好事53件，投入资金1119.5万元。

【综合经济指标】 2015年，全镇社会总产值162355万元（现行价），工农业总产值127653万元，同比增长2%；完成工业总产值100812万元，同比增长2%；完成农业总产值26841万元，同比增长1%，其中渔业总产量7900吨，产值7800万元；完成固定资产投资23022万元，同比增长2%；完成社会消费品零售总额11680万元，同比增长3%；农村人均年纯收入6910元，同比增长3%。

【工业】 2015年，全镇规模以上工企业有6家，规模以下工企业58家，个体经营205家，工业总产值100812万元，同比增长2%。

【招商引资】 镇在切实抓好现有企业管理促发展的基础上，加大招商引资、项目拉动力度，增强经济发展后劲。一是促使投资600万元的汕尾市城区红卫渔网厂投建投产，积极拓宽销售渠道，渔网远销香港、澳门、海南和省内阳江、茂名等地。二是抓规模以上企业促发展。新雅地毯厂开展技术创新、引进4台地毯自动生产设备，提高生产能力，扭亏转盈、做强做大。三是推动汕尾市景泰水产养殖有限公司，在牛肚村利用海域资源，扩大沿海区域，开发形成总面积5.2万平方米，计划投资2.2亿元，集养殖、旅游、餐饮等项目为一体的商贸基地。2015年，投入资金3000多万元，开展酒楼、员工宿舍楼、生态绿化、路道等各项基础设施配套建设。

【农业】 2015年，投入1200万元的捷胜镇标准农田水利建设项目，已全面做好规划。投入8700万元的东坑、前进、沙坑、关刀石4个水库除险加固工程，已完成规划设计。

【科技】 2015年，捷胜镇坚持科技兴农，积极推广科普知识，提高群众科技意识，引导群众科学种养，有效促进了农业增效，农民增收。

【教育】 认真贯彻落实省、市、区有关教育强镇创强的目标要求，全镇成立教育创强领导机构，制定《捷胜镇关于创建广东省教育强镇的决定》，加强教育资源的整合和优化，着力抓好学校的硬件建设和配套设施建设，2015年计划投入资金800多万元，新建捷胜“五一”小学教学楼，成为捷胜中心校址。2015年，全镇在园幼儿200人，小学适龄儿童入学率达99.8%，初中三年巩固率达98.3%，高中毛入学率89.2%，文昌中学高考入围22人，其中本科4人，专科18人。

【文化·体育】 一是春节期间，举行丰富多彩的文娱活动。如篮球比赛、猜谜、舞醒狮、放电影等，让广大人民群众过上一个愉快的新春佳节。二是弘扬地方文化特色。2015年3月5日至10日，由汕尾市文化广电新闻出版局、捷胜镇人民政府、汕尾市城区科技文体局、汕尾市城区文学艺术界联合会主办，捷胜书画社承办的“古城风”第三届捷胜书画作品展在汕尾市图书馆举行，参加开幕式的各级领导、各界人士达250多人。这次展出作品250多幅，内容丰富，形式新颖，观点鲜明，主题突出，富有创新性，展现了捷胜深厚的文化底蕴和人文精神，深受各界人士高度评价。三是投入资金35万元，建设捷胜文化综合楼，为打造捷胜文化品牌提供平台。四是加强公共文化设施建设。是年，投入资金95万元，新增村头小公园5个，实现村头小公园覆盖率90%。如东坑村投入资金62万元，建设广场和村头小公园，面积近1400多平方米，四周筑起花坛种上花草，内铺绿茵草被，并装上色彩斑斓的人行道，广场装上篮球架，周围安装八大盏照明灯等，为广大群众提供休闲舒适的生活和娱乐环境。

【卫生】 抓宣传。以创建卫生城市为目标，全镇印发《致全镇人民的一封信》3500多份，加强群众创卫的宣传教育。抓整治。重点整治政府办公环境、全镇4条主干道和村居环境。据统计，全镇出动人员1500人次，清理卫生死角50多处，运载垃圾80多车次，同时落实“门前三包”和各路段承包责任制，强化卫生管理制度。2015年3月，全镇广大干部职工与驻捷官兵、学校师生、青年服务志愿者等300多人举行“学雷锋为民助民活动”，开展全镇主干道的环境卫生整治，拆除占道经营、乱挂违章广告牌45个，清理杂物20多车，受到群众好评。抓防疫。2015年，全镇投入环境卫生整治资金50万元，搞好卫生防疫防控工作，实现全镇全年无发生重大疫情工作目标。

【综治维稳】 镇委、镇政府坚持“以稳定压倒一切”的态势，强力做好综治、信访、维稳工作，维护社会和谐稳定。一是建立和完善各项组织机构。镇充分发挥综治信访维稳中心平台作用，强化综合治理措施，坚持综治、信访、维稳、公安、司法、调解“六位一体”，做好“五项”台账（受理事项总登记、会议纪录、信访及矛盾纠纷排查调处交办督办销案通知书、社会治安重点地区及突出问题排查整治登记、综治工作中心主要工作数据月报表）。二是深入开展平安乡镇、平安村社、平安单位等创建活动。三是完善区、镇大接访机制。是年开展大接访活动22场次，受理民事案件15宗，调处14宗。四是开展“两盗一枪”打击行动，加大社会矛盾纠纷调处力度和开展外来人口整治。2015年，全镇共发生刑事案件11宗，破5宗，破案率为45.4%，抓获犯罪嫌疑人6人；受理行政案23起，处罚22起，查处违法人员30人。全镇发生民事案件15宗，已调处11宗，警情126宗，出警126宗。五是坚持“四个抓”，深入开展禁毒和打击非法枪支专项行动。1.抓组织领导。全镇成立“禁毒打非”工作领导小组，落实党政主要领导第一责任人职责，切实承担起领导责任，落实党政班子成员，驻队工作组、村（社区）“两委”干部和企事业单位等禁毒和打击非法枪支工作职责，全镇实行网格化管理，分片包段责任制。2.抓宣传发动。是年，召开动员会1次、推进会6次、汇报会8次、每周召开1次研判会，及时上报交流分析情况，促使各项工作措施不断细化，形成禁毒和打击非法枪支协同推进、齐抓共管工作局面。张挂宣传横匾50条次，出动宣传车106辆次，布置宣传专栏24个，镇坚持每天早、中、晚有线广播各1次，在重要路段设立永久性的大型禁毒和打击非法枪支宣传广告牌8处。同时设立举报电话、举报信箱，建立奖惩机制。全镇积极宣传市公安局《关于收缴非法枪支弹药爆炸物品的通告》和《汕尾市公安局关于群众举报涉枪涉爆违法犯罪奖励办法》（试行）等。发放宣传资料和《禁毒倡议书》各5000多份。全镇中小学把禁毒教育作为开学法制教育第一课，以组织师生宣誓、签名、主题班会、图片展览、多媒体观看影片、请派出所干警上课等多种形式，强化对中小学生的教育。全镇实现禁毒和打击非法枪支全民全知晓，形成常态化良好氛围。3.抓清理清查。全镇组织一支18人巡逻队伍，坚持扩大范围，深入盲区，扫清死角，全方位拉网，地毯式推进，每天不间断开展清理清查；组织派出所民警、治安队，对重点地段、商场、网吧、公共场所、旅社等开展全面清理整治，发放整改通知书和签订承诺书。全镇清理清查重点场所和隐蔽地区84处。是年全镇破获吸毒案件2宗，抓获吸毒人员28名。4.抓责任追究。各村（社区）委、有关单位“一把手”与镇签订《禁毒和打击非法枪支责任书》，各驻片民警与驻片单位领导实行诫勉谈话；全镇企事业、厂场等负责人明确职责，建立承诺工作制，确保本单位、本部门人员不涉毒、涉枪，发现谁追究谁。建立完善责任追究制度，做到一级抓一级，层层抓落实，做到部门协调、齐抓共管、协同推进。

【民心工程和社会保障】 一是在2015年年初，引入香港华东集团和深圳狮子会宾治服务队前来该镇开展捐赠活动与助残服务，为该镇140多名一级残疾人捐赠床垫140多张，资金约15万元；联安村在区残联支持下，投入资金20万元，建立残疾人康复中心，深受广大群众高度好评。二是全镇开展“送温暖”扶贫济困活动，动员社会及各界人士捐赠物资等。2015年，全镇慰问贫困党员160多名，慰问金2.3万元，慰问贫困群众约900多户，慰问金9.47万元，大米2650包，花生油1400罐。三是切实抓好社会保障工作。2015年，全镇居民参加医保45922人，参保率100%，新农保参保人数6808人，缴费人数3629人。实施积极的就业政策，拓宽就业渠道，全镇新增就业230人，新增转移劳动力580人，输出劳动力480人，下岗失业人员再就业290人，就业困难人数再就业260人，开展农村劳动力就业培训420人，农民工技能提升培训10人，劳务输出47人，促进创业人数40人。全镇城乡最低生活保障工作扎实推进。2015年度发放非农低保户50户，人口122人，救助资金4.58万元；农业低保户852户，人口1845人，救助资金32.315万元；五保88人，救助资金4.95万元；自然灾害临时救助2万元；全镇危房改造103户，投入资金154.5万元。镇妇联积极争取上级支持重视，在扶危济困、助残济寡等投入资金近15万元，并开展妇女“两癌”筛选检查近600多人次。四是推进法治惠民。结合法治村社创建活动，全镇各村（社区）落实民生实事项目51个，投入资金1119.54万元。

【扶贫工作】 捷胜镇属全省第二轮扶贫“双到”对口帮扶单位，有联星村、沙角尾村和石岗村3个村接受深圳市人大、深圳市政协、深圳市人民政府的对口扶贫帮助，取得明显成效。3年来，帮扶实施大小建设项目12个，总投入资金1000万元，培植集体经济“造血功能”，建设沙角尾“渔家乐”酒店、联星“深捷通”综合商贸市场、石岗“综合楼”。通过各级的努力，顺利完成了深圳市扶贫对口帮扶项目。

【先进荣誉称号】 捷胜镇武装部被汕尾市军分区评为“海训演习保障先进单位”，武装部部长刘锦林被汕尾市军分区评为“海训演习保障先进个人”，武装部干事莫名进被汕尾市军分区评为“优秀基层专武干部”，沙坑村民兵营被汕尾市军分区评为“先进民兵营”，莫道让被汕尾市军分区评为“先进民兵营长”，联安村被区委宣传部推荐为汕尾市“文明村”。

【领导视察活动】 2015年1月29日，省委常委、常务副省长徐少华到汕尾市看望慰问贫困户和困难老党员。省政府副秘书长陈世庆，省总工会党组成员、巡视员张国兴等省慰问团成员参加慰问活动，市领导吴紫骊、魏友庄、陈少荣、郑少棉；镇领导刘克敏、曾昭好等陪同。

徐少华首先来到汕尾新雅地毯制造有限公司，与该公司负责人、困难职工代表亲切交谈。徐少华十分关心企业灾后重建和生产运营情况。在省、市的关心和支持下，该公司争取到了省的300多万元帮扶资金，及时恢复了生产。

徐少华随后来到捷胜镇联安村，听取村扶贫开发“双到”工作介绍。该村在城区国税局大力帮扶下，2015年，投入了近55万元，完成了480米的联村公路等民生实事。徐少华还看望慰问了该村88岁高龄的困难老党员辛相。

6月10日，国家海洋局海岛研究中心副主任李文君率调研组到汕尾市调研龟龄岛保护与开发利用工作。市委书记、市人大常委会主任温国辉和副市长李贤谋会见调研组并一同前往调研。李文君一行了解了龟龄岛规划建设情况，并登岛察看了海岛岸线、生态环境及岛上居民生活等情况。

6月14日，省海洋与渔业局副局长屈家树率省局海岛管理处、省海洋发展规划研究中心有关负责人到汕尾市检查指导龟龄岛保护与开发利用示范项目实施工作。副市长李贤谋及市海洋与渔业局负责人陪同。屈家树一行登岛实地察看了海岛岸线、生态环境及项目建设选址，了解有关龟龄岛保护与开发利用示范项目实施进度安排以及项目推进等基本情况。

9月13日，由汕尾日报社和城区委宣传部联合组织的第三次“文化之旅——城区行”开启，目标直指龟龄岛。当天，来自全市的30名作家在捷胜沙角尾登船，分三批乘坐龟龄岛旅游服务中心的快艇前往龟龄岛。

9月15日，深圳市政协主席戴北方率队到汕尾市调研扶贫“双到”工作。代市长杨绪松，市政协主席莫英群，深圳市政协副主席王璞、张晓莉，捷胜镇党委书记刘克敏、镇长曾昭好、副镇长邝学武等陪同。

戴北方一行实地察看了城区捷胜镇沙角尾村三角尾小学和望岛渔家乐施工现场，深入了解该村民生实事、集体经济项目发展情况，并慰问了沙角尾村贫困户。

随后，戴北方一行在沙角尾村村委会召开座谈会，听取深圳驻村干部和城区、捷胜镇、沙角尾村有关负责人的情况汇报。戴北方指出，是年是深圳市政协办公厅帮扶沙角尾村攻坚决胜之年，驻村工作组要高度重视，提高认识，全面把握新阶段扶贫开发的新形势、新任务，按照“巩固、完善、提高”的总体要求，进一步理清工作思路，明确努力方向，立足长远，完善措施，建立健全扶贫开发长效机制。一要进一步完善沙角尾村新农村建设规划，加大基础设施配套投入，为沙角尾村生态改善及旅游资源的开发创造有利条件。二要在确保望岛渔家乐项目按时保质完成主体建设的前提下，加大望岛渔家乐其他配套投入，进一步带动沙角尾村渔农经济及旅游经济加快发展。三要坚持从改善民生和发展经济入手，提升“造血”功能，进一步壮大集体经济，切实解决贫困村、贫困户长效脱贫难题。四要突出重点，有的放矢，进一步抓好基层党组织建设、长效机制建设、民生改善、产业帮扶、扶贫培训、制度建设等重点工作，再接再厉，团结带领干部群众脱贫奔康。

9月16日，由深圳市人大常委会办公厅、深圳市政府办公厅投资185.8万元的捷胜镇联星村对口帮扶项目“深捷通综合商贸市场”举行动工仪式。深圳市人大常委会办公厅、深圳市政府办公厅及城区、捷胜镇等单位领导参加了活动。

2015年10月11日上午，汕尾市委书记、市人大常委会主任石奇珠到捷胜镇视察“环卫整治 城市管理”工作，陪同视察活动的有市委常委、区委书记陈少荣，区委副书记许昌林，捷胜镇党委书记刘克敏及市、区委办负责人等。

石奇珠与捷胜镇委书记刘克敏亲切交谈，了解全镇经济社会发展情况，十分关注捷胜建城600多年的历史状况。随后步行到镇街道观看和了解捷胜古城风貌，并观看捷胜古城墙遗角。之后，到驻捷胜海训部队基地向全体官员开展慰问，鼓励官兵为实现强军目标，保家卫国作出新贡献。

2015年11月16日，市委常委、区委书记陈少荣前往捷胜镇沙角尾村调研，要求全力做好“渔家乐”旅游中心项目的推进工作，并与深圳市扶贫工作组的负责人就项目进展情况进行交流。

“渔家乐”旅游中心项目是深圳市政协帮扶沙角尾村的一个重点项目，旨在培植该村“造血功能”，增加村集体收入。“渔家乐”旅游中心位于沙角尾村海埔边山坡地，规划面积约15亩，工程总造价233.5万元。

12月9日下午，省文化厅厅长方建宏一行4人冒雨前往捷胜镇综合文化站调研。陪同调研的有市政协副主席余红、市文广新局局长林来平、市委常委、区委书记陈少荣、副区长何秀滔、捷胜镇党委书记刘克敏、镇长曾昭好、人大副主席何秀国等10多人。

捷胜镇是一个建城600多年的古镇，文化传承源远流长。捷胜镇党委、政府对捷胜镇综合文化站建设高度重视。捷胜镇综合文化站占地面积约500平方米，建筑面积约819.2平方米，总投入资金约95万元。方建宏参观了文化综合楼内的办公活动场所，有文化广播部门、捷胜诗词社、捷胜书画社、捷胜民乐社、捷胜老年体协、图书阅览室、电子阅览室、文化娱乐室、书报刊借阅室、广播影视室、宣传教育室、科普培训室、娱乐健身室、展示厅等功能室，充分肯定了捷胜综合文化站的建设和硬件设施配套，指出文化站不仅活跃了群众文化生活，更加提高了捷胜文化素养。

（王立新、翁晓敏）

附：捷胜镇党政领导班子成员名单

党委书记、人大主席：刘克敏

党委副书记、镇长：曾昭好

党委副书记：骆盛林

党委委员、副镇长：邝学武（于2015年11月调出）

党委委员、纪委书记：何世海

副镇长：范远途

党委委员、人大副主席：何秀国

组织委员、工会主席：曾海生

党委委员、武装部部长：刘锦林

党委委员、宣传委员：黄晓玲（于 2015 年 11 月调出）

党委委员、宣传委员：颜震宇（于 2015 年 11 月调入）

党委委员、边防派出所所长：陈 斌

区政府规范性文件目录

QU ZHENG FU GUI FAN XING WEN JIAN MU LU

2015年区政府规范性文件目录

表8

文　号	标　题	公开方式
汕市区府〔2015〕3号	转发汕尾市人民政府关于印发汕尾市突发事件预警信息发布管理办法的通知	主动公开
汕市区府〔2015〕4号	关于区政府部分领导同志分工调整的通知	主动公开
汕市区府〔2015〕8号	关于区政府部分领导同志分工调整的通知	主动公开
汕市区府〔2015〕12号	转发《汕尾市行政机关规范性文件有限期规定》等12个文件的通知	主动公开
汕市区府〔2015〕13号	关于调整区政府领导同志部分分工的通知	主动公开
汕市区府〔2015〕19号	汕尾市城区人民政府转发广东省人民政府转发国务院关于规范国务院部门行政审批行为改进行政审批有关工作的通知	主动公开
汕市区府〔2015〕20号	汕尾市城区人民政府关于下达汕尾市城区2015年国民经济和社会发展计划的通知	主动公开
汕市区府〔2015〕23号	汕尾市城区人民政府关于调整区政府领导同志分工的通知	主动公开
汕市区府〔2015〕25号	汕尾市城区人民政府转发广东省人民政府关于加强审计工作的实施意见的通知	主动公开
汕市区府〔2015〕31号	汕尾市城区人民政府转发汕尾市人民政府转发广东省人民政府关于进一步推进户籍制度改革的实施意见的通知	主动公开
汕市区府〔2015〕33号	汕尾市城区人民政府转发广东省人民政府关于做好我省2014年冬季退役士兵接收安置工作的通知	主动公开
汕市区府〔2015〕44号	汕尾市城区人民政府关于印发《汕尾市城区档案馆档案收集范围实施细则》的通知	主动公开
汕市区府办〔2015〕1号	印发汕尾市城区动物H7N9流感防控应急预案的通知	主动公开
汕市区府办〔2015〕2号	转发市府办关于贯彻《广东省人民政府办公厅关于推动新一轮技术改造促进产业转型升级的意见》的实施意见的通知	主动公开
汕市区府办〔2015〕3号	转发区审计局关于2014年度区本级预算执行和其他财政收支情况审计工作方案的通知	主动公开
汕市区府办〔2015〕5号	汕尾市城区人民政府办公室关于印发《汕尾市城区区级储备粮管理办法》的通知	主动公开
汕市区府办〔2015〕6号	汕尾市城区人民政府办公室转发区发改局、粮食局关于加快发展全区粮食流通产业实施意见的通知	主动公开

续表 8

文　号	标　题	公开方式
汕市区府办〔2015〕7 号	汕尾市城区人民政府办公室转发广东省人民政府办公厅转发国务院办公厅关于开展第一次全国政府网站普查的通知	主动公开
汕市区府办〔2015〕8 号	汕尾市城区人民政府办公室转发广东省人民政府办公厅关于进一步强化救灾工作责任的通知	主动公开
汕市区府办〔2015〕9 号	汕尾市城区人民政府办公室转发汕尾市人民政府办公室关于印发《汕尾市行政执法公示制度（试行）》和《汕尾市行政执法监管检查记录制度》的通知	主动公开
汕市区府办〔2015〕10 号	汕尾市城区人民政府办公室转发区财政局关于汕尾市城区区级预算单位全面实行财政国库集中支付制度的通知	主动公开
汕市区府办〔2015〕11 号	汕尾市城区人民政府办公室关于成立汕尾市城区推进职能转变协调小组的通知	主动公开
汕市区府办〔2015〕12 号	汕尾市城区人民政府办公室印发汕尾市城区关于进一步推进殡葬基本公共服务工作方案的通知	主动公开
汕市区府办〔2015〕14 号	汕尾市城区人民政府办公室转发广东省人民政府办公厅关于进一步加强中小学和幼儿园安全防范工作的通知	主动公开
汕市区府办〔2015〕16 号	汕尾市城区人民政府办公室转发广东省人民政府办公厅关于开展广东省质量提升行动的指导意见的通知	主动公开
汕市区府办〔2015〕19 号	汕尾市城区人民政府办公室关于印发《汕尾市城区防台风应急预案》的通知	主动公开
汕市区府办〔2015〕20 号	汕尾市城区人民政府办公室转发汕尾市人民政府办公室关于印发《汕尾市工程建领域工资支付保证金管理暂行办法》的通知	主动公开
汕市区府办函〔2015〕12 号	转发广东省民政厅关于印发《村（居）民委员会协助做好社会救助工作的知道意见	主动公开
汕市区府办函〔2015〕13 号	转发市府办关于印发《汕尾市建设质量强市 2014-2015 年行动计划》的通知	主动公开
汕市区府办函〔2015〕14 号	关于调整汕尾市城区安全生产委员会成员的通知	主动公开
汕市区府办函〔2015〕23 号	关于调整充实汕尾市城区防控人感染 H7N9 流感疫情工作领导小组的通知	主动公开
汕市区府办函〔2015〕29 号	关于成立汕尾市城区“十三五”规划编制工作领导小组的通知	主动公开
汕市区府办函〔2015〕74 号	汕尾市城区人民政府办公室关于印发《汕尾市城区家禽“集中屠宰、冷链配送、生鲜上市”工作方案》的通知	主动公开
汕市区府办函〔2015〕76 号	汕尾市城区人民政府办公室关于成立汕尾市城区家禽“集中屠宰、冷链配送、生鲜上市”工作领导小组的通知	主动公开
汕市区府办函〔2015〕78 号	汕尾市城区人民政府办公室关于部分区直议事协调机构领导成员调整的通知	主动公开

续表 8

文　号	标　题	公开方式
汕市区府办函〔2015〕97 号	汕尾市城区人民政府办公室关于印发汕尾市城区推进阳光政务建设专项工作方案的通知	主动公开
汕市区府办函〔2015〕100 号	汕尾市城区人民政府办公室转发汕尾市人民政府办公室转发广东省人民政府办公厅关于印发 2015 年支持大型骨干企业发展重点工作任务的通知	主动公开
汕市区府办函〔2015〕101 号	汕尾市城区人民政府办公室关于成立汕尾市城区兴（宁）汕（尾）高速公路（汕尾段）建设协调领导小组的通知	主动公开
汕市区府办函〔2015〕116 号	汕尾市城区人民政府办公室关于成立汕尾市城区油气输送管道安全隐患整改工作领导小组的通知	主动公开
汕市区府办函〔2015〕128 号	汕尾市城区人民政府办公室关于成立汕尾市城区铁路建设工作领导小组的通知	主动公开
汕市区府办函〔2015〕144 号	汕尾市城区人民政府办公室关于成立汕尾市城区人民政府职能转变和机构改革领导小组的通知	主动公开
汕市区府办函〔2015〕160 号	汕尾市城区人民政府办公室关于调整汕尾市城区社会信用体系和市场监管体系建设工作领导小组成员的通知	主动公开
汕市区府办函〔2015〕168 号	汕尾市城区人民政府办公室关于成立汕尾市城区第三次全国农业普查领导小组的通知	主动公开
汕市区府函〔2015〕4 号	转发市政府关于印发汕尾市电梯安全监管体制改革实施方案的通知	主动公开

荣誉奖项

SHANWEISHICHENGQU YEARBOOK

汕尾市城区年鉴·2016

RONG YU JIANG XIANG

2015年汕尾市城区获汕尾市委、市政府及市直单位表彰先进集体一览表

表9

获奖单位	评定单位	荣誉名称	授予时间
城区人民武装部	汕尾军分区	海训演习保障先进单位	2016年3月
捷胜镇人民武装部	汕尾军分区	海训演习保障先进单位	2016年3月
捷胜镇沙坑村委民兵营	汕尾军分区	先进民兵营	2016年3月
共青团汕尾市城区捷胜镇委员会	共青团汕尾市委员会	汕尾市五四红旗团委	2015年12月
共青团汕尾市城区职业技术学校委员会	共青团汕尾市委员会	汕尾市五四红旗团委	2015年12月
共青团广东省海警总队海警二支队三大队海警44061艇支部委员会	共青团汕尾市委员会	汕尾市五四红旗团支部	2015年12月
共青团汕尾市城区红草第二中学总支部委员会	共青团汕尾市委员会	汕尾市五四红旗团支部	2015年12月
共青团汕尾市城区捷胜镇小学团总支部委员会	共青团汕尾市委员会	汕尾市五四红旗团支部	2015年12月
共青团汕尾市城区地方税务局支部委员会	共青团汕尾市委员会	汕尾市五四红旗团支部	2015年12月
共青团汕尾市城区汕尾中学高二（7）班支部委员会	共青团汕尾市委员会	汕尾市五四红旗团支部	2015年12月
广东省海警总队海警二支队三大队海警44061艇	共青团汕尾市委员会	2014~2015年度汕尾市青年文明号	2016年1月
汕尾逸挥基金医院外二科	汕尾市卫生和计划生育局	优秀护理集体	2015年5月

2015年汕尾市城区获汕尾市委、市政府及市直单位表彰先进个人一览表

表10

姓名	工作单位	评定单位	荣誉名称	授予时间
杜　宇	汕尾市城区汕尾中学	汕尾市教育局	市优秀教师	2015年9月
黎燕妮	汕尾市城区汕尾中学	汕尾市教育局	市教坛新星	2015年9月
余秋菊	汕尾市城区汕尾中学	汕尾市教育局	市优秀班主任	2015年9月
李俊儒	汕尾市城区田家炳中学	汕尾市教育局	市优秀班主任	2015年9月
钱小辉	汕尾市城区田家炳中学	汕尾市教育局	市优秀教师	2015年9月
叶丽萍	新城中学	汕尾市教育局	汕尾市优秀校长	2015年9月
邱如君	新城中学	汕尾市教育局	汕尾市优秀教育工作者	2015年9月
吴汉金	新城中学	汕尾市教育局	汕尾市教坛新秀	2015年9月
赵其炯	汕尾逸挥基金医院	汕尾市红十字会	红十字优秀志愿者	2015年12月
胡家为	汕尾市城区司法局	汕尾市司法局	个人三等功	2016年3月
郑锦如	汕尾市城区凤翔逸挥基金中学	共青团汕尾市委员会	汕尾市优秀共青团干部	2015年12月
刘蔓雅	汕尾市城区东涌镇东涌中学	共青团汕尾市委员会	汕尾市优秀共青团干部	2015年12月
黄保辉	汕尾市城区红草镇团委	共青团汕尾市委员会	汕尾市优秀共青团干部	2015年12月
陆海声	汕尾市城区区委宣传部	共青团汕尾市委员会	汕尾市优秀共青团干部	2015年12月
赖静维	汕尾市城区马宫街道团工委	共青团汕尾市委员会	汕尾市优秀共青团干部	2015年12月
詹羽照	汕尾市城区田家炳中学高三(13)班	共青团汕尾市委员会	汕尾市优秀共青团干部	2015年12月
罗　妹	汕尾市城区捷胜文昌中学高二(1)班	共青团汕尾市委员会	汕尾市优秀共青团干部	2015年12月
郑广杰	汕尾市城区香洲街道团委	共青团汕尾市委员会	汕尾市优秀共青团干部	2015年12月
林泽坯	汕尾市城区新城中学	共青团汕尾市委员会	汕尾市优秀共青团干部	2015年12月
余庆耀	汕尾市逸挥基金医院团委	共青团汕尾市委员会	汕尾市优秀共青团干部	2015年12月
江俊亮	汕尾市城区东涌中学团委	共青团汕尾市委员会	汕尾市优秀共青团员	2015年12月

续表 10

姓名	工作单位	评定单位	荣誉名称	授予时间
曾向勇	汕尾市城区东涌中学 高二（2）班	共青团汕尾市委员会	汕尾市优秀共青团员	2015 年 12 月
吴钦华	广东海警二支队三大队	共青团汕尾市委员会	汕尾市优秀共青团员	2015 年 12 月
吕长芬	汕尾市城区红草镇西河村委	共青团汕尾市委员会	汕尾市优秀共青团员	2015 年 12 月
叶雅文	汕尾市城区捷胜镇人民政府	共青团汕尾市委员会	汕尾市优秀共青团员	2015 年 12 月
何蓓蓓	汕尾市城区汕尾中学	共青团汕尾市委员会	汕尾市优秀共青团员	2015 年 12 月
彭及源	汕尾市城区汕尾中学	共青团汕尾市委员会	汕尾市优秀共青团员	2015 年 12 月
林志恒	汕尾市城区田家炳中学	共青团汕尾市委员会	汕尾市优秀共青团员	2015 年 12 月
黄思蔓	汕尾市城区田家炳中学	共青团汕尾市委员会	汕尾市优秀共青团员	2015 年 12 月
刘荣棉	汕尾市城区捷胜镇文昌中学	共青团汕尾市委员会	汕尾市优秀共青团员	2015 年 12 月
江锦华	汕尾市城区香洲中学	共青团汕尾市委员会	汕尾市优秀共青团员	2015 年 12 月
郑丁钏	汕尾市城区新城中学	共青团汕尾市委员会	汕尾市优秀共青团员	2015 年 12 月
吕仕羽	汕尾市城区新城中学	共青团汕尾市委员会	汕尾市优秀共青团员	2015 年 12 月
邱祺琪	汕尾市城区职业技术学校	共青团汕尾市委员会	汕尾市优秀共青团员	2015 年 12 月

2015年汕尾市城区获省委、省政府及省直单位表彰先进集体一览表

表11

获奖单位	评定单位	荣誉名称	授予时间
汕尾市城区人民法院研究室	省高院	集体二等功	2015年4月
汕尾逸挥基金医院	省委、省政府	广东省先进集体	2015年4月
汕尾市城区国家税务局工会女职工委员会	广东省总工会	工会女职工工作先进集体	2015年3月
汕尾市城区新城中学	广东省总工会	广东省第二届厂务公开民主管理示范单位	2015年12月
共青团汕尾市城区红草镇委员会	共青团广东省委员会	2014~2015年度广东省五四红旗团委	2015年4月
共青团汕尾市城区职业技术学校委员会中职部（总）支部	共青团广东省委员会	2014~2015年度广东省五四红旗团支部（总支）	2015年4月
汕尾市城区地方税务局办税服务大厅	共青团广东省委员会	2014~2015年度广东省青年文明号	2016年1月
广东省海警二支队特勤队	共青团广东省委员会	2014~2015年度广东省青年文明号	2016年1月

2015年汕尾市城区获省委、省政府及省直单位表彰先进个人一览表

表12

姓名	工作单位	评定单位	荣誉名称	授予时间
陈俊杰	汕尾市城区人民法院	省高院	广东省法院第26届学术讨论会优秀奖	2015年3月
张春迎	田家炳中学	省委工会、省教育厅、省人力厅、省总工会	南粤优秀教师	2015年9月
黄裕吟	新城中学	广东省教育厅	南粤优秀教师	2015年9月
欧阳丽	汕尾市城区地方税务局	广东省总工会	广东省工会女职工工作先进工作者	2015年3月
何建如	城区东涌镇品清小学	省委、省政府	广东省劳动模范	2015年4月
欧阳丽	汕尾市城区地方税务局	广东省总工会	广东省工会女职工工作先进工作者	2015年3月
王秀婷	汕尾逸挥基金医院	广东省护理学会	2015年护理岗位技能--静脉采血大赛三等奖	2015年6月

续表 12

姓名	工作单位	评定单位	荣誉名称	授予时间
吴秋艳	汕尾逸挥基金医院	广东省医师协会急诊医师分会	广东省第三届华夏杯急救技能竞赛团体优秀奖	2015 年 11 月
邱锦逵	田家炳中学	共青团广东省委员会	2014~2015 年度广东省优秀共青团干部	2015 年 4 月
黄晓仪	汕尾市城区汕尾中学	共青团广东省委员会	2014~2015 年度广东省优秀共青团员	2015 年 4 月
谢晓楠	汕尾市城区香洲街道办事处	共青团广东省委员会	2014~2015 年度广东省优秀共青团员	2015 年 4 月

2015 年汕尾市城区获国家部委以上表彰先进集体一览表

表 13

获奖单位	评定单位	荣誉名称	授予时间
汕尾市城区田家炳中学	中央精神文明建设指导委员会	全国文明单位	2015 年 2 月
汕尾市国泰食品有限公司工会罗非鱼工会小组	中华全国总工会	全国模范职工小家	2015 年 12 月
汕尾信联针织时装有限公司工会委员会	中华全国总工会	全国模范职工之家	2015 年 12 月

2015 年汕尾市城区获国家部委以上表彰先进个人一览表

表 14

姓名	工作单位	评定单位	荣誉名称	授予时间
刘友扬	汕尾市城区总工会	中华全国总工会经费审查委员会	全国工会经审工作优秀干部	2015 年 11 月 6 日